当代齐鲁文库·20世纪"乡村建设运动"文库

The Library of Contemporary Shandong

Selected Works of Rural Construction Campaign of the 20th Century

山东社会科学院 编纂

/06

梁漱溟 著

梁漱溟乡村建设文集（四）

中国社会科学出版社

图书在版编目（CIP）数据

梁漱溟乡村建设文集. 四 / 梁漱溟著. —北京：中国社会科学
出版社，2018.11（2020.11 重印）
（当代齐鲁文库. 20 世纪"乡村建设运动"文库）
ISBN 978-7-5203-1581-4

Ⅰ.①梁…　Ⅱ.①梁…　Ⅲ.①城乡建设—中国—文集
Ⅳ.①F299.21-53

中国版本图书馆 CIP 数据核字（2017）第 294072 号

出 版 人	赵剑英
责任编辑	冯春凤
责任校对	张爱华
责任印制	张雪娇

出　　　版	中国社会科学出版社
社　　　址	北京鼓楼西大街甲 158 号
邮　　　编	100720
网　　　址	http://www.csspw.cn
发 行 部	010-84083685
门 市 部	010-84029450
经　　　销	新华书店及其他书店

印刷装订	北京君升印刷有限公司
版　　　次	2018 年 11 月第 1 版
印　　　次	2020 年 11 月第 2 次印刷

开　　　本	710×1000　1/16
印　　　张	24.5
插　　　页	2
字　　　数	398 千字
定　　　价	88.00 元

凡购买中国社会科学出版社图书，如有质量问题请与本社营销中心联系调换
电话:010-84083683

《当代齐鲁文库》编纂说明

　　不忘初心、打造学术精品，是推进中国特色社会科学研究和新型智库建设的基础性工程。近年来，山东社会科学院以实施哲学社会科学创新工程为抓手，努力探索智库创新发展之路，不断凝练特色、铸就学术品牌、推出重大精品成果，大型丛书《当代齐鲁文库》就是其中之一。

　　《当代齐鲁文库》是山东社会科学院立足山东、面向全国、放眼世界倾力打造的齐鲁特色学术品牌。《当代齐鲁文库》由《山东社会科学院文库》《20世纪"乡村建设运动"文库》《中美学者邹平联合调查文库》《山东海外文库》《海外山东文库》等特色文库组成。其中，作为《当代齐鲁文库》之一的《山东社会科学院文库》，历时2年的编纂，已于2016年12月由中国社会科学出版社正式出版发行。《山东社会科学院文库》由34部44本著作组成，约2000万字，收录的内容为山东省社会科学优秀成果奖评选工作开展以来，山东社会科学院获得一等奖及以上奖项的精品成果，涉猎经济学、政治学、法学、哲学、社会学、文学、历史学等领域。该文库的成功出版，是山东社会科学院历代方家的才思凝结，是山东社会科学院智库建设水平、整体科研实力和学术成就的集中展示，一经推出，引起强烈的社会反响，并成为山东社会科学院推进学术创新的重要阵地、引导学风建设的重要航标和参与学术交流的重要桥梁。

　　以此为契机，作为《当代齐鲁文库》之二的山东社会科学院"创新工程"重大项目《20世纪"乡村建设运动"文库》首批10卷12本著作约400万字，由中国社会科学出版社出版发行，并计划陆续完成约100本著作的编纂出版。

　　党的十九大报告提出："实施乡村振兴战略，农业农村农民问题是关系国计民生的根本性问题，必须始终把解决好'三农'问题作为全党工作重中之重。"以史为鉴，置身于中国现代化的百年发展史，通过深入挖掘和研究历史上的乡村建设理论及社会实验，从中汲取仍具时代价值的经验教训，才能更好地理解和把握乡村振兴战略的战略意义、总体布局和实现路径。

20 世纪前期，由知识分子主导的乡村建设实验曾影响到山东省的 70 余县和全国的不少地区。《20 世纪"乡村建设运动"文库》旨在通过对从山东到全国的乡村建设珍贵历史文献资料大规模、系统化地挖掘、收集、整理和出版，为乡村振兴战略的实施提供历史借鉴，为"乡村建设运动"的学术研究提供资料支撑。当年一大批知识分子深入民间，投身于乡村建设实践，并通过长期的社会调查，对"百年大变局"中的乡村社会进行全面和系统地研究，留下的宝贵学术遗产，是我们认识传统中国社会的重要基础。虽然那个时代有许多的历史局限性，但是这种注重理论与实践相结合、俯下身子埋头苦干的精神，仍然值得今天的每一位哲学社会科学工作者传承和弘扬。

《20 世纪"乡村建设运动"文库》在出版过程中，得到了社会各界尤其是乡村建设运动实践者后人的大力支持。中国社会科学院和中国社会科学出版社的领导对《20 世纪"乡村建设运动"文库》给予了高度重视、热情帮助和大力支持，责任编辑冯春凤主任付出了辛勤努力，在此一并表示感谢。

在出版《20 世纪"乡村建设运动"文库》的同时，山东社会科学院已经启动《当代齐鲁文库》之三《中美学者邹平联合调查文库》、之四《山东海外文库》、之五《海外山东文库》等特色文库的编纂工作。《当代齐鲁文库》的日臻完善，是山东社会科学院坚持问题导向、成果导向、精品导向，实施创新工程、激发科研活力结出的丰硕成果，是山东社会科学院国内一流新型智库建设不断实现突破的重要标志，也是党的领导下经济社会全面发展、哲学社会科学欣欣向荣繁荣昌盛的体现。由于规模宏大，《当代齐鲁文库》的完成需要一个过程，山东社会科学院会笃定恒心，继续大力推动文库的编纂出版，为进一步繁荣发展哲学社会科学贡献力量。

山东社会科学院

2018 年 11 月 17 日

编纂委员会

总　序

　　从传统乡村社会向现代社会的转型，是世界各国现代化必然经历的历史发展过程。现代化的完成，通常是以实现工业化、城镇化为标志。英国是世界上第一个实现工业化的国家，这个过程从 17 世纪资产阶级革命算起经历了 200 多年时间，若从 18 世纪 60 年代工业革命算起则经历了 100 多年的时间。中国自近代以来肇始的工业化、城镇化转型和社会变革，屡遭挫折，步履维艰。乡村建设问题在过去一百多年中，也成为中国最为重要的、反复出现的发展议题。各种思想潮流、各种社会力量、各种政党社团群体，都围绕这个议题展开争论、碰撞、交锋，并在实践中形成不同取向的路径。

　　把农业、农村和农民问题置于近代以来的"大历史"中审视不难发现，今天的乡村振兴战略，是对一个多世纪以来中国最本质、最重要的发展议题的当代回应，是对解决"三农"问题历史经验的总结和升华，也是对农村发展历史困境的全面超越。它既是一个现实问题，也是一个历史问题。

　　2017 年 12 月，习近平总书记在中央农村工作会议上的讲话指出，"新中国成立前，一些有识之士开展了乡村建设运动，比较有代表性的是梁漱溟先生搞的山东邹平试验，晏阳初先生搞的河北定县试验"。

　　"乡村建设运动"是 20 世纪上半期（1901 到 1949 年间）在中国农村许多地方开展的一场声势浩大的、由知识精英倡导的乡村改良实践探索活动。它希望在维护现存社会制度和秩序的前提下，通过兴办教育、改良农业、流通金融、提倡合作、办理地方自治与自卫、建立公共卫生保健制度和移风易俗等措施，复兴日趋衰弱的农村经济，刷新中国政治，复兴中国文化，实现所谓的"民族再造"或"民族自救"。在政治倾向上，参与

"乡村建设运动"的学者，多数是处于共产党与国民党之间的'中间派'，代表着一部分爱国知识分子对中国现代化建设道路的选择与探索。关于"乡村建设运动"的意义，梁漱溟、晏阳初等乡建派学者曾提的很高，认为这是近代以来，继太平天国运动、戊戌变法运动、辛亥革命运动、五四运动、北伐运动之后的第六次民族自救运动，甚至是"中国民族自救运动之最后觉悟"。① 实践证明，这个运动最终以失败告终，但也留下很多弥足珍贵的经验和教训。其留存的大量史料文献，也成为学术研究的宝库。

"乡村建设运动"最早可追溯到米迪刚等人在河北省定县翟城村进行"村治"实验示范，通过开展识字运动、公民教育和地方自治，实施一系列改造地方的举措，直接孕育了随后受到海内外广泛关注、由晏阳初及中华平民教育促进会所主持的"定县试验"。如果说这个起于传统良绅的地方自治与乡村"自救"实践是在村一级展开的，那么清末状元实业家张謇在其家乡南通则进行了引人注目的县一级的探索。

20 世纪 20 年代，余庆棠、陶行知、黄炎培等提倡办学，南北各地闻风而动，纷纷从事"乡村教育""乡村改造""乡村建设"，以图实现改造中国的目的。20 年代末 30 年代初，"乡村建设运动"蔚为社会思潮并聚合为社会运动，建构了多种理论与实践的乡村建设实验模式。据南京国民政府实业部的调查，当时全国从事乡村建设工作的团体和机构有 600 多个，先后设立的各种实验区达 1000 多处。其中比较著名的有梁漱溟的邹平实验区、陶行知的晓庄实验区、晏阳初的定县实验区、鼓禹廷的宛平实验区、黄炎培的昆山实验区、卢作孚的北碚实验区、江苏省立教育学院的无锡实验区、齐鲁大学的龙山实验区、燕京大学的清河实验区等。梁漱溟、晏阳初、卢作孚、陶行知、黄炎培等一批名家及各自领导的社会团体，使"乡村建设运动"产生了广泛的国内外影响。费正清主编的《剑桥中华民国史》，曾专辟"乡村建设运动"一节，讨论民国时期这一波澜壮阔的社会运动，把当时的乡村建设实践分为西方影响型、本土型、平民型和军事型等六个类型。

1937 年 7 月抗日战争全面爆发后，全国的"乡村建设运动"被迫中

① 《梁漱溟全集》第五卷，山东人民出版社 2005 年版，第 44 页。

止，只有中华平民教育促进会的晏阳初坚持不懈，撤退到抗战的大后方，以重庆璧山为中心，建立了华西实验区，开展了长达 10 年的平民教育和乡村建设实验，直接影响了后来台湾地区的土地改革，以及菲律宾、加纳、哥伦比亚等国家的乡村改造运动。

"乡村建设运动"不仅在当事者看来"无疑地已经形成了今日社会运动的主潮"，[①] 在今天的研究者眼中，它也是中国农村社会发展史上一次十分重要的社会改造活动。尽管"乡村建设运动"的团体和机构，性质不一，情况复杂，诚如梁漱溟所言，"南北各地乡村运动者，各有各的来历，各有各的背景。有的是社会团体，有的是政府机关，有的是教育机关；其思想有的左倾，有的右倾，其主张有的如此，有的如彼"[②]。他们或注重农业技术传播，或致力于地方自治和政权建设，或着力于农民文化教育，或强调经济、政治、道德三者并举。但殊途同归，这些团体和机构都关心乡村，立志救济乡村，以转化传统乡村为现代乡村为目标进行社会"改造"，旨在为破败的中国农村寻一条出路。在实践层面，"乡村建设运动"的思想和理论通常与国家建设的战略、政策、措施密切相关。

在知识分子领导的"乡村建设运动"中，影响最大的当属梁漱溟主持的邹平乡村建设实验区和晏阳初主持的定县乡村建设实验区。梁漱溟和晏阳初在从事实际的乡村建设实验前，以及实验过程中，对当时中国社会所存在的问题及其出路都进行了理论探索，形成了比较系统的看法，成为乡村建设实验的理论根据。

梁漱溟曾是民国时期宪政运动的积极参加者和实践者。由于中国宪政运动的失败等原因，致使他对从前的政治主张逐渐产生怀疑，抱着"能替中华民族在政治上经济上开出一条路来"的志向，他开始研究和从事乡村建设的救国运动。在梁漱溟看来，中国原为乡村国家，以乡村为根基与主体，而发育成高度的乡村文明。中国这种乡村文明近代以来受到来自西洋都市文明的挑战。西洋文明逼迫中国往资本主义工商业路上走，然而除了乡村破坏外并未见都市的兴起，只见固有农业衰残而未见新工商业的

---

① 许莹涟、李竟西、段继李编述：《全国乡村建设运动概况》第一辑上册，山东乡村建设研究院 1935 年出版，编者"自叙"。

② 《梁漱溟全集》第二卷，山东人民出版社 2005 年版，第 582 页。

发达。他的乡村建设运动思想和主张，源于他的哲学思想和对中国的特殊认识。在他看来，与西方"科学技术、团体组织"的社会结构不同，中国的社会结构是"伦理本位、职业分立"，不同于"从对方下手，改造客观境地以解决问题而得满足于外者"的西洋文化，也不同于"取消问题为问题之解决，以根本不生要求为最上之满足"的印度文化，中国文化是"反求诸己，调和融洽于我与对方之间，自适于这种境地为问题之解决而满足于内者"的"中庸"文化。中国问题的根源不在他处，而在"文化失调"，解决之道不是向西方学习，而是"认取自家精神，寻求自家的路走"。乡村建设的最高理想是社会和政治的伦理化，基本工作是建立和维持社会秩序，主要途径是乡村合作化和工业化，推进的手段是"软功夫"的教育工作。在梁漱溟看来，中国建设既不能走发展工商业之路，也不能走苏联的路，只能走乡村建设之路，即在中国传统文化基础上，吸收西方文化的长处，使中西文化得以融通，开创民族复兴的道路。他特别强调，"乡村建设，实非建设乡村，而意在整个中国社会之建设。"① 他将乡村建设提到建国的高度来认识，旨在为中国"重建一新社会组织构造"。他认为，救济乡村只是乡村建设的"第一层意义"，乡村建设的"真意义"在于创造一个新的社会结构，"今日中国问题在其千年相沿袭之社会组织构造既已崩溃，而新者未立；乡村建设运动，实为吾民族社会重建一新组织构造之运动。"② 只有理解和把握了这一点，才能理解和把握"乡村建设运动"的精神和意义。

晏阳初是中国著名的平民教育和乡村建设专家，1926 年在河北定县开始乡村平民教育实验，1940－1949 年在重庆歇马镇创办中国乡村建设育才院，后改名中国乡村建设学院并任院长，组织开展华西乡村建设实验，传播乡村建设理念。他认为，中国的乡村建设之所以重要，是因为乡村既是中国的经济基础，也是中国的政治基础，同时还是中国人的基础。"我们不愿安居太师椅上，空做误民的计划，才到农民生活里去找问题，去解决问题，抛下东洋眼镜、西洋眼镜、都市眼镜，换上一副农夫眼

---

① 《梁漱溟全集》第二卷，山东人民出版社 2005 年版，第 161 页。

② 同上。

镜。"① 乡村建设就是要通过长期的努力，去培养新的生命，振拔新的人格，促成新的团结，从根本上再造一个新的民族。为了实现民族再造和固本宁邦的长远目的，他在做了认真系统的调查研究后，认定中国农村最普遍的问题是农民中存在的"愚贫弱私"四大疾病；根治这四大疾病的良方，就是在乡村普遍进行"四大教育"，即文艺教育以治愚、生计教育以治贫、卫生教育以治弱、公民教育以治私，最终实现政治、教育、经济、自卫、卫生、礼俗"六大建设"。为了实现既定的目标，他坚持四大教育连锁并进，学校教育、社会教育、家庭教育统筹协调。他把定县当作一个"社会实验室"，通过开办平民学校、创建实验农场、建立各种合作组织、推行医疗卫生保健、传授农业基本知识、改良动植物品种、倡办手工业和其他副业、建立和开展农民戏剧、演唱诗歌民谣等积极的活动，从整体上改变乡村面貌，从根本上重建民族精神。

可以说，"乡村建设运动"的出现，不仅是农村落后破败的现实促成的，也是知识界对农村重要性自觉体认的产物，两者的结合，导致了领域广阔、面貌多样、时间持久、影响深远的"乡村建设运动"。而在"乡村建设运动"的高峰时期，各地所开展的乡村建设事业历史有长有短，范围有大有小，工作有繁有易，动机不尽相同，都或多或少地受到了邹平实验区、定县实验区的影响。

20 世纪前期中国的乡村建设，除了知识分子领导的"乡村建设运动"，还有 1927–1945 年南京国民政府推行的农村复兴运动，以及 1927–1949 年中国共产党领导的革命根据地的乡村建设。

"农村复兴"思潮源起于 20 世纪二三十年代，大体上与国民政府推动的国民经济建设运动和由社会力量推动的"乡村建设运动"同时并起。南京国民政府为巩固政权，复兴农村，采取了一系列措施：一是先后颁行保甲制度、新县制等一系列地方行政制度，力图将国家政权延伸至乡村社会；二是在经济方面，先后颁布了多部涉农法律，新设多处涉农机构，以拯救处于崩溃边缘的农村经济；三是修建多项大型水利工程等，以改善农业生产环境。1933 年 5 月，国民政府建立隶属于行政院的农村复兴委员会，发动"农村复兴运动"。随着"乡村建设运动"的开展，赞扬、支

---

① 《晏阳初全集》第一卷，天津教育出版社 2013 年版，第 221 页。

持、鼓励铺天而来，到几个中心实验区参观学习的人群应接不暇，平教会甚至需要刊登广告限定接待参观的时间，南京国民政府对乡建实验也给予了相当程度的肯定。1932年第二次全国内政工作会议后，建立县政实验县取得了合法性，官方还直接出面建立了江宁、兰溪两个实验县，并把邹平实验区、定县实验区纳入县政实验县。

1925年，成立已经四年的中国共产党，认识到农村对于中国革命的重要性，努力把农民动员成一股新的革命力量，遂发布《告农民书》，开始组织农会，发起农民运动。中国共产党认为中国农村问题的核心是土地问题，乡村的衰败是旧的反动统治剥削和压迫的结果，只有打碎旧的反动统治，农民才能获得真正的解放；必须发动农民进行土地革命，实现"耕者有其田"，才能解放农村生产力。在地方乡绅和知识分子开展"乡村建设运动"的同时，中国共产党在中央苏区的江西、福建等农村革命根据地，开展了一系列政治、经济、文化等方面的乡村改造和建设运动。它以土地革命为核心，依靠占农村人口绝大多数的贫雇农，以组织合作社、恢复农业生产和发展经济为重要任务，以开办农民学校扫盲识字、开展群众性卫生运动、强健民众身体、改善公共卫生状况、提高妇女地位、改革陋俗文化和社会建设为保障。期间的尝试和举措满足了农民的根本需求，无论是在政治、经济上，还是社会地位上，贫苦农民都获得了翻身解放，因而得到了他们最坚决的支持、拥护和参与，为推进新中国农村建设积累了宝贵经验。与乡建派的乡村建设实践不同的是，中国共产党通过领导广大农民围绕土地所有制的革命性探索，走出了一条彻底改变乡村社会结构的乡村建设之路。中国共产党在农村进行的土地革命，也促使知识分子从不同方面反思中国乡村改良的不同道路。

"乡村建设运动"的理论和实践，说明在当时的现实条件下，改良主义在中国是根本行不通的。在当时国内外学界围绕乡村建设运动的理论和实践，既有高歌赞赏，也有尖锐批评。著名社会学家孙本文的评价，一般认为还算中肯：尽管有诸多不足，至少有两点"值得称述"，"第一，他们认定农村为我国社会的基本，欲从改进农村下手，以改进整个社会。此种立场，虽未必完全正确；但就我国目前状况言，农村人民占全国人口百分之七十五以上，农业为国民的主要职业；而农产不振，农村生活困苦，潜在表现足为整个社会进步的障碍。故改进农村，至少可为整个社会进步

的张本。第二，他们确实在农村中不畏艰苦为农民谋福利。各地农村工作
计划虽有优有劣，有完有缺，其效果虽有大有小；而工作人员确脚踏实地
在改进农村的总目标下努力工作，其艰苦耐劳的精神，殊足令人起敬。"①
乡村建设学派的工作曾引起国际社会的重视，不少国家于二次世界大战后
的乡村建设与社区重建中，注重借鉴中国乡村建设学派的一些具体做法。
晏阳初1950年代以后应邀赴菲律宾、非洲及拉美国家介绍中国的乡村建
设工作经验，并从事具体的指导工作。

　　总起来看，"乡村建设运动"在中国百年的乡村建设历史上具有承上
启下、融汇中西的作用，它不仅继承自清末地方自治的政治逻辑，同时通
过村治、乡治、乡村建设等诸多实践，为乡村振兴发展做了可贵的探索。
同时，"乡村建设运动"是与当时的社会调查运动紧密联系在一起的，大
批学贯中西的知识分子走出书斋、走出象牙塔，投身于对中国社会的认识
和改造，对乡村建设进行认真而艰苦地研究，并从丰富的调查资料中提出
了属于中国的"中国问题"，而不仅是解释由西方学者提出的"中国问
题"或把西方的"问题"中国化，一些研究成果达到了那个时期所能达
到的巅峰，甚至迄今难以超越。"乡村建设运动"有其独特的学术内涵与
时代特征，是我们认识传统中国社会的一个窗口，也是我们今天在新的现
实基础上发展中国社会科学不能忽视的学术遗产。

　　历史文献资料的收集、整理和利用是学术研究的基础，资料的突破往
往能带来研究的创新和突破。20世纪前期的图书、期刊和报纸都有大量
关于"乡村建设运动"的著作、介绍和研究，但目前还没有"乡村建设
运动"的系统史料整理，目前已经出版的文献多为乡建人物、乡村教育、
乡村合作等方面的"专题"，大量文献仍然散见于各种民国"老期刊"，
尘封在各大图书馆的"特藏部"。本项目通过对"乡村建设运动"历史资
料和研究资料的系统收集、整理和出版，力图再现那段久远的、但仍没有
中断学术生命的历史。一方面为我国民国史、乡村建设史的研究提供第一
手资料，推进对"乡村建设运动"的理论和实践的整体认识，催生出高
水平的学术成果；另一方面，为当前我国各级政府在城乡一体化、新型城
镇化、乡村教育的发展等提供参考和借鉴，为乡村振兴战略的实施做出应

---

　　① 孙本文：《现代中国社会问题》第三册，商务印书馆1944年版，第93－94页。

有的贡献。

　　由于大规模收集、挖掘、整理大型文献的经验不足，同时又受某些实际条件的限制，《20世纪"乡村建设运动"文库》会存在着各种问题和不足，我们期待着各界朋友们的批评指正。

　　是为序。

2018 年 11 月 30 日于北京

编辑体例

一、《20世纪"乡村建设运动"文库》收录20世纪前期"乡村建设运动"的著作、论文、实验方案、研究报告等，以及迄今为止的相关研究成果。

二、收录文献以原刊或作者修订、校阅本为底本，参照其他刊本，以正其讹误。

三、收录文献有其不同的文字风格、语言习惯和时代特色，不按现行用法、写法和表现手法改动原文；原文专名如人名、地名、译名、术语等，尽量保持原貌，个别地方按通行的现代汉语和习惯稍作改动；作者笔误、排版错误等，则尽量予以订正。

四、收录文献，原文多为竖排繁体，均改为横排简体，以便阅读；原文无标点或断句处，视情况改为新式标点符号；原文因年代久远而字迹模糊或纸页残缺者，所缺文字用"□"表示，字数难以确定者，用（下缺）表示。

五、收录文献作为历史资料，基本保留了作品的原貌，个别文字做了技术处理。

编者说明

　　收入《20世纪"乡村建设运动"文库》第六卷的是1938年至1984年期间，梁漱溟关于乡村建设的文章、论述、讲话、回忆、反思等。以收集筛选散见于期刊杂志报纸的文字，以及这个时期出版的作者文集相关内容为基础本，以山东人民出版社2005年出版的《梁漱溟全集》（第六卷、第七卷）为对校本，一些散见的内容重复的文字尽量不收入。

目　录

告山东乡村工作同人同学书[*]

同人同学公鉴：

　　自抗日战争起后，漱多往来京沪等处，不常在鲁；尤其自 12 月 2 日离鲁以迄最近，因鲁省大部沦于敌手，与我同人同学更形疏隔。而吾人多年在鲁工作，亦适于此时随大局以覆败。今后应当如何努力，亟待检讨过去，以决定未来方针。聚首既不易得，用就个人数月来经历所及，及个人最近所怀意见，写具此书。为我同人同学言之。

　　兹为叙述方便，先将漱数月来行踪开陈如次：

　　二十六年游蜀经北平，于 7 月 5 日回抵济南、邹平。

　　7 月 10 日南行过济宁赴南京，24 日由京回鲁。

　　8 月 1 日由邹平到济南，7 日赴上海，9 日到达。

　　同月 11 日夜车离沪入京，适沪战将发，军运火急，车过无锡被扣，改运孙元良师去沪，余因变计回鲁。

　　同月 12 日抵兖州转济宁，未停，即原车返兖州又南下，应张岳军先生（群）电邀入京。

　　同月 14 日抵京，17 日出席国防参议会第一次会，18 日谒蒋公，19 日陪同蒋百里先生北上，视察山东防务。

　　同月 20 日抵徐州，晤胡军长宗南，停一宿，22 日抵济南。

　　同月 23 日回邹平，25 日陪蒋百里先生到济宁会晤同人。

　　自 8 月杪至 10 月初，多往来于济南、济宁、邹平之间，可略之不计。

　　10 月 9 日应黄任之、江向渔两先生电邀由邹平赴济南会晤。

---

　　* 1938 年上半年由武昌乡村书店代印成册散发，并附有《山东乡村工作人员抗敌工作指南》。

同月14日回邹平清理院务，16日离邹到济南（是为余末次离邹）。

同月20日离济南，经过济宁晤同人后，赴南京出席国防参议会。

11月16日经芜湖赴巢县晤杨效春先生。

同月21日折回南京，22日离京北返，24日到济南。

同月29日离济南，30日到兖州，转济宁。

12月1日离济宁，2日离兖州，3日到徐州，晤李司令长官宗仁。

同月5日离徐州，9日到武汉，出席国防参议会。

二十七年1月1日乘飞机到西安，晤陕省各当局。

同月5日赴陕北，7日到肤施，25日折回西安。

同月29日离西安，30日到开封。

2月2日离开封到曹州，4日离曹，5日到徐州。

漱之往来奔走，无非求于大局有所尽力，故虽述个人经历，不难窥见大局真相一斑。然为避免琐碎，仍须集中论点，爰划分三段，各标题旨，藉醒眉目：

一、山东问题与吾侪工作。

二、争取抗战胜利的核心问题——如何为更进一步的团结。

三、迅速建立吾人的团体组织。

以下依次陈述之。

一　山东问题与吾侪工作

自抗日战争起后，"山东问题"几成为一谜，中外人士咸难于判断，就吾个人所知，亦实难以一言概之。今只就韩主席复榘前后所表见态度，为吾所知之事实，叙列于次。

1. 二十四年11月韩氏之态度

二十四年11月为"华北五省三市自治"酝酿最紧迫之时，华北局面将为如何恶化的变幻，全决于此际，忆余当时以全国乡村工作讨论会双十节在无锡开会，于毕会后过南京（10月17日），获闻此消息，即赶回山东。为决定我们在山东的进退，亟须探明韩氏态度，送与同人梁仲华，孙廉泉两先生，或相偕或分头在此10月下旬迄于12月初旬之期间，先后访韩氏谈话多次。谈话内容非在此所能详叙，大要言之，其态度十分正大而有深心。兹言其表现于事实者有二：

甲、坚拒敌人的胁迫。当时关东军参谋几度乘飞机到济南，胁迫韩氏同赴平津开会，韩始终拒绝未去。由是土肥原五省三市自治的计划，为之打破。其后何应钦部长北来，乃结局于冀察委员会。

乙、亟亟采定国防政策。此即决定一个"三年计划"，以两项工作在三年内分区分期推行于全省。所谓两项工作：（一）地方行政改革——在县以下以乡农学校为下级行政机关，改善县政府组织，添设行政专员等。（二）民众自卫训练——初级训练在乡农学校，高级训练集中于行政区。此计划定后，一切均按步骤进行。二十五年为第一年，成立第一、第二、第三行政专员区，改组县政府，普设乡农学校。二十六年为第二年，成立第四、第五、第六、第七专员区，工作如前。二十七年为第三年，未得完成计划，而大战遽起，然其应行准备者皆已准备。

2. 二十六年7月内韩氏之态度

卢沟桥事件未起，平津局势已甚严重，7月2日韩氏曾向同人梁仲华先生太息言之。10日余动身入京，并将转赴庐山，韩氏嘱带一信呈蒋公，内容言准备军事。24日由京返鲁，于火车中遇第三路中下级军官，据云奉令将家眷一律送回原籍，兹事毕返鲁。推计韩氏下令，当不过7月半也。7月30日韩氏离济入京，于离济之前，嘱省府各厅公务员速送家眷回籍，并笑谓余云："赶紧回邹平挖地洞（避飞机）吧！"济南市第一次紧张，市民纷纷搬家，车站行李山积，实始于8月1日，至2日3日风潮最剧，即以韩氏态度所影响也。又据韩氏事后见告，彼于27、28两日，曾连电中央速进击平津。

3. 8月2日以后至9月底韩氏之态度

8月2日下午四时韩氏由京回抵济南省府，余以5日往谒，而济南日本领事有野等三人已先在，闻系电话召其来者。事后据日本报纸所传，韩对有野等声明三事：一，外间传说中央任彼为右翼总指挥非事实；二，外间传说中央派蒋伯诚来山东协助军事亦不确；三，日侨未离济南者照旧保护。又布告市民应镇定，禁造谣，传谕商店开门营业。其态度显然一变。

对于抗战殊不积极准备，因亦极不愿刺激敌人。例如，各省组织抗敌后援会，而山东最初成立时，独以韩嘱改称"省防后援会"。又，后此对敌人财产曾尽量破坏，而此期内则保护唯恐不周（某次周村公安局长几乎因此得罪）。对于近熟之人谈话，时而流露山东或可避免战事之意。然于敌人投书引诱，则并不接受（敌人曾两次由飞机投下书信）。

4. 入 10 月后韩氏之态度

入 10 月后韩氏态度又一变。盖平律北段战事，至 9 月底退至德州，入山东境。当时指挥作战之军事长官冯玉祥氏，征调韩部援应，韩氏不得已，乃从胶东调两师人开上，10 月 2、3 日，韩氏且亲在前线指挥。自是以后，此线战事即由韩氏负责。韩氏部队，全数由胶济路转调到津浦线，其不与敌人妥协之态度，至此鲜明，然其退志殆亦决于此时矣。10 月 7 日，即一度传闻有令所属公务人员南退之讯。13 日敌人下平原达禹城，深夜省府会议，决定大部分（约十之八）公务员，迁退宁阳。14 日晨余闻讯急访韩，惊问何故欲退。韩答，彼个人决不走，省府亦尚不搬家。唯大部分公务员，此时无用，不如离开去。余谓，如此必致全市恐慌，市民都走，后方动摇，影响前线士气，最好不动，或将无用公务员给资遣散，亦不必退驻宁阳。韩不纳。午间许德珩，程希孟两君访余，促余再向韩劝阻，余即再谒韩言之，终不纳。其后 11 月 24 日，余由南京回济，与何厅长思源相偕访韩于千佛山。韩立山上，见余至，即笑曰：你先说我要走，看我还在这里没有走吧！盖事隔四十余日，其胸次尚未释然也。实则此时其欲退出山东，更形急切。所有辎重及队伍，已陆续向归德，郾城，周家口等处输送。徒以敌人既不从东面登陆，又不从北面渡河，无词可借，终不能自动的退。此并非诛论其心，实是韩于谈话间自己流露者。韩既急切欲退，自不发动民众抗战，亦不复顾惜地方，而只想将地方枪支、壮丁、财款带走。人心怨嗟离叛，惶惶不可终日。26 日余及同人梁仲华，王绍常，陈亚三诸先生，并余处长心清，何厅长思源，集于何家，共商所以建议于韩氏者，曾草订下列几条：

一、一般的原则，亟应切实收拾人心，安定人心；然后乃能完成军民合作，一致抗敌。以下从事实分条言之：

1. 应将地方自卫组织与国民兵役分为两事。国民兵役之目的，专为补充国军部队，即各县现有之国民兵、义勇壮丁队是也。自卫组织之目的，专为保护地方，搜查汉奸、游击匪类及敌人别动队，并负战时交通运输，及战时经济节制之责。凡加入国民兵、义勇壮丁常备队者，不加入自卫组织；凡加入自卫组织者，得暂免补充兵役。

2．关于征发壮丁补充兵役，应有系统有计划行之。请通令本战区各部队，并布告民众，对于地方自卫组织，如乡农学校等受训壮丁，不得任意抽调，对于其枪支，不得任意收用。

3．通令本战区各部队，凡遇有前方（黄河北）退来之民众武力，应予优待保护，不得有没收枪支及搜索情事，并随时呈报主席，指示收容办法。

4．通令本战区各部队，凡行军驻防需用民房及民伕者，应向地方行政机关或乡区负责人员接洽办理，不得自由占用及拉伕。

二、本省划分三个地带，进行工作：

1．黄河北岸各县地方政治军事工作，除主席直接指挥之各部分（刘、张、范）外，其余均责成黄河北岸游击总司令负责处理。

2．第一、第二、第三各行政专员区，亟应加紧政训工作，参照政训处颁发之民众组织大纲，及第一行政区各县自卫组织进行计划大纲办理之。

3．历城、泰安等二十六县地方，应设特区政训处，拟请以李厅长树春为正处长，何厅长思源，余处长心清为副处长，调用民教政训各厅处人员负责进行工作。

27日晚仲华先生，以韩氏邀谈，曾粗陈大意，不见听。28日以李司令长官宗仁到济南，与韩氏盘桓一日，余等未得进言机会。29日余携上项条陈，同韩登千佛山细谈。计自午前十时谈至午后三时，始终说不入。30日李司令长官自徐州来电，邀余赴徐，即晚离济，此一席谈遂为余与韩氏最末一次谈话。

以上仅叙列事实，明其前后态度不同；但其态度果由何转变，不能不稍加推论。以余推论，韩氏态度由紧张而松弛，由光明而暧昧，实以当时各方情势启发其一种取巧心理所致。所谓当时各方情势者，例如：

1．在韩氏入京之时，适当我中央方面慎重迟回之际，致韩氏颇感不得要领（此由 8 月 5 日韩氏对余谈话见之），而启其将无多大战事之推测。

2．在韩所得敌人方面消息，使韩深信敌人亦极不欲扩大战事。

3．国际间俱不愿中日战事延长扩大。由上三层，使韩氏估计战事虽起来，说不定何时就可结束。

4．敌人显露表示不攻山东，尤其不从东海岸登陆（此由敌人在青岛及胶济沿线产业甚多，不肯破坏，思以政治手段解决山东，扶植韩氏建立华北伪组织，节省兵力等等用心而来）。

5．中央划定战区，分配军队任务，韩氏部队所负责任，为津浦线以东胶济线以北地区；原驻德州兖州之韩部俱调至胶济线及东岸角。

由于第四层，使韩氏认定当时山东可无战事发生；由于前三层，更使其估计山东似竟有逃于战事的可能；而由第五层，正在作战之津浦北段韩氏无责任，其负责之鲁东方面适为敌人所不来犯；又使韩氏恰可隐于空隙处，无须露明态度。8、9 两月内山东之混沌局面，即由此取巧心理所构成。入 10 月后，津浦战事到德州，逼韩氏负作战责任，韩氏原无与敌人妥协之意，至此只有鲜明的抗战。然又不战而急切求退者，则似由下列三层：

1．当时此路敌我双方兵力均极薄少（我方除韩部外并无其他队伍，鲁东方面韩部所空出之防务亦未填防），双方均不着重在此，不于此决战。

2．韩氏自始抱一"中国必须西撤"之见解，8 月 22 日余陪蒋百里先生晤韩，韩即自谓不求决战，但求能战能退，对于前途大势，认为中国必撤至平汉路以西，得国际援助再反攻过来，始有办法。故以兵力在此时决战，徒供牺牲，不如保全实力，以待反攻机会。又自知所部质量两差，不堪作战；一经决战，必致消灭。故蓄意退至南阳、汉中等地练兵，以冀不失为参加反攻的一个单位。

3．韩氏自忖退路在鲁之西南，而敌人在平汉线已到达安阳、大名，将断其退路，自非急退不可。

山东问题之谜，经此分析大致可以明了。以下进而论述吾侪工作所受山东问题之影响。

吾侪工作肇始于邹平，而发展于菏泽。邹平工作侧重乡村组织，求有以启发培养乡村自身力量，不能有速效；始终未向邹平以外推广，今可不论。菏泽工作一面革新行政，以行政力量推动一切；一面从民众自卫训练进而为各种训练，树立各项建设基础。其收效较快，亦且适合国防需要，故二十四年11月感受国际压迫刺激，当局决定推广之；即前所叙之三年计划。如是，吾侪工作既基于国防意义，而为有计划的向全省推广，何以大战之来不能有所表现，而翻至一败涂地？此则除吾人自身有其欠缺外，实受前叙山东问题之影响。兹分两段言之：

第一，抗战起后，未容吾人尽力于抗战的民众工作。抗战未起，吾人所从事者即组织民众训练民众之工作，且明明为国防的动机；假使顺沿此路线而不变，则抗战起后，此项工作更将尽量进行，当无疑问。不意当局始而存取巧心理，企图避免战争，因以不欲发动民众；继而急切退走，亦无心发动民众；民众工作始终在耽误之中。此中事实甚多，今亦不必一一枚举；仅举10月间一段事实言之。

10月初间在上海尽力于发动民众，援助前方之黄任之（炎培）江向渔（恒源）两先生，因闻津浦线战事不利，且闻民众工作未能与军事配合，特北来济南，欲有所推动。9日余由邹平赴济南会晤，感于两先生来意，且愧且奋，因将山东民众工作未能作好之故为两先生详言之。大要因韩氏态度影响，致未能顺沿过去路线一贯去作；而有关各方面互相排挤，未能合作；又更使当局防制民众运动。例如第三路总部政训处之成立，实为被动的。当时（8月15日）因中央有电要派员来成立，韩亟先自委派成立，期于自己运用方便，衷心并不重视此工作。动机一差，无往而不差。所委处长余君心清虽具有相当能力，而第三路总部秘书长参谋长以至上下各方面无不加以防闲［制？］或排斥。其他与民众动员有关系者，如省党部及其主办之抗敌后援会，如教育厅及其倡办之战地工作团，又各与政训处不相协，而互相猜忌倾轧。当局本不热心，至此乃更不放心，而防制其活动。于是全般局面陷于纠纷与沉滞两现象。余等乡村工作同人未曾参加此纠纷场中，但守着自己小范围内尽力，亦未进而与各方合作。黄先生勉予与各方合作，以期振起民众运动。余以韩氏率部抗敌态度已明，而战事进至山东境内，且几近济南，需要动员民众亦已迫切，应是山东民众工作转机到来，颇为奋然。是日适为双十节，张厅长（鸿烈）宴黄江两先生，何厅长，余处长，省党部李委员文斋及余均被邀在座，即席恳谈。饭后又续谈至暮夜，彼此各将过去互相猜防之点一齐倾吐，感情颇觉通透。当决定以我同人王近信皮松云诸君加入政训处为副处长科长，而余则加入抗敌后援会，承李君文斋以主任常委见推，当夜由张何余李及余相偕谒韩，陈明大家决合作努力民众动员，成立民众动员委员会，何余李张（绍堂）及余五人为委员，并推余为主任委员。今后军事听韩领导，民众动员则责成余等五人，韩似亦欣然。此一日间情形甚好。

次日晨余单独见韩，请注重此工作，并放开手作；请整饬军纪，乃可得民众援助；请勿听各方互相倾轧之词，而调和众人。韩不甚信其所部军纪之坏，而疑为有意攻击；对于各方倾轧则谓不必理会。察其神情，其病仍在不热心此事；余知前途不易有为矣。12日晚抗敌后援会开会，将推余为主任常委，张绍堂从电话中阻余云：主任常委还是让文斋干吧。此等无关系事，何为亦如此用心防阻，殊不可解。然余又知前途无可为矣。13日平原失陷。敌侵禹城，省府决以大部公务员南迁。余既两度谒韩劝止，未成。市面动摇，市民逃散，抗敌后援会求开一热烈大会而不可得。余适奉南京电促出席国防参议会，乃不得不决计离山东矣。

然吾侪工作所受影响有甚于此者。

第二，当局急切退离山东，遂以毁灭吾侪工作。吾侪工作主要在乡农学校。乡农学校一面为社会教育、民众训练机关；一面又为下级行政机关。以其为下级行政机关，一切政令均借此而执行，当初将藉以推动各项建设者，今则以当局要壮丁，要枪支，派差派款，执行其一切苛虐命令。凡当局一切所为之结怨于民者，乡农学校首为怨府。更以其为民众训练机关，平素之集合训练在此，召集调遣在此，壮丁枪支皆甚现成；于是每每整批带走。假使无此民众训练，或不兼为训练机关，则当局虽要壮丁要枪支不能如此方便；乡间亦自有许多通融挪移回避之余地。然今皆以乡农学校而不能，其为怨府滋甚。更有怨毒最深者，则以欺骗手段收取枪支带走壮丁之事屡屡发生。例如：始而只说集中训练，多日以后，一道命令忽然几十人整批带走。事前乡农学校固未料到，而曾向乡民以"绝不带走"为担保式之声明者，至此毫无办法，自己落于欺骗民众地位。甚至有时乡农学校亦在被骗之列，而乡民仍认为乡农学校行骗。怨毒至极，致有砸毁乡校，打死校长之事。我同学之死于此者竟有数人之多，曷胜痛吊！其实不顾信用，为此巧取豪夺者，除省当局外，或系专员，或属县长，或为军队；与一乡校校长何预？以建设乡村之机构，转而用为破坏乡村之工具，吾侪工作至此，真乃毁灭无余矣！吾同人同学几乎不能在社会立足，几乎无颜见人矣！言念及此，真堪痛哭！

所谓"山东问题与吾侪工作"即是如此。犹幸在韩氏罪状未发露之前（未退出济南之前），吾人之反对韩氏所为，中央及各方面颇能分晓。12 月 3 日余应李公宗仁之召到徐州，曾详言于李公，并请制止韩氏之撤退。9 日到武汉，曾于国防参议会上作一次报告。21 日谒蒋公于湖北省府官邸，首陈韩急切欲退之状；蒋公笑云，我全已知道。至于吾侪处境之痛苦，则每遇各方朋友辄言之矣。

时至今日，过去种种不必多论；吾人唯有致力于今后而已。一时之成败不足为定，是非毁誉尤非口舌所能争辩，吾人唯有于事实求表现，以事实作证明，重新建立我们的前途而已。同人同学其勉乎哉！

二　争取抗战胜利的核心问题
——如何为更进一步的团结

前所谈者为山东问题，此进而谈全国大局；前所谈者多属过去之事，此进而讨论大局前途。

余自抗战起后，既多在各处走动，以迄于今，未曾稍停，故于前方消息后方情形颇有见闻。综其所见所闻而论断之：我们今天的失败，实不在军事，而在政治；今日最大的问题不在外而在内。——这是从许多事实得到的结论。此许多事实恕难一一举陈，只能为总括的说明。

战必败，地必失，原在意料之中；所有今日的失败，并不大过我们当初的料想。但是可叹惜者，事实告诉我们：好多的失败并非军事的，而是政治的；或与其说为军事的，毋宁说为政治的。例如平津的失陷，根本误于政治，而非军事上要如此失败，最为显明。一切军事的不统一，是政治问题，不属军事。还有前方后方未能配合，政府社会未能打成一片，军民未能合作等，许多致败之因，都是政治问题（山东之事亦为政治问题之一例）。

战败失地不可怕；未战先败，虽守已失，最可怕。换言之，失败不可怕，崩溃最可怕。失败犹可诿之军事，崩溃不能不说是政治。例如11月16日以后的南京，12月初间的武汉，到处皆是崩溃之象；此人人所见也。实则若将各省地方政府情形，社会情形稍加访查，处处充满崩溃之象。不过敌人一天不来，亦许苟且延宕一天。在此延宕的一天内，演出许多纷乱矛盾悲惨而又滑稽好笑的戏剧，正与敌人到来的急剧崩溃，亦不相上下。何为而崩溃？崩溃全由胆小怕死吗？不是的。有心抗敌的人多得很，情愿效死的人多得很。无奈有力气没处用。许多人没事情作；许多事情没人作。全由无适当的安排；此全由上下左右各方未调整好。安排好，调整好，即气骨弱的人一样有用；何况有心肝的人？否则，虽情愿效死的人临时亦只有崩溃而已。问题在系统未立，计划未立，无条理，无秩序。——问题在政治。

前所谓最大问题在内（自身），而不在外；失败在政治，而不在军事；如上说明，已得大概。欲为更深切之认识，再从（一）检讨过去，（二）打算未来，两层言之。

（一）检讨过去

吾人试追问，中国受日寇之祸至此地步，果由何来？近言之，北伐完成后不应有内战，北伐完成以后连年内战实为引来日寇之近因。设若无内战而有建设，敌人绝不敢轻于谋我；即谋我亦无此容易。与内战同为国家受祸之近因者则政府之贪污腐化，其显然者，国家为成立空军耗财以万万计，而战时可用之飞机乃如彼其少，言之羞于出口，闻之骇人听闻。又国防工事每每有名无实，不堪用者，其中显有侵蚀。

再问：内战与腐化二者又由何而来？则余亲切感觉实由北伐后执政者忘记革命，政治上缺乏方向之所致。十年来党政诸公，除蒋公焦劳外，大多耽于享乐，竞求安逸，凡游南京者睹其景象，又谁知其为口诵"革命尚未成功"之遗嘱者哉！在北伐中反帝国主义反资本主义如彼其激烈；然北伐后政治上一切措施却无其迹象可寻。虽日日言建设，而毫无方针，并非应有之"革命的建设"。所谓领导革命运动之国民党,此时吾人直不知其将领导我们到那里去!其缺乏建设新社会之理想目标及达于新社会之路线步骤殆无可否认之事实(或口诵其言,胸中实不了了)。一个大党是一力量,一个政府亦是一个力量。是力量必有所向以发挥;不得其所向,必生毛病。北伐后之国民党及国民政府正为眼前面缺乏一努力奔赴之目标,由是而腐化,由是而内战。若真有其方针目标而努力奔赴,断不会腐化,亦早无内战发生。

一切错误殆皆难由某人负责,某党负责,而自有其客观难逃之势。吾人检讨过去,非于今日大团结局面中向任何方面算旧账。只为指点出今日的祸患来自最近十年的政治问题;十年间政治上各方的错误汇合起来,酿成今日的大祸。

假若再追溯上去,则更可以明白。今日强霸不可一世的敌人,并非生来就强霸的;而中国更非原来就不如她。日本强盛起来,统不过五六十年的事;而中国弱下来亦只四十年的事。追溯到五十年前,只有她怕中国的,没有中国怕她的。当初中国与日本原同为东方农〔业〕国,闭关自守;而凭借之厚,气魄之大,中国不知超过日本若干倍。同样感受西洋刺激而讲维新,亦且先于日本两年。却不料短短五十年彼此形势完全倒转过来。若究问何故?其理由亦甚简单。就是在同一个五十年中,彼此政治上正正不同,一个有办法,一个没办法。五十年中的日本,一直统一稳定到今天(今天才渐露不稳);中国则不统一不稳定已近三十年。三十年前的中国正是清末暮气,而日本正是维新朝气。

再明白言之:强弱所由分,在有没有近代工业。在近五十年中要发达工业,一面须社会有秩序,法律有效,俾得从事于商业上的竞争;一面须国家奖励保护。果然政治统一稳定,于此两面自然都可作到。反之,自然都作不到。日本与中国,一盛一衰,一强一弱,关键都在政治,就是为此。中国最大的致命伤,即其三十年来政治上不统一不稳定;由此而断送了一切。

归总一句:从近十年来看,从近五十年来看,明明白白问题全在政治。

(二)打算未来

我们今日既失败,必须在后方培养新力量以求继续抗战。——如你作此打算，马上看到政治问题。因为抗战是军事，而对军事的准备工作则是政治。政治好，而后军事准备才得好，而后能抗战；此理至显。故从检讨过去已经指出问题在政治，但还不如从打算未来，看得更亲切。

例如培养新力量，必然要练一百万以至几百万新兵。而说到新兵，征募俱穷。几个月来的滑稽惨剧已传遍社会，岂能任其继续演去；则势须认真发动民众，拣拔壮丁。而谈到发动民众便已深入政治问题。非各方关系为更进一步的调整，树立更健全有力的政治机构，便不能使民众工作较今日更进一步，[做] 到好处。其他亦如是。

问题在政治已明白；但对政治究系如何一种要求？达于此要求的途径又如何？

我们的要求可分三点言之：

一、我们要求抗战的政府，应在广大社会里有其根基，上下气脉贯通，政府与社会打成一片。

二、我们要求消除各方面（党派阶层以至种种）以及各个人间的隔阂、猜忌、牴牾，磨擦，而合全国为一个力量以抗敌。

三、我们要求充分利用知识头脑，将一切事情为有统制有计划有条理有秩序的进行；不要敌人未来破坏扰乱，而我们先自乱自毁如今日者。

总括言之，我们要求民族社会力量的调整与发挥。我们必须调整好我们自身，使自身发出力量来，才能抗敌。或说：我们要求全国更进一步的团结，以加强抗战政府的力量。

此次晤毛君泽东于延安，余谈各地情形颇露悲观语调，毛君阐明前途定可乐观之意以慰我。大意是说决定中日问题之前途者总不外三面：一为中国自身；一为敌人方面；一为国际环境。求中国的胜利，一在自身的团结；二在敌人的内溃；三在国际的协助。国际情形，分析起来已经日益好转。敌人一面则随战事之扩大与延久而暴露其弱点，增加其困难，方为正比例的前进，又无可疑者。所余为中国自身团结问题，则两年来亦已逐步趋向团结，而相当实现。如是，又何须悲观。临末，毛君又再三致意，中国自身团结为争取抗战胜利的根本条件。中国今日已是团结，还当求更进一步的团结。

兹所云政治问题，其意正不外要求全国更进一步的团结；至于加强政府力量则其自有之结果。

然如何达到此要求？如何可以实现更进一步的团结？余以为须实行下列两层：

一、确定国是国策，或曰："共同纲领"；

二、于此共同纲领中，应将下列两大问题及其细目均有确切之决定：

1. 如何抗敌，完成民族解放？军事，外交，内政，经济，一切为其内涵之问题均各有所决定；

2. 如何建设，完成社会改造？决定理想目标，并切就事实决定其达于实现之路线步骤。

果能由政府领导，使各方意见均得充分交换后，而将上两层作到，则所谓"更进一步的团结"乃其当然结果，不待言者。

以下请略申其意义。

吾人当知团结，非为团结而团结，乃因行动而团结；——团结起来，是要行动的。行动是要有方向，有目标的。故团结必于行动求之；行动如何，又必于方向目标求之。求达较远之目标，其方向不能无转折。故远目标之下随有近目标；大方向之内随有小方向。远近目标，大小方向，俱经决定，自然要团结行动，无问题。上开两条即在总括吾人问题而把握之；更针对问题以决定吾人之方向目标，求团结于行动。

中国共产党曾向政府提出确定共同纲领之要求，其用意亦不外此。但其所求之共同纲领，似仅就眼前抗敌问题有所决定，而未能包括第二问题。余此次赴延安访问，即在向中共方面于此点上交换意见。当时与毛君泽东连作数夜之谈，领教最多；与张君闻天亦一度略谈。彼此意见，略纪如次：

余认为中国人实有此两大问题（如何求得民族解放及如何完成社会改造）；毛君等均同意。

余请问：此两大问题应分开谈，抑不应分开？毛答：不应分开来。但既不是一个问题，在进行上不能无轻重，无宾主。眼前应"一切服从于抗战"，即以第一问题为主。余亦表示同意。

但余提出：单在眼前抗日问题上讲团结，似乎不够。因吾人实有此两大问题，而且完成社会改造系吾民族自身长久之事，更为基本，与抗日为一时问题者不同。苟于此基本问题隐略不谈，则纵然团结殊不彻底。团结不彻底，则抗日不力，是即从第一问题为主而言，亦有同时确定如何解决第二问题之必要，否则第一问题亦将不得解决。毛君于此，均不否认，并言，单为抗日而团结，诚不免一时手段之嫌。

但毛君又虑社会改造问题重大，牵涉甚远，各方意见或未易接近。倘各方意见不能归一，岂不又影响眼前抗日？似不如走一步说一步。余认此种顾虑亦不算过虑。但倘有此困难情形发见，当以热心（热心于彻底团结）信心（相信彼此可以说得通）克服之，而努力以求得最后结果。

且如毛君见教之言，中国今日已是团结，还当求更进一步的团结；其与吾人要求正同。此同认为当求更进一步的团结者，如何求之？舍同时将两大问题均有清楚决定，得一共同行动纲领外，如何求之？余信吾人不求更进一步的团结则已；果欲求之，非此不可。毛君欣然表示，如各党派，尤其国民党，愿谈此问题（指第二问题），愿确定如此之共同纲领时，彼等（中共方面）固不胜欢迎之至。

彼此所谈，不必悉记。唯余所以认为亟须确定此一共同纲领求更进一步的团结者，其理由犹有可言。

一、解决三十年来的政治问题

所谓三十年来的政治问题，指统一稳定之最高国权不能树立，即吾人常说之"不统一"。中国何以不统一？此由中国人意志不统一。确定此一共同纲领，即在求全国意志统一。自日寇侵凌（"九一八"），国内分裂之局已渐趋合作。近二三年来形势尤见好转，至于今日几已可云统一。盖此一个问题愈逼愈紧，使不同的中国人感到同一威胁，眼光不容旁视，心念自然集中（其他问题其他要求权且放下），不期而造成中国人意志的统一。由意志统一，而国家统一；此皆日寇所赐，大家共见。须意志统一而后国家统一，既已证明，而此意志统一又明明为外力造成，则岂不当乘此时机，切就自身长久生存问题，决定一目标路线，求得一根本的意志统一乎？

但余声明：此由自身社会长久生存问题决定一目标路线而后得到之国家统一，为中国所独应走之途径，却非其他国家之统一，尽亦由此。其理容后详。

二、救正过去十年错误

前曾检讨，由北伐完成后政治上缺乏方向，而酿成今日大祸。……过去错误，今日不能再错。对于国民党则望其恢复革命精神，对于共产党则望其放弃对内斗争；而双方合作，共图完成革命的建设。但非确定一共同奔赴之建国目标及其路线，则恢复者何由恢复？放弃者何由放弃？合作者何由合作？

三、解消党派猜忌磨擦

吾人尝论中国各党派并无各不同之阶级基础，或其他不同社会背景；中国社会实不产生西洋式的党团。西洋式的党团皆从排他性而建立，革命党最显著，普通政党亦然。革命党必夺取政权，绝对不容许其他势力。如所谓"不革命即是反革命"，决不肯于兼容并包。普通政党虽互相容许存在，而办彼此竞争取得政权，偶有联合内阁非其本意。中国人始而袭取其政党形式，学步竞争；继而模仿其革命党所为，乃行狠斗。在今日团结御侮之时，而猜忌磨擦仍复不少。尤以共产党遭忌最大；是否共产党将借机会大大发展？共产党果放弃其对内斗争乎？共产党将来能不夺取政权乎？纵令共产党处处谨避嫌疑；或誓言，不单今日团结御侮，并愿他日团结建国。而终不能取信，以形势所在，使人不敢放心也。然此共同纲领倘得确定，则党派形势自转。盖随共同纲领必有一致行动，即不啻为一个党也。然亦并非一个党，而为中国社会所特有之联合政团。各党皆从排他性的对立性的党派，转变而为同在国是国策下服务的，又且联合工作的团体。此实为本质的转变，往日之猜忌磨擦根本得一种解消。

四、把握自己前途不为人所左右

假使对于如何完成中国革命即如何建国问题，不愿协商规定于共同纲领之中，则此一大问题即悬而未决。从而将有两大可虑：一，不能把握自己前途；二，不免为人所左右。吾人抗日一日即生存一日，即有一日之建设。此建设不可无方针。尤其在战争特殊刺激特殊限制之下，既不容任运自然，又岂可支节应付，不为远大之计？若得于前途目标，脚下步骤，均有所决定；则眼前所行一步即为达于前途千步万步之一步。时时能把握自己前途，方为至计。且抗日战争若远若近，中国与苏联必将合作。此虽为对外军事的合作，但是否能不影响内政建设？质言之，中国不将随之赤化否？吾人虽习闻苏联已放弃世界革命的企图；而行其一国的共产建设；但以中苏一强一弱，一实（共产主义颇已成功）一虚（胸中无主而切急需要一条路走），又加战争足以改变一切（毛君泽东数为此语），则事实演变至何地步恐未可料。今日颇有人一面对于中苏合作抗日迫切期待，一面又虑合作后中国社会中国政治将发生不自主地变化。其实抱虑何益？唯有我全国先自决定一切而厉行之；中有所主，则从外面被动地变化可少。且在国内各方协商之时，属于第三国际之中国共产党为协商之一方，间接可得苏联意旨。或径以方针计划坦示各友邦，而务得各友邦之赞助；是在外交上因宜运用，似亦未尝不可。如此方针大定，不独不致临时为人所左右，抑且大有利于抗日，可断言也。

前所谓"必先调整好我们自身，使自身发出力量来才能抗敌"，其调整之道在此。又谓"求全国更进一步的团结，以加强抗战政府的力量"，其团结之道在此。至于所分列之三点要求，皆须于调整团结之后得之。

三　迅速建立我们的团体组织

从山东多年工作的覆败，而反复自问：吾侪向前当如何作？所得答案，厥为迅速建立我们的团体组织。从大局前途的观察研讨，而反复自问：吾侪于此当如何尽力？所得答案，亦为迅速建立我们的团体组织。

以下分言其理。

山东多年工作，此番覆败于一旦，固受当局者态度错误之影响，而根本在吾侪自身有其缺欠。此缺欠为何？即迄未曾建立一团体组织。吾侪夙被人目为国内政治运动之一派，加以党派名号，如"村治派""农民社会党"之类，即日本报纸杂志书籍亦数数称引，而有"农村社会主义"等名词。其实吾侪固始终未曾建立一团体组织。外人于此或不尽信，吾同人同学固自知之，无烦多言。

吾侪始不过思想主张相接近之一般朋友，以出版言论号召于世，以讲学设校接引青年，以实地工作结合同调。自北平（村治月刊社）辉县（河南村治学院）邹平（山东乡村建设研究院）菏泽（分院）济宁（山东乡村服务人员训练处）而朋友同侪浸浸增广，其关系常不出乎师友情谊，其运用多有借于行政系统，历十余年而未尝变。然吾侪果无意于团体组织乎？是又不然。在北平时即谋议及此；自第一届研究部讲课即已提出"乡村运动同盟"之名词，而建立我们的团体组织如何不同于一般党派之理论。尤以最近两三年上层干部同人之间为此要求而商讨进行，次数最多。然慎重迟回以至于上年八九月间，而卒从搁置。大抵屡议屡辍最不易决定者有三问题：

1. 建立团体组织，在此一面为密切结合，另在一面则为划分疆界。使一切同人同学俱加入组织而无所别择，既感不尽合适，抑且此种组织亦无甚意义。然在同处同时工作，某些同人某些同学加入，某些则否，显然区分，彼此各觉于情不安。一若此为拒人，彼为见拒于人者；或且由此影响于当前工作。故不如暂在机关内（例如研究院即为机关）不另立团体，姑以同学会之组织为组织。

2. 在政府当局一面最不喜人有团体组织。又在政治场中，如自成一组织，即被目为有阴谋有企图，将招致倾轧排挤。吾侪在山东工作所以犹能相当通顺，不为当局所忌，不为各方所排［斥］者，实以审知吾侪真无组织之故。今欲建立组织首先顾虑之点即在此。如云秘密进行，则天地间能秘密不为人知之事甚少，何况此等大举动？秘密而终为人知，其危险将更大。上年八九月间抗战形势下，同人要求组织甚急，而卒从搁置者以此。

3. 团体必有领袖。在旁处或易有竞争领袖致碍团体组织之进行者，但在吾侪则恰相反。余自视不足为团体行动之领导者，尝仔细为同人同学分析之；而仲华先生同亦缺乏自信。彼此均非伪谦推让，而卒落于无人敢当。二十五年下半年余及同人合力推戴仲华先生，煞费力气，结果仍不彻底，竟以模糊敷衍终此局。团体组织之不能建立，受梗于此点者甚大。

因团体组织未得建立之一根本缺欠，而发生种种缺欠或病痛，说之不尽。提纲挈领可有五条：

一、由于无组织而全部落于无统制无计划之局面吾侪工作自邹平开始，而扩充至菏泽，继则利滨霑三县亦具相当关系，又继则有济宁等十四县。二十四年冬受国际压迫刺激，确定三年计划后，更加开展。实地工作侧重第一第二两行政区，次则第三行政区，而乡校推行至七十余县；研究训练机关则于研究院外有山东全省乡村服务人员训练处，有所谓第一第二乡建师范，有所谓乡建专科学校。外表局面愈益恢宏，内则各部分愈不相顾，殆如所谓"人自为战"者，各自忙于应付其自身环境，通有较大问题，虽上层干部亦相协商，并无统制。对于全局无前后一贯之计划。步调精神随人事关系之亲疏远近而渐渐差异。究竟何者为吾侪工作，何者不属吾侪范围，亦难分得出。大局败坏盖早种于此时矣。

二、由于无组织不能收取中层下层同人同学之意见

团体事，与个人之事径随自己者不同。不论其偏于民主或偏于集权，若果成为团体，总是大家同用心思，同负责任。今组织未立，谁在团体谁不在团体之分际不明，则其责任不明；所谓大家同用心思，同负责任，便作不到。经常的检讨过去打算未来之集会无有，自不能随时收集众人意见。纵有肯关切用心之人，亦未有其表达之方式途径。纵因一问题之来，而临时凑集开会，亦无平素一贯之用心。况事实上开会亦难，而大半落于上层干部二三人或四五人如余等者仓卒决定。多数同人同学所感觉之问题，所怀抱之意见，均不能获参考之益。事情之误于此者盖甚多。

三、由于无组织而容易被动，不能自主

吾侪上无负责之一个领袖，下无负责之多数分子，整个局面已落于随外面形势而播转。在无大风险之时，犹可敷衍混过。不意抗战骤起，不同平时；当局（韩氏）态度亦一再横来骤转，煞难应付。吾侪事业遂完全随风卷去矣。固非谓吾侪有组织即可不受当局影响，不致覆败；但至少吾侪态度总可明朗地昭见于社会，而不致随人以覆败。又凡今次由个人所造成之个别错误以加重吾侪失败者，亦当可不致发生。

四、由于无组织故工作不能讲求至善，而过失亦不能纠察

此次新易省当局沈氏以违背法令及为社会诟病撤销乡农学校，此固由沈氏不了解国内教育上行政上之新趋势，因亦不能认识此新制度；并以前省当局所为陷乡校于怨府者，悉归咎于乡校。然吾侪工作之未能作好，及服务乡校之同学份子不齐，行为失检，不待人言，固早自知之。在现象未

露之前，已注意设法。例如：设法统一健全各行政区之视导制度，添设乡建指导专员，院中师友巡回视察等。惜均非根本之计。行政方面易落形式，其事又不能悉由我作主；地面扩大至七十余县，师友更照顾不及。吾侪既大胆创造此新制度，应就工作份子形成组织，悉心讲求，以期妥善；同时应有纪律，自我批评，以树风气，而定楷模。乃以训练未周之青年，散开四处，听其自为应付；其不误此制度，又陷青年于过误者，又何待？

五、由于无组织故易于溃散

吾侪前后同人同学总计不下四千余人，今大都溃散，难于收拾。试问何为至此？则由于平日无组织又甚明也。必有团体组织，决定应走之路线，而后每个份子乃于当下有致力之点，于前途抱希望，于背后自觉有后盾可靠，只不失联络，便能遇变不惊。乃吾同人同学方当大变局之来，四顾茫然，无所依恃，何有不溃散者？

吾侪本身太不健实，病痛多端，约不出此五条，而根本缺欠在无组织。问谁贻误至此？则上层干部俱不能逃责，而余及仲华先生罪咎最重。其各个人所犯错误而累及团体者，亦由团体无组织有以致之。彼个人当然要负责，要反省；而在检讨团体缺欠之时，亦正不必深论。

今吾侪向前只有干与不干两途。不干，即从此不必见人。干，则必自建立团体组织始。前此难于决定之三问题：第一问题今以所有机关全不存在，同人同学多已星散，决定从少数人之谨严组织作起。第二问题亦以山东政局改换，吾侪均得超然局外，无所顾虑。第三问题余恐再贻误组织进行，决心担任领袖。满怀惭疚之余，除努力自勉外，更无他话可说。

更从大局问题一论吾人亟应建立组织之理。大局问题亟应确定一包括两大问题之共同纲领，以实现进一步的团结而加强政府力量，如前已说。但此事易得成功乎？吾不敢言，求其有成，求中国大局向此途以进，必靠吾人努力，必须建立吾人的团体组织。盖唯吾人于此点见之亲切的真。吾人为此要求（确定一共同纲领），与其谓出于吾人之热心，毋宁谓基于吾人对事实之认识。根据吾人之认识：

一、中国之统一必于联合求之，而不能于斗争求之。

二、中国今日需要一种革命的建设，而眼前明明有一条大道。所有社会化的经济，民主化的政治，均可由此逐步同时完成。

正唯具此认识，乃发为此要求，非偶然理想。此次访问共产党，据所表示原则赞成（如国民党愿讨论此问题，彼不胜欢迎），而窥其神情不甚热心。岂其不乐于此事成功乎？此绝不然。吾信其"今日团结御侮，他日团结建国"之言，并非诳语欺人。然从其理论，从其根本眼光，则与吾人所见恰相反：

　　一、以阶级眼光看社会，以斗争解决社会问题，于中国不能有例外。

　　二、中国眼前需要政治上一种民主的趋向，将来或可和平转变到社会主义，至于共产更在较远之未来。

其不甚热心之神情，正为缺乏与要求相符之见地，而并非不热心。其于团结御侮，团结建国，确具要求。但与其谓基于对事实认识，毋宁谓出于主观愿望。共产党而外，吾人虽尚未向各方征询意见如何；然中国人谁不愿团结御侮团结建国者？愿望都同，可无问题；所差者恐仍在认识不足。设若国人能与吾侪具同一之认识，则此运动岂不马上成功？而中国亦可直向革命的建设以迈进邪？此所以有发挥吾人之所见，以推进此运动之亟亟必要。

欲明吾人由何抱此见解，必须细究《乡村建设理论》一书（一名"中国民族之前途"），此处只能粗略指陈。

一、中国之统一，何以必于联合求之，而不能于斗争求之？此须先明白下列几层：

　　1. 一国之内，恒有许多不同势力，例如：不同阶层，不同种族，不同宗教，不同职业，不同乡土，不同党派，以及从年龄性别思想等所生之差别。此种种不同之势力，共生息于一国之内，一面既互相依存，一面又互有参差矛盾，以至甚尖锐之冲突于其间。凡此总括之曰社会内部形势。

　　2. 国家统一之要求，基于二者：（一）为进行社会生活，（二）为应付国际环境。

　　3. 达于统一之途径或方式，不外二者：一曰联合，彼此从理性以求通；一旦斗争，强者以强力制服其余。

　　4. 统一或不统一？统一取径于联合抑于斗争？全视乎其社会内部形势若何及其当前问题若何。

中国之必于联合之途求统一，盖为两面所规定：

1. 社会内部形势散漫流动，求较成片段较固定之势力不易得；

2. 所遭遇之问题，为从近百年世界大交通而来之国际侵略，文化比较，是民族问题，非阶级问题。

社会内部形势各国不同，当前问题更时有变化。中国以此种社会形势，当乎此种问题刺激下，其可能之反应，非落于不统一，即必趋于联合。盖从其社会内部之不一致，易有斗争，然欲从斗争以建立强制性的统一，又缺乏成片段较固定之一大势力。于是遂落于不统一矣。又从其为民族问题而非阶级问题以言，似宜联合统一对外，不当趋于分裂自斗。然而不然。此必如今日大敌压境，有共同对抗之一定目标，乃能联合统一对外。在平素，其问题仅止于刺激中国人发生救国运动，至于如何救国，则从各自社会背景而异其见解主张，意志并不能统一。抑且此种不相背反（同欲救国），又不一致之要求，最表见散漫微差性；此种在宽泛邈远目的下为其一种方法手段（如何救国）之要求，最表见流动不定性；全不似从阶级问题所发要求之简单明切，一贯不移。于是此民族问题的刺激，不独不能使中国趋向统一稳定，转且入于纷歧扰攘。至于像阶级问题，以偏从一方明切不移之要求，建立强制的统一者，当然亦不可得。于是此民族问题除最近两年外，数十年来毫无助于中国人之合作，又且加重其不能统一之形势。

　　总之，在此种形势散漫问题囫囵下，其斗争绝不能彻底，而得一结果（建立强制性的统一）。斗争之路不通，折过头来只有联合。联合之必要在此。联合较斗争更费力；斗争之路犹有可通，则联合无必要。吾侪之所认识者即在此点；所盼望国人同加以认识者，亦无非此点。然非认识此散漫，不能深切认识中国问题之从外来；非于形势及问题同有认识，又不能深切认识斗争之路所以不通。散漫为俗所常说，然大都不能深切把握；又非于中国文化有了解者，不能认识此散漫。社会构造（政治构造，经济构造在内）为文化之骨干；散漫则过去中国社会构造之特征也。

散漫为中国社会之所独；其他皆不然。一般之例，社会内部恒有固定成片段之几方面势力，其矛盾冲突严于中国，而建立统一亦易于中国。大抵非其社会间有强固成片段之势力，不能演成严重之内部问题；而由内部问题愈以促其势力强固成片段。此种社会，值其外界问题紧切之时，则易于团结合作（是为联合的统一）。当其阶级问题尖锐之时，又不难以一方压倒其余（是为绝对强制的统一）。至于平素（内外问题俱不紧急），则寓斗争于和平之中，彼此相竞于法律之内（是为相对强制的统一），将爆发之剧斗于此培养。是其统一之机会最多，其统一取径于斗争者最多，而要皆得力于其社会内部形势之不散漫。

故吾人把握不放松者即在中国不合于一般之例。一般之例，社会形势不散漫；一般之例，革命皆阶级斗争之爆发，而中国不然。共产党朋友，于中国社会散漫，中国问题从外引发之两点，以事实昭然，亦无法全不承认；但总认中国亦为阶级社会，中国革命亦有阶级斗争在内；中国眼前仅为阶级合作，是半殖民地社会所不得不然。……吾信其言，但吾不能不疑其出于一种愿望（非出于一种见地）。真能为中国之团结（联合）的前途供给一部理论而为之指针者，其唯吾人。

二、所谓中国今日需要一种革命的建设，而眼前明明有其大道者何指？前曾为极粗略之比较，北伐后之国民党有建设而不革命之嫌，共产党有革命而不建设之嫌；然时势需要，则在一种革命的建设，国共两党两失之。吾人为此言，实由亲切的见出一切在民族社会内的斗争，一切破坏行动，皆无必要；实由亲切的见出眼前有一条完成中国革命的大道，其道即在乡村建设。

需要建设而不需要破坏斗争之理由：

1. 中国革命是从外引发的文化改造，民族自救；而不是由社会内部矛盾所爆发的阶级斗争。

2. 中国社会一向散漫流动，历史上只有一治一乱之循环，而无革命；现在仍未形成阶级，即便倡导斗争，亦斗争不出结果。结果指一崭新政权之建立。

3．尤其在旧秩序推翻后，破坏无所施；中国现在是没有秩序，而不是有一不平等的秩序。

4．旧秩序的残余亦是有的；但必待新秩序起来，才得替换过。如再从事暴力破坏，徒使社会沉沦淹滞而不进步。新秩序愈不得形成，旧秩序的残余，转更延展其生命。

需要建设而其道即在乡村建设之理由不外两面：

1．客观形势之所不得不然，即天然必出于此途。

2．主观要求上亦正合理想，即唯此途乃能完成中国革命。

关于第二层"唯乡村建设为能完成中国革命"，不如是之建设即背乎革命之理由：

1．唯从农业引发工业之建设为能完成中国革命（社会主义）；反之，从商业以发达工业（资本主义），即背乎革命。然农业在乡村。

2．唯从民众作工夫（唤起民众训练民众组织民众）之建设为能完成中国革命；反之，不从民众作工夫即背乎革命。然民众在乡村。

3．唯使社会重心（政治重心经济重心）普遍安放之建设为能完成中国革命；反之，社会畸形发展，使重心随中心（都市）而集中，即背乎革命。然普遍安放必于乡村。

北伐后十年来政府之举措兴施与此方向一一相反，吾人所指为不革命而不敢苟同者以此。至乡村建设为中国革命客观所必从出之途，及其进行步骤，此不能备言。此唯点明吾人于过去之共产党不能不反对：而于过去之国民党亦同样不满意。吾人要求今后共产党转向于建设的革命，要求今后国民党转向于革命的建设。

然非提出吾人具体主张而发挥之，何由进行此要求？何以转移此双方？又空言团结联合之理无用，非从事实上发见其可以沟通妥协之点不可。此具体主张，吾人是有的，此点吾人是发见的。正唯吾人发见此点，怀抱此主张，乃痛感过去两党之失，乃迫切要求今日国是国策之确定。问题只在赶紧发动此运动，开展此运动，是无他，唯有迅速建立吾侪之团体组织。

前云于观察大局问题之后，反复自问求如何尽力之道，其答案在迅速建立吾侪之团体组织者，大意如是。以下进而略言吾侪团体组织之原则。

吾侪团体组织果为何组织？为学术团体乎？为政党乎？此必须先认清者。吾人答复，非普泛之学术团体，如"科学社"，"平教会"之类；亦非通常之政党，如"共产党""国家主义青年党"之比。

科学社一面为科学之学术研究，一面作一种科学运动，平教会一面为平民教育之学术研究，一面作一种平民教育运动。今吾侪一面为乡村建设之学术研究，一面作一种乡村建设运动，似乎无不同。但吾侪实为包涵政治运动之一种社会运动（社会运动有不包涵政治运动者），素有其政治理想及政治要求，今次建立组织之促动又明明为政治的动机，则岂一般学术团体之所有耶？故决非普泛之学术团体。抑且从学术研究言之，吾人所为亦有在一般学术研究之外者。是即于人生程途中，恳切自反，相勉向上，同于中国古人讲学之义，非止于知识思想之间。——是为从来中国特有之学术团体。

吾侪既从事政治运动，何以又非政党？政党必争政权，吾侪不争政权，便非通常之政党。此不争政权不只吾侪团体为然，共产党，青年党乃至国民党，均必落于此局。前已略申其旨，后当更言之。——是为今后中国所特有之政治团体。

回溯过去历史，盖在民国十年余发表《东西文化及其哲学》一讲演后，即尝以合中国古人之讲学与近代社会运动为一事自勉。十数年来与吾同人同学所共勉，而为天下所共见者，固始终不离乎此旨，今当更求其深切著明耳。分析言之：

首先，吾侪建立团体之根本动机，为实现人生向上，将借助于此团体组织以实现个人的向上；更从个人的向上完成人类社会的向上（或云文化的向上）。

本乎此义，凡参加组织者第一当于此立志，以亲师取友为心。古人贵乎朋友责善，贵乎互相夹持，今人在团体内勤于检讨批评，皆所当则效而力行之。——是为第一点。

在人生向上之意义内，则学术研究在所必务。又在社会运动立场，为理论为技术，均非作学术研究不可。团体当以此要求于份子，份子当以此要求于团体。——是为第二点。

在师友情谊上，在团体关系上，宜求生活互助。于朋友通财之外，更进而建立共财。自二十四年余妻故后，余所有财物既付托勉仁斋诸友共管公用。同学诸友前后亦略有储蓄。今后当循此旨更求妥善办法于组织之中。——是为第三点。

其次，吾侪建立团体之眼前最亲切的动机，为解决中国问题，一面求得民族解放，一面完成社会改造。如吾侪所信，其道在乡村建设；而其事则必须联合国人协力以图之。今将借团体力量发挥吾侪之所信，更从团体以立联合协力之端。

本乎此义，凡参加组织者必于乡村建设理论有认识有信仰，更且直接或间接服务于乡村。即每一份子必有其职业或工作；其职业或工作必直接或间接为服务于乡村的。盖吾侪团体为从事于乡村工作者的团体，与一般政党多聚无业游民，专以奔走活动为事者不同。——是为第四点。

从吾侪理论之所示，中国以其散漫的社会形势在囹圄问题下，不应有绝对排他的政党，亦不应有相对立的政党。其唯一应有者，乃为二重组织的政党。各别团体为第一重，团体与团体之联合为第二重。非有各别团体无以代表各不同之痛痒要求以及其意见理想；非联合于一组织之中，不能协力救国建国。吾侪之建立团体乃为参加此联合，而非建立团体以事竞争角逐。——是为第五点。

此联合体为代表全民族社会（各族各教各地方各阶层各职业）时常保有其一致的立场，必不能直操政权。盖此与其他国家之有联立内阁混合内阁或举国一致内阁等全非一事，不可相比。此时之政府机关应不着某党派颜色，而应为一"无色透明体"。若以孙中山先生学说解释之，则此联合体所有者为权，而政府所有者为能；此联合体所有者为政权，而政府所有者为治权。吾侪尝自誓永远守定在野营垒，其义在此。——是为第六点。

举此六点，已见大意。其吾侪在政治上所抱主张之纲领及团体组织之章则，正与二三同人着手草订。凡我同人同学热心团体关切此事者，幸各以所见赐教。当汇合大家意见，以求至当。来信寄武昌汉阳门乡村书店即妥。

　　二十七年三月三日梁漱溟于徐州写奉。

《告山东乡村工作同人同学书》，1—58页，1938年，武昌乡村书店代印。

山东乡村工作人员抗敌工作指南

甲　工作目标

乡村工作，在平时其目标为建设新社会，完成中国革命。但在今日，则应转移其目标于抗敌；于抗敌之中，进行新社会之建设。此为总目标。在此总目标下，则以敌人征服我者有四大步骤，从而对抗，亦有四项目标。兹分别指点如次：

一，敌人对我第一步计划为军事的占领。故抗敌工作第一目标，应为对抗敌人，使不能达到其军事目的。在国军作战地区，则发动民众武力，组成游击队，与正规军队相配合，相策应，并担负谍报，向导等工作，以求保卫乡土。在敌人已经占领地区，虽不得正规军配合策应，亦应相机为破坏敌人，牵制敌人，妨碍敌人种种工作，大之可以部分的收复失地，小之使敌人不得遂行占领。

二，敌人对我第二步计划为政治的统治。故抗敌工作第二目标，应为对抗敌人及其傀儡政权（如维持会，或伪县长等），使不能达到其政治目的。在敌人傀儡政权势力所及之地区，例如铁路沿线，或公路沿线之城镇等，应有秘密组织，消极抵抗，乃至进而予伪政权以种种破坏打击。在敌人未成立傀儡政权之地区，或虽已成立而其势力不能及之地区，应斟酌情形，或形成某种方式之地方自卫自治力量，或树立代表民众之临时政权。总求安定社会秩序，俾农业得如常生产，农民得如常生活，消极的可以不接受敌人统治，积极的能为游击队作根据地。

三，敌人对我第三步计划为经济的榨取。故抗敌工作第三目标，应为对抗敌人，使不能达到其经济目的。此要在使乡村社会趋向团结组织，依其组织的力量，解决经济生活上种种问题（如缺乏煤油，便商量着设油坊；缺乏辅币，便商量着存积粮食，以粮食为准备，发行辅币），达到乡村自给自足的企图，而使敌人不得遂行其种种计划（不能收买农产，不能行使伪钞，不能推销仇货，不能布置经济侵略机关）。

四，敌人对我第四步计划为灭亡我民族文化。故抗敌工作第四目标，应为对抗敌人，使不能达到其亡我之最后目的。此要在激发民族意识，认取民族精神之所在，而服膺勿失，凡其一切毁灭我文化之所为（如提倡日语日俗，改订教科书等事），均严切拒绝之，抵制之。

蒋委员长于政府迁出南京后，告国民书有云："中国持久抗战，其最后决胜，不但不在南京，抑且不在各大都市，而实寄于全国之乡村。（中略）诚能人人敌忾，步步设防，则四千万方里以内，到处皆可造成有形无形之坚强壁垒，以制敌人之死命"。乡村抗敌工作之意义重大，言之最为透切。

然抗敌之中，仍须不忘原初建设新社会之目标，要使上层各项工作同时更具有建设新社会之意义。例如：在政治工作中，启发民众政治意识，养成其组织能力，引导其政治生活趋向民主化；在经济工作中，促进农民合作，养成农民适应环境之自主能力，使经济重心转移于乡村，经济生活趋向于社会化；在军事工作文化工作中，树立坚强的有形无形之国防基础等等皆是。

乙　工作中的几个原理原则

欲求抗敌工作成功，第一须严敌我之界。敌我之界不严，则抗敌云云，无从说起。敌指日本人；我谓中国人。在今日只应有此界别，而不许有其他界别。若更有其他界别，则此界别不严。譬如华北华中各伪组织，虽不自承为汉奸以助敌，然其为中国人自己之分裂甚明。当敌我不两立之时，此其结果明明不利于我，而有利于敌，虽不谓之助敌不得也。敌我之界既严，而后我内部之团结乃固；团结既固，而后致胜可期。工作中其他原理原则均由此演绎而来，故此为第一原理。

如何严敌我之界？此必须激发民族意识，加强内部之团结组织；——此即文化政治经济等工作，或统名之曰政治工作。有此政治工作，而后游击队乃有其社会基础，而不为漂泊无归之游魂，故军事工作必以政治工作为其根本；政治工作实重于军事工作。此为第二原理。

乡村抗敌，缺乏武器及军事上许多条件；其积极摧敌之力既不足，则更贵乎为消极抵制。故乡村抗敌工作中，必以政治工作为主，而军事工作次之。此为一个原则。

欲严敌我之界，则我社会内各阶层各党派，求其愈不见疆界愈好。欲加强内部团结，则各阶层各党派，以至各方面不协调处，更须调整，减少其矛盾冲突，而求为社会一体性之发挥。例如共患难同甘苦之精神，即属十分必要，而恰好建设新社会之理想目标，亦即在建设无阶级的社会，实现平等一体。是则抗敌工作之前提要求，即隐含有新社会之理想意义在内。此种同甘苦之精神，在平素原不易作到；然在此际环境压迫之下，则又不难实现。是则抗敌工作之环境，即隐然为一种机会，得以和平转变，完成一些改革改造，而趋向于新社会之建设。此为抗敌与建国正好相通之原理，凡工作者宜深切认识而善为运用之。

在抗敌工作中，虽可进行一些社会改革改造工作。但此为调整社会关系而进行，决非欲挑起阶级问题党派问题。反之，在抗敌期间，必然放下一切问题，乃能集中力量解决一个问题。认定此一原则，应拒绝任何内部问题之提出。

调和各方，团结各方，言之甚易，行之甚难。欲克服此种困难，必坚决认定，"对自己人让步，即是对敌人进攻。"——此即上一原则之引申。

但在各方，真无法调和时则如何？为迅赴事机起见，亦不能不用强硬手段；此强硬手段之适用，有一限制，即必在大众支持拥护之下而施行。换言之，初意本不愿牺牲某一方面，但此一方面，如不肯牵就大众，则势不能使多数屈从少数，亦不能停止其事之进行。此为时时顾及各方意见要求之原则下，仍以多数人之意见要求为主之原则。

丙　在工作中吾人对各方面之态度

一，对一般民众之态度：在抗敌工作中，不要以自己的要求，个人的希图为出发点（如要求民众立刻动起来，希图个人成为民族英雄等）。心里要放得空洞，而体察民众方面的要求如何，乡村社会的实际问题在那里；顺着社会客观形势，去引导他，去推动他，以解决他们的问题为出发点，而归结到抗敌的大目标。即在方法策略上，亦宜先听取他们的意见，而后商量之，指导之，而应以好自出主张为戒。

二，对其他抗敌工作者之态度：1. 在同一地方，如先有他人领导抗敌工作，吾人即不必独树一帜，更不必争取领导地位；只求有利于抗敌，便可随同工作。2. 在同一地方，如其抗敌工作头绪纷繁，步伐不齐，吾人应从旁调整其关系，促成其合作，以克服其纷乱为己任。3. 只有在无人发动抗敌工作之地方，吾人不辞领导之任。但此必为较小之地方，仍应与较大地方之较大抗敌力量取得联系而从属之。4. 在既成之抗敌组织未能容纳各方力量者，于统一运动开展后，如果确有改组必要，应以各方共同行动之方式改组之。5. 吾人对于各党派团体，一视同仁，但求有利抗敌，概无其他计较。6. 轻离轻合为今日知识分子的大病，应极力警戒避免。可以说谁不肯轻离轻合，谁为最后之成功者。7. 对于既成的抗敌组织不必遽求从正面参加，对于他人领导的抗敌势力，绝对不予分化拉拢，但要从旁接近其领导分子，强化其抗敌意识，引导其行动于正确方向。8. 绝对不可利用成股土匪；一时利用必招不可收拾之祸。凡想利用人者，鲜不为人所利用，切记！切记！即收容散匪，亦须格外慎重。不但不可用匪，吾人亦须站在地方民众立场，肃清土匪。

三，对于地方行政系统之态度：在地方政府行政力量所及之地区，自应绝对尊重其法令，在法令内因宜进行工作。今山东大半沦陷，或为政令之所不及，其行政系统下，原来的办法安排（如后援会，保甲，自卫团等），应当视为既成基础，要去运用，要与他配合，不要忽略，不要分化。司马温公有言："事相因则易成，俗相缘则民不惊"，最宜体会。但如已破坏，亦不必勉强恢复。

四，乡村工作同人相互间之态度：1. 在同一地方，有我同人同学二人以上工作者，除参加一般抗敌组织外，应彼此持有一种联系，俾收切磋砥砺之益。在此种师友联系中，自应互推年辈较长者为领导。2. 在抗敌工作上，如另有领导人物，自不必说，如无他人领导，而需要吾人出头时，宜暂以年辈为准。例如师长同学在一处，暂以师长领导；许多同学在一处，暂以资格较老之同学为领导。3. 在抗敌工作有一段经历以后，则究以何人领导为宜，自然可以看出，不必再拘定年辈，虽以同学为领袖，而师长辅翼之，亦无不可。4. 凡乡村工作同人同学，已加入其他党派团体者，对于其组织关系均听其自由，概不计较。

五，对敌人之态度：对于敌人，除绝对不两立外，亦有应注意者：1. 不轻易刺激敌人。2. 勿使敌人重视我们的力量。3. 俘虏敌人不加杀害。4. 被敌人利用之汉奸，如可使之反正者，即应设法使之反正；其顽梗难化者，则以严厉手段对付之。

总括而言其最要紧之点，在工作中，人事问题最麻烦，吾人第一须耐烦才行。但耐烦非易事，必愿力宏者乃能耐烦。在知识分子之间，彼此相轻，彼此不服，你看我不合适，我看你不合适，为人事问题所由起。故吾人第二须肯服从人才行。但服从人亦非易事，必常常见得自己有许多缺短，怀抱确乎谦虚者，乃能服从人。在人与人之间起分离作用者，即彼此虚伪不实；故吾人最后必须诚实无伪。

丁　发动民众及运用民众武力

一，要发动民众，大抵需知识分子，或乡村之自然领袖，故入手第一步当结合此项人物，成为一原动力。

二，在此项人物中，更须结纳几个有血性有心肝的青年壮年，以为中坚干部。

三，此项人物中，推举资望最优，品行公正之一人为领袖；配合中坚干部，联络远近同志，造成广大领导力量。

四，我乡村工作同人同学，散布在全省各地者甚多，正好担任远近之联络事宜。

五，鼓舞原来领导乡村自卫之领袖，俾运用现成的民众武力。

六，有计划的参与各种会社（如红枪会等），使之逐渐改进，成为抗敌的力量。

七，有知识的人容易动；年轻血气盛的人容易动；要一般民众都发动起来，非搔着民众的痛痒不行。因为痛痒是行动的根源。敌人之蹂躏地方，为发动民众最有效的刺激，即以此故。但吾人总不希望在敌人蹂躏后，民众始有觉悟，始能团结。在敌人未到地区，而未甚受其灾祸者（或因非行军大道，或因敌军匆匆走过），则应就民众自身疾苦，为谋相当解决。否则与之不关痛痒，何能形成民众抗敌力量。

八，总之，要使散漫的老百姓团结起来，非空言所能济事。必需外面感受敌人威迫，内部确能实行共患难同甘苦才行。不团结起来，即不算发动起来。

九，要为民众解除痛苦，须先造成社会舆论；能运用社会舆论力量，从政治上解决之最佳。

十，在失陷地区，要设法树立抗敌的临时政权。此政权非得到民众的支持拥护不能稳固有力。然非能认识民众痛痒所在，而代表民众要求者，亦不能得到民众拥护。故此政权与发动民众互为因果。

十一，在理想上，男女老幼最好各得其用；或积极的，或消极的，各都工作起来。此须运用组织，施行分工。

十二，发动民众，必须破除一般人的恐日病。一般人对敌人的恐怖心理，使敌得到无限的方便，招致更悲惨的结果。其实以国家整个前途而论，敌人弱点甚多，国际大战终必爆发，最后胜利在我，并非虚语。以眼前战斗而论，敌兵怯战厌战，已从各战地许多事实证明，正宜勇猛予以打击，岂可自相惊扰。凡我工作者于此等敌人弱点所在，国际大势所趋，必先自讲习熟悉，以便随时在乡宣传；其敌兵怯战事实材料，亦必广为搜罗，宣传于民众。

十三，发动民众，必须破除一些诐诡之辞，如"日本人只打国民党"，"政府军队招［架］不住，老百姓有何力量"，"谁来了都是一样完粮纳税"，"抵抗的结果只落得更大的牺牲"等等，或为敌人有意分化我，而散布的谣言；或为抱着苟偷心理的人一种说辞。听其蔓延，必将归顺投降，及至敌人毒计施行，再图反抗已晚，故应彻底扫荡之。

十四，发动民众必须以知耻激发民气，而培养其民族的自爱自尊之心。凡我工作者，宜于吾固有文化，民族精神，深有体会，而时时讲说于众。

十五，游击队最好产生于民众已发动团结之后。盖必如此乃有根基，乃与民众不相分离，而真为民众的武力。

十六，游击队［员］最好由民众拣拔而出。拣拔时最好一个一个说动他，而不强制。此种队员随时可以集合出队［发］，随时可以隐伏在乡；遭遇敌人容易得到掩护；给养问题亦较易解决。

十七，凡事须有表率者，始能引动大众前进。在抗敌团体组织中，则中坚干部分子，应为一般之表率；在此民众武力中，更须造成一种中心表率的力量，充分发挥表率作用，始能有效。

十八，要打击敌人，必先有灵敏的情报网，刺探敌情。临时派人侦探，多不可恃。此亦必真为民众武力，而后情报网乃易布置。

十九，要打击敌人，须能铲除敌人的间谍，封锁敌人的消息，使敌人不能预知我方虚实；此更非团结民众不为功。

二十，在准备未成熟时，不要轻于尝试，因为在失败后，恢复勇气最难。但慎重与畏惧不同，如果把握着时机，则必须不避艰险，毅然的去打击敌人。

廿一，沿铁路公路线之城镇村落，敌人可凭借以制我者，应领导民众作有计划的逃避，破坏及伏击。

廿二，选择形势优越而偏僻之地区，建树自卫自足（经济自足）之根据地，以为中心武力之凭借。

廿三，除与正规军配合作战外，应与邻近游击部队，或自卫实力，取得切实联络，共同动作，逐求开展。

廿四，游击队之组织训练，游击战术之运用，应访求有经验之专门人材，担任指导。

附 同人应注意事项

一，我乡村工作同人，如能在各自家乡，或所熟悉之环境，进行抗敌工作者，应即参照上开各条项进行之。其环境不易进行，而仍有志抗敌者，可退至河南镇平，参加训练讲习。

二，抗敌工作，以山东全省为全区。全区以内，以相连之十县内外成一片段者为分区。分区以内，因工作之宜，别为几个至几十个小单位。分区及单位之区划，另有通知。

三，同人工作，应有中心负责之人为领导。全区负责人，已经推定，容另通知。分区暂不预定负责人员，俟工作开展后，由分区工作同人及全区总负责人协商决定之。各单位有同人二人以上者，自行推定一人为负责人。

四，同人彼此应多方取得联络，并布成通讯网。

五，同人在可能范围内多谋聚会，多换情报及同人之消息，讨论问题，切磋工作。

六，互相传递书报，及本团体之通讯及印刷品。

七，同人在后方之徐州，镇平，武汉各设有通讯处，常川有人驻守。

《告山东乡村工作同人同学书》，59—79 页，

1938 年，武昌乡村书店代印。

召开战时农村问题会议，
并于政府中设置常设机关案

梁漱溟等提：

理由：中国自 1930，1931 而后，农村急剧崩溃，除 1936 以全国丰收，市价又不坏，稍得喘息外；问题之严重未解，而大战遽起。此时国家抗战所需人力物力，既无不责之于乡村，乡村负担加重若干倍，而农产或以贸易停顿不得输出于外，或以运输困难而滞销于内，正苦无负担之力，此为战时农村最大问题之一。又地方制度（尤其省县以下），自清末以来日在纷更，迄未确立。自治固不能谈，即官治亦且难言。加以数十年来受西洋影响，无论政治、教育、经济，皆使人才钱财集中都市。都市有拥挤充斥之患，而内地乡村空乏，几同一片沙漠；则下级行政机构之不能充实健全，自属当然。此时国家百事责之地方，地方一切归于乡村。乡村无力负担是第一问题；办理不善是第二问题。类如兵役问题是最著者也。在上级地方政府方嫌其质量两差，在中级（专员、县长）已竭蹶万状，在乡村则扰乱痛苦，直匪言可宣。不独痛苦，抑且前途危险之至，此为战时农村最大问题之二。国家抗战既依靠于乡村，农村问题严重如此，岂容忽视！拟请行政院召开战时农村问题会议，集合了解下情之人，详加讨论，亟筹整理补救之方。

会议后，所以必须有常设机关者，以一次整理未尽得宜，下情必须不断了解，此其一。农村问题，关涉许多方面，虽在政府各有职司其事者，而相互间联络不够，必须加以推动，使其常得商讨设计，而后分别执行，庶乎事业可举，此其二。

办法：战时农村问题会议由行政院或军事委员会召集之。其组织及工作进行应注意下列各点：

（一）参加会议者可有下列各项人员：

（甲）地方政府代表二人至四人——期于了解地方政府之一般意思。不必每省皆有代表。

（乙）富有地方行政经验，在抗战后且曾任职专员或县长半年以上者三人。

（丙）从事乡村建设或民众教育之专家三人至五人。

（丁）行政院内政部代表一人，经济部代表二人，中央农业实验所代表一人，农本局代表一人，军政部代表一人，教育部代表一人，军委会政治部代表一人，中央党部社会部代表一人。

（戊）其他关系机关得临时邀请推派代表与议。

（二）大会中应设各专门组，例如：兵役问题为一组，金融问题为一组之类。专门组商讨之结果，除必要时不再移付大会讨论。

（三）工作重在商讨设计及指导推进。

（甲）本会议只重在了解下情，切实设计，同时图各主管部门在工作上之互相联络配合。凡商讨结果经由与议之主管机关人员签呈其长官采择施行。

（乙）会议后酌量改组为常设之委员会；除不断商讨外，重在派员分赴各省促动地方之商讨进行，并派技术人员指点协助其进行。

《国民参政会一届一次大会记录》，
1938 年 7 月 14 日。

改善兵役实施办法建议案

（1938 年 10 月国民参政会一届二次会议）

　　征调壮丁，补充兵员，为抗战中最大问题之一；年余以来，办理未善，影响后方，若不急图挽救，将有不堪设想者。况现在可以实行征丁之地域日蹙，则于此仅有之西部各省，不可不亟求改善。据考查所得，截至最近为止，中央对于各省，各省对于其属县，大半以一定数目责令办齐，并未责其认真依法施征；而下层实际办理情形，更与其上级政令所指示者不合。于是法制为一事，政令又为一事，实际办理者又为一事，竟可折而为三。上届大会，关于此一问题，决议九项，首以"法规已其完备，唯各地未能切实奉行"为言，意正在此。最近倾向，各上级政府均将依法施行，政令与法制今后可望符合。所有从不符合法制之政令而生之严重错误，自可望减消。今除法规所有及上届大会议决九项，已经国防最高会议议决，交军事委员会尽量采择施行者，勿庸再行论列外，此后当在下列两方面注意：

　　一、法规上之问题。大体言之，今日问题原非法规不善，而实为奉行办理之不善，然仔细言之，法规亦非无可商之处，当须随时修改，以期尽妥。

　　二、办理上之问题。所谓办理不善，又可分为两个阶段：自壮丁起，送往验收机关，为前一阶段；在此一阶段中所生种种弊端，大抵出于保甲长、联保主任、区署、县政府以及乡村奸民。自壮丁之验收，以至入伍受训，为后一阶段；在此一阶段中所有种种弊端，则尽属军事机关之事。前后两段，问题皆甚严重，亟须加以整饬。

　　兹针对问题讲求改善之策，特分别提出几项原则：

　　甲、对于法规上之问题

（1）中央所颁法规，宜有弹性，勿取硬性，俾得适于各地不同之情形（例如四川壮丁身长体重标准均低）。

（2）中央宜宽予范围，准各省市县乡自订其单行规则方法（例如优待军人家属最好各县乡自有办法）；或经下级机关陈诉窒碍后，即准予变通办理。

（3）上级政府所责于下级者，切忌手续过于繁重，条文涉及琐屑。

（4）各省市县乡动员委员会，多引地方人士协助工作，并诱进其陈诉意见，俾法规之问题易于感觉，而得修改（参看下面）。

乙、对于办理上之问题

（一）问题属于前段者：

（1）确立最善地方制度，充实健全下层机构。盖推原问题，实由三四十年来地方制度未曾确立，下层机构不充实不健全，政令向不能下达，办事从不认真而来。

（2）从速成立省县民意机关，启发地方团体意识，俾研究解决其一地方之问题。

（3）眼前应认定三方面力量：一、政府；二、地方人士民众团体；三、教育界；互相配合之原则，成立或改组省市县乡各级动员委员会，以补救上两项之缺欠。此事最关重要，更为申说如次：

1. 为认真造具清楚之壮丁册，必须得其他两方面协助办理，否则人手不够。

2. 为抽得签后壮丁不致逃亡，必须：一、事先宣传，引发热烈抗敌情绪；二、大众了解法令内容要点，而拥护之，要求之，造成依法公平办理之空气；三、尤要在平素办公人员之外，得地方有信望之人，共同保证优待军人家属必可实行；四、而且后来果真照行。如此，则非得其他两方面协助不可，甚明。

为实行此项原则，应于现行动员委员会制度有两点修改：

1. 省市县动员委员会原有"得酌量聘请当地各界人士为设计委员"之规定，应改为"应聘请当地各界人士为委员"。

2. 省市县动员委员会以下，应增加区或乡（联保）动员委员会之一级。

（4）各省得就其所属县市，各县得就其所属区乡，特别指定三五处

"兵役实施示范区"，使其发生表率示范作用及彼此竞赛作用。此项示范区之选定，应在地方行政机关平素得力，地方人士富于热心，及有素著声誉之社会教育机关或学校者，先行成立；以后得因各地方之请求而核准成立之，以期逐渐增广。

（5）县市以下之区乡或镇，应准由其地方人士，组织出征军人家属协助委员会；或准由出征军人家属，组织各该区乡出征军人家属联合会。

（二）问题属于后段者：

（1）在前段弊病相当救正后，则壮丁不致逃亡，或者情愿从军；从而后段办理验收、转送、编训者，对于壮丁种种苛羁虐待，亦可减少。故必以前段工作作好为第一原则。

（2）由上级军事机关，对于所属人员办理验收、转送、编训所有各种舞弊及虐待情事，严加惩办，切实整顿。

（3）参照前条三方面力量配合之原则，建立各级监察机关。

以上所陈，是否有当，敬请大会公决！

梁漱溟等提

孟广涵主编：《国民参政会纪实（续编）》，重庆出版社 1986 年 6 月版，第 106 页。

询问战时农会组织通则案

参政员梁漱溟，张一麐、黄元彬，林虎，彭允彝等询问：

谨查上届大会，本席等以抗战建国纲领已项第二十五条，有"改善农、工、商各职业团体而充实之，使为抗战而动员"之文，而各地农会，多半有名无实，或并其名而无之。充实如何改善而充实之，想在政府必有至计，曾提出询问案一件，请予答复。当承答复"已将各县农会情形调查清晰，并经拟具战时农会组织通则草案，俟呈奉核准后，即可公布施行"。现在历时已有四个月，似未见有战时农会组织通则公布，究竟政府对于此事曾否注意进行？四个月来，办理至何程度，缘何迟滞如此？所谓各县农会已调查清晰者，能否以调查所得见示？所谓战时农会组织通则者，其内容，方针或原则如何？是否可提交本会通过，以符国民参政会组织条例第五条"在抗战期间，政府对内对外之重要施政方针，于实施前应提交国民参政会议决"之规定？特续提出询问，希转请政府即予答复为幸。

经济部长答复（略）

《国民参政会一届二次大会记录》，1938 年 12 月。

请开全体审查会，并请政府当局出席切实检讨抗战工作案

梁漱溟等提临时动议：

迩者，适值本会开会，而广州、武汉相继不守，大局转趋严重，然抗战前途尽可不必悲观，此在蒋委员对本会开会致词及最近告国民书，均剀切言之，且亦有识者所同承认也。但理论诚哉无伪，而将来是否如吾人理想以实现，仍待时时不断之检讨与努力。

例如：蒋委员长对本会致词云："预计最后胜利为待敌人侵及平汉，粤汉两路以西，而后凭我整个民族无上奋斗之实力，全国呼应，与之作一殊死之决战，乃克实现"。按今日各党派情形如何，各种族间如何，各省各军又如何，恐所谓"整个民族相呼应"，尚属理想。苟不切实检讨，好自努力，则此一大前提，便成悬虚。更如论者所谓"今后抗战中心，非在城池之得失，而在求得主动地位，实施全国范围之运动战，更便于牵制及分散敌人，更利于消耗及歼灭敌人，除正面钳制，侧面袭击，更积极活动于敌后，使敌人顾此失彼，陷于进退维谷"（10 月 27 日《中央日报》发表前方将领谈话）。然此所谓全国范围之运动，果有如此把握？其必需配合民众力量，是否发动？似大有疑问。在此前提上未能踏实遽进，而推论云"我方既于全国范围发动广大运动战，则伪组织必不能存在，其利用中国人打中国人，利用中国之财物资力以征服中国之诡计必不能达"，（同前《中央日报》），亦只能认为于理有之而已。

以同人等所知，论前方，则吾人寄一切希望于运动游击战，而实则军民未能配合，各方武力，头绪纷乱，更未能互相策应。论后方，则吾人寄一切希望于抗战新力量之培成，而实则各地方治安，尚成问题，遑论其他。日日绑拉壮丁，则民众之发动何在？农、工、商业破产，则生产之增

加难言。所有前后方之情形，实觉不堪检讨。他如抗战前途不能无藉于国
际上之接济，此后是否可望源源输进？输进孔道又如何？更如现在军事如
何？兵力如何？财政金融上可虑之点如何？本会同人，粗聆报告，尚难于
仔细检讨，拟请将开全体审查会，并请政府当局出席，共同切实讨论，以
资警策，而于事实有所推进，抗战前途幸甚。

　　本案并无决议。

《国参会一届二次大会记录》，

1938 年 12 月。

创办私立勉仁中学校缘起
暨办学意见述略

往者愚于中国教育制度之改造，尝主张学校教育社会教育融合不分，而一切设施必先厘定其社会区域，以为教育对象；即以社会区域之大小统属，别其等级，著为系统，定为国学、省学、县学、乡学、村学之制（见所著《社会本位的教育系统草案》）；而无取于大学，中学，小学，如今日者。是其说创于七年以前，而所见则怀之逾十年，至今见之益真，持之未尝稍变。然则吾何为而即今之制，以创办勉仁中学乎？

一国教育制度之根本改造，有其时，有其势；客观因素不至，吾不能急切以求之也。理想制度之实施，既且有待；现行学校教育之补偏救弊，夫何能已。若中学教育盖尤为人所关切者。青年期（12 岁至 18 岁；亦曰成丁期）为人一生关键，其心理生理之发育开展在是，而易受贼害，亦在乎是。中等教育适当此期，于此而不得其当，心窃伤痛之也。

民国十三年，愚尝辞北京大学讲席，而主办高级中学于曹州；十七年，又尝应粤教育厅聘而长广东省立第一中学。于其草创，务矫时弊而树学风，各有精心规划（前者有《办学意见述略》，后者有《今后一中改造的方案》均见《漱溟卅后文录》，商务印书馆出版），而萃合及门诸友之力，以共成之。其后愚去鲁，则俾陈君亚三继其事；愚去粤，则俾黄君艮庸继其事。20 年来，吾侪朋友所致力者，乡村工作而外，唯于此二事实不无一段心力萃乎其间。

迩者，愚既自华北巡历战地归来，顾念大局艰难，无可尽力，将退而聚徒讲学。适在川从游诸子以兴学为请。时则中等教育之有待改善不异畴昔，而教育当局今实示其改善之机（如新颁导师制）。吾与诸友夙尝着力于是，顾不可及今之时，本其经验，并力以图，稍抒其疾痛难已之怀耶？

兴办中学之议既定，因集同人共商办学所宜注意之点，草为"办学意见述略"。并推定陈君亚三黄君艮庸发起筹备进行。两君既尝从愚而任鲁粤中学事，今又适皆在川，于兹创始，实未能辞。惟昔者主办曹州中学，同时并有重华书院之设，俾同人于教育青年外，兼得自勉于学。今同人亦将作学术研究，而暂不立书院之名，拟先为讲学，以聚四方同志。

凡兹事体，非同人薄力能举，要以赖当世贤达，川中父老提挈而玉成之。述兹缘起，以求明教！

廿九年1月梁漱溟

附：

办学意见述略

同人兴办中学之议既定，因共商办学所宜注意之点。就吾人经验所及，思虑所至，约而言之，可得四端。略述如次——

一、就今日一般中学而论其时弊，则第一为缺乏教育精神；此皆从事于此者志愿难立之故。同人必当确立志愿，以树其根本。

国内中学林立，然求其怀一中学教育之志愿以从事者，殆不多觏。其居于学校行政地位，如校长，如主任，则施行法令，遵守章程，条立学规等一类公务化之用力为多。至于教师，更显然为一职业化之教师；多数出于谋生意念，无可讳言。于是，所谓中学教育宗旨，中学教育精神者，遂不得不空托于政府当局之法令规章；而策进小学教育之原动力，遂不得不落于政府中之教育当局。其如何改善之实际措施，遂亦不得不恃政府之法令规章以为之发起推行。则全国中学教育之改进生机，一向沉滞枯竭，陷于隐忍牵就之局，莫可如何，亦奚足怪！然受此教育者，又适为吾人一生关键时期之千万青年，以言问题严重，则严重熟逾如是！

虽然，其未能发起志愿之故，实亦有其客观原因在也。中学教育数量既极其普遍，性质又最普通，但有循其成例，难容若何主张；其不易发为甘心从事之志愿，亦势所必至也。中学之前有小学，中学之后或转为专门，或更升大学，或就业社会，而此中学阶级，适不过一津渡桥梁。学生视之有如过客逆旅，其情不亲，其意不属。此则不易使人发为甘心从事之志愿又一因也。又数十年来，自专门大学毕业之知识分子为数日众，往往不能自得其发展之适当机会。谋生无术，遂群趋于中等教育之校长教师，以为安身之计。执业之意既已苟且悠忽，而相斥相挤，又势所不免，政府亦且无能保障。恒心不存，志愿何由而至？且中学什九皆为官办，职教人员出自官派，规则章程出自官定，一切由官。而政局不安，官之自身亦不定。凡此事实所在，夫安能自其个人而咎之？然而，志愿者事业之本；吾古人所谓"诚"者是也。诚者物之终始，不诚无物；于是一切悉成空壳死局。

吾人所见，中学教育改进之机，全在身亲其事者志愿之先具。志愿具，而后生机活，一向之为被动者，今乃得立于主动地位，以发现亲切痛痒之利弊。凡一切改进乃为实事求是，而非敷衍乎功令。然后在政府亦得此真诚工作者之实地探讨，以为改进之所资藉。凡今日沉滞观望，隔阂空虚之弊，庶其革厘！此其为事，顾不重哉！

同人等能力绵薄，未敢比并于时贤。惟幸彼此共切磋者多年，情一志同。对于中等教育，信有如缘起所云"青年期为人一生关键，其生理心理之发育开展在是，而易受贼害，亦在乎是。中等教育适当此期，于此而不得其当，心窃伤痛之"者。夙昔以来，尝留意乎是，而近年感触，弥益激切。吾人宁不当立志发愿，一尽其应尽之力耶！于中等教育，同人未为专究也；其实施之方，亦未能有以自信也；惟此物此志不容自己。自今以往，当励其坚定恒久之志，以辅益天下青年朋友。更本之以诚求教育方法之改进；且愿为多数青年请命于我中等教育家，有以切教之也。

二、从时弊所至，学生整个生命之身心两方面常见忽视，所受教育零碎偏枯，浅薄无力。纠正之道，在力行新颁订之导师制，而善为发挥之。

中国之兴学校，自始即着重于知识技能之传授。所谓开学者，开始讲授功课之谓也；所谓放假者，亦即停止讲授功课之谓也。除此之外，直无所谓学校，亦无所谓教育。此盖由四十年来学校制度仿自西洋；西洋之长，即在其迈越往世之知识技能。然以吾人所见，知识技能乃生活之工具；求之在人，得之在人，运用之在人。人之生命消沉无力，则知识技能一切说不到。而果得身心条理，生命活泼，亦自然知所追求运用；知识技能亦乃有以著其功。一般中学即此知识教育亦往往失败者，其故即在完全忽略生命本身。不自其全生活以为对象，而实施其教育；一任学生身心荒芜粗暴，莫与条理，惟集中全力偏为知识之传授。学校虽亦有所谓训育之事；然所谓训育者，亦只条规之警诫，秩序之维持，仍为知识教育得以设施之配备而已。其结果，活泼化为消沉，自动转为被动。一消沉，则深邃之情不启，功课标准无形低落。一被动，则唯教师讲说是恃，纵其浅显，无由自了。以荒芜粗暴之身心，杂求支支节节之知识；于是破坏性强，同情力弱。一入学校遂轻看其家庭，为梗于社会，乃至与其学校常处于对立之地，而时有所谓风潮之事者，固无足怪已！

虽然，就全生活以为教育对象，虽必当自学生身心两面为彻底细密之了解认识入手；此其事盖未易言也。一般中学，多数教师，但任功课讲授，于学生生活，例不过问。管理之责，仅以分属训育主任及少数级任教员。教师一出教室，与学生即不谋面；功课之得失，了解之明疑，不可得而知也！往往全期全年，学生姓字不知，面貌不熟，但于试验时，就课卷纸本，照例划分，遂以毕事已耳。至训育级任，其管理工作亦至难言。普通一中学校学生，人数率在千人左右，一班则五六十人不等，全级人数往往百人而上。而训育级任均任有 10 至 20 小时之繁重课程，余力无几；欲其管理周密，训导尽职，实不可能。且不论本于教育意义之积极训导，徒托空谈，莫由实行。即所谓消极制裁，加分扣分之赏罚处理，亦但草率从事，不合实情。是何为其然也？则因学生之了解认识不足，不得不尔也。常见学校每期使学生自行填写学生调查表，每以学生"在全校职教员中谁最了解自己"一栏，多是空白不著一字！吾人一忆其填写至此，执笔苦思终难想出之状，真足令人感喟不置也！学生日受学校教学，而想不起学校中谁是亲切知我之人，其凄凉寂寞，孤独无依，亦大可悲矣！世之主持教育者，顾不可憬然以悟乎！

同人创办中学，既一面须顾全政府规定之课程标准，为各科知识之讲求，更当以全力纠正此弊。此则教育部新颁订之导师制，必当力行而善为发挥也。窃以为此制之施行，必先求导师之能有正确合理的教育理想，与爱护青年之真情，并为之腾出多余之时间精力；然后乃不致名不副实，而收得预期之效。正确合理的教育理想，必基于人类生命（亦即人类心理）之深切了解。而知求"人所以不负为人"者，惟吾古人践形尽性之学足以当之。是则吾同人 20 年来之所宗也。若爱护青年之情，同人自揣夙不后人，是以抱有与青年为友之愿；今肩负青年教育责任，更不敢不加勉，所余者唯如何腾出多余时间精力一问题，必待训育教学两面融合不分，统盘筹划之后，庶可解决。

三、时弊于训育教学两失之；今当调整教学方法，充实训育内容。

今之中学（职业学校除外），技能之传授向说不到，教师学生终日所忙于授受者，不过杂多之普通常识而已。其科目及内容若以教育意义判之，颇有不尽合于学生本身及社会之需要而宜裁减者。至于所余门类，若在身心活泼灵性启发之学生习之，实并不须教师全盘讲授；即讲授亦并不须长期长年之岁月，而缩短时间可以了办。如数十页之公民教本，但通文理而略有慧性者，至多可以自行阅读了之。所得印象尚可较为紧凑深入也。然而一般中学（尤其高中）课程定为一期一册，尚未能及时授毕（往往差三分之一以上）。又如国文课程，在略有思路而文字稍具基础之学生习之，一学期至少可以自行阅读十卷至数十卷之书本者，今乃一学期之久，仅由教师讲得一二十篇之裁篇短文，而学生尚未尽得了解，且全不熟悉也。其他类似情形，举不胜举。要之，即此普通知识之授受，学生所得，已至寡浅。且每门功课，讲授完毕，一经试验，则遂全盘遗忘，学如未学。更不待毕业出校，始付之九霄云外也。

于是，学生整个生活既未及照顾，而偏为知识之讲求者亦往往失败无功。年来各大学招生，咸感觉中学学生程度太差，非其事实之表见耶！挽救之计，不当徒严其课程，而宜注意学生整个生活，养成其追求学问摄取知识之活泼能力；即是必须充实训育内容。然而既言之，认真施行导师制，必须为导师腾出多余之时间精力然后可。在限于部订课程标准之下，既不得轻有裁减，则唯于调整教学方法求之耳。是即训育教学不分，统盘筹划之说也。同人计议，训育职责将不分属于一部分同人，而由全部同人合力任之。教师待遇亦不以钟点计算。教学方法多主于学生自己修学，教师讲授时间力求减少。每人机械工作轻减之余，然后行以导师制。每一导师皆分有几个或十数个之学生；此几个或十数个学生之全部生活，亦即为此一导师之教育对象。学生个个有其最亲近之导师，导师亦人人有其最亲近之学生。全校亲切相依之校风，于以树立。隔阂之势除，对立之弊去，则师生为父兄子弟之相与，而了解认识遂有其深透真挚之基础。据此以求身心并进之合理教育，其所设施方可以着实而不虚罔。迨其生命渐几活泼，更从人生问题上多方启发指点，俾其心理趋向自有转移，不觉平添无限活力。就其活力而鼓励振导之，使之进求知识技能，则所得之成绩，敢断言其必有以大异于今日之中学者。而课室讲授之繁重沉闷，一向为中学师生之嫌苦者，至此将必扫荡不存，而易为悦乐以趋。以往教自教管自管之积弊，亦至此而得其沟通之道。全校同学皆同为教育环境之设置推动，全校学生亦整体薰沐于此教育环境中，则教务自教务，训育自训育，教师自教师，一向割裂分散之病，将不复见，于以进求中学教育规制之建立，课程之改订，以吾人之志愿赴吾人理想，倘得略见端倪，而为教育家所不弃，政府当局所采纳，以谋青年中学之福利，是岂同人等一己之私幸也哉！

四、学生在校辄失其家庭情谊，出校即无学校关系，亦失弊之大者，吾人当求其沟通联属之道。

今之学校制度袭自外国，而不出于固有社会，因是其所讲习与所设施，恒自为风气，孤立于特殊环境，缺乏社会联系，亦不为社会所关切，一任自为进退。及其感觉龃龉不合，乃从而诅咒厌弃之。此不通之弊，人人能言，顾恒喜高谈学校社会之如何合一，而于简易能行之入手途径，则反轻忽无睹。同人等以为中国社会其组织之根底为家庭，沟通中国社会，必自沟通此家庭情谊始。如上所述，学生在校既皆有其最亲切之导师在，宜更由此导师与其本来亲切之家庭亲属以为不断之交往。将见此学生之家庭父兄以至亲属乡里，必以关切其子弟之热情，进而关切学校之一切措施。学校教育得其社会最见情谊处之家庭热诚关切，则学校社会必逐渐跻于沟通合一，可为预期也。更自一面言之，学生仅以其一己关系加入学校，似孤单难生爱护学校团体之情趣。今若并其家庭关系以与学校相往还，则于学校亲切之情立兴。学校更自此而常得深切了解学生之机会，则所谓学校家庭化，师生一体之意义亦遂有实现之道。此与一般之所谓恳亲会更不可同年而语；而教部颁发之导师制内设法与学生家庭作种种通讯办法，盖至此而后其事易行，其义至精也。

又一般中学学生，当毕业出校时，无论转学升学或就业社会，其茫然无主之彷徨心理，最为凄惨，最足同情。以言教导，则此时即当予以深切之教导，始足以奠定其向上进取之情志。然而一般中学于在校学生，已入于无可奈何之情态；至于毕业出校，更是毫无干涉，不闻不问。其升学者，虽若又有一学校环境足为依托，而其不关切学生生活殆亦如前。至其就业社会者，则更可悲可惧。以青年见识不足，志趣未定，而遽入纷杂腐恶之社会环境，苟不与之俱化，则烦闷苦恼，厌世自贼而已。故同人计议，学生纵已毕业离校，犹常视作自家子弟，多方指示，而实地教导之。倘能从此使其感觉天壤间尚有我相关切足可依托之师友在，不敢自堕，不忍自贼，而任时有向上一念，则所保全固已甚大。是又不啻其成丁入世之后，更使得一精神上之家庭父兄，与上述之学校家庭成为一贯。社会中坚分子，倘俱得其慰安鼓励之道，即吾之社会亦且渐入安定之域矣；其意义之重大可胜言哉！此亦教部导师制之所诏示，同人不敏，固有志于斯，将求其实现者也。

　　上来所举，乃就同人等集议所得，揭其大意于此。至其具体规划，当另俟之学则规程。惟同人因欲举其自勉之实，遂于今之中学教育不免有所论列；如有措词激切失检，尚求读者略迹原心，鉴其所为非一己之私，而有以教之，则固当为中学教育之一大事拜谢无既矣！

　　《漱溟最近文录》，中华正气出版社 1944 年 5 月版，第 52—58 页。

抗战与乡村[*]
——我个人在抗战中的主张和努力的经过

我们主张乡村建设的，开宗明义第一句话，就是说：一切实际的事（指中国的事）都在乡村里；你无论谈什么都须着手于乡村，无论干什么都须着手于乡村，才行。譬如讲政治吧，第一要紧的是民众；然而民众在乡村。又如讲经济吧，那无非生产和消费；然而大量的生产和大量的消费在乡村。这广大的中国社会，其真实基础明明在农业与农民；谁能否认？

我们主张乡村建设的第二句话，就是请国人以教育（广义的）来解决中国问题，用教育来进行一切的事，而不要用暴动破坏；乃至行政上的强制力亦少用。我们并不是怕流血，或情感上爱好和平而如此的。我们却是从事实的认定而来。关于这层，说来话长，暂不在此处说。

综合起来，"对象重在乡村，功夫重在教育"；所谓乡村建设之要义，亦不过如是而已。这点浅明的道理，在我们心里记得很牢稳，到处去应用。在今天抗战依然没有新鲜的见解，还不外本此以为主张。以下将我在抗战中的主张和努力经过，简略的叙一叙，希望学会同［人］和会外朋友不吝指教！

一 抗战前的主张

开首，我先说一说抗战前的主张。那时我就已经看到，中国是要以其广大的疆土和广大的民众，作旷日持久的战争来制胜敌人。因此我曾提出两原则：

---

* 此文曾石印成册，作为"师友通讯附册之一"散发。

（一）必须靠无限的兵力（民力），而眼前有限的兵力为不足；

（二）不求摧敌于一朝，而要能与之作持久战，取得最后胜利。

但为实现这原则，却须注意下面两点：

（一）如何增厚国民抗敌的情绪与能力；

（二）更如何加强政府的统制力量，来指挥这一切人力物力。

要政府的力量强大起来，有赖于多数国民的一致拥护支持，然而我们却看见政府与民间上下之情未通。要政府能遂行其统制，又不徒在强力，更须下层机构的健全灵活；然而我们却看见民众缺乏组织缺乏训练，下层基础可说没有。其实呢，上下之情果然得通，则国民的抗战情绪必然增厚无疑；民众果然有了组织和训练，其抗战能力增高更不消说。而行政的下层机构，自然亦就健全充实。所以上面两注意点，当真作起来，只是一桩而已。

对于民众的组织训练，在抗战时，政府原已注意到的。可惜未曾看到上下之情未［沟］通，只管去办理保甲军训。从我们注重乡村注重教育两原则来看，那些作法都是不对的，所以没有好结果。照我们的主张：

第一，要着手在农业上作功夫，先解除农业上的种种妨害，如匪患，苛捐，运输困难，土地问题等；更进而积极促兴农业，如兴办水利，金融，合作，技术改良等。乡下人的生活靠在农业上；政府关心农业问题，便是关切到他的生活问题。政府关切人民的痛痒，是沟通上下之情的根本。若情感不相通，一切什么组织训练，都是不会成功的。

第二，要着手在民众身上作功夫，先切近其日常生活予以组织训练，然后进而为对外抗敌的组织训练。所谓日常生活上的组织训练，即是合作社，农会，自治，自卫等团体。若不这样，只为了政府指挥征调上方便而编保甲，为了抗敌而行军训，那在老百姓方面对这些事如何得亲切？如何得情愿？强迫行之，只招反感，纵有形式，必无内容。

第三，为实行上面两层，必得发动全国知识分子，大量下乡。就是要将今日集中在都市的人才钱财转移到乡村去（有计划的分布）才行。若仍如今日这样，乡间无人办事，无钱办事，则何所谓着重乡村呢？一切实际的事，又如何能办得起来呢？

第四，现行教育制度和地方行政机构都要改造，在乡村中必须行政与教育融合不分，互相为用（原则如是，其详另谈）。上面所云知识分子下乡，就是在这里面去工作。若如今日徒恃行政上的强制力推行一切，还是不会办好的。

上面四层主张若都照办，则民众工作才算普遍深入，抗战起来，必须发挥那"无限的兵力"一句话。然而这种工作，不是旁的，正是我们说的乡村建设。

以上所主张的大意，曾于二十六年6月在成都公开讲演过，那时抗日战争还未起来。至如本此主张而努力，自又不止于二十六年的事了。

二 抗战初起，为动员问题献议当局

七七事变既发，至七月尾战事似收不住了。我便思索民众动员（或总动员）问题。8月初，写成《怎样应付当前的大战》一文，寄上海《大公报》发表（8月11、12两天《大公报》）。随即赴晤蒋百里先生商谈此问题。"八·一三"上海战起，政府邀集各党各派及在野负时望者十余人，组织国防参议会，我亦被邀在内。8月17夜晚，在陵园汪宅开第一次大会，我当即提出意见，主张建造一个担负全国动员的系统机构。其大意略如在《大公报》所发表的；兹记如次：

先认定三原则：

> 第一，全国军民都要在最高统一的军令政令下面而动作而生活。
> 第二，有力的出力，有钱的出钱，有知识的出知识。
> 第三，政治要民主化，政府与社会要打成一片。

此三原则互相关联。非全国军民都放在统一节制之下，则人力物力的动员不能谈。待统一节制之后，可以举全国人才物力而化为一个统系的抗战工具。但想要举国工具化，还得举国主体化。那就是全国人的意思要求，必须疏通条达，求其协调而减少矛盾，求其沟通而减少隔阂，人人若为其自己而抗战。本此三原则以建造一全国动员工作的系统机构，其目的系在一切事要有条理有计划的行之。反对零零碎碎支支节节，东一个工作队，西一个服务团，又是动员，又是后援，权责不清，统系不明；有人无事作，有事无人作；这里穷乏，那里浪费，杂乱无章的现象。其具体计划大约是：

一、于直接作战之军队的编制系统外，全国军民应都纳入一大组织系统中，而配合于军事系统。一为前方直接作战的，一为后方间接作战的。二者在其上端要汇合为一。

二、此组织系统大致仍因其社会生活之地段区域，划为单位，以大统小，上下相属，节节制制。

三、将所有的人粗分为"军事人才""知识分子""普通民众"三大类，为适宜的分布，有机的配合，使其从乎一定计划，发生预期的作用。

四、所谓军事人才，包括高下各级，除大部属于军队系统外，更须以相当数量配置于第二系统；对内则维持治安稳定秩序，对外则随时策应以协助军队，更且训练壮丁补充前线。

五、所谓知识分子，包括学术专家以至粗受教育者。除一部隶属军队系统外，所余者各视其程度，因其所宜，全数配属于第二系统，务使匀称地普遍于社会之间，凭借上中下各层机构，对于一般民众起领导作用，随事运用教育功夫，完成最高军事计划的一切军令政令所付予之任务。

六、一切计划必出于实际的调查统计，此非赖知识分子领导民众终之不得成。先组立系统机构，凭借机构作调查，凭借调查作计划，再来修正改进其系统机构。如是一面进行，一面随时修正，乃能逐渐入于精密条理之中，机构日健，工作日周。

七、如是，今之学校制度必须打破，整个教育皆当改造，而悉纳入第二系统中，毋使别自为一系统于军事政治之外。总之，全国只有作战与动员两件事，向着唯一目的前进，一切活动合理化。

八、即以第二系统之下层机构最小单位，进而为构成国家主体之一个细胞。他为抗战动员而尽力，同时他得以他的意思要求申达于上；尤其为了抗战动员所感受的困难问题必须申达，并贡献改善的意见。其民意亦只有在这里才可见。因此民意机关和动员机构，在下层亦是化一的。

这个建议在当时的会议席上，几乎无人加以理会。且有一位朋友阻止我不要说下去。因为上海炮火正紧，所以他们听到教育改造云云大为诧异，觉得文不对题。但不知抗战两年半的今日，对于这个问题的需要可有人认识否？

三 再度之献议

8月19日愚奉蒋公命陪蒋百里先生到山东，对国防参议会两个月未出席。10月中沈钧儒先生在参议会上提出一建议案，建议利用留日学生回国者及华北各大学学生及其他知识分子组织乡村工作团下乡工作。原案经国防最高会议采纳，交参议会再拟具方案。参［议］会秘书长彭学沛亲函促余到京出席。遂于10月20日入京。到时，方案已大致草就；参与拟定者还有院部主管人员。然而那个方案，从我看去，却于事实无益有损。其原文，此时当然记不清，其大意可以记得。兹略述几要点：

一、原案开首点明，此种工作系补助地方行政所不足（所不周到之处），因为所作的事，都是原有其负责机关的。

二、原案次段，列举工作项目，内计有民众训练，抗战宣传，农业改良，合作指导，公共卫生等。

三、工作团或服务团由知识分子青年们自己组织起来，得当地行政机关审核许可后，即可成立并工作。工作像是可以各处巡回的。

四、经费由政府酌量补助。

此案若在负地方之责的行政机关（如省政府，专员公署，县政府）看去，一定反对。不但民众训练一类事，不能随便付给这工作团去作；即宣传的事，指导改良的事亦都不愿他们来添麻烦乱手足。在工作团方面，无权无责，职位不明，亦断断无法工作。又如农业改良等，亦断非平素无设备研究，可以行的。如其工作，亦只是儿戏般的工作。在行政上，其弊不止于骈枝；在动员上，收效等于零。所以说他无益有损，不如不作。大家问到我的主张。我说：凡事不作则已，要作便须条理清楚，责任分明。要利用知识青年［作］动员工作，就要将他纳入负责的机关系统之中。要他真知道事情的难处，不要说风凉话。要他有责任在身，没得躲闪，将心思力气用出来，无余留，事情才得办好。但这样就必须改造现行的地方行政制度机构，乃至改造教育制度。大家听了，舌拵不下，以为这岂不牵动太大了！

知识分子下乡，从事动员工作，原为当务之急；但无条理无计划，以杂凑出之，以点缀出之则不可。乡村工作又岂是点缀可以行的么？我们原是要大规模统盘有计划作的，原是要从头起理出一个系统来。政府征问到我们，我们不能不照直说。适晏阳初先生亦为此事被促到京。我们二人即相约面见蒋公，陈述所见。那天恰好黄任之、江问渔两先生亦有事见蒋公，其被指定的时间又恰与我们差不多。于是我们四人就一同来陈说。我们陈说大意，系指抗战必得广大社会来支持，民众必须动员。然而农民生活太苦，对国家无亲切之感；内地闭塞，缺乏知识，对抗战多不了解。平素人才钱财集中都市，乡村直如旷野沙漠，今日万不能听其如此，必要下功夫才行。同时又指摘当时动员工作的缺点甚多。蒋公很乐于接受，就指定我们四人拟定计划。

我们四人奉命之后，曾为数度集议。又承政府将关于动员的一切计划草案法令送来参考。乃一面就动员说话，对于那些法令章则，条陈了十几条的意见。复一面就乡村说话，提出一个非常时期乡村工作计划大纲；为慎重起见，得先指定三个省份试行，再推广。那时节，上海战事我军已退出大场，黄先生急欲回沪一视；晏先生因湖南工作正忙，亦要回湘；江先生则赴武汉的约期已届。所以此计划大纲就嘱我一人起草。我起草出来的时节，则我军已退出上海，政府忙于西迁，草案虽经托人转呈，而在那时情况下，却无从谈起了。

四　陕北之游

从抗战前，以至抗战初段，使我们心里最欣喜的事，……是国家较进于统一。我们讲乡村建设的人，最坚决反对的是暴动破坏，而迫切要求建设；但非国家统一，则建设不能谈，故又认统一高于一切。我们既然对此两事，具有最大兴趣与最大热心，亦就最易感觉问题或不满足。第一，对于中国共产党的转变，是真是伪，是深是浅，极考虑之而欲求一个明白。第二，对于国家的统一，尚有更进一步的要求。于是有陕北之行。

二十六年12月9日我到武汉，参加两次国防参议会后，曾卧病旬日。病初愈，即于新年1月1日飞西安。5日赴陕北，至25日返回西安；往返共三星期。三星期内，于陕北略作考察，主要的为与毛泽东先生以及其他各位之谈话。总计所得结论是这样：

一、中共的转变是真的，但还不深；

二、国家进一步的统一，像有希望。

兹分别的说一下：在中国共产党不喜欢说他们自己是转变了；而有的
人则说他们明是转变了，却这转变是一时的主观策略，不是真的。依我所
见，今日中共放弃对内斗争而团结御侮，对于过去十年血战说当然是一个
转变；顺着这一转变，许多事都随着转变了。例如我们在陕北所见的民众
组织，已经从阶级性的改为全民的（农会以前不要富农地主，今则亦包
在内）；民众运动已不向于内部斗争，而以救国为号召（如青年救国会
等）。又如土地革命的停止，而愿将土地问题付之将来大家商量解决，诸
如此类，皆为转变之证。这一转变，我以为是真的。中共说他们有现时实
际任务和将来远大理想之两种责任；现时任务是实现三民主义；理想要求
是社会主义和共产。我相信这个分别是实在话。他们说，实现三民主义
后，就有和平转变到社会主义和共产的可能，而他们将极力争取之。我都
相信他们实心实意如此。因此我认为这其中并无所谓一时的策略手段。

转变虽是真的，然而却不深刻。因我觉得他们对于中国社会的认识还
没有变。他们一向以阶级眼光看社会，以斗争解决社会问题，于中国不作
例外；到现在仍然如此。他们的理论，他们的眼光，我并不说是完全不
对；但不能拿那一套来套中国。因为他们对于中国的老社会根本不认识，
从而对于中国近百年的变化亦不能正确的理解，对于中国未来的前途亦就
估量错误。像他们所说的实现三民主义以至如何和平转变到社会主义共产
主义等，我以为都不对。我说他们虽转变而不深者以此。从这粗浅的转
变，尽管他们诚心诚意争取和平前途，终归要走向对内斗争去。——这是
我的判断。其次，再说国家统一的问题。在抗战前后中国的确渐进于统
一；然而建筑在一时对外关系上，我们殊不满足。我们希望在民族长久生
存问题上，亦就是应如何完成社会改造上，或建国问题上，求得更进一步
的统一。因此，我曾主张各方开诚交换意见，确定国是国策；使国内不同
党派于各别组织之上综合起来成为一个力量，共负抗战建国的任务。此一
事与前一事相连。即在我看：国内不同党派自国民党共产党以至其他各
党。他们并没有彼此不相容不两立的社会基础，而正好有其共同的任务。
过去的斗争已是错误；今后不应当再有对抗互斗之事。我去考察中共的转
变，同时就是测探统一前途的消息。从中共承认有共同任务（共同实现

三民主义），确有所转变来说，统一自然是有希望的。可惜他于共同任务的认识尚不正确，转变的尚嫌不够；倘没有继此进一步的转变，还不行。所以说"像有希望"而已。又在访问谈话时，我的主张（确定国是国策，产生一综合体等）他们大致同意，而于某些点上亦不同意（如政权治权严行划开等）。从谈话结果上说，亦只是像有希望。

所得结论，已说明如上。其中关于中共对中国社会缺乏认识，对中国前途亦看的不对各点，又在求国家统一上我的主张内容各点，均待另文详论，此不多及。在这里特别要说几句的是：

一、我们自始用心在解决整个中国问题，而旁人多误以为在做枝枝节节的事。

二、其实当我们埋头下面做些零碎事的时候，我们的眼光，我们的言论，却是注意上面政治的（自《村治》月刊以来皆如此）。

三、这里划一区，那里划一县的做法，原不过作一点研究和开风气而已，说不上什么乡村建设。

四、乡村建设运动，第一步就在调整社会关系求得国家统一；第二步乃在有目标地推行一大建设计划。

五、我们从来意思如此；而在今日抗战期间一切的事更有国家统筹办理的必要，自更不能不于此求之。

五　徐州小驻

我于二十七年1月底从西安转赴开封曹州，与豫鲁各旧同人会晤。那时山东只有鲁西一角，同人多退入豫境。我为鼓励同人，和策划山东抗敌工作，即驻于徐州——徐州为我第五战区长官部所在地，指挥鲁南皖北军事。我在那里一面与散在鲁南鲁西同人设法恢复联络；一面写成《告山东乡村工作同人同学书》和《乡村工作人员抗战工作指南》，合印为小册播送各处。计自2月初到3月初，约有一月光景。

《告山东工作同人同学书》，大意是检讨过去，策励未来。《乡村工作人员抗敌指南》，计分：

甲，工作目标；

乙，工作中的几个原理原则；

丙，在工作中吾人对各方面之态度——共五条；

丁，发动民众及运用民众武力——共二十四条；

附——同人应注意事项七条。

现在不具录，仅录甲项首尾数语，以见大意：

"乡村工作，在平时其目标为建设新社会，完成中国革命。但在今日，则应转移其目标于抗敌；于抗敌之中，进行新社会之建设。此为总目标。在此总目标下，则以敌人征服我者有军事政治经济文化四大步骤；从而对抗亦有四项目标。兹分别指点如次：（中略）然抗敌之中，仍须不忘原初建设新社会之目标，要使上列各项工作同时更具有建设新社会之意义。例如：在政治工作中，启发民众政治意识，养成其组织能力，引导其政治生活趋向民主化；在经济工作中，促进农民合作，养成农民适应环境之自主能力，使经济重心转移于乡村，经济生活趋向于社会化；在军事工作文化工作中，树立坚强的有形无形之国防基础等等皆是"。

六　在武汉的工作

3月初间由徐州回到武汉初时稍尽力于统一运动，旋亦搁下。那时武汉有一"战时农村问题研究所"，常常开座谈会讨论前后方之农村问题，我亦参加了几次。3月29日国民党开全国临时代表大会，一般关心农村问题的朋友借研究所座谈会，共商上书作几个建议。一个建议是总括地说：抗战依靠农村者如何大，而战前农村的破产战后农村的扰乱如何严重，为了要农村担负起抗战的重担，中央应设立农村问题研究设计的总机关。再一个建议是说：抗战要从农业供给食粮，并以农产换取外汇，则对于农业教育、农业改良、农业推广的机构要调整健全而统一之。第三个建议，对于保甲制度有所商榷：请改善并充实地方下层机构。三个建议书都不是我写的，但经我手交给国民党中央委员，请他介绍提出大会。其后，未闻下落如何。

本来山东乡村工作同人同学，退集河南镇平者有一大批，即于此时请求军委会政治部接收训练并派遣回鲁工作。我自己又从武汉到镇平住了一个月，料理此事。此外又曾到潢川、长沙、重庆、成都各处，仍返回武汉。那些事都不去说他。在武汉期间，主要的是出席国民参政会之第一次大会。在参政会上除尽［力］团结统一工作外，仍本从来主张作一些推动工夫，那就是三个询问案和一个建议案。兹分别叙于下：

第一个询问案是问：抗战建国纲领丁项第十四条所说的"改善各级政治机构使简单化合理化并增高行政效率以适合战时需要"，究竟在政府计划如何？实行如何？

第二个询问案是问：抗战建国纲领戊项第十八条所说的"以全力发展农村经济"，此中关系方面甚多，例如：农业金融系统之树立，农业技术之改进，农产之输出与流通，合作组织之普遍推行；以及农民教育等问题，究竟在政府如何计划，如何实行？

那个建议案是请召开战时农村问题会议并于政府中设常设机关。这个会议是想尽到下面两点作用：

第一作用是沟通上下。所谓上下，例如中央和地方，地方上级机关和下级，官府和民间皆是。因为中央法令自平时以至战时，都有许多事实上行不通的，不但老百姓感受痛苦，即下级行政机关的困难，亦是一言难尽。此种上下隔阂，层层皆然，而尤以县府以下（区乡等）直接和人民办事的机关感到的问题最多最大，而一切的罪过最后自然都是老百姓承当。上下果得沟通，可以减少乡村里面好多不必要的痛苦与负担。

第二点作用是联系各方面。所谓各方面，是指其执掌有关于乡村［的］那些机关，例如内政部的民政司，军政部的兵役署，教育部的社会教育司，经济部的农业司、中央农业试验所、农本局，中央党部的社会部，如此之类皆是。他们彼此间，从来缺乏联系配合，工作上不相照应，所以事情都办不好。如要办理兵役，应当和民政及教育两面联系运用；要办农业推广，应当和金融流通合作指导联系运用才行。还有中央法令每每自相矛盾分歧，使地方执行机关莫知适从。如民众训练一件事，闻说地方机关曾接到六方面不同法令，而皆出自中央者，这种现象亦是要各方联系相通才得免除。

这个会议就本此两点用意，择定其应行参加会议的分子，使上下各层级，相关各部门都要有人。更须增入三五个从事乡村建设运动的，居间热心推动之。会议后，所以要成立常设机关者，因为下情需要不断了解，各方亦需时时联系才行。

　　这个建议意思是很粗浅的，离我们怀抱主张衷心要求还远，不过是对于政府作一点诱进功夫。原案在参政会上修正通过，咨送国防最高会议。国防最高会议交下行政院核议。行政院又交经济部议复。行经济部复称可以行得。然而两年来，却未见实召集也！那三个询问案，政府方面亦都有答复，但在实际上是无结果。

七　大后方的兵役问题

　　国民参政会于7月间第一次大会后，随即西迁入川。我于会后，到衡山一行，折回武汉以招呼同学回鲁抗敌，本有再留武汉的必要。但以当选驻会委员，固辞不获，有常川驻会之责，只好随参政会同人入川。我入川以后，豫鲁同学即出发到豫北和山东去了。相隔太远，消息阻断，对前方既不能有所尽力，我即决定在西南大后方择一紧要问题而尽力。

　　在西南大后方说，当然以补兵员，大量征集，加紧训练为第一事；而兵役问题，恰办得不好，谈者莫不疾首蹙额。在乡村已痛苦不堪，而国家亦没得到好壮丁。我们站在乡村工作者的立场，对此乡村最大痛苦不能坐视，个能躲闪，而为了抗战亦非给国家求得好兵员不可。因此，我就留心兵役问题改善的研究，而思所以尽力之道。

　　先是6月间，我到成都，赶好省府召集十八个行政专员和保安副司令开会，就商议兵役问题；王主席缵绪要我出席指导。我那时于实际问题尚未调查清楚，无从有何指点，只就办理征兵几个大条件来说明其办不好之故，我说［了］很粗浅的四大条件：甲，政令统一，事权统一；乙，秩序久定；丙，地方制度健全，下层机构充实；丁，人口户籍清楚。今天就全国说，初见统一；就四川一省说，亦是初初统一。其政令的统一，事权的统一，以事实上未曾调查就绪，多谈不到。秩序久定一点，就全国说，好多地方难讲；就四川说，亦正难讲。若地方制度，则自清末以至现在三十余年纷更不已，未得确立；下层机构，要是人才钱财两俱缺乏，离着健全充实四字不知有几千里之远。人口户籍一向虚伪造报，无可依据。四个基础条件没有，办不好是当然的。再翻过来看，国内有几处办得稍好的：如广西，他就是省内真可统一，秩序稳定了几年，而民团制度的建立，有助地方制度下层机构不少；人口户籍，亦为之粗具。又如我们在邹平，抗战起后亦为中央征过两次壮丁，办得还好；那亦为那一县方政令事权统一，且已有六七年之久，下层机构比较充实，户籍行政规模已具之故。还有河南的镇平县，怕是各处比较来办得最好的；无非为其备有四个基础条件，而且秩序安定早于广西，邹平，一切事情更多由地方人士自己负责。从正反两面看来，皆可证明此四条件的基本重要性。至于国民教育的普及，民众动员的宣传，出征军人的优待，亦皆为不可少的条件。但必在四基础条件有了之后，才谈得到。如邹平于教育及宣传，镇平于优待军人，办得还好，是其例。

自我留心研究兵役问题以后，才明白各地办得不好还另有其故。原来就未曾实行依法征兵，而只是中央向各省要多少人，省中又向各县要多少人而已。只须照数办齐就好，不问其如何办法。拿四川说，截至二十七年11 月以前，都不是征兵；11 月 1 日后，才说依法施征。在未行征兵时，国家法令是虚设的；在省方对于各县虽有些政令，指示其如何办理，但下层实际办理者，却又不是那回事。于是，国家法制为一事，上级政令为一事，实际办理者又为一事；所谓兵役一事，竟可析而为三！除一面须用募兵制（志愿兵）补征兵之不足；我们只有要求政令符合于法制，实际办理者符合于政令，还三为一，认真依法征兵。

但要依法征兵办得好，从治本讲，应当先将那四基础条件备好；从治标说，则我提出三方面力量配合的一个原则。所谓三方面：

一、政府一面——以四川为例，自重庆行营、省政府，军管区而下到保甲长，一切负执行之责者皆是；

二、地方一面——地方人士和民众团体，从省里到乡间都在内；

三、教育界一面——自四川大学以至全省各学校的先生学生，和一切教育机关都在内。

必要此三方面配合起来，办理征兵才办得成。比如说第一要造具清楚的壮丁册，在乡村里若不得其他两方面如小学教员和其他识字的人帮忙，单靠联保主任保甲长去办则人手都不够。再则，为抽得签后壮丁不致逃亡，必须：一、事先宣传，引发热烈抗战情绪；二、大众了解法令内容要点，而拥护之，要求之，造成依法办理之空气；三、尤要在平素办公人员之外，得地方有信望之人，共同保证优待军人家属必可实行。四、而且后来此优待果真照行。如此，则更必得其他两方面协助甚明。这个意思仍是要发动民众；——从动员知识分子来发动民众。因为只有在群情热烈，众目昭彰，有人领导之下，才办得认真，办得公平，办得顺手。

我根据此意，拟成具体计划，于全省动员机构、兵役监察系统、出征军人家属协助委员会、出征军人家属联合会各有所建议。这些建议一面须得当局接受采用，一面更须得素孚众望的地方人士出头领导才行。我于是商之张表方先生（澜）以至其他各位耆老；又去访晤重庆行营主任张岳军先生，大家都很承认。岳军先生并从所需费用方面，切实筹计有着。然后，于10月7日几个人一同飞抵成都，按照步骤进行。初时进行尚顺，后来仍为了各方面缺乏互信，事情不好做。适参政会要开第二次会，我即离开成都了。

在那次参政会上，我除临时动议，请开全体审查会要政府当局出席切实检讨抗战工作外，即为兵役问题作一建议案。那个建议先将问题分开两面：一为法规上之问题；二为办理上之问题。办理上之问题，又分两个阶段：自壮丁征起，送往验收机关，为前一阶段；在此一阶段中所生种种弊端，大抵出于保甲长，联保主任，区署，县政府以及乡村奸民。自壮丁之验收，以至入伍受训，为后一阶段；在此一阶段中所有种种弊端，则尽属军事机关之事。然后针对问题讲求改善之策，分别提出几项原则，文长不具引。其中有一条，是主张设"兵役实施示范区"，且记之于下：

> "各省得就其所属县市，各县得就其所属区乡，特别指定三五处'兵役实施示范区'使其发生表率示范作用及彼此竞赛作用。此项示范区之选定，应在地方行政机关平素得力，地方人士富于热心，及素著声誉之社会教育机关或学校者，先行成立，以后得因各地方之请求而核准成立之，以期逐渐增广"。

此案经大会通过，咨送国防最高会议。国防最高会议照案交行政院军委会办理；后来办理的如何，我们就不清楚了。隔三个月，到二十八年2月初间参政会第三次会上，我虽未出席，却尚有一"办理兵役亟应改善各点分别提出建议案"，是从各地访察得许多事实问题分别提出建议的；原文甚长，兹不具引。

还有值得说的一件事，就是二十七年9月间，我研究兵役问题时，曾约同王寅生，孔庚，吕超三位先生一同发起兵役座谈会于重庆。此座谈会不断举行，社会人士颇踊跃参加，兵役负责机关亦时常派员出席说明。到后来，并正式成立兵役实施协进会，维持至今。其所以有如此成绩者，一半因为社会上感受兵役问题刺激，有此需要；一半则吕、王、孔诸先生始终不懈之力也。愚于发起后五个月即有北方之行。

八　巡历华北华东各战地

当我感觉到兵役问题不能有所尽力时，我认为在西南大后方没有什么意义，便决心到华北去。第二次参政会上我虽仍旧当选驻会委员，坚辞得脱。经请示蒋公得其赞助后，即于2月1日成行。

说到敌后的工作，我素抱有极大兴趣。我在战前就想象到一旦中日作战之后，会要有很多地方我军撤退敌军未到，因为在空间上敌人兵力是不能普遍的。亦会要有许多地方，我行政机关已撤，而敌人御用机关未立，因为在时间上也来不及的。在这许多地方，乡下人顶需要知识分子领导或帮忙。而此时的乡村工作亦必然很好做。因为平素我们工作时，虽处处为农民打算，而以我们趋新他们守旧，我们多所兴举他们懒得动，我们不免站在政府一边他们则是被统治的老百姓，致成彼此相对立的样子，实为工作中一大苦闷。今天敌人（或扰害地方的人）压迫来，我们和乡下人要共同应付环境，便从相对转为相合以对外。同时非团结组织无以应付环境，乡下人将自然走上团体生活之路。凡此皆敌人之赐，要赶紧利用，这是我们想去华北的一种心理。

还有，我对于敌后工作，早在战前就认识其重要。我曾说过："我认为中国不应当在如何摧敌处着想，而应当在让敌人不容易毁灭我们处着想；乃至在我们被毁灭后如何容易恢复处着想。——但所有这些功夫将怎样做呢？那就是当下讲的乡村建设。乡村建设是我们在国际大战前，最好的准备功夫。"（见《乡村建设理论》）这就是蒋委员长退出南京告全国民众书所说，中国最后决胜实寄于全国之乡村，那个意思。当我大军从华北华东撤退以后，好些人心理上亦就像是放弃了华北华东；其实华北华东的抗战工作，方于此开始。更到了今日，敌人已无力再西进；敌我所争全在广大疆土广大资源是他能利用吗？还是我们使他利用不成？更非有多数人才到华北华东去，与敌相争持不可。

但我到敌后去，却非有什么大工作。我的用意：第一在看看敌后的真情实况，是否与我写抗战指南所揣想者相合；第二在抚慰许多在敌后的同人同学加以鼓励；第三将我们在抗战中的进步，敌人在战争中的困难，以及国际情势等，宣说给敌后的同胞，坚定其意志；第四在从事研究工作——研究乡村在敌后起的变化，对于未来大局政治的影响关系；第五则愿尽力调协于各方，促进团结。

2月1日北行，经过成都西安洛阳，转而向南经豫东以入皖北，而苏北而鲁西，而鲁南。7月中西返，经冀南豫北入太行山，过晋东南而至孟县渡河归来。10月回到成都重庆，往返共八个月。所有当初北行的用意，多半没有作到。如第一点，自然是看到了一些事实，并且晓得从前想象不尽对。如第二点，是会到不少旧同人同学；但没有会到的还甚多。如第三点，虽沿途宣讲了许多，然只相当往返途程的六分之一而已。至如第四第五两点简直不能作。来去匆匆艰难险阻是尝过了，事情没有做得多少。其详细情形亦不在此说。

上来共分八节，将我自抗战起直到最近的经过，略叙一遍；我亦不想作何结论。然而我想读者对于我的意向，对于我的要求，总是不难明白的。

二十九年三月三十日，重庆。

乡村建设论战通讯一束

梁漱溟　千家驹　李紫翔

编者案：自本刊六卷十、十一、十二期发表梁漱溟先生"答乡村建设批判"及千、李两先生答辩文后，千先生并曾与梁先生及李先生数度通函，可说是这次论战的一点余波。现将梁、千、李三先生之原函发表于此，以示本刊对这次论战的公允态度，并供读者之参考。

（一）梁漱溟先生第一次来函

家驹先生：

中国农村六卷十二期收到，第十期十册全收，十一期十二期均只收各一册，尚望将其余九册惠寄为幸。

尊文暨李君文并阅悉，漱于此不愿更置一词，唯叹息诸君不好学，不深思，于我特为指点中国旧社会构造之特殊终不措意，以玄妙讥人，以流俗谬说自画，在个人将永无长进，对社会将永不认识问题，永不能解决问题。此外李君文中于过去在南京会面称如何如何，近于无理取闹，不能不辩：

一、二十五年南京会面系由漱先约孙晓村先生在中央饭店会面，托他转约中国农村社朋友会谈，前后两次，地点即在千先生家里。

二、其时正是诸君在南北报纸杂志发表好多批判文章而我绝不置答之后，会谈之动机系在增进彼此了解，为一种宽泛之谈话。

三、我郑重声明：在那次谈话中，根本说不到任何方面有任何提议与要求，更说不上任何方面有什么拒绝。所有李君文内所称"谈话主题是鉴于日帝国主义略侵企图的压迫，提议全国农村工作者暂放弃理论上的争论，而结成一个联合的农村抗日战线。而梁先生则以联合须有共同的乡建理论及知识分子不能合作之理由拒之。我们又提议在乡村工作中提出抗日的口号，而梁先生又以老百姓害怕之理由拒绝了"。均超过事实，全属借端捏造。

四、我的谈话开头两句即是说：请不要以为只有我明白，人家都不明白；只有我革命，人家都不革命。因为批判者看我们都是昧于问题，在现状下枝枝节节谋改良的。此下的话都是随便谈，而大致是诸君有所询问，而我回答说明。在说明中，我曾报告山东工作以感受二十四年十一月"华北五省三市自治"之刺激，从国防的意义，训练民众，有三年推行全省计划之决定与实施。又在二十五年十二月千先生由青岛到邹见访时，曾看见邹平乡间民众训练实况，反日的口号是公然提出的（见于教材），皆可反证李文之诬。

五、我平素主张全国乡村运动大联合，并且从来不以理论统一为其前提，此有多年到现在发表之言论文章可以覆按。李文所称我以联合须有共同的乡建理论及知识分子不能合作之理由拒绝联合，岂非刚好相反。我从来谈到大联合问题，总喜说到知识分子不易合作；然正以其不易合作，故主张不要标榜主义，不必强求理论统一，而慢慢从事实上使之自然接近。不过此处亦有一个限制，即一切从事乡村建设者固无不可联合，独于从事乡村破坏者却无法联合在内。

六、历年在邹平定县无锡召开之全国乡村工作讨论会，二十五年度因为有些同人受事实的牵掣，以致延期一年。而在中国农村社以及其他朋友则曾有联署的一封信，遍发各处催促开会。在谈话中谈到此事，我曾替一些朋友说明延期之故，并说明此会大家可以自由召集，不限定非那被推为值年的人不可。李君的那些误会是否由此引生，则不得而知。

以上各节，先生同时在座，孙先生亦有一半时间在座，均可为佐证，漱特要求将此函在贵刊发表，以资更正，专覆敬请。

著安　梁漱溟顿首
十一月五日

（二）千家驹先生复函

漱溟先生：十一月五日手教奉悉，此次论战驹自信以最诚恳之态度出之，乃先生竟以"不好学""不深思"相议，殊深意外。驹平日律己尚严，师友相责理宜铭感。惟先生对新兴社会科学及中国社会发展史如能稍加留意，不以"流俗谬说"而一概不看，则对问题之解决，当可更进一步。且论战之是非真伪，社会自有公评，亦非盛气凌人所可解决。语云"人之好善，孰不如我，"先生倘能推此意而广之，则"不好学""不深思"之云，当不至苛责人若是也。

至李紫翔先生一文所称先生反对乡村工作者大联合一层，驹记得先生当时亦无此意思，想系紫翔先生之误会，当在中农七卷二期中负责改正（因尊函到时，七卷一期已付排），请释念为幸。专此顺颂

大安！

弟千家驹敬启　十一、十六日

（编者注：千家驹先生原函未留底稿，此乃请千先生追忆所重写，或有一二文句与原函相出入，但千先生原函中"先生对新兴社会科学及中国社会发展史，……"社会科学上冠以"新兴"二字，则绝无记错，梁氏复函引证千函此语，则漏去"新兴"二字，与原意稍有出入，特为声明。）

（三）梁先生第二次来函

十一月十六日惠覆敬悉，承许更正甚谢，但请勿以拢统一句更正，盼以鄙函开列各条酌量发表为幸耳，至弟对兄等以俗说自安，有不好学不深思之叹，则确有此叹，除一叹而外更无他语，似亦无所谓盛气凌人，幸□之谅之，弟本不学之人，对各门学问无不外行，但生性喜欢关心问题讨论问题，自北伐军到武汉后顾孟余先生于报纸上引发国民革命阶级基础问题之追论，从而发生中国社会史的认识不同之争辨，弟即为最感兴趣之一人，十九年春间在北平主编《村治》月刊，特登启事征文研究，以为此种研究实解决中国问题之一线曙光，顾其以时人率戴一着色眼镜为病，欢迎为各种不同之观察研究，今日号为好谈中国社会史之吕振羽君其时适亦同事，（同任编辑）问之可知也。后于二十七年在延安与毛君泽东为数度通宵彻夜之谈，彼此所争者仍在此社会史上的问题，彼谓我太看重中国社会特殊性而忽略中国社会一般性，我还谓彼只见中国社会的一般性而忽略

中国社会的特殊性，卒相持莫解，今兄乃云"先生对社会科学及中国社会发展史如能稍稍留意，不以'流俗谬说'而一概不看，则对问题之解决当可更进一步"，能不令我失笑乎，当真地说：兄等对于我自十九年迄今所辨俗说之非者。（杂见各书）如能稍稍留意，至少兄等对我所持论亦要多辨说几句，不像今天之竟不措意也。我本不敢望兄等虚心降意细读鄙著，独怪兄等于所批评者不先察明其一向论据，而逐层指驳，一一反证之耳，吾是以不能无叹也，以后相见之日正长，幸各自勉，使他日各有所进，不亦幸乎，覆颂

著安

梁漱溟顿首

十一月二十五日

（四）李紫翔先生来函

家驹兄：

中农及来信暨附抄梁函均收到。梁函殊无理，却诬赖；当时谈话因由乡村建设运动谈起，但最后曾谈及乡村工作者联合问题，而梁之意见，固仍如此，弟之简单叙述，语气或不免稍强调，但全为非虚构之事实，吾兄当亦可回忆到也。

弟在前文写竣，即感有再答三答之必要，盖单论涉及太广，非一文所能了也。看中农后，觉兄及弟所答者，均集中于反帝反封建等问题。是我们所答复者均系辨证梁之所谓'你们看到的我都看到了'的一方面，还有'我看到的，你们却没有看到'的一方面，即中国旧社会之构造问题。此而不详答，梁先生真不免以弟等为不懂或不研究中国历史事实之'买办'，亦殊无以见梁全部理论之荒谬也。故弟现拟即就此一方面再寄一文，将来有无三答之必要，待写成后再说。

即颂文安

弟翔顿首

十一月二十四日

《中国农村》第7卷，第2期。

《璧山农村》出版赠言

我近来住在璧山来凤驿一古寺中，璧山县农业推广所的朋友将出版《璧山农村》月刊，向我索稿，因写数言为赠。

农村工作在当初多是志愿为社会服务的人，所作之一种社会建设运动。在形式上常常表现为一种教育。到最近几年来，这种工作慢慢收归政府，变为一种行政去了。本来这其间的许多事，是国家所当作的，或是地方政府及地方自治体所当作的事，统归政府去办，亦有许多好处，如：整齐划一，迅速有效，减少障碍等等。所以这个转变，在农村工作的朋友亦未尝不赞成。尤其在我个人，始终认定中国社会需要进步，而这个进步必须在量上是普遍的，在质上是有方针的，那么，即必须国家有计划地施行；对于这个转变更觉合乎理想。但同时我们要晓得政府作事有他不可避免的缺点，第一是太机械，缺乏内容的动力，一切落于形式化，所谓"官样文章，有名无实"。由此论到用钱经济，而效率高，远不如商业机关或私人事业；论到服务精神意味亲切，远不如教育机关或社会团体。加以中国官吏的腐化，根深蒂固。一旦将农村工作机构都变为行政衙署，工作同志都变为公务员，即逃不出腐化窠臼。这样算计起来，一面有利，一面有弊。我们将如何善处于其间呢？

我对于这个问题的意见是：一面要农村工作国策化——彻底作到是国家的整个国策；一面要农村社会运动化——彻底回到当初作社会运动的途径。换一句话说，要兼而有之。

如何谓之国策化呢？那便是农村工作成了全国性的——全国普遍实施农村工作。而所谓农村工作则又是各项建设工作（政治建设，经济建设，文化建设等一切在内）为有机配合，糅成一部大计划去进行的。质言之：农村工作即是全国建国工作之别名；全部建国工作在方针策略上采取了我们乡村建设的主张。（此主张另详）如是，农村工作既化为国家的整个国策而进行，那有利一面之许多好处，自然都享有。

又如何谓之社会运动化呢？那便是在国策下直接间接服务于农村的人，可以自由分别组合起来，形成许多社会运动团体，同时又是他们彼此切磋进修的团体。社会运动的团体是具有相同信念和志愿的人，为了共同努力实现他们的社会理想而有的组织。因国策不是一次决定的（要不断加以决定）。亦不是少数人决定的，（要集思广益）。凡是努力于建国工作的人，都给他机会，以其工作中所心得者贡献意见出来。为了使这些意见更精密，必须由团体提出，团体作用就在综合这一些人的意见，代表他们的要求来参预国策的决定。这样就使工作者若为他自己的理想要求而努力，于工作上方亲切有味，有自发的精神。为了于建国工作有贡献，同时还须自己不断进修，和同工的人彼此鼓舞兴趣，加强意志。——这亦是团体作用中所应有的。如是，农村工作又还元到社会运动社会服务的精神去；那行政化的许多弊端自然都避免了。

以上所说是我的意思。在眼前未得实现理想时，我们作农村工作的人，亦应当避免公务员化，一切农业推广机关，指导农村合作的机关，农村教育机关等应当避免行政衙署化，为了这一切目的，我们虽然谈不到组织团体，亦须彼此时常交换意见，互相切磋，鼓舞兴趣，以求工作有效力，事业有进步，个人生活亦免机械枯燥。这种相互间联络的作用是我期望于《璧山农村》月刊的。因为他至少总可以在工作上互通消息，增广知识，公开讨论，引起工作同人的意趣也。质之主编月刊同人以为何如？

我努力的是什么*
——抗战以来自述

引　言

我努力的是什么？这原是要读者看了这篇自述之后，从四五年事实经过中认出的。但今亦不妨先指点出来：

一、是国内的团结；

二、是民众的发动。

发动民众为抗战所必需，国内团结为抗战所必需，这是人人都知道应需努力的事。努力者正多其人，我亦不过追从国人之后之一份。事无新奇，不足称述。不过我四五年间翻来复去，努力不已，不是这件，就是那件，自始至终，一贯不移。述说出来，使国人关心这两大问题者，亦可得其消息之一斑。

我第一个念头原在发动民众，因为意想中全国一致对外不成问题。后来晓得事情不这样简单，还必须先求团结才行。否则彼此猜防之心未泯，遽动手发动民众，愈发动即愈冲突；冲突大了，国事便不可为。但如有人问我：定要团结好了，再发动民众，事实是否能许可呢？我回答不出。我总强调"团结第一"就是了。

我是个谨慎人，我□□□□□□□□□□，像共产党一样，可以去发动民众。我当然要从团结入手，求取全国有计划的合于理的民众大动员（此事我有主张计划见后）。无奈我的气力薄弱，事情不易成

---

* 该文连载于《光明报》1941 年 9 月 18 日—11 月 3 日，文中被香港新闻机构检扣部分，以□表示。

功。至今天还盘旋在团结问题上，没有进展，因此四五年间所努力的，核实了仍只是团结一事而已。试看后文自明。我今天受同人委托，办理本报，仍是为了团结运动。现在自述其四五年来努力经过，借以求教于当世贤达，亦正是表出本报宗旨的一种工作，倘得各方读者同情指教，使团结运动得些进益，岂非大局之幸乎。祝之祝之！

在本篇的叙述上，拟将最近在重庆我们一些朋友，为团结而奔走的一段经过叙列为开卷第一章，然后翻回头来，再从抗战之前叙起，直叙到最近，使与开端的叙述环扣起来，其顺序约略如下：

（一）1941 年二三月间的一段经过

（二）七七以前的讲演

（三）八一三以后的文章

（四）国防参议会

（五）访问延安

（六）国民参政会

（七）改善兵役的运动

（八）解决党派问题的我见

（九）巡历华北华东各战地

（十）统一建国同志会

（十一）1940 年 4 月间的一个提案

（十二）总结全文

一　1941 年二三月间的一段经过

这一段经过，我看见曾有两个刊物提说到。一是陶百川先生主编的《中央周刊》似用《劝驾记》为题。一是邹韬奋先生写的《抗战以来》第 75 节《第二届国民参政会的前夜》。不过，都语焉不详。我现在较精确的记述当日事实（其中自然仍省略许多），读者不妨取以与前两文相印证。

这一段经过，是 1941 年 2 月 22 日起，到 3 月 27 日为止的，其内容便是中共参政员毛泽东等七人，对于 1 月间新四军事件表示抗议，用书面通知国民参政会秘书处说：在他们所提善后办法十二条未经政府裁夺前，即不出席参政会。而参政会已定 3 月 1 日开会。所以居第三者地位的参政同人，不便坐视，特于 2 月 22 日集会商谈。当日在座者，计有张君劢、罗隆基等各位，左舜生、李璜等各位，沈钧儒、邹韬奋等各位，黄炎培、冷遹等各位，而前届参政员章伯钧、张申府亦参加，连我自己共有十五人。大家商谈结果，推定左罗及我共三人，负责起草几条意见，作为向双方说话的根据。当晚左罗及我三人又作一度交换意见，而委托我来执笔。23 日晚我写好之后，通知各位朋友于 24 日集会。大家看了，我所写好的无甚修改，即依年齿为顺序而签名。第一为张表方（澜）先生，第二为褚辅成先生，余不必细数。除章伯钧张申府两位未签名外，仍得十六人之数。褚先生为国民党老前辈，素不存党派成见，此次亦自愿列名。

　　我写的共四条，其条文如下：

　　（一）为昭示全国团结，此次大会中共参政员之出席必不可少。

　　（二）为永杜纷争，全国一切军队，应与任何党派绝缘，统一于国家。

　　上项原则之实行应由各方面合组委员会秉公监督办理。

　　（三）抗战建国纲领公布瞬满三年究竟实行者几何？而现在事实，背乎各条规定者又有若干？应由各方面合组委员会切实检讨。其有实行不力者，应督促实行。背乎各条规定者，应加纠正。并以此委员会为常设之监督机关。

　　（四）根据二三条，合设一委员会，以最高领袖为主席，遇有不能出席时，派负责代表主席。设委员八人，网罗各方面充任之。委员会议决事项立即生效，不再经任何机关核定。

蒋公的表示

　　十六人签名的一份，又在四条前后加了头尾，作成一封信的方式，准备呈给蒋公。中共方面，则约了周恩来董必武两位来面谈。周谈话甚多，总其要点，不外两层：第一层表示，极欢迎第三者出来说话，他们愿与第三者共同推进民主，可以将自己的事，加倍让步。第二层表示，四条主张甚好，若得当局接受，则他们出席，亦即不成问题。这是 25 日的事。27 日早，蒋公约去见面，除面呈那四条外，又加口头说明。大意着重两点：一点是军队必须脱离党派而统一于国家，方为根本杜绝纷争之道。一点是国家政令，每每宣布而不实行，抗战建国纲领，即其一例。我们不多要求旁的东西，只要求兑现。我们要求给我们监督兑现的权。蒋公对此两点，皆表示甚以为然。总结来说：就是接受我们的建议，可以组织那个委员会。至于中共参政员出席问题，则嘱咐我们去劝他们，并约第二天再见面。我们当将此意，即刻转告周董两位。除中午一度谈话外，当晚复在油市街四号（国民参政会秘书处）由同人与周董切实商讨，请其撤回那个肯出席的通知书。周董二君迄未同意，仅允电延安请示。第二天 28 日，同人再见蒋公，即以周君已电延安为告，接续商量组织委员会事，甚为顺畅。临末，蒋公追问中共出席不成问题否？无人敢负责答复。于是蒋公严切表示，明天（3 月 1 日）他们出席，即当按一个党派参加主席团一个主席之原则，推选周恩来为主席团之一。如其不出席，则是他们不惜以国内裂痕暴露于外，他们要负责的。以后即无话谈。请你们去告诉他！

那时只剩半天功夫，非常迫促，所以我同黄（炎培）沈（钧儒）左（舜生）诸公顾不得吃饭，赶去访问周董两位。既传达领袖的话，亦表示同人的要求，请决定出席，勿负各方面之望。周君等似亦无甚固执之点，仅谓必须候取延安来电。他们自己有电台，在化龙桥近处的山上，每日午后四时，晚十时，天明五六时，和延安通电三次。所以周君对我们说，至迟夜晚必有复电。收得复电，马上通知我们。政府诸公关心此事者，都向我们问消息。我们皆作乐观的答复。因当时空气确实不像有问题的。但不料我同黄先生坐候一夜，屡次用电话询问周君；周君亦在山上坐候收电，到底不得复音。天明周董两位亲来见我们，说电台发生障碍，收不到延安电报，不便出席。经再三恳谈，终无法相强。已到开会时间，忽于电话上，蒋公亲语黄先生，嘱我们代表他，敦劝董邓两参政员速即出席（因七参政员中实只有董必武邓颖超在渝）。我们只得再跑去劝驾。他们自然不肯来，写了一封抱歉的信，声明没有党中央命令，不由自主。我们赶至会场，将此信回复蒋公，大会早在开幕了。

我们将信面呈蒋公，并代为解释，说他们第因电令未到，不好出席，非有他意。蒋公当表示可以等待他们一天。于是由黄炎培张君劢等四十二人临时动议，将下午大会停开，所有主席团的选举改在第二天举行。为是等到他们出席后，便可选出周恩来参加主席团。

延安提新十二条

到了第二天，3月2日黎明，我同黄先生又用电话询问周君。复言延安电报已到，我们正色然而喜，却不料其又有十二条的提出，要当局接受了，然后出席。十二条件如下：

（被　　检）

这是所谓新十二条，比较前次十二条降低甚多（□□□□□□□□□□□□□），但不论条件高低，我们从来不预闻讨价还价之事。我们是以国民立场过问国事，本着我们的主张和信念（见前述四条）而奔走努力。我们并非作和事老，调停的人。何况这种分家的办法，和我们要求国家统一的精神不合，同人皆感觉失望，不能赞一词。国民党方面的情绪如何，更不必说了。

一个委员会问题

中共既不出席，主席团的五位，当日选举出来（有左舜生，张君劢），自无周恩来在内。正午十二时同人聚于一心饭店，商决我们今后动止如何。我提出意见说：中共的十二条我们实不愿加以讨论。况且逐条磋商，必致延过了参政会期；要当局一口答应，又万无此理。可否向他们作如下的商量：

一、原提之十二条，今事成过去，不必再议；

二、原提之十一条，似相当于我们所主张的那个委员会，请按照我们的四条主张继续进行商量；

三、自第一至第十各条都暂不讨论，候那委员会成立时，交委员会裁决之。

此即集中到一个委员会问题。而委员会如何组织，则请周恩来先生和张岳军（群）先生直接见面，较易解决，更加上君劢舜生共四人商洽起草。得出草案，即刻请领袖核定。一经核准，即可一面成立委员会，而一面中共出席参政会。若能在此届大会内终得圆满出席，尚足以安慰国内人心，及国际友邦之望。

个人接洽

同人都很消极，我的意见未被采纳。结论是：我个人可以单独进行，不与大家相关。黄先生对我说：你如果要进行，我劝你先问得张岳军同意，然后再见周恩来。君劢先生对我说：你欲晤张岳军，我可替你向他约个时间。张表方先生亦鼓励我。我接受了几位先生的美意自愿试一试看。

3月4日承张岳军先生过访，相谈甚畅。他还提到二十八（1939）年秋间，我从华北回来，力主军队应属于国家之说，当时不过一空想，而今则居然得到两党的承认，何等可喜。又说：军队国家化，政治民主化，立国之道更无余义矣！但我提议请他们与周君恩来直接商谈委员会事，他却说且待请示最高当局再说。于是我再三叮咛，请其于请示好之后，告知我。

次日（5日）清早，我访君劢先生，恰又与岳军先生相遇。他说：今晚蒋公在嘉陵宾馆招待全体参政员，他亦被邀陪坐；届时定可答复我。而在他走了之后，君劢极力劝我不必等待他，尽可先访周恩来。我想亦无碍，就去访周。我见周，未谈眼前具体之事，而从根本大端上有所讨论，如军队统一于国家等问题。其详容另记。到晚上，嘉陵宾馆席散后，岳军招我于一旁，问我曾否进行，若未进行，过了明天再说。我转问何故。他答：蒋公定于明天（6日）亲自代表国民政府，向参政会宣布共产党事件，并希望参政会对此问题有所表示。所以我们要看了明天的形势再进行。言罢，匆匆分手。

周恩来的意见

我闻言，急觅君劢商量。我说：不知蒋公将作何宣布，又不知要参政会作何表示？假若双方洽商好，而以领袖之宣布，参政会之表示，作一转一文章，最妙。否则，多一次宣布表示，即加重一层痕迹，更难转圜，我愿尽今夜作一度努力，请你代约岳军明早等候我。希望在明天下午蒋公出席参政会之前，能洽商一结果。君劢允为照办。我即刻访周倾谈，当夜宿于周家。

我对周君诚恳地爽直地说出下列两层要紧意思：

一、当局决定明日作一宣布。但我嘱托张岳军候我消息。我们都是爱护大局的，必不可使大局更僵。所以我来请教你，要赶在今夜明晨洽商一结果，俾大局从此转圜。

二、最好集中到一个委员会问题来商量。商量时最好请你与张岳军直接谈，而第三者参加讨论。委员会事确定了，大小事都交付委员会解决，请先出席参政会，以慰各方之望。

周先生答复我的话，总结有下列几层：

一、由于王秘书长（世杰）何部长（应钦）连日在大会上的两次宣布，我们出席参政会问题，可说已成过去，不必再谈。我们固不知蒋先生明日如何宣布，但想其影响大局者，好亦好不到哪里，坏亦坏不到哪里。——自然是若能不再作何宣布最好。

二、撇开参政会出席问题，我们不拒绝任何的商谈。像是各方合组委员会的问题，尤所愿谈。委员会如成立，一定参加。

三、同张岳军先生直接谈，无所不可，梁先生问得张先生同意，我马上去见他。

四、前于3月2日有一件签呈，系以周恩来名字，作为下属长官（不作为党派关系）口气，列举几件小事，然而是很痛苦的事，例如某处扣车，某处扣人，几个月不发下护照等等，请求委员长批交各该机关制止或纠正者，请转恳张岳军先生向委员长促请早为批下。——能批一"查明办理"的字样都好。

我只得照他的话，第二天据实转告张先生，张表示且待过了下午再商。

这天（6日）下午蒋公代表国民政府对参政会宣布共产党事件，词义严重，并且话很长。报纸曾有披露，此可不述。接着参政同人临时动议，表示盼望中共参政员出席之意。其议决文，和中共参政员的答文，均经揭载于报纸，此亦不叙。彼此一往一复文章愈多，彼此间的距离愈远。我适有自己事待办，亦就离渝回乡了（我居住四川璧山县乡间）。

参政同人继续努力

听说我离渝期间，大会上有某参政员（陕西籍，忘其名）又提出一案，关涉到陕北边区和十八集团军，亦经议决通过，此事后来亦生影响。

10日我自乡赶回重庆，大会已行闭幕式，因闻张岳军先生将于翌日返成都，特于夜雨中偕张表方先生访之。我对他说，我为国民党打算，认为那个委员会应当赶快成立才好。要知抗战四年中，共产党一天一天长大起来，就是国民党的失败。这失败由于三点：一点是遇事含糊，没有清楚明白的解决，陕北边区到底合法不合法，即其一例，其他类此甚多。一点是遇事拖延，不迅速解决。此事例亦甚多。末一点是单靠武力和特务警察来制止共产党发展，没得舆论有力的援助。类乎我们这一般人均不愿说话，是其一例，共产党就在这三点中得其发展。要想补救，必须改正前失。委员会就是最好的办法，一切问题可在委员会上有清楚明白的解决；并且马上解决，不予拖延；解决时有第三者大家共同讨论，自必有正义公道；万一某方违背诺言，自由行动，则舆论亦必然援助政府的制裁。所以我希望当局不要以为那委员会是只利于共产党和第三者的。蒋先生为中共问题很焦心，而少有人能替他分心筹划，我们都盼望你能帮助他。岳军先生似颇以为然。他说他十天后将再来重庆，希望我亦继续努力。

参政会开罢过去，中共问题原无时限之督迫，而同人仍思尽力。13日午由黄炎培沈钧儒张君劢左舜生四位出名在一心饭店请客。被请的都是参政同人，而以中共参政员为主要对象，当由众人公推褚（辅成）黄张左及我五个人共负继续进行之责。

蒋公传见周恩来

14日下午闻讯，蒋公手谕张冲转周恩来，约于15日下午见面。据说自上年冬以来，周君屡次求见皆不可得。一切交涉只能由叶剑英与军令部刘次长接洽。因政府认定系军令军纪问题，叶为十八集团军参谋长，在军令部系统之间义须服从，无多少商量。而周君则代表共产党，不见周即不愿落于党对党的问题上也。忽然传见，意必有话商谈。

待到17日晚间，周董各位回请我们吃饭之时，周君将15日谒见情形，说给我们。则据云并未谈到要紧处，蒋夫人先面见，甚亲洽，蒋公后出来，亦无不愉快之色。周君即未提出大问题来说，仅提到3月2日的签呈，请早赐批示，蒋公谓这很容易。又谓你可再写了来，周君自云本日（17）遵即再度写签呈八件递上。前次系一签呈列举多事，今改为一事一呈，委员长喜欢批哪一件即可批哪一件。

委员会组织草案

在我们想，大局问题的解决，仍有待于那个委员会。适国民参政会王秘书长（世杰）亦向同人表示，委员会事仍可商量进行。遂根据从前我们的四条意见，经他协助，草成一个委员会的组织章则。草案原文，我未保存，今不能全记。大致是这样：

一、名称定为国民参政会特别委员会。

二、委员定为十五人，设常委三人。委员人选不限于参政员，意在军政实际负责人参加。

三、蒋委员长为主席。因事缺席则指定一常委临时代理。

四、关于推进民主，加强团结，督促军队国家化，监督抗战建国纲领之实行等四项，有权调查提议，决议并促其实行。

五、议决案由主席负责执行。

王秘书长前任法制局长多年，对于起草法规具有专长。其一条一条的文字，都经苦心斟酌，并不像我写的这样拙笨，但大意确是如此。

19日我们五人先在秘书处与王君洽谈后，约好22日面呈蒋公核定。20日中午原系蒋公宴请国民参政会驻会委员廿五人。饭罢留下我们五人细谈。对于草案认为可行，仅将常委改为三人至五人，委员改为十五人至十九人，余无改动。问我们若未曾与中共谈过，可即往商谈。

委员会之难产

22日我们约了周董两位于君劢家谈话。即以委员会草案给他们看，而征其意见。周君说话虽多，但重要争点则似无几。最重要只有一点：他们反对以此委员会隶属参政会。我们说：此委员会必有系属之处，与其系属于政府，不如属于参政会。并且大会已闭幕，我们准备由驻会委员产生出来（且准备作为主席团的提议）。因为照驻会委员会的新章增加了建议权。周君亦认为不妥。他指出此届大会上一次一次的宣布，一次一次的议决（特别是陕西某参政员的提案），使他们落于绝对不利地位，他们无法再出席产生于此参政会，而且隶属于此参政会之委员会。他又指出驻会委员会的建议，照章程上规定以不背大会议决案为限，如果有人指摘此委员会不合于大会决议案精神，或指摘此委员会所行者不合于大会所议决，那么，都有被推翻的可能。因此，他坚决地说：即使延安同意了，而命他出席委员会时，他亦要坚辞不担任。

我们觉得他的话相当有理，亦不强争。更恐除此点外，尚有其他问题；恐周君意见外，延安尚有意见；故结论请其以草案全文电达延安征问后，再作讨论。周君谓一二日必有复讯，遂约于 24 日再会面。

23 日午前我们同访张岳军先生。——他已因国民党中央开全会由成都来渝。我们将一切情形都说给他，并表示我们已不考虑这委员会隶属参政会的问题，须另想办法。他觉得其他办法不易想，然或者亦非全无办法。不过，若不属于参政会则委员会的名称即又成问题。因为当然不再称国民参政会特别委员会，而亦不能秃头的一个特别委员会，那就很费思索了。最后我个人声明定期 25 日赴桂林，不能等待完成此事。张君劝我等待有结果再去。

在此期间，蒋公夫妇曾请周恩来夫妇吃饭（是为第二度见面）。其确期，今指不出。据闻仍无重要谈商。

24 日午后，如约与周君等重行会见。忽有某君贸然来参加，致妨碍谈话。又因周君亦称延安尚无详复，遂改期 27 日再谈。但我原定 25 日同林隐青（虎）先生赴桂的，竟以此被同人强留，不得成行。又事有可异者，25 日我国际宣传处收录敌人广播，此委员会乃为东京所宣说出来。

27 日同人与周君等再相会见。周君报告延安意见共有七点之多。其中大问题有二：一、反对此委员会隶属参政会，而认为不必有其所系属；二、主张此委员会定名"各党派联合委员会"。其他尚有各党派委员平均各一人等五点。同人闻讯均有难色。而周君则称他在党内甚难劝说让步的话。因为前将极痛苦的几件小事签请批示查明办理者，至今仍不得批。党内责他，一点小事帮办不了，何颜徒劝自己让步。同人互商，认为双方诚意不足，此事殆无成功之望，只好结束，不再进行。除当面向周君声明外，同时向王世杰先生声明：托其代陈于蒋公，于是近四十日来之奔走，至此宣告停顿。

29 日一早我即离开重庆，去桂林了。

我努力团结是为了统一

这一段经过的叙述至此为止。末了，要总结来说几句论断的话。

这结论在我胸中有若干话欲说，但在笔下能写出发表的，却只两点，如后。

　　一点是：事虽无成，而在全国团结（或统一）运动上却已有了进步。说老实话，我是要求统一的（看以后所述自明）。不过我认定统一要从团结得之。所以我努力团结，是为了统一。国家统一不统一，于何处决定呢？那无疑是以军队的统一不统一为决定。若此一方彼一方各有各的军队，任你如何说国家统一亦是假话，而且内战永不能完。我很早提出要军队脱离党派而统一于国家，就是为此。许多朋友听见我的主张，都笑我太书生。□□□，□□□□□□□□□□□□□□□□□□？□□□□□□□□□□□□□□□，绝对做不到的事。甲如此说，乙如此说，丙如此说……。几乎没有人赞成我。我自己亦不免摇惑起来，怕是距离事实太远，实现无望。然而武力统一，强迫地将军队收归一处我是早确认其无成的。——不是不能成，是成了旋即失败。倘若和平统一是空想，武力统一又是徒劳，则中国岂非没有统一之日。没有统一，即没有建设与进步。没有建设与进步，就没有中国。没有中国？这是不可想象的事。所以我一定要求军队统一；我相信一定作得到。

　　这一信念，总算从经过事实中，没有令我失望。我二十八年从华北游击区目睹我军□□□□□□，回至大后方，倡言军队须统一于国家之时，虽赞成的很少，而到这次参政同人商量向两党提出我们的主张意见时，却被列为最重要之一条。并且得到几方面朋友，十六位先生联署。这给我的鼓励不小。更增我希望的，两党皆慨然同意，并没有碰钉子回来。廿八年切实指教我，说我是幻想空想的张岳军先生，亦转过来替我乐观。还间接听到张君劢李幼椿（璜）二位转述何部长应钦陈部长立夫在不同地点对不同的朋友谈话，或以军队脱离党派为莫大之幸，或以军队直属国家为素所主张。不论大家命意用心是否相同，我皆认为是进步。□□□□□□□□□□□。

今事虽未成，这一句话却唱出了。事之不成，我早看到。不要说那委员会没有成，就令委员会成立，亦不免吵闹一场而散。就令不吵不散（廿九年成立之特种委员会即未吵过，其事见后），军队统一亦不易办成。但我以为尽管不成，而原则已昭示天下，□□□□□□□□□□□。□□□□□□□□，□□□□□□□□□□。□□□□□□□□□□□□□□，总有一天要交出给国家。所以这原则的承认，实在是统一运动向前迈了一大步。

既有进一步，就不白努力；当然我要再努力下去。——这是第一点。

又一点是：看清楚事之所以无成，都为第三者太无力量。在四十日的经过中，□□□□□□□□□□，□□□□□□□；□□□□□□□□□□，□□□□。□□□□□□□□□，□□□□□□□。□□□□，□□□□□□□□□，我们没有力量于其间。这是事情不能成功之由来。□□□□□□，□□□□□□□□□□，□□□□。□□□□□□□□□□□□□□□，□□□□□□□？□□□□，□□□□，□□□□□□□□□□□□□□，□□□□□□□□□□□□□□□□□□。

□□□□□□□，□□□□□□□□，□□□□，□□□□□□□。□□□□□□□□□□□□□□□，却亦有一种和平正义的力量。大局便可不难好转。今后再度努力的方针方法就是如此。——这是第二点。

就以上面两点，为此一段经过的叙述作结束。

二 "七七"以前的讲演

1941 年二三月间的一段经过叙述后，我们翻转来再从抗战之前叙起。

抗战之前，我本来是在山东作乡村工作，其详情不叙在此篇。现在只叙逼近抗战前夕，我在成都的一次讲演。从这一讲演中，说明了我平时努力的乡村工作和抗战的关系，使读者了解我四五年来努力之前的背景。

在"七七"卢沟桥炮声未响之前，我们抗敌的情绪已经紧张了。6月13日我在成都省党部大会场，作了一次"我们如何抗敌"的讲演。事缘四川省政府刘主席（湘）屡次函电邀我入川，我在5月尾经过南京武汉飞到重庆成都两处，曾为一个月之盘桓，作了三十次以上的讲演（有时一天两三次），此为其中之一次。那次，有教育厅长蒋志澄先生陪着去，地点借省党部，性质是公开的任人来听，事后成都各报皆有登载。今撮举大意如下：

开首：今讲"我们如何抗敌"一题，是为了有些朋友不明白我们乡村工作和应付当前国际问题的关系，嫌我们缓不济急；所以要特地指明我们正是准备抗敌，才从事乡村工作之理。

次段：中国今日要抗敌，应采两原则：一是必须靠无限的兵力，而眼前有限的兵力为不足。中国常备军虽多，但行的募兵制，除了常备军便无其他。此有限兵力，至多不过可用一时而已，万万不足用。非化民为兵，求之于无限不可。又一是不求摧敌于一朝，而要能与之作持久战，取得最后胜利。因为我们的国防军备是不足以和敌人为主力之决胜的，只有拖久以待他之内溃。

三段：假定上面的话不错，就必得认定两点去下功夫：

一、增厚国民的抗敌情绪及能力；

二、加强政府的统制力量。

从第一点，就是求得无限兵力的法子；从第二点，就有了如何指挥运用此无限兵力的根本。

四段：要政府的力量强大，有赖于多数国民的支持；要政府能遂行其统制，有赖于下层机构的健全灵活。但照现在情形，上下之情未通，希望老百姓支持政府似难；民众都缺乏组织与训练，要下层机构健全灵活更作不到。

五段：所以我们必得要启发出老百姓拥护政府的情绪，并且加以训练及组织才行。然而这一功夫作到了，亦正是增厚国民的抗敌情绪及能力。因此，前认定两点作功夫者，核实只一桩事而已。

这一桩事是什么呢？就是要从农业和农民入手作功夫。

六段：所谓从农业和农民入手的功夫有二：

一、先解除农业上种种妨害（灾害，匪患，苛捐杂税等等）；更进而积极促兴农业（技术，金融，合作等等）。

二、切近农民日常生活予以组织训练（自卫，自治，合作等等）；更进而为临时对外抗改的组织训练。

七段：为何定须如此作功夫呢？其理由有四点：

一、国民之大多数为农民。

二、非政府关切农民生活问题，替他设法，则农民不会爱国，不会拥护政府。

三、非感情相通，则组织训练不会成功。

四、非有日常生活上的组织训练，则临时抗敌的组织训练就无根。

八段：我们的乡村建设工作，正是切近农民日常生活加以教育及组织，健全地方下层机构，为政府统治运用之准备；正是解除一点农业上痛苦，培养农民爱国情绪，并增加其抗敌能力的。所以我们正是从事抗敌的工作，纵使缓不济急，但似别无更急切有效的办法。

我们主张扩大乡村建设工作以应敌。完了。

六个月后（二十六年十二月十二日），蒋委员长于退出南京时，发表的告国民书上说：中国持久抗战，其最后决胜不在各大都市，而实寄于全国之乡村；四千万方里以内，到处造成有形无形之坚强壁垒以制敌云云。可见我们平素努力者尚没有错。

抗战前夕，我的努力，我的主张，是这个。当然，抗战起来了，更将本此方针，要求发动民众。其奔走事实经过见后。

三 "八一三"以前的文章

我在川时，卢作孚陈筑山两先生适从庐山回川。他们给我讲，政府当局为大局问题将约集在野人士，同到庐山，彼此商讨。给我的一份请帖，由作孚转来，切嘱于7月初间到庐山去。

我于6月29日出川，经武汉北上，7月2日早到北平。那时北平谣言甚多，情势紧张，已有风雨欲来之势。7月4日南下，于津浦车中遇胡适之林宰平两先生，他们都应约到庐山谈话会的。我告知他们，我随后亦到。5 日在济南下车，折返邹平一视。旋即回济南，准备南下，而卢沟桥炮声发作矣。

从此以后，我即为抗战奔走，东西南北，没有休息。琐事不足记，记我当时的主张。此主张发表于"八一三"上海抗战爆发之前夕，8 月 10 日至 12 日载上海《大公报》。题目是："怎样应付当前的大战"。今列其内容如次：

开首：提出三条大原则——

第一，全国军民的动作，乃至他们的生活，都要在最高统一的军令政令下面而动作而生活。

第二，政治要民主化，政府与社会要打成一片。

第三，有钱的出钱，有力的出力，有知识的出知识。

三条原则互相关联，不可分割。现代战争都是以整个国力相较量，胜负关键在于后方。而况我们欲为持久之计，更非深蓄其力于广大的社会不可。第三条即与全国人力物力合为一国之力以应敌。如何合法？则不但要有"节制之师"，更须有节制之民。一切统一节制之后，可以举全国人力而化为一个抗战工具。——这就是第一条之意。但要想举国工具化，还得要举国主体化。那即是使举国之人都得其感情意志之发抒，意识到为他自己而抗战，不是给人家作工具。第二条所以要政治民主化，政府与社会打成一片者，在此。

综合起来说，要在以第一条的系统化，第二条的民主化，来完成第三条的一切国力化。

次段：指出这三点都是理想，距离事实现状甚远甚远。例如中国事向来无系统无条理，国家最近才统一，政治民主化三十年未作到等等。因此，我们第一项提出具体办法来，不要说空话；第二，须从工作上不断改进，随时练习，以期接近理想。并请大家注意，如违反这三条原则，抗战必然抗不成。

三段：提出十四条较为具体的主张办法来。其大意可约之为六点：

1. 全国军队固然要有其编制系统，全国国民亦要纳入一大组织系统中，以配合于军队系统。前者假定称为第一系统，后者假定称为第二系统。两大系统的上端，总统于一最高统帅部，而且两大系统在下面亦处处是相配合的。

2. 第二系统虽大致不异于平时行政机构，然此时要在领导国民直接地或间接地应战，国民之一切活动悉受节制，人力物力悉资国用，其工作之烦难复杂百倍平时，尤以下层机构直接民众者为最。故应发动全国知识分子，有计划地分布下去，担负下层工作，随事运用教育功夫，完成其军令政令所付予之任务。

3. 第二系统，大致仍以市统街坊，以县统村乡，上下系属，节节相制。而下层单位宜小不宜大，旧日保甲等制度必须改变，寓教育于行政之中，而隶行政于军事之下。

4. 全国人粗分为知识分子，军事人才，普通民众三种。知识分子，军事人才，又各分高下等级和门类。除配置于第一系统者外，皆有计划地分配于第二系统上中下各级，大小各单位。务使每个人各有其岗位，又互为有机的配合，适宜的分布，要他从乎一定计划，发生预期的作用。

5. 凡事要有条理，要有系统，要有计划，便有一大前提，是即调查统计。调查统计在中国几乎等于没有。欲使其从无到有，只能由粗入密，以渐而进。知识分子领导民众之第一工作，将为此事。一面凭机构作调查，凭调查作计划，凭计划去工作；又一面从工作中随时修正改进其调查其计划，乃至其机构其系统。如是而后，系统乃日进于合理，计划乃日进于正确精密。

6. 全部系统（包含第一、第二两系统）是一部抗战机构，愈到末梢愈落于被使用的工具地位。然而国家主体亦正在此基层民众。我们要政治民主化，应就以下层每个最小单位（假如说一街一村）还而为国家主体所由构成之一个细胞，给他们以申达其痛痒要求的机会，却不必盲从于近世议会制度。其具体方案另详。

以上约举六点，见其大意而已。原文固视此为繁，然仍多引而未发之处。此其内容实包括有：

一，国家行政以讫地方行政的大改革；

二，教育制度的改造；

三，政治的改造。

关于第一项，是为要适应战时动员需要，将中央地方军政一切机关系统化，合理化。其内容又包括三大主张：

一，本于国防第一之原则，凡现在事权上有党政二元，军政二元的情形，必须使其一元化。——廿八年改组国防最高会议为国防最高委员会，将中央党部，行政立法等五院，军事委员会都放在内而统一之，其命意相合。□□□□，□□□□□。□□□□□□□□，□□□□□□□，□□□□□□。

二，中央上级机关要缩小到可能最小地步，将人才钱财尽量移到中级下级地方机关去。此即坐在高处发号施令的人要少，而在下面真正作事的人要多。此即将集中在大都市而浪费之人才钱财，分散匀布于全国地方乡村，极经济的利用之，使完成全国动员工作。

三，全国动员工作一定不可单纯以行政的强制力行之，而必须以教育来完成他。下层机构要明白确定其为教育机关，而负行政和动员的任务。同时，党的民众工作亦完全融合于内，不要另有。

关于第二项教育制度的改造，是我多年以来的主张。那就是廿二年应教育部之约，写的《社会本位的教育系统草案》。中国教育多年患着与社会脱节的大病，与实际问题需要不相切；而战争时期一切要求最真切最逼紧，似乎不容他偷过，亦许正是他改造的时机到了。所以在原文十四条中之第九条，曾提出教育改造这一问题，而声明将另成专篇讨论之（亦预备在《大公报》发表）。但后来看到仍是不痛不痒，一年一年度到现在，自己竟亦无兴趣来写此文。其内容要点，大致是：

一，学校教育与社会教育合一不分。

二，各级教育设施应厘定其教育对象之区域，以社会区域之大小统属，别其等级，著为系统（假定为国学、省学、县学、乡学、村学），各负其区域内之教育责任。而上级学府应辅导下级之进行，下级学府应受上级之指导。各级学府间，于上有系属，于下有责成，期于有统制有计划的进行。

三，教育系统与行政系统沟通合作，以行政力量辅翼教育，以教育功夫推行政令。两系统在其上端（县以上）虽合作而各有机构；

在下级（县之下）则教育机关直与地方下级行政地方自治组织融为一体而不分。

四，在行政系统内之技术人员技术机关，应与教育系统内各专门学科合并设立，或相联络，务求实际工作与学术研究之互相沟通辅助。如是乃使实际问题在学术指导下解决，学术研究受实际问题之推动而切实进步。

关于第三项政治的改造，就是政治民主化的要求。我当时亦声明将另成专篇讨论之，后来亦是没有写。我的主张与现行的县临时参议会，省临时参议会，国民参政会这一套完全不同。我主张以第二系统担负动员任务的小单位（其本身为一组织，内容有知识分子，有军事人才，有普通民众），转过来作为国家主体的细胞，作为民意的来源地。若干小细胞（假定一百内外）各有一代表，定期集会，提出他们在工作上在生活上的问题、困难和意见，送到上级去。此上级若干单位（假定为二三十县）亦各有其代表，亦定期集会，根据下级送来的讨论，当然亦得有新意见提出。他们可以分别决定哪些是有待请示上级的，哪些是直接可以指示下级去作的。然后有全省全国的集会讨论，照此推上去。这样的议会有两大好处：

一则议员不是飘于空际的，而确有其所代表者。他说话不是一个人的空话乱想，而是一部分真痛痒的申诉。他说出来亦有后盾，有力量，不轻容易被拒绝。

二则议题议论丝丝扣到当前事实上，求其改进，而不是作文章。因为动员（兵役，粮食，增产、节约等等）工作上的问题，老百姓生活上的问题，经过考量一级一级拿出来，待你解决了再执行的，哪有空文章呢？

请看今天的参议会、参政会如何？议员于社会无根，议题议论于事实无干，只是一大装饰品，皆是学人家的议会制度，而不善学之过。

总起来，我是采取两大方针：一方向统制走去，一方向民主走去。

四　国防参议会

"八一三"以前的几天，我在上海，每天与蒋百里先生见面，商讨时局。11 日因听了蒋先生的话，有急事特地到南京一行。夜车开行之前，适上海市公安局长蔡劲军来晤谈。他将敌我两方紧张情形告知我，说不一定马上开火。我心中忐忑而兴奋。

夜车开行不久，乘客入睡甚熟之时，忽闻人马声喧。车正停在无锡车站。站台上满是军队，站长传知客人一律下车，奉命火速运军队去沪。当时众人纷纷下车，我亦同英国友人戴乐仁先生互相帮忙，移下行李，再作打算。自然传说甚多，而我心里则认为已经开火了。

当日幸得附他车，继续起行。但我已认定开火之故，过南京即未下车，迳返山东，准备自己岗位内之事。12 日经兖州到济宁，刚下车入门，我们工作同人即谓中央连电促我入京，正转电至上海觅我。我未休息，仍乘原车回兖州，候南下车入京。14 日清早抵京，晤张岳军熊天翼诸君，一面得知"八一三"开火情形，一面得知中央将成立国防参议会，要我参加。

关于国防参议会，邹韬奋先生的《抗战以来》第四节《参政会的胚胎》曾加叙述。但其中所述，不无记错之处。即如原书说，国民政府 8 月底集合全国各党派领袖们组织国防参议会云云；其实"八一七"就举行第一次会了。那天是夜间集会的，到的人有张伯苓，胡适之，周恩来，蒋百里，李璜，傅斯年诸先生。在上海的沈钧儒黄炎培等各位尚未赶到。因聘书 15 日才送出。秘书长是彭学沛（交通次长兼任），不是甘乃光。甘先生只在临末了，参议会将结束，才来担任几天。

我想分几层来叙述叙述：

一、这个会无疑地是民主在抗战期间的萌芽（邹先生语）。从内容人物来看，几乎全是在野的，党外的。即为国民党的，或系素不接近中枢的，如马君武先生。这种精神，的确表见政府要团结全国力量，集中全国之思虑与识见的意思。从这个会追上去，便是庐山谈话会。再可追溯到"一二八"那年的洛阳国难会议，其命意和性质皆大致相同。

从国难初起的国难会议，直到今天的国民参政会，实是一脉下来，平时并没有这种集会，更未成立为机关。而由国难逼来，则马上召集之，就充分证明其为这时所必需。翻过来，平时政府固不见得找这些人来中央，而这些人在平时亦未见得愿意来。（我倒无所谓，平时政府召集内政会议，教育会议，乃至财政会议，我都来过。）今天政府愿意大家来，大家亦愿意来，一面是政府开诚延纳，一面是大家竭诚拥护。团结在此，民主在此，统一在此，进步在此。气象光昌，三十年来所未有；谁说敌人不大有造于我！

二、任何一桩事，不要看外表形式，而看其有无一段真意存于其间。国防参议会虽小，形式多不具备，而我感觉却还不错，似较今天的国民参政大会还好些。这就是初起时，意念较真。论人数虽后来增至廿五六人，而开会时总不过十余人，可谓甚小。人所以到的少，例如蒋百里先生胡适之先生均即奉命出国，毛泽东先生在延安没来，周恩来后亦不到，黄炎培沈钧儒二公常往来上海，张耀曾、颜惠庆两位讫未入京，晏阳初先生和我亦是往来不定。但正因人少，精神凝聚，谈话亲切，亦从容随便。这样倒使彼此少隔阂，而易沟通。开会时间亦多，多时每周至四次（当九国公约在比京开会之时，为听取国际消息）。有不少军事外交财政金融上较机密的事亦可知道一点，亦正为其人少之故。到后来参政大会上，几百人在座，政府便不肯拿出报告了。参政大会先是三个月一集会，后改半年一集会。政府报告都先作出文章，付印成册，数目字很详细，各部长朗诵一番。形式整齐，而意味却减多了。大会有议长，议事有规则，提案有手续，表决算人数，种种形式当然比较从前好看。开会时车马云集，亦甚热闹，但按实来，却按不到一点东西。

邹先生书中，说国防参议会在组织及职权上，简单之极，根本没有什么文字上的规定，连全体参议员名单亦未见过。这大致是事实。我们收到的聘函，原来就是密件（开首称密启者），所以没有向外发表名单。开会时，交换意见，每每就是口说，用不着书面。然正为此之故，或以一言半语对政府有所启发，或往复斟问使我们得所了解。邹先生又说"代理主席汪精卫把大家意见口头转达政府当局，有时亦把当局意见口头转达给该会同人，如此而已"。此亦事实。然而比较后来参政会上文书印件传来递去，像煞有介事者，未必无用。我想中国政事一切落于"等因奉此"，正应当矫正。而见于有名的英国宪政，全靠习惯和精神，不假条文规定；似乎我们亦不要尽在条文上作功夫，而要培养起宪政的精神和习惯，才有希望呢！

三、国防参议会组织及职权的条文规定，亦许有的，我却未看见。我只记得第一天的会上，张伯苓先生曾问及参议员的选任，以何为标准原则。胡适之先生曾问及参议会怎样去实行参议。当时代主席汪精卫对于头一问题，大致回答说着重在野党派，社会人望，和具有专长的人。总之，政府为了抗战，认为必须借重的，就可选任。对于第二问题，则分三层。一层是政府认为时局严重无比，特请大家来共商国事，亟愿听取各方意见。——这就是说，看大家有什么建议。二层政府应付时局或将有些计划方案之类，交到会上请大家共同参酌。三层政府随时以国际情势前方战况以及如何应付的方案，告知大家，使大家得以了解而支持政府。

现在想来，三层之中，实重在第三层。不止是政府主观要求在第三层，末后收到一点效用亦在第三层。

论到第一层，大家怀抱的意见，向政府建议的，军事外交等等自亦不少。而为众议所集中的，约有三四点。头一点要调整政府机构，使之合理化，简便化。因为五院各部会太庞大，不合战时需要。又加战时新机关层出，叠床架屋。行政效率不能增加，反而减少。曾慕韩先生创为"袖珍政府"之议，主张缩小组织，取其轻便，易于移动。此一要求，实是众议所同，□□□□□□□。大抵裁减人员容易，裁减机关较难；裁减小机关容易，裁减大机关较难。政府迁武汉后的改组，各部曾有裁并，五院就不行。直到抗战建国纲领，还有这一条要求保持在（见第十四条：改善各级政治机构，使之简单化、合理化，并增高行政效率，以适合战时需要）。

再一点，要发动民众。三一点，要成立民意机关，认为参议会不够。四一点，肃清贪污。直到我军退出上海，政府将要西迁，张君劢，左舜生，黄炎培，沈钧儒，罗文干，马君武，李璜，杨赓陶和我九人尚联名提出这几点，恳切地面呈当局。

论到第二层，政府交议之件亦不少，最大的一案要数全国总动员计划大纲。此与后来到武汉时，交议的节约计划大纲，同为洋洋大文。参议同人亦费不少心思去讨论，□□□□□，□□□□□□□□□□□□，□□□□□□□。

论到第三层，政府确曾将军事外交各种情报，说给我们不少，使我们于大局情势恍然有所了解。一向局外人责备政府的心理，为之减少，而支持政府的情绪增加。举一个例来说：抗战前段，尤其初起之时，很多人殷切地希望苏联帮忙，亦极相信苏联一定帮忙，乃至期待他出兵或外蒙出兵。在看不见苏联积极帮忙之时，就以为政府不肯接近苏联。于是由责备而不谅解的心理很多流行在社会。但参议同人晓得事实不如此，便对政府没有不谅解，而且支持政府的作法。像沈老先生黄老先生都是在上海为多数人所信仰。他们的态度是支持政府的，便使反政府的空气不易起来。这种减少政府与社会之间的隔阂，而沟通之的效用，怕是国防参议会收效的一点。

但前两层亦不是完全没有效用。例如：当时后方几个省政府主席，都空着，或本人留京，或旁人兼代，君劢先生提请政府注意，大局严重时不宜如此。政府于是就调动补充，或令本人回任了。又如关于农产工商的调整机构，在记忆中仿佛出于黄先生建议的。

四、参议同人总是不满意参议会这一机关。共产党方面总不肯到会，亦是缺憾。各方要求成立正式民意机关者很多，当局亦表示接受，请大家提出方案来。闻当时收到的方案，就有七件之多。代主席汪精卫曾向我们述说，党内对这一问题的踌躇。他说有三点困难：一点是人数上困难，一点是产生方法的困难，还有一点是职权上困难。

何谓人数上困难呢？他说人数少了不像民意机关（参议同人即自觉人数少不足代表国民，没有力量），非多不可。但多到几百人的会议，实不切眼前紧急状态中的需要，而且没有地方开会（当时我们在铁道部地下室开会，大本营亦在地下办公）。事实上即有困难。

何谓产生方法的困难呢？他说正式民意机关总要用选举方法产生出来。但要办选举却是一大事。户口不清，选民难计，地广人多，交通不便，今战事紧急，安得从容举办？而况从来的选举（他包括国民大会的选举说）都办不好，人人皆不满意，今仓促中更办不好。或者为战事的影响，根本办不成。

何谓职权上困难呢？他说自战事起来后，党内曾有决议说：今后要多数人工作，少数人讨论，一个人决定。——这一个人当然是说蒋委员长。若正式民意机关必应有最后决定之权，没有决定之权，不成一民意机关。

但这样便与上面的原则冲突了，所以很困难。

这是在南京的话，后来迁到武汉，卒成立国民参政会。而由于这三点困难不易解决，只能勉强算一个准民意机关。

五、末了，说到我个人在参议会中的尽力，却无多。参议会在南京时，我常常跑回山东照顾我们自己的工作。参议会在武汉时，我又跑一次延安，并驻于徐州许久。所以黄炎培先生常笑我缺课。——每次开会我们坐下来听代主席委委婉婉谈各种消息情报，黄沈诸老均笔记甚勤，如像学生上课一样，因以缺席为缺课。

我所尽力者，总是我的老主张，发动民众。第一天（8月17日）会上，我就拿出来说。我要求建立一个担负全国动员的系统机构，以应付大战。大意就是《大公报》所发表的（见前"八一三以前的文章"一节内）。那话说起来，未免长些，内容涉及行政改革，教育改造。有一位性急的朋友，就起来阻止我，不要说下去。他以那时上海的炮火正紧，应当商量军事，商量外交，你怎么说这个呢？当时会议席上参议诸公而外，政府各部长均在坐，看神气能理会我的意见的人很少。大约他们都觉得我"文不对题"罢！我的话，亦实在说早了些。但不知抗战四五年的今日，对于这个需要，这个主张可有人认识否！

8月19日我奉蒋公命，陪同蒋百里先生到山东，视察防务，离京缺席很久，到10月初，沈钧儒先生在会上提一建议案，大致主张利用失学失业知识分子（如留日学生回国的，华北各大学学生及其他）组织乡村工作团下乡工作。原案经国防最高会议采纳，交下参议会再拟具体方案。于是促动我，为再度之献议。

那具体方案，是经秘书长彭学沛，邀集参议同人，会同各有关主管机关（例如大本营第六部，内政部，中央农业实验所，实业部合作司，卫生署等）拟定的。从我看去，于事实无益有损，不能附和。原案要点：

一、开首点明，此种工作系补助中央暨地方行政所不足，因为原有其负责机关的。

二、列举工作项目，内计有民众训练，抗战宣传，农业改良，合作指导，公共卫生等若干项。

三、工作团或称服务团由知识分子青年们组织起来，得请当地行政机关审核许可，便可成立。工作是可以巡回于各处的。

四、经费由政府酌量补助之。

此案若在负地方之责的行政机关（如省政府，专员公署，县政府）看去，一定反对。不但民众训练一类事，不能随便付给这工作团去作；即宣传的事，指导改良的事亦都不愿他们来添麻烦乱手脚。在工作团方面；无权无责，职位不明，亦断断无法工作。又如农业改良等，亦断非平素无设备研究，可以行的。如其工作，亦只是儿戏般的工作。在行政上，其弊不止于骈枝；在动员上，收效等于零。所以说他无益有损。

我认为凡事不作则已，要作便须责任分明，章法清楚。知识分子下乡，从事动员工作，原为当务之急；但无条理无计划，以杂凑出之，以点缀出之则不可。必要将他纳入负责机关系统之中，使他真知道事情的难处，使他没得躲闪，心思力气都用出来，事情才办得好。这样，就必须建立全国动员的系统机构，而改造现行政，乃至改造教育才行。听了我的话的人，多舌矫不下，觉得岂不牵动太大？谁都没有这个勇气。

适晏阳初先生亦为此事被促到京。我们二人即相约面见蒋公，陈述所见。那天恰好黄任之江问渔两先生亦有事见蒋公，其被指定的时间又恰与我们差不多。于是我们四人就一同来陈说。经我们一番陈说，又指摘当时动员工作的甚多缺点。蒋公很乐于接受，就指定我们四人拟定计划，并嘱咐在旁的张岳军先生协助进行。

我们四人奉命之后，曾为数度集议，一度访陈立夫部长。又承政府将关于动员的一切计划草案法令送来参考。乃一面就动员说话，对于那些法令章则，条陈了十几条的意见。复一面就乡村说话，提出一个非常时期乡村工作计划大纲；请政府择行其一。那时节，上海战事我军已退出大场，黄先生急欲回沪一视，晏先生因湖南工作正忙，亦要回湘，江先生则赴武汉的约期已届。所以此计划大纲就嘱我一人起草。我起草出来的时节，则我军已退出上海，政府正忙于西迁，草案虽经托岳军先生转呈，而在那时情况下，却无从谈起了。

五 访问延安

11月16日政府开始西迁，当晚有船先送参议员赴汉口。我因顾念山东事情，仍先回山东。又应李宗仁司令长官之邀到徐州。迟至12月9日，乃到武汉。曾卧病旬日。病愈，即于新年（1938）1月1日飞西安。

本来退出南京时，各参议同人有奉命视察各地方者（如曾慕韩先生奉命视察云南之类），我自请视察陕西及河南。所以这次到西安，算是奉命的。但我目的地实是延安。先经与武汉的八路军办事处接洽好，又经与西安八路军办事处接洽备车，遂于1月5日往延安。关于这一段访问经过，我择要分述于次：

访问延安的动机

我去延安是有两件事要作：

一是对于中国共产党作一考察。

二是对于中共负责人有意见要交换。

若论其意绪动机，则蕴蓄已久。我是要求社会改造的人，我始终同情共产党改造社会的精神。但我又深深反对共产党不了解中国社会，拿外国办法到中国来用。我认定北伐后，老社会已崩溃，只须理清头绪来建设新社会，没有再事暴动破坏的必要。这里有两句话：

从进步达到平等；

以建设完成革命。

这是我的信念。不断地暴动与破坏，将只有妨碍建设，梗阻进步，延迟革命之完成，实在要不得。不过1927以后十年的事，亦不完全怪他。国民党原来领导中国革命，口里亦总在诵念"革命尚未成功"的遗嘱，却是革命情绪已不紧张。政府固以建设号召于国中，而路线走向哪里，颇不明了。除蒋公一人焦劳不已而外，多数生活逸乐，早已安于现状。切志革命的人，自不免别寻出路。血战十年，真是民族的深痛极憾！所以自从共产党放弃对内斗争，国民党坚苦淬砺领导国人，共同抗战以来，当然是民族命运一大转机。我们欣喜之余，不能不考虑两个问题：

一、多年对内斗争的共产党，一旦放弃对内斗争，可谓转变甚大；但此转变是否靠得住呢？

二、以同仇敌忾而得见国家统一，诚足欣幸；然为巩固此统一，似非国人有进一步的努力不可。

我对于暴动破坏痛惜于衷者愈久，则对于第一个问题想求得解答愈切。于是就非去考察考察不可。从事乡村建设多年的我，无时不梦想国家统一，以便整个规划进行，觉得眼前抗敌的统一总不满足。对于第二个问题就怀抱一些具体意见，想去努力看一看。

再明白地说，我访问延安的两件事，其一所谓考察者，不是考察别的，是专为考察共产党的转变如何。其一所谓交换意见者，不是交换旁的意见，是专为求得国家进一步的统一，而向中共负责人交换意见。

延安所见

我于二十七年1月5日由西安往延安去，于25日返回西安，往返共三星期。随行者有黎君邹君两位。车是军用大卡车，无蓬。路是军用公路，一切宽度，坡度，转弯角度，均不合于公路规矩。而自西安往北，愈走愈高，缺乏桥梁涵洞，车行危险而且费事。时当严冬，奇冷难支，举目所见，荒凉凄惨。人口之稀少，地方之穷苦，一望而知，可不待问。而愈问愈惊，多有出人意表者。

所谓陕甘宁边区者，闻其代主席张国焘（主席为林祖涵先生）言之，共有二十一个县又半。人口是九十余万，而实只五十余万（张言如此）。即平均一县两万多人，岂不奇怪。愈荒即愈苦，其苦自不待言。许多游记笔记，于那里生活情况，各有记述，亦不必详及。我只证言约近四年前的延安确是苦（后来亦许不同）。

然而在极苦的物质环境中，那里的气象确是活泼，精神确是发扬。政府，党部，机关，学校都是散在城外四郊，傍山掘洞穴以成。满街满谷，除乡下人外，男男女女皆穿制服的，稀见长袍与洋装。人都很忙！无悠闲雅静之意。军队皆开赴前方，只有些保安队。所见那些制服的人，多数为学生。

学校似有六处，所谓抗日军政大学，陕北公学，马列主义学校（简称党校），鲁迅师范，摩托学校（机械学校），如是等等。花样新鲜，趣味丰富。内容组织，课程科目，教学方法，生活上各种安排，值得欣赏之点甚多。自然其中卤莽灭裂，肤浅可笑者亦正不少。这是大胆创造时，所不能免，不足深怪。并且事实上证明，他们是成功的。因为许多学生来自北平天津，上海南洋等处，现在的起居饮食，比了从前不知苦多少倍，而求学兴趣转胜，一般身体并不见差，不是成功吗？①

　　一般看去，各项人等，生活水准都差不多；没有享受优厚的人，是一种好的风气。人人喜欢研究，喜欢学习，不仅学生。或者说人人都像学生。这又是一种好的风气。爱唱歌，爱开会，亦是他们一种的风气。天色微明，从被窝中坐起，便口中哼啊抑扬，此唱彼和，仿佛一切劳苦都由此而忘却！人与人之间情趣增加，精神上互为感召流通。——凡此印象，我脑中尚存留，但不知今日延安尚保持得否？

　　政府、党部及司法机关，皆曾参观。边区政府亦分民财教建四厅。县政府则有两个：一个是边区所属的，一个是自省政府来的。法院院长为广西雷君，据谈他们的法律大半遵照国民政府，而亦有自己撰作的。还有一种露天开会的审判，最为特别（偶一行之）。监狱内亦有可记之处，惜记忆不清。

　　共党人物多半会见。唯军事领袖朱、彭、刘、贺、林诸位不在延安，未见到。又惜未多住些时，谋与乡民接近，藉知其所感受者如何。

　　关于边区的民主政制，从条文及传说中曾得其略。上自政府主席，下至村乡长，都是选举出来的。并且各级都有议会。手边无材料可资叙述，暂亦不愿随便批评。虽然是一个要紧问题，却从略了。

中共转变问题

　　我们参观地方党部的时候，由郭君洪涛接谈。谈到民众运动，指出农

---

　　①　关于这些教育（或称训练），我本嘱随行的友人考察记录，不过材料不在手边，只好从略。但我为使上面的话不落空，为使大家深切予以注意起见，我特指出那学生生活的苦况。吃饭总是吃小米饭，没有掉换。菜只一样，萝卜汤，有点盐，没有油。滋养二字，不能谈。睡在窑洞内，空气光线皆不足，而且潮湿。又是人与人挤拢一起，铺位分不开，跳蚤虱子纵横无法清除。最苦不堪的，是早起没有脸水，因为担水上山来不易，水都冻冰，要柴来烧，而柴是贵的。所以一盆水，第一个人洗过，第二人洗，第二人洗过，第三人洗，第三人洗过，第四人洗，如此，洗到七八个人才算完。这种情形，卫生二字向谁讲？我留延安半月以上，随我去的邹君参加到他们学生队中，故知之详且确，没有虚假。奇怪的是身体并不见差（面色不见黄瘦难看），兴趣都很好！这不是一种成功吗？

民会从前是不许地主，不许富农参加的，现在都许可参加。延安城内从前只有市民会，没有商会，现在亦照外面一样有商会组织。总起来说，民众团体以前是阶级性的组织，现在是全民性的了。一面其运动亦改变以救国为号召，一致对外，不再向于内部作阶级斗争。——这是一种转变。

我们参观地方政府的时候，由代主席张国焘接谈。他谈边区的民主政制甚详。指出现行政制与从前苏维埃不同之点，例如从前没有选举权的人现在都有选举权被选举之权。同时谈到土地革命之放弃，地主多已回来了。不过土地已经分配，不能收回他原有土地，而由旁处补还给他。

关于土地问题，张国焘毛泽东都表示今后的方针政策尚有待研究，并希望各党派共同研究。——这自是一种重要转变。

地方政府所作的事，不论大事小事，似乎都与从前苏维埃时代不同。参观曾有笔记，今不在手边。记得教育厅正在改编各种教材（小学用的，民众用的），亦拿出来给我们看。建设厅指导办理合作社，因大环境改变（从前被封锁现在开放），政策改变，亦变更甚多。如是种种，从其工作的转变看去，正接近我们的乡村建设。

从事情上所见，大致如上。从理论上，则对于中国前途，似抱一种三段的看法。他们都说：要在抗战中争求民主，亦相信必能相当实现民主（第一段）；从实现民主，逐步前进中，就可和平转变到社会主义（第二段）；从社会主义进一步到共产，亦许是我们子孙的事了（第三段）。

因此又有两种责任或两大任务的说法：一种是现时实际任务，就是为实现三民主义而奋斗；一种是将来远大理想，就是完成共产主义。

这就是说，他们没有什么不可与其他党派合作的，他们将求着与大家合作；他们将争取不流血的革命，而不用着暴动和破坏。

我又曾提出几个问题，问他们。譬如我问：你们都说团结御侮，是否不御侮即不团结呢？明白地说，对内斗争是一时放弃呢，抑永久放弃？当时中共中央政治局总书记张闻天君答复我，他们原来与国民党合在一起北伐的，但中途被排斥，十年苦斗非其所愿，今得重合，将长久合作下去，共同抗战，共同建国。

我又问：过去的分裂决不能单责国民党；就令责任完全在国民党，而如何陷于错误亦必有由。况如此大党得广泛支持，以压共产党，时间亘续十年之久，断非偶然。究竟所由造成此大分裂大斗争之客观因素是什么？

这些因素到今天是否已经转变不存在？请一一分析言之。假若不能指出其客观因素，则从前错误，□□□□□□□□□？□□□□□□□□□□，□□□□□□□□□□□□□？——这一追问，仓卒之间张君未能给我好的答复。

我又问：照一般之例，为完成革命，革命党当必须自操政权施行其有方针有计划的建设才行；那么，今后中国共产党是否必要取得政权呢？假如说，不一定自操政权，然则将如何去完成共产革命，愿闻其详！张君对此的答复，大意是说他们将帮助国民党完成其革命，就不一定要自操政权。如何完成共产革命，似未说清楚。

叙起来太长，我作个结论罢。大致所见事实，和谈话接触上，使我们相信中共在转变中。他们的转变不是假的，不是一时策略手段如此。他们不愿再事内战的情绪很真切。他们对中国前途的三段看法，和他们说的两大任务，是切合于他们理论的，不是饰词。他们当然给我愿意看的事来看，当然给我愿意听的话来听。谁没有门面事，谁没有门面话？何况共产党？但我那时结论，确是如此。

但这只是结论的一面。还有一面，即其转变虽不假，却亦不深。因为他们的头脑思想没有变。他们仍以阶级眼光来看中国社会，以阶级斗争来解决中国问题。换句话说，根本上没有变。似乎只是环境事实要他变，他自己情绪亦在变，而根本认识上所变甚少。

当时有当时的事实，当时有当时的情绪；今天如何，不在我这观察结论之内。

毛泽东的会谈

在延安谈话最多的是和毛泽东先生。前后共谈八次。有两次不重要，一是他设宴招待的一次，又一次是临走之前，他来送行。其余六次，每次时间多半很长，至少亦两个钟头。最长者，就是通宵达旦。——这样有两次。因为毛先生夜里不睡觉，而白天睡。谈话多从晚饭后开始，不知不觉到天明。他这种生活习惯，听说是在军中养成的。夜里面他将作战计划作好，次日大家出去作战，他便睡觉。傍晚起来，听取报告，又作计划入夜。明天大家作战，他又睡觉了。

毛先生民国七八年曾在北京大学图书馆中作事，而那时我正在北大教书。毛先生的老师（又其岳父）杨怀中先生（昌济）又同时教授于哲学系，彼此相好。杨老先生住居地安门豆腐池胡同，毛先生亦随他同住。我去看杨先生，亦和他碰过面。——这是一点旧缘。此番会晤，在我印象上甚好。古时诸葛公称关美髯曰逸群绝伦，我今亦有此叹。他不落俗套，没有矫饰，从容，自然，而亲切。彼此虽有争辩，而心里没有不舒服之感。大致每次都可以让你很舒服的回去。

他于听你谈话时，喜用笔随手记录。秃笔粗墨，在大纸上横行写来如飞。我一边谈，他一边写。我谈完，他便手指所记要点，一条一条答复。条理清楚，句句到题。我将我的一两种小册子，和四十万言的一部《乡村建设理论》都赠他，请他指教。隔一天再见面时，他取出一沓纸来，纸上已将我书内要点，或他认为好的地方，皆摘录排列，井井有条。这都是可佩服之处。不过他太忙，虽喜欢看书，未能沉潜反复。况对我的书，似未能全部看完一遍。——这是我一点小不痛快。

从旁看他的生活起居，看他的身体，不免使人替他担心。夜间不睡是其一例。还有嗜烟嗜酒，亦太过。谈话时，他为你斟茶，而自酌酒。酒是白酒，亦用不着菜肴。烟亦恒不离手。我曾问他的健康如何。他答我说，人家传我有肺病，医生检查过没有的，但我患神经衰弱。在他们的社会中，似对他特别优待。饮食（夜间同饭所见）却看来亦俭素。唯所住屋内，不火自暖。是从屋外掘地，转于地下烧煤，所费不资。在全延安更无此设备。又他出门走路，有四卫士相随，别的人俱未见有。

我和他的谈话，除交换意见者，另记于后外，兹选择几段，叙于此。

我问张闻天先生那两个问题，亦向毛先生问过。对于造成 1927 年后分裂斗争的客观因素，他有答复。大致分别为国内的因素，国际的因素，而取今昔不同，对照言之。即如国际一面，在那时各帝国主义者虽彼此有矛盾，而同惧中国之赤化，却使他们可以统一起来。于是他们就来分化中国内部，使国共分裂。国共之分裂，此盖为有力因素。但到今天来则相反。今天国际上有侵略的日德意一边，有反侵略的英美法苏一边，而统一不起来。他们就不能共同来对付中国。侵略者如日本人。固然利于中国之分裂，而行动适足以反迫成中国之团结。反侵略者则不愿中国再有内战，处处从正面助成我们团结。上年（指二十五年）西南两广为要求抗日有所举动时，和双十二事变之时，英美友人的心理和其活动，皆为最好例证。他说：这就是今昔客观因素之不同。由于这些因素（国际的更加国内的），他相信国共前途只会团结，不会分裂。——这是一段。

对于中共要不要取得政权问题，他先转问我：我们（他自指）不是已经有一部分政权了吗？假如国民党邀我们参加到中央政府去，我们亦可以参加。他如不邀，我亦不强求。即使他来邀，而我们亦待考量大局相宜否。倘于国际情势有所不便时，我们还是不参加的。但往长远里看，国共必是长期合作；长期合作中，少不了参与政权。——大意不否认要有政权，而表示不夺取政权。这又是一段。

我又问他一个问题：中国共产党过去最大错误是什么？听说共产党朋友常作自我检讨，不知亦曾检讨及此否？是否亦可说给我们外边人。他笑着答我道：你且说一说看。我说据我所见，有两个对照：

一是十五六七年北伐时，革命军并非以兵力或战术战略制胜，而成功在政治上适合当时大势需要。对照来看，十年间共产党之革命无成，即是其政治上的失败，政治上路线错误。因其在政治上若适合时势需要的话，则配合起军事，应当早成功了。

一是抗战之前到现在（指谈话之时），共产党博得国内大多数的同情拥护和期待，声光出于各党之上。这其中并无别的原故，只为放弃对内斗争，倡导团结抗日，适合人心要求，政治上所走的路线走对了。对照来看，过去十年之劳而无功，仅仅靠军事来维持党的生命，政治路线之不对可知。

我末了说：我们祝望中国共产党今后继续争取政治上的胜利，而不要再靠军事维持一条党命。毛君笑颜相谢，说你的意思很可感！

意见的交换

我迫切地要求统一，但我绝对不承认有武力统一中国的可能。我相信只有在国人意志集中意志统一上，得到国家统一。这一信念，被抗战前后的事实证明了。在抗战上中国表见了从来未有的统一。然而这是不是从一个武力中心向四外发展，征服全国的结果呢？谁都可以看见没有这事。反之，谁都看见是全国各方甘心情愿来拥护一个中心（各方的人都到中央来，各方的力量都贡献给国家），中央亦开诚接纳的结果。

但这个统一明明是外来的。只为暴敌愈逼愈紧，使不同的中国人感受到同一威胁，眼光不容旁视，心念自然集中，不期而造成全国人意志的统一。由意志统一于对外，而国家内部统一了。这全为暴敌之所赐，其势不可久恃。我们必须乘此时机，从内部自己奠立永久之统一。

从内部自己奠立永久之统一，——这如何可以作到呢？这并不难做到。只从本身"如何建设新中国"大题目上，能集中全国人意志而统一之，当然就行了。

我去延安考察中共的转变，同时亦是测探统一前途的消息。我既见中共正在转变中，因进一步提出这一问题，问中共负责人毛泽东。以下便是交换意见的大概。

我问他：以我看中国问题有两面，一面对外要求得民族解放，一面对内要完成社会改造（即建设新中国）；你看对不对呢？他答：完全同意。

我问他：这两面问题应当分别解决呢，抑或一并解决，不得分开？他答：这原是相关的事，不应分开来谈。但究非一事，在进行解决上或时有轻重宾主之异。譬如眼前应当一切服从于抗战，第二问题只能附在第一问题里去作。

我说，这在我亦没有疑问。不过我却要求在今日民族对外之时，决定我们本身社会改造之事。我认为此一决定，正为对外抗战所必要，有两个理由在这里：

> 一则必团结而后能抗战，团结不力则抗战不力。但如今日的团结明明植基甚浅，几乎是一时手段，甚感不够。完成社会改造为吾民族自身基本问题，必在此问题上彻底打通，彼此一致，团结才是真的。否则，隐略不谈，必生后患。
>
> 二则抗战必求与国，而我们的友邦一面有资本主义的英美，一面有共产主义的苏联，若我们自己国策未定，恐难交得上朋友。中国要决定自己要走的路，并坦然以示友邦，不招猜忌，不启觊觎。胸中无主，外交无成。我们必须认定自己的前途，而把握自己前途走去，才能打开在国际环境中的局面。

他对于我的话认为很对。

我于是提出我的主张，要确定国是国策。所谓国是国策，就是对民族解放社会改造两大问题，及其所涵细目，均有确切之订定。尤其要紧的，在建国的理想目标，并其达于实现的路线步骤。如何来确定呢？这当然要全国各方开诚相商，共同决定。

他表示单为抗日而团结，诚不免一时手段之嫌。但他又虑社会改造问题重大，牵涉甚远，各方意见或未易接近。倘各方意见不能归一，岂不又影响眼前抗日？似不如走一步，说一步。

我说你这种顾虑亦是应有的，不算过虑。但遇此困难，当以热心（热心于彻底团结）信心（相信彼此说得通）克服之，而努力以求得最后结果。

他说你的意见是好的。此事最好由国民党来倡导进行，或其他方面来推动提倡。中共方面，因为刚将抗战促动起来，不过六个月又吵动什么社会改造问题，似乎不便。假若国民党或其他愿为此根本商讨，那他们共产党当然欢迎之至。

他又对我说：此时（1938 年 1 月）他们正请得国民党同意，两党起草共同纲领。在武汉有八个人——国民党为陈立夫康泽等四人，共产党为陈绍禹周恩来等四人——正在蒋先生指导下起草。共同纲领和你所说国是国策亦甚相近。假若由两党的扩而为全国的，由侧重眼前抗战的，进而包括建设新中国，便是了。你何不赶回武汉，去推动推动呢？

毛君屡次对我说，中国现在已是团结，但仍须求得进一步的团结。我便说，你想进一步的团结，除了我这办法还有什么办法呢？我又问他，并问张闻天，假如国是国策定下来，则党派问题即将得一根本转变，是不是？他们都答复是的，那样全国将可以成为一个联合的大党。

关于党派问题，我从来认定中国社会形势散漫，各党说不上有什么截然不同的社会基础，而从中国问题看去，恰又有其共同任务。因此，"绝不相容"只是人们的错误，而非形势所必至；大家合拢来，乃是问题所需要，而形势甚有其可能。不过解决党派问题的主张，在当时我胸中尚未具体化，所以亦未向下商量，即到上面所谈为至止。

所谓意见的交换，除团结统一问题略记于上之外，大致还有两种：

一种是关于那时时局的。我在那时（1938 年 1 月）眼见得崩溃之象，当然不免悲观。他从国际方面，敌方，我方，三下分析给我听，转换我的悲观见解不少。而说到当时各种问题的主张上，彼此多半相合，没有相乖之处。事过境迁，记忆不全，记亦无味，从略。

再一种就是关于中国前途的了。我对于中国前途一向有我的见解主张。我要求确定国是国策，其意正在要认清民族的前途，而把握着自己前途去走。而他们共产党呢，一面既有其世界前途的理想，一面又有其独具之历史眼光，当然他们对于中国前途是有他们之见解主张的。我有一套，他们更有一套。所以通宵达旦，谈之不尽的就在此。

关于这一问题，彼此所见就不同了。假如他们是"三段论"，那么，我便可说为"一段论"。他们的三段，前文曾提到过。就是：在抗战中实现民主；由于民主进步，和平转变到社会主义；末了进步到共产。我所见如何？我认为中国政治上趋于民主化，和经济上趋于社会化，是同时的。其前进是同时前进，互相推动着前进，相携并进，以抵于成。因为分不开，所以他们的前两段，在我就是一段。又因为我只信社会主义，而不大相信共产，又少却他们的第三段，于是我便成"一段论"了。——其实在我并无所谓"一段论"。

问题太大，话说起来太长，现在记不胜记。他们的书报刊物甚多，读者不难考证。我亦有一些出版物，外间流行却少（内地及上海尚可得，香港甚难）。今将旧文摘几句于此以见意：

> 中国政治问题必与经济问题并时解决；中国经济上之生产问题必与其分配问题并时解决；圣人复出，不易吾言矣！求中国国家之新生命必于其农村求之；必农村有新生命，而后中国国家乃有新生命焉；圣人复出，不易吾言矣！流俗之所见，或以为政治问题解决，而后产业得以发达，而后乃从容谈分配问题；或以为必由国家资本主义以过渡于共产主义，而当从事国家资本主义之建造。是或狃于欧洲国家之往例，或误于俄国布尔塞维克之企图，而皆昧于彼我之异势，谬欲相袭者，曾何足以知此！

这是民国十八年为河南村治学院所写旨趣书中的话。又后来《乡村建设纲领》第十八条有云：

> 吾人所见，中国政治得进于民主化，将有赖其经济生活之社会

化，此与西洋政治之民主化得于个人主义者适异。经济上之社会化，有助于政治上之民主化；政治上之民主化，复有助于经济上之社会化；如是辗转循环向前进，自微之著，由下而上，经济上之社会主义与政治上之民主主义，同时建设成功。

这些话均待另外详谈，才得明白。彼此对中国前途看法之不同，从何而来呢？当然由于对中国老社会认识不同。从而对近百年所起变化的了解不同，从而对前途估计不同。所以从谈未来问题，就追溯到过去历史文化。我总执持两句话：中国老社会有其特殊构造，与欧洲中古或近代社会均非同物。中国革命是从外面引发的，不是内部自发的；此其特殊性即由老社会之特殊构造来。他相当承认我的话，但他说，中国社会亦还有其一般性，中国问题亦还有其一般性；你太重视其特殊性而忽视其一般性了。我回答他：中国之所以为中国，在其特殊之处；你太重视其一般性，而忽视其特殊性，岂可行呢？

我与毛先生两人间的争论，到此为止。

六　国民参政会

我访问延安后于1月25日回抵西安，29日去开封。在西安开封均略作考察，以便复命参议会。2月2日到山东曹州与旧日山东同人会晤。2月4日到徐州，一面系应李德邻（宗仁）先生之约，一面亦系谋与鲁西鲁南同人恢复联络，鼓励抗敌。留于徐州者一个月之久（住北关农场内）。

3月3日回到武汉，访闻所谓八个人起草共同纲领的事，已陷于停顿。蒋公曾一度热心混合全国为一党，旋亦作罢。所以我想求得进一步团结的事，那时不便谈。

4月曾往潢川，往长沙等处；5月曾往南阳镇平等处，6月曾入川往返于重庆成都。跑来跑去，无非了为抗战，第以其中事情叙起来太烦，均从省。现在只记一记7月的国民参政会。

在前叙国防参议会时，已论到国民参政会。因有前次提到的三点困难不易解决，人数时有增改，产生不由选举，职权只备咨询。第一届人选发表，舆论尚表满意。第一次开会，各党派互相约定要会内保持一致，故团结精神很充分。其后，此种精神便一次不如一次。第一届延到二十九年底为止，第二届产生。二届人数又有增改（初公布增至二百二十人，临时又增多二十），但党外人数（其他党籍或无党籍者）则显著减少，所增多为党内人士。一个并无决定之权的机关，并不需在表决票数上竞争，这样增减宁有必要？而当初国防参议会务以党外者在野者为主的精神，遂不可见。

现在不欲作何评量，略述我在会内一点经过，以存客观事实。

我在第一次参政会上，提有一个建议案，三个询问案。那一个建议案是请政府召开战时农村问题会议，并于政府中设置常设机关，其原文录后：

（理由）中国自 1930、1931 而后，农村急剧崩溃，除一九三六年以全国农产丰收，市价又不坏，稍得喘息外；问题之严重未解，而大战遽起。此时国家抗战，所需人力物力，既无不责之于乡村，乡村负担加重若干倍，而农产或以贸易停顿不得输出于外，或以运输困难而滞销于内，正苦无负担之力。此为农村战时最大问题之一。又地方制度（尤其省县以下），自清末以来日在纷更，迄未确立。自治固不能谈，则官治亦且难言。加以数十年来受西洋影响，无论政治教育经济，皆使人才钱财集中都市。都市有拥挤充斥之患，而内地乡村空乏，几同一片荒原沙漠；则下级行政机构之不能充实健全自属当然。此时国家百事责之地方，地方一切归于乡村。乡村无力负担是一个问题；办理不善是第二个问题。类如兵役问题其最著者也。在上级政府嫌其质量两差；在中级（专员县长）已竭蹶万状；在乡村则扰乱痛苦直匪言可宣。不独痛苦，抑且前途危险之至！此为战时农村最大问题之二。国家抗战既依靠于农村，农村问题严重如此，岂容忽视！拟请行政院召开战时农村问题会议，集合了解下情之人详加讨论，亟筹整理补救之方。

会议后所以必须更有常设机关者，以一次整理未尽得宜，下情必须不断了解，此其一。农村问题，关涉许多方面，虽在政府各有职司其事者，而互相间联络不够；必须加以推动，使其常得商讨设计，而后分别执行，庶乎事业可举，此其二。

（办法）战时农村问题会议由行政院或军事委员会召集之，其组织及工作进行应注意下列各点：

一、参加会议者可有下列各项人员：

甲、地方政府代表二人至四人——期于了解地方政府之一般意思，不必每省皆有代表。

乙、富地方行政经验在抗战后且曾任职专员或县长半年以上者三人。

丙、从事乡村建设或民众教育之专家三人至五人。

丁、行政院内政部代表一人，经济部代表二人，中央农业实验所代表一人，农本局代表一人，军政部代表一人，教育部代表一人，军委会政治部代表一人，中央党部社会部代表一人。

戊、其他关系机关得临时邀请其推派代表与议。

二、大会中应分设各专门组，例如兵役问题为一组，金融问题为一组之类。专门组商讨之结果，除必要时不再移付大会讨论。

三、工作重在商讨设计及指导推进。

甲、本会议只重在了解下情，切实设计，同时图各主管部门在工作上之互相联络配合。凡商讨结果逐由与议之主管机关人员签呈其长官采择实行。

乙、会议后酌量改组为常设之委员会，除不断商讨外，重在派员分赴各省促动地方之商讨进行，并派技术人员指点协助其进行。

我此一提案，所以录原文于此者，以见内容平常，并未能替农民说话，而仍是为国家为政府设想，政府实不必害怕。果能实行，则上下之情得以稍通，乡村实际好处却不小。同时各部门各机关互得配合联络，一切事业才得进行起来，于工作效率关系亦大。原案经审查会修正（增加与会人员）通过，送经大会照案通过。秘书处咨送政府，经国防最高会议发交行政院核议。行政院又交经济部核复。经济部翁部长文灏何次长廉，私人请我商谈一度后，具复行政院认为事实可行。行政院又照样具复于国防最高会议。国防最高会议亦曾将经济部行政院的核议可行，通知国民参政会秘书处。但除公文往来复去而外，事实上并无下文。——此会经二十七年到二十八年，又到二十九年，以至三十年（1941）的今天，还没有召集！

此外之三个询问案，第一案大意如下：

> 查抗战建国纲领第十八条，有以全力发展农村经济之文，此诚当前首务。惟此中关系方面甚多，例如：农村金融系统之树立，农业技术之改进，农产之输出与流通，合作组织之普遍推行，以及农民教育，农村治安诸端，想在政府必有统筹之规划，切实之进行。规划者应请提交本会议决，进行者应请提交本会报告。

此案后经政府答复说，在经济部工作报告中都有，不另答复。

第二件询问案大意如下：

> 查抗战建国纲领第二十五条，有发动全国民众，组织农工商学各职业团体，改善而充实之，为抗战而动员之意。在各职业团体中，应以农会为最关重要，诚以民众动员大部分为农民之动员也。各地农会素来有名无实，或并其名而无之，只临时为应付选举而设。究应如何改善而充实之，想在政府必有至计，请答复。

此案当时经政府中的军委会政治部答复说，本部对于农会正在一面调查，一面计划改善，现尚无可报告。我于是在第二次参政会上，再提询问，事隔几个月，究竟调查所得如何，改善计划确实否，请答复。而这次忽然变了，由行政院经济部出来答复。说本部调查得全国农会共有一万几千几百几十几个，改善计划早经确定，并已实行云云。这桩事不知究竟应当归谁掌管？

第三件询问案大意如下：

> 查抗战建国纲领第十四条，有改善各级政治机构使简单化合理化，并增高行政效率以适合战时需要之文，又风闻内政部于省县各级制度，亦曾有改订拟议。在各省地方如湖南江西各省政府对于地方行政力求革新，除办理行政人员训练外，并已涉及制度之变更。究竟此

一问题，在中央正计划者如何，已实行者如何，请答复。

此案当经政府回复说，已有提案到会。会中果亦收到政府提案，内容涉及各省县制度，保甲制度，还有省县参议会问题。这是属于内政方面的，应归第三组审查会审查，我正负第三审查会召集人之责。当时经过颇有许多曲折，外间知者不多，我今亦不说的好。第二次在重庆开会，我又担任第三审查会召集人。我们审查内政部工作报告时，何部长键亲自出席审查，彼此面谈，又有出人意料者，我现在都不说。到二十八年冬有"新县制"之颁定，并有以廿九年为"新县制年"之说，是此一问题中一极重大改革，然而并没有经过参政会。

在第二次参政会内，我提有改善兵役一案，将来另记。当时正是二十七年10月广州武汉相继不守之后，大局严重，我特临时动议，开全体审查会，请政府当局出席切实检讨抗战工作。所谓全体审查会，是出席人数与大会同，而不作为大会，因为大会发言有限制，而审查会较容说话。那次，曾以末一天的半天功夫，由参政同人和政府负责诸公作了一次检讨。——这算比较重要的一事。

第三次会在二十八年2月，第四次会在二十八年9月，我都未参加。因为那八个月工夫，我正在安徽，江苏，山东，河北，河南，山西六省战地旅途中。

七　改善兵役运动

抗战工作不外分一个前方，一个后方。对于前方工作，我的朋友学生（特别是豫北和山东的朋友学生），原为有计划的努力，我间接地帮助他们作，其详另记。在国民参政会第一次会后，我力辞驻会委员，即恐入川便与前方同人不易联络。自二十六年12月到武汉，我即对人说：你们向南我向北，你们向西我向东。盖此心实不安于退居后方也。但后来到底入川了，与豫北山东相隔太远，消息阻断，对于前方既不能有所尽力，我即决定在西南大后方择一紧要问题而尽力。

在西南大后方说，当然以补充兵员，多多征集，好好训练为第一事。而兵役问题，恰办得不好，谈者莫不疾首蹙额。在乡村已痛苦不堪，而国家亦得不到好壮丁。我们从来作乡村工作的人，对此乡村最大痛苦不能坐视，不能躲闪，而为了抗战亦非给国家求得好兵员不可。于是我就留心兵役改善的研究，思所以尽力之道。

这一研究不是书本上的事，一面要在乡村调查，汇集事实，一面要向主管方面寻求了解，除法令外并及办理实情。我在此两面皆有机缘可资进行，又恰得着朋友和社会大众帮忙。有一位朋友王寅生先生，他是"中国农村社"的，曾在武汉主持"战时农村问题研究所"的座谈会，因而相熟。这次相遇于重庆。彼此谈起来，相约于此致力。我二人之外，又约了孔庚、吕超两位先生，借他们的资望地位（吕为川军前辈，现任国民政府参军长）好办事。四人出名发起兵役问题座谈会于重庆。其时社会上各方面正为兵役问题感受刺激，有此需要，不期而然地都踊跃参加，而兵役负责机关（包括上下级）亦时常派员出席说明。此一座谈会，不断举行，从二十七年 9 月亘续至一年以上，实为难得盛事。到二十八年 10月又正式改组成立兵役实施协进会。可惜到二十九年（1940）有人进谗言于最高当局，经蒋公召吕先生面谕解散了。（我于发起后五个月即有北方之行，一切成绩实王吕之功。）

先是二十七年 6 月间，我到成都，赶好省府召集十八个行政专员和保安副司令开会，就商议兵役问题；王主席缵绪要我出席指导。我那时于实际问题尚未调查清楚，无从有何指点，只就办理征兵几个大条件来说明其办不好之故。我说很粗浅的四大条件：甲，政令统一，事权统一；乙，秩序久定；丙，地方制度健全，下层机构充实；丁，人口户籍清楚。今天就全国说，初见统一；就四川一省说，亦是初初统一。其政令的统一，事权的统一，以事实上未曾就绪，多谈不到。秩序久定一点，就全国说，好多地方难讲，就四川说，亦正难讲。若地方制度，则自清末以至现在三十余年纷更不已，未得确立；下层机构，更是人才、钱财两俱缺乏，离着健全充实四字不知有几千里远。人口户籍一向虚伪造报，无可依据。四个基础条件没有，办不好是当然的。再翻过来看，国内有几处办得稍好的：如广西，他就是省内真可统一，秩序稳定了几年，而民团制度的建立，有助地方制度下层机构不少；人口户籍，亦为之粗具。又如我们在邹平，抗战起后亦为中央征过两次壮丁，办得还好；那亦为那一县方政令事权统一，且已有六七年之久，下层机构比较充实，户籍行政规模已具之故。还有河南的镇平县，怕是各处比较来办得最好的；无非为其备有四个基础条件，而且秩序安定早于广西、邹平，一切事情更多由地方人士自己负责。从正反两面看来皆可证明此四条件的基本重要性。至于国民教育的普及、民众动员的宣传、出征军人的优待，亦皆为不可少的条件。但必在四基础条件有了之后，才谈得到。如邹平于教育及宣传，镇平于优待军人，办得还好，是其例也。

自我留心研究兵役问题以后，方知道原来就未曾实行依法征兵。中央对于各省，各省对于其属县，只以一定数目责令办齐，不问其如何办法。以四川省而言，截至二十七年11月以前（即我研究之时）都不是征兵。说是11月1日起依法施征，尚未见诸事实。所以国家征兵法规是虚设的。政府所行的另有命令指示，而下层实际办理情形，却又与其上级政令所指示者多半不合。于是国家法制为一事，政府政令又为一事，实际办理者又为一事。所谓兵役一事，竟可析而为三。在此状态下，我们只有要求政令符合于法制，实际办理者符合于政令，还三为一。换言之，就是认真依法征兵。

但一切按照国家法制法规去行，是否即可办好呢？还是不能，因那四基础条件多不具备。办不好，实是当然的。为临时应急，只有一面认真行法，一面却又将法规不要订得太硬性，太繁密。——这是第一要点。同时行法者不单靠行政机关，而必须采用三方面配合之原则。——这是第二要点。所谓三方面者：

一、政府一面——以四川为例，自重庆行营，省政府，军管区而下，一直到保甲长，一切负行政之责者皆是。

二、地方社会一面——地方领袖和民众团体，从省里到乡间一层一层都在内。

三、教育界一面——自四川大学以至全省各学校的先生学生，和其他一切教育机关及其人员。

必要此三方面配合起来，办理征兵才办得成。比如说第一要造具清楚的壮丁册，在乡村里若不得其他两方面如小学教员和其他识字的人帮忙，单靠联保主任保甲长去办则人手都不够。再则，为抽得签后壮丁不致逃亡，必须：一、事先宣传，引发热烈抗战情绪；二、大众了解法令内容要点，而拥护之，要求之，造成依法办理之空气；三、尤要在平素办公人员之外，得地方有信望之人，共同保证优待军人家属必可实行；四、而且后来此优待果真照行，如此，则更必得其他两方面协助甚明。这个意思仍是要发动民众；——从动员知识分子来发动民众。因为只有在群情热烈、众目昭彰，有人领导之下，才办得认真，办得公平，办得顺手。

我根据此意，拟成具体计划，于全省动员机构，兵役监察系统，出征军人家属协助委员会，出征军人家属联合会各有所建议。这些建议一面须得行政当局了解采用，一面须得地方有资望有信用的各级（省县乡）领袖热心出头赞助才行。那时就四川说，省政府兼军管区司令的王主席缵绪自为正负责人，而在他之上代表中央直接指挥他的则为一军委会重庆行营主任张群。关于兵役一事，重庆行营实居主脑地位，倒不是军政部直接来指挥军管区。王主席一面，我在六月间已和他谈过此事（见前），决继续访他谈谈。然而最要紧的，还不在政府，而在地方。恰好在四川地方人士中首屈一指的张表方先生（澜），又与我相好。至于四川教育界上熟人亦甚多，而且教育界素来明通，政府和地方两面肯积极作，教育界大家帮忙，是不成问题的。

9月末到10月初，张表方先生已被我说动，愿意为此一大问题努力。我们就偕同访重庆行营张主任岳军先生商量。张主任正为兵役办不好发愁，闻言十分欣喜。对于三方面配合的原则极承认，对于表方先生肯帮忙如获至宝。马上即从人的方面费用方面，分别筹划有着。赶好王主席自蓉来渝，又一同商谈极洽。10月7日张（为监督）王（为就职）同飞成都，便邀了表方先生同我一齐去。双十节省府全体宣誓就职后，即按照预定步骤，第一步先改组省动员机构。表方先生而外，邵（从恩）尹（昌龄）卢（廷栋）诸公皆参加。改组成立的一天，岳军先生并亲自出席指导。当时气象极好。

当时气象甚好，而不料后来卒作不通。

（被检扣一段）张邵诸老先生消极，我一个外省人无所用其力，就自动退下阵来；——退下政治斗争的阵来。

四川的事从此罢手。但我仍将改善兵役的意见办法贡献于参政会。当时参政同人注意此问题者正多其人，曾借江翊云先生（庸）家聚会来交换意见，交我起草提出，是为第二次参政会上的改善兵役实施办法建议案。提出后交付审查，结果又是我自己作的审查报告（因为深夜审查，被指定的委员多不到）。此案经大会通过，咨送国防最高会议，交下行政院军委会办理。原案附录后面，备读者参考。

西南大后方的工作重要在兵役；兵役问题尽不上力，我即决定再赴前方了。廿八年2月出川北行，行抵西安时，参政会开第三次会。我虽未出席，仍有"办理兵役亟应改善各点分别提出建议案"之提出（托朋友提出）。其内容是从各地访察得许多事实问题，分别指出建议改善。我的改善兵役运动到此为止。

附录：改善兵役实施办法建议案（略）

八　解决党派问题的我见

我在巡视华北华东起行之前，还有一件事要叙述在这里。此即解决党派问题的主张之提出。这是二十七年（1938年）12月的事。大约在11月间张君劢先生于《再生》杂志发表一文，题为《一封公开给毛泽东先生的信》。内容是毛先生在其中共六次全会上的报告，说到国共长期合作的话，张先生则进一步要求国家统一。仿佛毛先生有"从中央军到八路军，从国民政府到边区政府"的话，张先生以为何必如此排列对峙，痛快地成了个一军事系统，一个政府系统，岂非国家之福。此文发出以后，各方均极注意，而党派问题遂为一时所热烈讨论。我的主张之提出，即有感于时论纷纭，不觉引起我的宿怀。

当时系用《抗战建国中的党派问题》为题，写好之后寄《大公报》发表，《大公报》乐于发表，而在新闻检查方面被扣。那时刘伯闵先生主持检查事，特枉步来看我，解释此事。我又请刘先生介绍我，访叶楚伧先生（当时的宣传部长）面谈一度。据刘先生叶先生表示都颇同情我的主张，原可发表。其所以阻我发表的理由，是恐引起各方讨论之后，文章愈写愈多，不能促问题之解决，转增不愉快的情绪。他们说：党派现状固不令人满意，但如无好转的把握，有恶化的可能时，仍以少谈为好。于是就没有发刊。只有手稿两份，分送各党派领导人看一看。

今将当时原文大意，分段略述于下：

开首说： 此为抗战建国中最大问题之一，或且为最难问题之一。但我们不要在紧张的情绪下，急谋办法，而应当先静下心来作一些研究。因为解决的途径，是必须在问题头绪，从头理清楚以后，才发现的。例如从清末中国革命同盟会，政闻社，和资政院时代一些政团，以致民国初年许多党派的演变，中间毁党造党，要党不要党（民五国会第一次恢复时），那些议论，都要清理一番。更且是中国国民党数十年来，累次改组，并与共产党一再分合的经过，要用心察考。这样作了之后，必可发见其中一些道理，为我们今日宝贵的教训。

历史的研究而外，更须作理论的探讨。我们要问：这些政党是哪里来的？他基于何种必要而存在？中国政党他的任务是什么？假定我们说不要他，行不行？……诸如此类。

我以为按理讲，所有中国前后这些党派，无非感受中国问题的刺激，而从中国社会里发出的一些运动；一党派就是为了他一种运动而有的组织。因此，我们应当把握两要点：

第一：中国问题是什么问题？——看他是什么问题，便引起什么反应运动。

第二：中国社会是什么社会？——看他是什么社会，便发出什么反应运动。

党派存在于运动，而运动则为此两端所规定。若能把握此两端，即能把握其所应有之运动；能把握中国应有之运动，则负担此运动任务者，应为何种样的组织，便不难解决了。——我以为要从这里入手。

但尚有当注意的几层：

一、中国问题不是一成不变的，而是一时一时变化不甚相同的。这亦即是各种运动先后起伏，各党派新陈代谢的一理由。

二、中国社会亦不是一成不变的；前几十年和后几十年当然不一样。这亦是予党派以有力影响的。

三、中国问题虽只一个，而内涵亦有多面，中国社会虽只一个，而构成成分亦有种种不同。讲到感受的刺激，当然各有其亲切感受之所在。这便是党派岐出之理由。

次段讲： 中国社会是什么社会？——这是讨论党派的社会基础

（或背景）问题。

我平素认定中国社会有其特殊构造，所有封建社会资本社会这一套观念都适用不上。大致说，其社会内部形势散漫流动，阶级分化不著；乃至职业的联结，或经济上同地位的联结，亦每为家族乡土关系之所掩。虽然近百年大交通以后，受世界影响，渐渐变质，已非原来的社会；而像日本那样追步西洋，工商业发达，有新兴阶级形成者，在我亦以三十年秩序不走，未得成功。所以阶级势力不是形成中国党派的因素，中国党派缺乏其一定之阶级基础。然而家族乡土关系能形成政党吗？当然又不能。中国亦并没有什么"地方性的党派"。

说到宗教，中国虽有佛教，基督教，回教等几大宗教。但并没有从宗教不同，而凝成几大势力，表见于政治场上。说到种姓部族，虽有汉满蒙回藏之五族，亦未曾在政治上因而划分为几方面。

总起来说，所有这些社会的分野——阶级、职业、地方、宗教、种姓部族等——原为外国党派所由形成者，在中国或分不清楚，或联结不固，或虽分得清，联得起，而未曾构成政治上斗争的问题，形成政治上竞争的势力。中国各党派，因此在社会上就没有其各自的真实根据，和其政治上一定不移的立场。说得更明白一点，中国的党派全不是真的党派。说一句笑话，中国的党派都不免是"乌合之众"。

三段讲：中国问题是什么问题？——这将讨论到中国应有些什么运动，亦就是中国党派所要负的那些任务。

我平素认定中国问题是从外而引发的，而不是社会内部自发的；此其一。我又认定中国问题有其对外求得民族解放，和其对内完成社会改造之二面；此其二。

所谓中国问题不是内部自发的，正由于中国社会构造特殊，历史上只有一治一乱之循环而无革命。假若世界不交通，中国仍为中国，则我们不能想象有孙中山先生领导的中国革命发生。皇帝亦可以倒，倒之者将又是一明太祖而已。所以我常说中国问题富有其外面性：

一、以外面的问题为问题。外面世界上有政治改造问题（要求自由平等及参政），于是中国跟着亦有。外面世界上有经济改造问题（推翻资本主义），于是中国跟着亦有。这并不是讥诮中国人无端模仿外国。中国人已被卷到大世界上来，不再能关门过日子；则世界上的问题，亦就是我们的问题。

二、以世界潮流为解决问题的指针。这或则间接受到外国思想的影响，或则直接承受外国的主义。事实上亦有此必要，并非完全错误。前一层和此一层皆易于使吾人错误而已，非谓凡如此者皆错误。

三、外面势力及外面文化实际地使中国社会慢慢变质；于是原为外面问题者，至此亦发生于中国社会矣。

四、国际的侵略压迫，几乎夷我于殖民地地位；现代文明进步，相形之下，几乎侪我半开化地位。这是两重极大的压迫；这是当真的外面问题。所有前三层又与此问题分拆不开。

因为富于外面性，就缺乏阶级性（阶级为内部问题）。即令有阶级问题，亦为整个民族问题所涵盖。

中国问题虽如此具有外面性，然而说到问题之如何解决，乃又重在内部。即必整顿内部，积极求得本身之进步，为文化之补充改造（包含政治改造经济改造），俾一新中国建设成功，方为问题之解决。断断不是徒以排除外面迫害为问题之解决的。外面迫害之排除，有时为建设新中国之前提；但假使自身无整顿之进步亦无从去排除外面迫害。两面相关，不可强分先后。

我从前常用"文化改造，民族自救"八字。后来亦时用"对外求得民族解放，对内完成社会改造"两句话。今天大家习用"抗战建国"四个字；抗战正为求得民族解放，建国正为完成社会改造。就三民主义的内容言之，民权民生正指政治经济的改造，亦就是社会改造而言，民族主义则要在民族解放。所有这些不同的名词字面，说来说去都是一桩事。说来说去都是为中国人感受中国问题的刺激，而要干的一大运动。因为要干此一大运动，孙中山先生就组织了他的革命团体。其他党派亦无非应运而生。从各党派对中国问题的认识而言，虽有出入，亦不相远；至于历史所付予他们的任务，实际更只有一个了。

四段讲：假如上面所分析认识的不错，则恐从过去到现在的中国政党，倒不免有些错误了。

因为照上面所说中国国情论断，外国政党的两种方式都不适合的；而从过去到现在的中国政党，却总想要在这里面走上一条路去。所谓两种方式：

一种是两党以至多党分立，彼此承认而互相竞争政权的方式。这在一般所谓宪政国家的政党，大约都是这样。过去中国曾为此模仿，乃至现在亦还有人想走这条路。在外国实原于其社会有许多不同分野，所以有不同党派分立。在中国社会分野不明，党派分立就无真据，不免于牵强附会。此问题尚小。最大问题是我们方从事于建国，政轨未立；和外国政轨已立，而没有建国问题者，大不相同。政轨未立，则政党的活动无所循由。而政轨之立，却绝非一纸宪法所能立。政轨的建立，正是建国运动中第一件大事。建国是要大家合起来建一个国，不容有两个以上的建国运动。在对外抗战对内建国之时，不是党派分立竞争的时际。以党派分立来作抗战建国的文章，是文不对题的。熟悉民国以来史实的人，应当记得当民国五年，倒袁运动之后，国会恢复之初，各方都认定赶速制宪为尔时唯一任务，曾相约不要政党。赫赫有名的两大政党（国民党与进步党），俱各收起招牌（两党的党本部原在北京，都不再拿出来，所有当时议员们的联络，都用宪法研究会，宪法讨论会，宪法商榷会等招牌），绝非随便偶然的一种举动。何况，今天抗战建国的任务，迥非制宪一事所能比呢！

一种是一党独操国权，不容许他党并立的方式。如苏联和德义等国家，均属此例。这亦是中国人看见了，很想走的一条路。以苏联而论，共产党原是无产阶级的政党，其在他们社会上的基础，是很分明确实的。为了渡达于阶级消灭，而实行其阶级专政，故不能不排斥其他。德义虽标榜民族立场，不从阶级说话；然其以一种阶级势力为中心，而压服其余，亦初无二致。但中国向哪里寻取这一基础努力，而建立这样局面呢？要知没有这一确实基础势力，则党为空名。他可以无所不包，但同时正亦是一无所有。所谓独操政权之"独"，便无所寄托。所谓排斥其他之"他"，亦将无所指。此时而党与党争霸，将尽是胡争；党与党相排，只是胡排。虽然我们很知道，为了建国（如苏联），大权统于一党是很有必要的。虽然我们很知道，为了民族对外（如德义），大权统于一党亦是很有必要的。无奈，社会形势散漫的中国，只能合拢为一，却无法排他而立一。合拢为一，可以对外抗战。合拢为一，可以建设新中国。排他便不能抗战，排他便不能建国。

总起来说，在中国国情之下，尤其在当前抗战建国大任务之下，多党互竞，一党排他，都是不对的。

五段讲：中国政党应走的路。

上面说多党互竞，一党排他，都是不对，好像使人无所适从，其实不然。这中间是有一条路走的，即要从联合求统一。从联合求统一，一面既免多党意志不能集中之弊，一面又无主一而排他之弊。这名曰"二重组织"。即各别党派为第一重组织；全国许多党派之联合体为第二重组织。

所以必要有第一重组织的（即所以必要有各别党派的），是为广大散漫的中国社会，痛痒，要求万有不齐；我们不能强不齐以为齐。譬如说，农民可以有农民的党派，工人可以有工人的党派，回族可以有回族的党派，苗族可以有苗族的党派。总之，政党原为大众申达其痛痒要求；痛痒要求既有不同，则分别组织乃得其真。这是一点。还有一点亦很重要，即吾人不但有痛痒利害，更有理想信念。各人有各人的理想，各人有各人的信念，不可强同。这是使社会文化前进的要素，人类至可宝爱的精神，必须各存其真，就必须有各别组织。例如相信共产主义的，就给他去组织共产党；其他类此。

根据上面两点来说，广大散漫万有不齐的中国社会，若能归拢到二三十个党派，分别代表他们的要求，实不算多。反之，若混同为一，恐不免抹杀一切，根本上失去政党意义。

所以必要有第二重组织的（即所以必要有各党派联合体的），是为这些党派分别开来，谁都担负不了抗战建国的大任，只有合拢来才行。这一必要，可不待解说。需要解说的，是这许多不同党派怎能合拢为一？

我们承认要求这个人与那个人的思想一致（理想信念一致），是不可能的，但抛开抽象的理念，基本的主义不谈，只对着事实问题来寻求其如何的解决，彼此却不是不能接受同一办法的。我们承认要求这个人与那个人的利害一致（痛痒要求一致）是不可能的。但彼此将眼前的利害，一时的争点搁开；而向着远大处确定一共同趋赴的目标，仍旧是可能的。所以我主张要各党派开诚交换意见，确定国是国策。国是即我们的目标；国策即解决一层一层问题而求达于目标的办法。国是国策一经确定下来，则各党之上的合一组织便可建立了。——关于这一层，请读者参看前次所叙我和毛君泽东的谈话。

总起来说，这种方式既非多党制，亦非一党制，而是"一多相融"。一中有多，多上有一。这种方式既非有分无合，亦非合而不分；乃是合中有分，分而后合。为了切合中国社会形势，适应中国问题需要，非此不可。

此处说各党联合，是一简便粗略的说法。仔细讲，我是主张一种"综合制"，其具体方案另详。

六段讲：以二重组织扣合当前事实来讲，我以为可以中国国民党为第二重组织，即是党上之党，而以国民党外之各党派，和国民党内之各派系，为第一重组织，即各小单位。

此其理由有三点可说：

第一，按道理而论，国民党之三民主义原可以为解决中国问题之最高指导原则。

第二，事实上，国民党之三民主义或得他党之接受拥护，或得他党表示意见相合，在国内大致已不生异议。

第三，国民党素来包罗甚广，内部早有许多不同（倾左倾右）之理论主张门户派系，亦应当痛痛快快表露出来，不必勉强作一个单位。

叶楚伧先生看过我的文章，一面劝我不发表，一面说他很同意的，似指此一段。这与中国共产党提议以国民党的民族联盟，各党派都加入，而仍各保持其独立性者，亦甚近似。但共产党既不是抄袭我的，我亦不是抄袭他的。在枝节上彼此尚亦有出入，更且各有各的本源。

七段讲：实行这一方式，所必具的两大条件。要实行这二重组织的新方式，有其在前的一大条件，即是国是国策确定；有其在后的一大条件，即是政权治权划开。

要确定国是国策的话，前已讲过。假若没有去确定国是国策，就来改组成功二重组织。那徒有表面而已，骨子里未得意志集中，什么都是假的，必不能久。所以开诚交换意见，收得意志集中之效，是全国党派改组的前提。在国家为国是国策；在各党派为共同纲领。纲领为行动之指针，既有共同纲领，行动上应即一致同趋。此为改组二重组织的理由。所有夙昔排他性的，对立性的各党，至此乃转变为同在国策下服务，又且协力配合工作的团体。故此二重组织之国民党建立，即是汇萃全国各方力量而为一大组织系统，以担负当前抗战建国工作。

在其工作中，第一便是不断交换意见，赓续订定国策。国策是国人意志统一的具体表见：——表见在当前大问题如何应付的决定上。然而问题无穷尽，需为不断之应付，亦即需要不断之意志统一。党内上重组织之中枢，要负此责任。他即是不断地来统一国人意志之一机构。

其第二工作，便是为推行国策而致力于社会运动或民众运动。这又是党内下重组织之多数党员，要负的任务了。在推行国策中，不得自为主张，有所出入；而个人工作经验观察所得，无妨本其理想要求，透过其自党组织. 以贡献意见于上重中枢。常常于国策推行中，得到启发，还而自为修正，实是必要的。所以不但外面时常会有新问题发生，而且自己亦要能发见新问题才行。如果以为国是国策一次颁定便了，那是大错。

所谓政权治权划开，就是全国性的大国民党，代表国民行使政权，而国民政府则代表国家行使治权。两面不使相混。譬如上面所说都是政党的事，不是政府的事。政党的事，就只是这些事，不要插手于政府。政府必须不着党派颜色，而应为一无色透明体。凡政党中人而服务于政府者，都要声明脱离其原来党派关系。军队和警察，都是国家所有，而为政府行使治权的工具，与党派无关。——这是最必要的一点。

假若没有政权治权划开这一条件，则各党必竟争其在政府中之地位，而不能尽心监督政府忠实执行国策。同时，政府中人背后各有其党，将不免以党策掺入国策，而大生纠纷。为政府自身之安定与一致，必须一心于国策之执行，不问党派之事。在党派一面，又必不涉权利竞争而共同监督政府，乃得巩固其联合。所以这一划分，实国家统一之所攸赖，亦为国策推行尽利之所攸赖。

八段讲：这一特殊方式的正确性，可以从过去得些证明。

这一方式，实是一特殊方式，他处所未见。但于中国政党问题则是正确的。此正确性，自然有待将来的事实证明。但从过去看，亦可得些证明。过去的中国党派在空间上没有很大分别，而时间上的分别大。或者再清楚地说，中国的党派在空间上彼此名为两党的，其分别还不如在时间上前后名为一党的分别之大。——这是可注意的一特殊情形。请问：一个国民党在北伐前和在北伐后的分别，是不是大过北伐始期国共两个党的分别？又一个共产党在抗战前和在抗战后的分别，是不是大过抗战始期国共两个党的分别？岂但国共两党而已，其他正多类此。辛亥革命，并非一党之力，亦非几多革命派之力，而是原来不同党派，合起干成的。恢复共和亦是各党派一齐来的。

这不为旁的。这就为社会形势散漫，问题不在内部，故空间上两势力之对抗不著；而以问题在外，外界形势一时一时有异，潮流一时一时不同，则所以反应之者，转从时间上前后分殊，变化甚大。问题演变的不同了，则虽同一党派所以反应之者亦不能同。而在不同党派，有时其反应之者却非同小可。前者我从缺乏社会基础，而指出中国没有真的党派。今者又可从中国过去史实，指出中国没有真的党派。这一没有，是从中国问题不应当有。所有此一党彼一派的分界，都不免过分矫揉造作的。中国人自始就应当从四面八方合拢来。

在平时，中国问题仅止于刺激中国人发生救国运动；至于如何救国，则从各自社会背景而异其见解主张，意志趋向不能统一。抑此种不相背反（同欲救国），而又不一致之志趋，最表见散漫微差性。此种在宽泛邈远目的下，为其一种方法手段（如何救国）之志趋，最表见流动不定性。全不似从阶级问题发出的趋向简单明切，一贯不移。历来意志趋向不能统一，多误于此。只在问题逼紧时，可表见一致趋向。问题一松弛，马上又分散了。我们现在就是要抓住此番一致抗战的机会，组织起来，不让他再分散去。不过要因其不同，而综合之；不要抹杀其不同，而混合之。

这就是所谓从过去可以证明这方式的正确性。

九　巡历华北华东各战地

当我于兵役改善不得尽力，解决党派问题的主张不得发表时，我感觉留在西南大后方没有意义，便决心到华北战地去。于廿八年2月1日成行。经过八个月功夫，到10月23日返回重庆。此中见闻甚多，有些不便发表的。而且日记手册以遭敌人追击，全行失落，仅凭记忆亦甚有限。下面分为几层，叙述大概而已。

此行目的

我到华北去，是因为我与华北地方有多年的关系。我同一般朋友所作乡村工作，先是以河南为对象，而训练机关设在豫北辉县。后来移山东，有三个中心，一邹平，二菏泽，三济宁。前后合计经我们训练或培养的下层干部，有三四千人。过去的成功失败，此处不叙。单说国军退出豫鲁以后，我们亦只有逐步向西南撤退。但大多数人实不易离开乡土，且已经失去联络。其中只有济宁的一批人马（包含教职员学生和乡民壮丁）约七八百人是整队退出的。先退到豫东淮阳，又退南阳镇平。因此抗战初期，即以徐州为前方联络站，以镇平为后方收容集中地，而驻代表于武汉，以与政府和各方取得联系。当时计划，在镇平一面收容，一面训练回乡抗敌。所以商得军委会政治部陈部长（诚）许可，将镇平一部分收归该部直辖，名为战时干部训练团直属第一训练大队。乃至徐州不守，武汉会战，又请得政治部许可，编为该部第三政治大队，开赴豫鲁战地工作。二十七年9月整队开拔（全副武装而且枪多于人，又现款十余万，皆原来携出者今又携回），渡过黄河，留第五支队于豫北工作，其余经冀南入鲁。初时以为携有无线电台，可通消息；后来乃久无消息。这是促使我去华北的一原因。

说到敌后的工作，我素抱有极大的兴趣。我在战前就想象到一旦中日作战之后，会要有很多地方我军撤退，敌军未到，因为在空间上敌人兵力是不能普遍的。亦会要有许多地方，我行政机关已撤，而敌人御用机关未立，因为在时间上也来不及的。在这许多地方，乡下人顶需要知识分子领导或帮忙。而此时的乡村工作亦必然很好做。因为平素我们工作时，虽处处为农民打算，而以我们趋新，他们守旧，我们多所兴举，他们懒得动，我们不免站在政府一边，他们好似是被统治的老百姓，致成彼此相对立的样子，实为工作中一大苦闷。今天敌人（或扰害地方的人）压迫来，我们和乡下人要共同应付环境，便从相对转为相合以对外。同时非团结组织无以应付环境，乡下人将自然走上团体生活之路。凡此皆敌人之赐，要赶紧利用，这是我们想去华北的一种心理。

还有，我对于敌后工作，早在抗战前就认识其重要。我曾说过："我认为中国不应当在如何摧敌处着想，而应当在让敌人不容易毁灭我们处着想，乃至在我们被毁灭后如何容易恢复处着想。——但所有这些功夫将怎样做呢？那就是当下讲的乡村建设。乡村建设是我们在国际大战前，最好的准备功夫"（见全集卷二第555页——编者）。当我大军从华北华东撤退以后，好些人心理上亦就像是放弃了华北华东；其实华北华东的抗战工作，方于此开始。更到了今日，敌人已无力再西进；敌我所争全在那片广大疆土资源是他能利用吗？还是我们使他利用不成？更非有多数人才到华北华东去，与敌人相争持不可。

但我到敌后去，却非有什么大工作。我的用意：第一看看敌后的真情实况，是否与我在徐州所写"抗战指南"所揣想者相合；第二在抚慰许多在敌后的同人同学加以鼓励；第三将我们在抗战中的进步，敌人在战争中的困难，以及国际情势等，宣说给敌后的同胞，坚定其意志；第四在从事研究工作——研究乡村在敌后起的变化，对于未来大局政治的影响关系；第五则愿尽力调协于各方，促进团结。

往返所经路线

2月1日随行人员黄秘书艮庸，王参谋靖波，王医官福溢等乘军委会卡车先出发，约于西安相会。2月2日我飞成都，停三日飞西安，适西安有敌机来袭，改飞兰州降落。于是无意中得一游兰州，看见兰州几个朋友。

抵西安后，晤行营主任程颂云（潜）先生商量所走路线，不能决定。一面亦问之第八路军办事处，并托其电知前方将领，如遇我经过时请为照料。又晤山东省政府驻西安办事之戴君孙君等，承见告他们所常走之原武阳武一路，今被敌人封锁，许多人员及器材均停滞不能走。于是我就先访阎百川先生于宜川之秋林镇，其事另记。访阎归来，赴洛阳晤卫俊如（立煌）先生。卫公极殷勤代筹，又坚劝莫忙，候机会东行。

最后决定，乘于孝侯（学忠）总司令入鲁之便，随他同行。于是赶赴皖北阜阳（颖州），与之相会。沿途经漯河周家口，黄河泛滥区域，乘小轮入皖。但我抵阜阳，于公已先行。幸其王参谋长静轩初自陕之白河来，因又为同行之约。不意行抵蒙城，则前行之于军已被敌人截击，三团人损失半数，由铁路东又退回铁路西。所有我们想于宿州车站南冲过津浦路之计划，不能不重行考虑。

王参谋长改变计划，不向东而向北。我亦改变计划，不随大军而行。随大军而行，当然可得到保护，但亦就成了敌人的目标，不一定平安的。我与随行朋友共七人，由蒙城折至涡阳，派人通知永城（属豫东）书案店（一乡镇）新四军彭司令雪枫，请其代为布置路线，并觅向导，轻装前进。于是经永城入萧县（属苏北），在砀山境越过陇海铁路。转经丰县沛县而到山东之单县。所有这些地方县城都在敌手，我们都是昼伏夜行。越过铁路的一天，天明正在休息，敌军侦知袭击。幸得八路军彭明治部，派队千余人来接，得以脱险。

单县居山东西南边角，我们即经历鲁西南各县（旧曹州属）渡黄河而北，至濮县范县朝城一带（此是范专员筑先领导抗敌之地带）。转而向东，经寿张东平宁阳等，在津浦路南驿车站之南冲过铁路，向鲁南去。这次过铁路，亦是靠八路军一一五师王参谋处长秉章率队护送。

当时山东省政府沈主席在鲁南沂水县之东里店，于总司令则在上高湖，八路纵队司令部则在蒙阴王庄。我们一部分同人编成的政治部第三政治大队亦驻于附近。我们奔赴鲁南，意在与各方会见。不意正会见的几天，敌人举行他所谓鲁南大扫荡，从四面八方攻进来（军事上所谓分进合击），于军方师长叔洪（范）竟以阵亡。从此我们辗转于山谷之间，度其游而不击的生活约近一个月。最后转至费县境，稍得休息，便由鲁南返回鲁西。

这次系从泰安附近越过铁路。到达鲁西时，亦正在敌人所谓鲁西扫荡之后，情形完全不是初时经过景象。前后在山东境内共历四个月，于 8 月 23 日离鲁西之濮县而入河北省之濮阳。此地为丁专员树本领导抗敌之根据地，一切情形又自不同，后面略记。承丁君派人送我们经滑县浚县，在汤阴境越过平汉铁路，转至林县；——这些又都是河南地方。

在此豫北一带，原有我们朋友同学从事抗敌工作，多在林县会见。由林县即入太行山，到山西省壶关陵川晋城等县，这是所谓晋东南，我军与敌人迭次大战之地。当时得在朱军长怀冰，庞总司令炳勋，两军中各盘桓数日。随又转出太行山，到河南济源孟县等处。从孟县渡河回抵洛阳，恰是九一八纪念日的前一天。

总计此行，经过有皖，苏，鲁，冀，豫，晋，六个省份。半属华东，半属华北。经过之处，都是战地，凡有我军政长官者，必会面。只有经过陵川时，却没有看见朱德总司令，因为事后才晓得他在那里。

沿途走路的方法，大致可分为两种：一种是有军队同行护送。这种可以穿军装；或穿长衫都可以。并可以骑马代步。又一种是自己少数人轻装走。这便须改服乡村的短衣，只可骑驴，不宜骑马（骑马则目标大），最好步行。无论哪一种，都须好的向导。正确的情报，为起行前所必须；然而仍不免走至中途，改变路线。食宿都是在老百姓家（百次中总有九十八次）。因为走的多半不是大路，没有旅店，或者原有旅店，都经兵灾破坏了。

会晤阎百川先生

我于留滞西安的几天，以电报与阎先生约好，由第二战区司令长官部驻陕办事处派车送我去看他。他驻在宜川黄河边上的秋林镇，隔岸便是山西的吉县。车经三原，先晤赵戴文贾景德二先生于李家花园。赵公为熟人，亦为多年以来于大局有关系之人，见面领教甚多。

从洛川到宜川，要盘过黄龙山，据说为杨虎城发祥地。可注意者，土地肥沃而久荒无人烟。车行草中，草高可隐车。雉鸡成群，飞起可以蔽天。今已辟为垦区。从宜川到秋林，汽车不能通，换马前进。古语：千里不运粮，现在不然。大宗粮草均走此路运济山西。兵站总监周玳驻洛川，调度一切。

秋林居山谷中，尚不到河岸。虽名其曰镇，大约原来只剩有几家人家。但现在则驻有军政人员几千人。大多数都是凿山为窑洞，如延安一样。建筑物只有大讲堂一座，可容二千人。我到达时，阎公正召集会议，所有各高级将领如孙楚，杨爱源，王靖国等均在。而且省政府各厅长委员亦都在，并有中下级军官受训者一千五百余人。毛泽东先生数曾为我言："战争改变一切"，信然。

阎公为十几年前相识，但自民十九以后未见面。此番相见，精神气色身体皆大胜于前，足使我吃惊。军中辛苦万分，又数度危险，而乃如此，岂不可异。细加理会，完全由于他兴趣好，而兴趣所以好则由对于前途乐观，对于抗战具有极大信心。我在他那里盘桓三天（旧正月一日到，四日走）。他每天早五时起床，传见高级军官，分别谈话，然后用膳。膳后即登讲座，为受训军官讲话极多。中午小睡，睡后即开会议，办公事。和我谈话，都在午后或晚上。天天骑一小驴，在山谷中跑上跑下，真是兴会淋漓的样子。

他的左右已经换了一般新人。他自来有一套自创的思想学说，此时似更新有进益。他有四句要言，或提作口号，或揭为标语，再三叮咛告之部下。四句是：建立中心思想；发展集体企图；建全组织责任心；要过自我批评互相检讨错误的严格小组生活。这似乎将共产党的精华，都能融会贯通了。所谓集体企图，是说不要你有你的打算，我有我的打算，他自己亦不作他的打算。所谓组织责任心，是说要认识组织关系，对于团体负其责任，不对个人。他除了承认共产党有其中心思想外，其余的似都嫌其中心思想未能建立。但他自己是反对共产主义的。他要建造"各尽所能，各取所值"的社会；他不相信有"各尽所能，各取所需"的社会。从哲学到社会问题，所有经济政治之一切，他都有主张发表。

在阎先生领导下，原有两个大团体组织。一个名为"主张公道团"，是红军进攻山西时，寓有防共意义的组织。一个名为"牺牲救国大同盟"，是双十二事件前后所酝酿，以抗敌为意义的组织。两个组织不易并立，后来合并而为"牺公联合工作委员会"，实际以牺盟为主。牺盟的势力普遍全省，而又贯彻上下。第一、一切民众组织运动（大致与八路相同）皆在其手；第二、一切军队政训工作在其手；第三、区长、县长、行政专员一串地方行政系统在其手。后来我过陵川晋城时，看见牺盟开某届代表大会的文件，其口气盖以国民党共产党之间的第三党自居。同时有一种新兴的武力，名为"青年决死队"，是牺盟所发动培植，成为山西军队的新派。

不过此所说者，现在大半已为陈迹。政治上的牺盟派和反牺盟派，军事上的新军和旧军，其势力消长，冲突分裂，变化已多。阎先生在山西的势力，似降至第二位了。我承认阎先生在抗战中尽了他最大力量，并且很少有人能赶上他的本领。他常能把握几个正确的认识点而致力。例如在行政上，他提出"强民政治"一词，要强化人民力量；又提出"说服行政"一词，要事事取得人民谅解承认。他真看清楚，这是抗敌之本，非涂饰耳目。又如军队须要改造，提高其政治意识，要加强民众运动，组训一百万有国家观念，民族意识，有"自己负责，不容人不负责"政治力量的民众；都是很对的。但大体上都没十分成功。只有他用过的心思，这是后来人再用心时，所必要的参考。

各战地情形不同

从秋林镇回西安转洛阳，不久即登上巡历战地之长途。每承朋友见问，战地情形如何？我辄张口难答，因各地情形不一，不能举一例余。故我想莫若就以各地情形不同，各时情形不同之两点，提出来说，倒是使人了解战地情形一好办法。

先说各地不同之一点。例如我所见的皖北各县和苏北各县相较，有一大不同处。在皖北完全没有八路军新四军势力，行政专员郭造勋拒绝其入境。而在苏北丰沛萧砀则清一色都是八路武力。

皖北各县虽经敌人重大破坏，各县城内房屋存者不及半数，但行政权已恢复。专员郭君原为广西军队中一团长，阜阳县长亦为广西人王和，一切行政有广西作风。举办各种训练（如保甲训练等）皆采用广西教材。蒙城涡阳两县长则是本地人。因为李司令长官宗仁，是采取用本地人的政策，大体上说，这里情形要算不错。郭专员之拒绝新四军入境，他说：你们是为抗敌而来，此地敌人已退；如或有上级命令，我亦遵照。二者俱无，所以拒绝。言之有理，对方亦即不来。

苏北当时情形最奇妙。丰县县长董玉珏，沛县县长冯子固，萧县县长彭效骞，砀山县县长窦雪岩，都是各自本县人士。——此即李长官的政策。他们或奉委于失地之前（如冯），或奉委于失地之后（其余三人），却都是奉命于省政府（当时在淮阴），而且除冯外皆隶同民党籍。然而他们所凭借的武力，竟可说清一色的八路势力。据闻当地方失陷之后，董等三人自淮阴奉委，只身潜踪回乡。全以乡里自卫的意义，得到乡人拥护，而恢复其政权。所谓八路的武力，一半指彭明治部（号苏鲁豫支队），是外边开进来的；还有一半是本地发动成立的。四个县长（冯在内）的队伍各有数千人不等，当然都是本地方的，不属八路军系统。却从发动，掖助，以至领导皆出于八路。甚而系统，亦有分不清的了。他们时常不断与敌人应战，既无其他大军，非靠八路不可。倒颇能为国共合作表现一好例。

可惜皖北苏北情形，皆不长久。我离皖北，敌人随即从商邱，下皖北；新四军当然亦即进来，局面大变。我离苏北后，国共合作的好例旋即破坏。凡此又可说明各时情形不同之一点。

苏北与鲁南，与鲁西南皆相接境。但鲁南情形不同于苏北，亦与鲁西南不相同。鲁南是中央大军（于学忠部，缪征流部，沈鸿烈部）与八路军（张经武山东纵队，陈光——一五师）都有的。论政权，除敌伪政权外，皆属于省政府，当时尚无八路自建政权之事。沂水，临沂，莒县，蒙阴等数县亦在我方手中。省政府在东里店已有半年以上之安稳，小乡镇竟富有精美酒食（如冰啤酒汽水等），常开盛大宴会。于沈缪所驻相隔多不过百余里，少者数十里。我赶到东里店的一天，主席，厅长，委员，专员，总司令，军长，师长等，都聚会一处，雍容雅谈。此不仅为敌后各战地所无，抑以现在的鲁南回想那时，亦特有唐虞三代不可复得之感。（现在缪已变动。于沈仍在鲁南，但情形大不同了。）

大半年安居无扰的省政府，和高度繁荣的小乡镇，我将赶到几天就被敌机炸完。因为敌人一面从四外分进合击（见前），一面从顶上来轰炸。省政府亦只有实行游击，多数人员均行解散。所谓各时情形不同，此又一证明。还有我前叙由鲁南返回鲁西，全不是初时经过景象，亦证明此意。

试再以鲁西与冀南比较。鲁西前以聊城为中心，是范故专员筑先领导抗敌地带。冀南以濮阳为中心，是丁专员树本领导抗敌地带。两地接壤，风土相似；范丁二公又都是守土未退的专员，以抗敌齐名。而以我经过时所见，却完全不同。我经过时，范公已殉国成仁。虽有其参谋长继任，部下多分散。有的投八路，有的改编省保安旅。而多数扰民极凶（见后）。丁专员所部极整齐，实力有两万人。人数少于范部，而魄力雄厚过之。因范公自己没有基本队伍，都从收编散兵游匪而来，致有三十几个司令之多。范公在时，尚能于扰民中抗敌；范公故后，只扰民不复抗敌。丁君则先任濮阳县长两年，得当地人曹君（黄埔军校毕业）之助，从训练干部，到自己成军。其结果当然大不同。地方秩序极佳，人民虽亦非常苦（负担太重），而却是有条有理的苦。

丁氏在抗敌工作上，有两点极有名的表见：一是改变地形。平原地带，敌军汽车骑兵运动迅速，最无法应付。于是将所有道路全掘成沟，宽五尺，深七尺；即以沟为路。此使敌骑敌车皆发生极大困难。我经过时，虽毁于大雨，仍然大致可见。又一是空室清野，古语坚壁清野，今我壁不能坚。敌人将至，则城内人民悉行撤退，一物亦不留。敌人到时，因无从井取水之具，以致饮水不得。于是敌人到濮阳两日自去。我经过时，敌人退去不过一个月之事也。——但现在的濮阳，一切皆非了。

河北省大致均在八路军势力范围，只有丁氏当时独立一隅；到二十九年亦站不住了。据我们所知各地方抗敌之初，各党派多不分彼此；后来便分裂不相容。又保持中立，不落一偏的想头为多数人所有。但结果都不能保持。丁氏在冀南，亦其一例。就整个抗敌大前提来说，这都是削弱自己力量，极可痛惜的事。

豫北情形复杂（有八路军，有反正的伪军，有两面逢迎的军队，有中央大军），不如冀南。豫西北和晋东南接连，为战争要地，中央军朱怀冰部庞炳勋部皆在此。我们经历各处，都只看见游击战，没有看见激烈的大战争。而到这里却是大战地带。敌我几万人开火，伤兵一下来就是一两千，住满了好几个乡村。其规模之大，情况之烈，闻之令人精神奋扬。例如晋城就是我到时收复不久的。敌占我夺，夺而复占，往复已多次。每次皆拼好多兵力，好多时间。其时庞军于收复晋城之后，又围攻壶关，范汉杰军则正攻陵川，我住庞军中，时时闻战报。而将过去不久的，庞军拦车镇一战，最为老百姓所艳称。沿路数百里，传说不绝。

论到地方情形，晋豫又自不同。晋省先有其多年以来的村政，后有公道团牺盟会的民众组织，迥非外间所能比。中央驻军不问地方事，有事问县长说话。而乡间的民众训练，我却见有八路番号臂章的人，喊口令。民众与军队的配合，在山西有的地方达于极好之境，但似亦不多见。

总之，各地情形不同，又每每变化极快，是谈战地所首先要知道的。

总括的三句话

若将巡历各战地后的见闻，总括来说，则我尝有三句话。第一句是老百姓真苦。第二句是敌人之势已衰。第三句是党派问题尖锐严重。先说老百姓真苦。这个苦完全是从抗战来的，与平时无可比照。其苦况深重，亦完全不是局外人所能想象。举例言之，老百姓向来是受惯欺压的，然而大致上是受一面欺压。若不同的两面来，已难应付，何况今天竟不知有几多方面。敌我是不同的两面，敌之外又有伪，□□□□□□□□□。其他复杂尚多。或此来彼去，或同时俱来，而都是拿老百姓出气。而且有苦，没处可诉。恐怕自古及今，谁都没有受过这个罪，乃至亦没有人梦想到有这样罪受。

穷凶的破坏，有意的骚扰，不说。只以法令来说，我方不许农产资敌，游击队遇见推车送粮食棉花向城镇车站的，就可没收。而敌方则高价收买，强制征取。我不许用伪钞，而敌不许用法币。八路军又遇见法币就没收，另推行他的纸币。谁的话都是圣旨一般，而圣旨却从八面而来。

似乎人类的恶性，都在这种特殊机会中，发作出来。敌人对我之破坏且置不说，只以我们自己人的骚扰言之。这里有一明证。二十八年4月山东省政府鲁西行辕正副主任李树春廖安邦，曾发出一告各部队官长书，就是以队伍扰害太甚，为民请命的。内容说："各部队冒领给养（给养皆向老百姓摊派）者有之，栽赃勒罚者有之，诬良为汉奸者有之，假公以泄私忿者有之，甚至奸淫掳掠残杀无辜者有之，……须知军纪不良，惹起民众反感，去年半角店之惨剧，可为殷鉴。……屡闻各地民众有不堪驻军骚扰，竟至央求敌人派队扫荡，或被逼为虎作伥情事，每念及此，痛心万分。……望为民众留一线生机。"原文由鲁西《大时代报》（报在菏泽城内出版，行辕予津贴）载出，我曾摘取电中央报告。李为民政厅长，廖为省保安司令部参谋长，而所谓各部队者皆是省保安旅，县保安团之类，明明是其上司长官，却不能管；不得已以哀词劝告出之。□□□□

（被检一段）

不讲骚扰，单讲加于老百姓负担重，亦就不了。寿张一县，人口不过廿余万，而驻军一时有冯寿彭部，齐自修部，于耀川部，刘耀亭部，还有省府行辕的三营，县保安队三中队，各区常备队等。所有这许多队伍，都向地方索给养。只齐部每天即要一万七千斤粮食，菜钱在外。试问，这如何得了！

人祸之外，还有天灾。我沿途曾看见旱灾、虫灾、水灾三种。而在前（二十七年）在后（二十九年），据所闻亦都是灾情很重的。我所见春夏是干旱，而夏末秋初则大水。我初去时，于5月尾在鄄城濮县之间过黄河。河槽完全干的（半因黄河改道），没有一滴水，我们步行河底而过。回来时，于8月尾仍在鄄城濮县之间过黄河。河水满槽，却非船莫渡了。

水灾最惨重的，我所见是豫北。豫北的东部，有卫河；豫北的西部，有沁水；都是汪洋千里。这其中，还有人为的因素。我军掘沁水，以冲道清铁路敌军；敌军则于其上游，相反方向掘了冲我们。彼此对冲，天灾人祸合一，老百姓却无处容身了。当地行政专员潘善斋，告诉我有五个县城：沁阳、博爱、获嘉、武陟、新乡，全在水中泡着。灾民不知有几多万，无处可逃。想渡过黄河南岸来觅食，而以军事关系又不许人渡河。

我记得有一次，随八路军同行，在泰安境内的山村中，全村的粮食不足我们一饱，只有煮稀粥分食。又一次夜行军至天明，饥渴非常，乞食于老百姓，不问内容，先行吞咽。细察之，乃是肥田用的豆渣饼，加以树叶煮成粥。这在我们，要算吃苦了，而在老百姓望此望不到啊！

据现在所知，敌人狠毒的破坏，远较我经过那时加重；而两年来内部斗争使局面恶化，亦远过于彼时，游击区域同胞们的苦痛，怕是倾若干泪和血亦诉不尽，任何一支笔任何一张口亦形容不尽。人世间的奇恶绝惨，到此怕才算齐备。虽今日全世界都在兵连祸结，苦痛的不只一个中国；然而情节复杂，刻骨入髓，则怕哪里亦不能比。但不知经此一番奇苦深痛，其最终的意义是什么？

第二句话，所谓敌人之势已衰，事实可征者甚多。最显著不同于开战初期的，是士无斗志。战事初期，敌兵绝无缴械投降之事，虽战至一兵一卒，乃至包围遭擒，亦斗到底。现在不然，将枪一抛，高举双手的很多了。大约素质已不同，初时是现役兵正精壮刚强，现在则或是十八岁的孩子，或是三四十岁迫近中年。沿途我们都遇见俘虏，在我军中；亦曾与之谈话（多半笔谈），而知其情形。又敌军厌战反战，随处皆有其例，举不胜举。再则敌伪内部腐化，驻防游击区的为尤甚。因彼此争权夺军，而致下属不服长官命令，军纪无法维持者有之。以华制华之计不能成功，关系其前途为尤大。盖敌人没有深怀以用人，没有大量以容人，而忌刻轻薄，中国人不能与久处。伪军反正者愈多，彼猜忌愈甚。或不发枪械，或不发子弹（皆临时再发），或种种监视提防，激起伪军投诚反正者愈多。所以几年来，伪军总量上没有加，只有减，没有稳固，只有不安。——至少山东河南是如此。

第三句话，所谓党派问题尖锐严重，似亦无烦多说。大要游击区域短兵相接，与大后方雍容座谈者不同。我初去时，问题将开始，还没有大绝裂，方自谓可于此尽些力。哪里晓得，第三者是不见容于两方的。而且问题是整个的，不能于局部解决。简直一句话不能说。在归途上所见所闻益多，所以忙着回来想根本办法。两年来所得消息，愈演愈烈，我们自己朋友学生亦连连被杀（我到山东时已有之），多少事不必述，只"无所不用其极"一句话，可以包括。问题严重，无以复加，又非当时之比了。

一幕惊险剧

关心我们朋友学生抗敌工作，而想加以抚慰鼓励，是我赴华北视察目的之一，前曾经说过。所以这里临末还须交代一下。这就要叙到一幕惊险剧了。

我们的第三政治大队，除第五支队留于豫北工作外，其余由大队长秦亦文君率领开入鲁境。因奉部令归省政府直接指挥，所以大队部即住东里店附近。如前所叙，当我到达东里店，与各方会见的几天（6月1日至6日），便遭敌人围攻。我与秦君等即彼此相失，互寻不见。久之又久，忽然得讯，秦君率部驻于蒙阴的北岱崮，距离我们隐藏之地往北约百余里。于是我偕随行诸友，往北去救他。

哪里晓得，秦部五百余人，还有省府其他人员相随，目标过大，又留驻该地达十日之久，已被敌人侦知，派兵三路进击。我往北去救他，我的背后正有敌兵亦同走一路向北前进。我到达该处，秦部已得谍报，敌人拂晓进攻，急须转徙以避之。所以不及多休息，傍晚天黑齐队向西而行。行前，秦君指定秘书公竹川君并警卫队六十名专卫护我，遇必要时，我得另自走。

当天黑齐队时，天已落雨。愈走而雨愈大，山路愈滑。又崎岖坑谷，漆黑无光（用光火恐为敌见），出手不辨五指。前后彼此牵衣而行，不许交言，古所谓衔枚而进。脚下高低深浅，亦不得知。两次有人滑坠洞谷，不知其性命如何。如是走一通夜，雨落一通夜，衣裤淋漓，难于移步，寒透肌骨，既饥且疲。走到天明，举目看看，方知只走出五六里路（人多亦为行慢之一因）。

此时雨落更大，前面有一小村庄，名"对经峪"。大家皆渴求休息。而村小不能容，秦君先请我及随带警备队进村。他们大队再前进不远，进另一小村庄名"石人坡"的去休息。我们进村，入老百姓家，全不见一人，而屋内衣物食具却未携去，极可惊诧。试问通宵大雨，老百姓为何不在？既出走，为何衣物食具全在？显见得，其为临时惊慌逃去，此地不远必有敌人。我们实在应当马上走开，不应休息。却为饥寒所困，不免耽搁。正在解衣拧干雨水之际，耳边枪声大作，知道不好。我本来骑马，幸未解鞍，赶紧上马向东而逃。——因枪声在西面。

原来敌人在近处一山头，看见我们队伍进村。而我们则以大雨迷濛，人马疲困，却未见他。所以他立刻下山，将石人坡包围，四面架起机关枪。大队人马，有的冲出，有的阵亡，有的遭擒，有的藏身屋内，被敌纵火焚毙。事后，我曾派黄君公君等返回调查，掩埋死者，抚慰伤者（隐于老百姓家），得知其详。

就在敌人包围石人坡之时，给我机会逃走。我策马仰登一山头，一个完全没有路径的山头。山颇高，到山顶便入云端，敌人不能见。于是一时逃过了。然而雨仍大，且山高，风又大，不能久停。慢慢寻路下山，见有两三人家，便去觅食烤火。将在解衣烘烤，和进食之际，随员报告敌人即至。不得已又出来，隐身于草树茂密之处。举目向远处望去，果见有两路队伍，循两山岭而来。一路在前的，为中国队伍；有我们的大队，亦有其他军队。一路在后的，则为敌兵。看看走近，知非隐身草树所能解决，适见老百姓向一山谷逃避，我亦随之。末后，藏在一大山洞内。

洞内先有人在，老弱妇孺为多。我和随行者共六人，入洞时，老百姓指示我们隐于最后，并以我们行装易被认出，解衣衣我，以资掩蔽。此时两军即已开火，枪声，大炮声，最后并有飞机助战，正正在我们的山上面。洞内屏息静听，自晨至午，自午至黄昏。黄昏后，枪声渐稀，入夜全停。此时老百姓出而劝我们，离洞他逃。我们始亦愿意他去，暗中摸索而出。无奈，两军并未撤离一步，警戒甚严。哨兵于黑暗中有所见，即射击，我们没法可走，只得仍折回洞内。

我们折回洞内，老百姓极不愿意。他们说天明战事完了，敌人必然来洞搜索。我们身上皆佩短枪，不是开火，就是被擒，一定连累他们。但我们实无处可去。大家无言，昏昏入睡。天尚未明，睁目看时，老百姓已多不知所往。天明，则除我六人外，洞内没有人了。此时战事又作，激烈如昨。洞内无人，便于移动，可以偷望对面山头敌阵。旗帜、敌军官、望远镜、指挥刀、历历在目。过午枪声渐稀，望见敌兵三五自山头而下，不久竟沿路转来洞边，大皮靴声音直从洞口过去。当时同人皆扣枪待放，他如果向洞内望一望，我们便拼了。这是最险的一刹那。

午后约三时顷，战事停。我们出洞来看，两山两军皆已撤退。大家放心，而肚内饥不可耐，差不多两天没吃饭了。只好将洞内老百姓遗留的筐篮锅盆，一一翻检，寻些食物。我们正在大嚼，老百姓却回来了。我们脸上甚不好意思，老百姓倒笑语相慰，并各取出饮食相饷。但他们仍不敢引我们到家，日落时，领我们到二十里外另一个洞去住。

险剧既过，不必接续述下。第三政治大队经此两役，损失大半（秘书主任、秘书、会计被俘身死，其余不计），残部迳返鲁西。因为原留有第二支队在鲁西，合起来仍有三百人之数。支持到上年（二十九年）年尾，亦不能存在。我自己，离洞以后，六十名警卫队已寻不见。幸好公秘书竹川相随，他是蒙阴本地人。蒙阴公姓甚多，有"蒙阴县，公一半"之谣。于是我六人随着他，投止于公姓家。从第一个公家，到第二个公家，再到第三个公家，……如是一路从蒙阴北境走出蒙阴南境。他送我到较平安地带，即返回家去。

此行劳而无功

总论此行，劳苦是劳苦了，危险亦危险了，却是并没有什么收获。当初北行的用意五点，多半未作到。第一点，亲自考察游击区的事实，是否与自己揣想者相合。当然考察了一些，并且知道与自己揣想者不尽相合。这尚不算全无结果。第二点，会晤旧同人同学，抚慰而鼓励之。当然会晤了不少人，而以匆匆来去，不得安住于一地，所以不能召集聚会。因此未得会晤者甚多。又且一部分主力（第三政治大队），即于此时送掉，未达加强抗敌力量的目的。第三点，沿途宣讲国际国内情势，以坚定沦陷区的人心，略收好果。因为我北行之际，正汪精卫投降之时，颇有人以为中国无法支持。经一番讲说，并经我指出大军转至敌后的计划（此计划定于南岳会议，二十八年上半年正在实行），国际增加援助的情形，人心莫不欢悦。所惜八个月中，急促奔跑之时多，从容巡视之时少，因而宣讲的机会有限。第四点，作研究功夫，匆忙中当然说不上。至多得到一点亲身经验，为研究之资而已。第五点，所谓调和各方，其事之无能为力，前已言之矣。至多不过亲见许多事实，更促我努力团结而已。在那里实在没有能讲一句话。

旅途杂感

八个月的旅途中，见闻不少，感想亦多。及今回忆，犹存其什之一二，记之于后。

第一个感想，便是中国老百姓太好。譬如上文所叙，为了抗战他们所受苦难，都没有怨恨国家，怨恨中央之意。游击队（所谓省保安队等亦在内）随地筹给养，以至像我们过路的军政人员沿途需要招待，并不以为是格外需索，或不愿意负担。他们简直承认，完全承认这是应当的。他们心里不服的，只在无礼的骚扰，其他毫无问题。国家遭难，大家都得牺牲，大家牺牲是图挽救。这一点，他们全明白。

老百姓是再好没有的好百姓；只是政府官员军队游击队此一党彼一派太对不起老百姓！这是随时随地地引起感想最深之一点。

第二个感想，民国三十年来正经事一件没有作，今后非普遍从乡村求进步不可。这一感想之引起，是我们沿途多走偏僻小路，真所谓穷乡僻壤，将民生之穷苦，风俗之固陋，看的更真切。例如山西内地妇女缠足，缠到几乎不见有足，至须以爬行代步。还有黄河有岸穷谷中，妇女束发青衣白裙的装饰，与京戏上所见正同，大约仍是明代的旧样子。说到穷苦，更不胜说。普遍都是营养不足，饥饿状态。其不洁不卫生，则又随穷苦及无知识而来。这样的人民，这样的社会，纵无暴敌侵略，亦无法自存于现代。故如何急求社会进步，为中国第一大事。然此第一大事者，到民国已是三十年的今天，竟然没有作。一年复一年，其穷如故，其陋如故。照这样下去，再过三十年岂不仍是依旧。我们平素主张乡村建设，就是有计划地用社会教育普遍推进建设工作，求得社会平均发展（反对欧美都市畸形发展）。从观察了内地社会真情以后，这一要求更强。

再明白点说，从这感想中，我们更要反对内战，和一切妨碍国家建设社会进步的事。同时，我们亦反对无方针无计划的建设，蹈资本主义的覆辙，人力财力奔向工商业去，而使广大乡村落后。从这感想中，更加强我们平素主张的自信。

第三个感想，今日问题不是敌人力量强，而是我们自己不行。敌人之势已衰，前已叙过。且以山东而论，合计分布各处的敌军，全省亦不过两万余人。以山东地方之大，两万人安得为强？何况其已呈衰势呢？然此已呈衰势的两万人，却居然能霸占山东，而且据点扩充到很多。全省情势，我不愿明说。只以去年12月我所得确报，一个滕县境内就有十九个据点。滕县从前在我们行政上，亦不过分十个区，设十个区公所。他现在竟加一倍。每一据点，总有几个敌兵，有时，少到两三个。如此零散，应当不难解决，而乃受制于他。这完全证明不是他力强，而是我们太不行了。这个不行，不是军事的，是政治的。说起来，只有惭愤。

过去的不说了。今后既要准备反攻，必须调整政治，以立其本，更加强各战地政治工作，启发民众抗敌力量。如其不然，恐无翻身之日！

第四个感想，中国目前的问题全在政治，而政治的出路却并不现成。因为这政治问题后面有深厚的文化背景，不是平常的封建民主之争。譬如上面说，对于敌人势衰力弱见出于中国人太不行；此不行是政治问题，有老文化为其背景。又如前叙游击区老百姓苦痛深刻，此深刻苦痛出于敌人所加于我者，不如中国人自己造成者多。这亦是政治问题；亦有老文化为其背景。

十　统一建国同志会

华北华东之行，如前所叙，于"九一八"前一天返抵洛阳，即可算结束。在洛阳晤卫司令长官（立煌）谈两度之后，即到西安。在西安晤蒋主席（鼎文）谈话，并托八路军办事处发电其前方将领，致谢沿途照料。10月3日由西安飞成都。

我到成都这一天，赶巧是蒋公以自兼四川主席，飞成都准备就职的一天。我因亦留成都，就便晋谒。双十节后的一天，承约便饭，就将战地经历大致报告。又特将山东敌情，省政府情形，八路军情形分别报告。蒋公于如何处置山东事，颇有指示。此时谈话已甚长，党派问题尚未及提出，请示时日再度奉谒。蒋公约于回渝再谈。

我回四川的意思，原以党派问题尖锐严重，推想大后方必然迫切要求解决，是我努力贡献意见的机会。所以准备分向三方面洽谈：一是国民党方面，二是共产党方面，三是第三者方面。所谓第三者方面，意指两大党以外的各党各派以至无党无派的人物。我自己亦属于第三者，平素所往还最熟的亦在此，因而最先洽谈者亦在此。此时在成都的有黄炎培，晏阳初，李璜诸先生，于是连续聚会有所谈商。

我大致报告我所见党派问题尖锐严重情形（其中包括山东问题及河北问题，未经叙出于本文者），认为近则妨碍抗战，远则重演内战，非想解决办法不可。第三者于此，无所逃责。而零零散散，谁亦尽不上力量。故第三者联合起来，共同努力，为当前第一事。黄晏李诸先生都十分赞成，相约到重庆再多觅朋友商量进行。

10月23日我飞返重庆。此时蒋公恰赴桂林，又转湖南前方，不获见面。而中共方面的参政员如陈绍禹，秦邦宪，林祖涵，吴玉章，董必武等各位先生，正于参政会开罢，尚未离渝。26日晚间访晤于曾家岩五十号，上述诸位全在座同谈。

我谈话，先从战地见闻谈起。所有八路军如何行动不对，以及我的学生如何被他们杀害，皆爽直说出。秦（邦宪）先生一面听我谈，一面笔之于纸。但他们诸位对于这些事不甚表示意见。其意似谓你既历历有见有闻，而我们见闻不及，又无其他报告，无从判断其是非。既不能否认，亦不便遽皆承认。我接着就指出问题的严重性，进而提出我所主张的解决办法（大要见前第八节：解决党派问题的我见），特别置重于军队必须脱离党派，统一于国家。所有这许多话，秦先生亦全记下来。然后由陈秦二位先开口作答，以次及于林吴董诸老。他们答复我的话，大致是说：你的理论和我们的理论是有出入的，但你的结论都和我们的结论颇相合。至于军队统一于国家，在道理上自是如此，周恩来同志在廿五年双十二时节，且曾对外说出过这个话。不过事实上，必要国民党同样办理，我们方可照办。——这一方面的表示，就是如此。

在重庆的朋友，那时正忙于宪政运动。因9月间刚将宪政案通过于参政会，政府原答应于双十节作一宣布，而届时未实行，谓将候11月初间的国民党中央全会之决议。所以在野党派为促成宪政，无任其久延，吃紧努力。

我于那次参政会是没有出席的。那时我方在豫北太行山麓，朱怀冰军长的军部中，略听到消息而已。好在会罢不久，我即到渝，于当时提案讨论通过各情形尚能闻知大概。据我所知，当时各方提案最初动机，□□□□□□，而争求各党派合法地位，俾有公开活动的自由。乃从这一问题，转到早施宪政。恰好此时，汪精卫组织伪政府，以施行宪政为号召，遂以间接促动此提案之通过。论时机实不成熟。

照我个人所见，应以团结统一为急。即如各党派□□□□（我亦在其中），我认为亦宜从团结统一中得其解除。而且只有从团结统一中得其解除，不能从宪政得之（料定宪政不会实现）。在大家亦并未忘了统一。大家意思求宪政即是求统一，未尝有二。我则认为要从统一到宪政，而不能从宪政到统一，所以我对于宪政运动不如对于统一运动之热心。统一运动入手处，在先谋第三者之联合，我专志于此，宪政运动便没有参加。

好在大家朋友并不怪我的偏执。而且对于第三者之联合，早有此意，不待我发动，已在洽商中。经彼此聚议好多次之后，一面确定这一组织的名称为"统一建国同志会"，一面通过本会信约十二条文。原文照录于次：

　　统一建国同志会信约

　　一、吾人以诚意接受三民主义为抗战建国最高原则，以全力赞助其彻底实行，并强调"国家至上，民族至上"。

　　二、吾人以最纯洁的心情，拥护蒋先生为中华民国领袖，并力促其领袖地位之法律化。

　　三、吾人认定：中国今后唯需以建设完成革命，从进步达到平等，一切国内之暴力斗争及破坏行动，无复必要，在所反对。

　　四、吾人相信：中国今后需为有方针有计划之建设。此建设包括新政治，新经济乃至整个新社会文化建设而言，且彼此间须为有机的配合。

　　五、吾人承认今日较之以前已进于统一；但为对外抗战，对内建设，吾人要求为更进一步之统一。今日之统一，非出于武力，而为国人抗日要求之一致所形成。今后仍应本此方向以求之；务于国人之意志集中，意志统一上，求得国家之统一。

六、吾人主张宪法颁布后，立即实施宪政，成立宪政政府。凡一切抵触宪法之设施，应即中止，一切抵触宪法之法令，应即宣告无效。

七、凡遵守宪法之各党派，一律以平等地位公开存在；但各单位间应有一联系之组织，以共同努力为国是国策之决定与推行。

八、一切军队属于国家；统一指挥，统一编制，并主张切实整军，以充实国防实力。

九、吾人不赞成以政权或武力推行党务，并严格反对一切内战。

十、吾人要求吏治之清明，而以铲除贪污节约浪费为其最低条件。

十一、吾人主张现役军人宜专心国防，一般事务官吏宜尽瘁职务，在学青年宜笃志学业，均不宜令其参与政党活动。

十二、吾人主张尊重思想学术之自由。

（此十二条宜与后来民主政团同盟纲领十条对勘，而参求其异同所在）

此十二条文，最初起草的有章乃器左舜生诸先生。左先生并负汇集各方意见之责。我于其中，亦参加一些意见，并于末后与沈钧儒先生左先生等共负审查之责。经大家通过后，即作定。

这一组织，口头说明（文字上不便规定）是中间性的，是第三者地位。国民党和共产党当然不请他参加，但间或有国民党籍，而实际另属一派的，如沈老先生和张申府先生等，则在内。又参加的非必代表一党一派，无党无派的个人，如张表方先生（澜），光明甫先生（昇）等各位，亦都参加。又参加的，固以参政员居多数，而非参政员的亦正有其人，如章乃器先生便是。以党派而论，则凡在参政会中有人的，全在内。不过国家社会党的罗隆基胡石青罗文干三先生参加，而张君劢先生却没有在内。

　　组织确定，为免滋误会起见，同人咸主以本会信约十二条，托王世杰张岳军两先生代为转呈最高当局，并推定黄炎培先生和我两个人代表面陈一切。黄先生将文件手交王张二公，请其代约谒见日期。隔多日，蒋公约去见面时，则黄先生已因公赴泸州，只得我一个人去见。

　　我见蒋公时，张岳军王世杰两先生皆陪座。我说明本会成立动机，是受党派问题刺激，而以求大局好转自任。蒋先生屡次要我们说公道话，而不知道我们说话甚难。我们说一句话批评到政府，则被人指为接近共产党或站在某一边了。我们说一句话指摘到共产党，又被人指为接近政府，或为国民党利用，仿佛我们就没有我们的立场，只能以人家的立场为立场，这是非常痛苦的。这样将全国人逼成两面相对，于大局极不好。于大局不利的，即于政府不利。我们联合起来，就是在形成第三者的立场。我公既以说公道话相期勉，先要给我们说公道话的地位，那就是许可我们有此一联合组织。

　　蒋先生没有留难即表示谅许，大约是先经研究决定了。只问我，参加的是哪些人。我大致数一数，数到沈老先生和邹韬奋先生时，□□□□□□□□□□□□□□□□□□！我答，以我所知他们两位并没有成见的；与其让他们在这一组织的外面，还不如约在里面。蒋公点头，亦以为然。谈话大致即此为止。这是二十八年11月29日。

　　我出蒋邸，王世杰先生以车送我回青年会。在车中，他问我道：你们这是一政党了。我答不是。这是为了当前问题的一种联合而已。当前问题有分裂内战的危险，我们誓本国民立场，坚决反对；"统一建国"的标题正为此而来。现在参加的，各方面人都有。彼此间，还有不少距离，须得慢慢增进彼此间的了解。纵有人想组党，现在亦说不上。在我个人则根本不承认中国的多党制是合理的。说得激烈一点，我反对欧美式的宪政。王先生于匆促间听不明白我的话，他误会我反对中国行宪政。他竟转问我道：你是否认为中国永不须要宪政呢？大概他亦想我是开倒车的人罢！

　　12月间会中同人拟出版刊物，推余家菊先生主编，曾集资若干，并指定各人撰稿。后来却没有出版，其情不详，因那时我离渝了。转过年来，到二十九年上半年，同人皆不断聚会。临近参政会开会之前，到的人亦多，聚会亦多。同人曾商量共同提案，属我起草。我草出后，大家讨论。意见互有出入。最后仍作为我个人提案，愿联署者联署，此事另记于后。

参政会开罢，同人多离去。接着到了 5 月大轰炸期，在重庆更不能住。同人几有失去联系之势，幸而周士观先生（宁夏参政员）寓舍宜于避空袭，他不离渝，乃公推他照料会务。每次同人入渝，与他接头，于必要时通知开会。

八路军新四军问题，由来已久，而以何（应钦）白（崇禧）皓电（9 月 19 日）促其紧张。皓电以前，我们为关心大局，每于开会时，约中共驻渝代表秦邦宪先生出席，请他报告他一方面的情形，和他与政府交涉的情形（当时一切交涉皆由秦与何）。政府方面亦间接地以消息和材料供给我们。后来秦先生回陕北，周恩来先生则来渝，常亦被约预会。十八集团军参谋长叶剑英，为了愿意我们清楚前方军队情形，屡以各色新绘地图拿给我们看。所以由两方面的问题，不知不觉形成第三者地位的重要。虽然这一个会很可怜的，并无甚势力。然而除了这一个会之外，更向哪里寻得第三者？

问题愈到后来愈紧，转过年来一月初间，就发生皖南新四军事件。接着就有中共的抗议，而不出席参政会。同志会于此，当然不能坐视大局之僵持，于是就有本年二三月间奔走的一段经过。其事见前第一节，可不再叙。

说二三月间奔走的是同志会亦可，说是民主政团同盟亦可，因为表面上都没有以团体名义出面，而实际上同志会已改组为同盟了。同盟以同志会为前身，组成分子还是那些人，只少了救国会一派朋友，（再则多了一位张君劢先生）。至于其组织加强，纲领有异，自应于时势需要而来，此处不叙。

十一　上年 4 月间的一个提案

统一建国同志会同人，于二十九年（1940 年）4 月初间开的参政会，原商量作共同提案。将当前大问题，分作一二三几个，由同人分别担任起草提案。然后请大家讨论，集中思虑，修正完善，提出于大会。我担任的，即是关于当时党派问题的提案。不过我草出之后，大家讨论，在措词上，在办法上，意见互有出入，不能归一。遂改由我个人提出，同人随意联署。

此案标题，为《请厘定党派关系，求得进一步团结，绝对避免内战，以维国本案》。由此案，就在参政会中产生一"特种委员会"来负（关于此事的）审查及建议的责任。虽然后来，并无收到什么结果，但总算有此一事。现在大略叙一叙。

于此，先要谈一谈国共问题。国共问题始于河北，山西，次及于山东，江北，江南。冲突事件早非一日，而政府提出来说，则始于二十九年一二月间参政会驻会委员会上，何参谋总长应钦的报告。我写此提案，即根据报告来说话。我的意见和主张，则根据我平素对于这问题的认识。我的认识可分为三层言之。

一、问题为自然演成，不必追问谁负其责。好多人一开口，就喜问两方面闹起来，究竟谁不好。这是最糊涂的说话。要知两方面原来都不是立宪国家的普通政党，彼此可以互相承认其存在。而实在是各自以革命建国自任的革命党，其不相容性，本于先天。此其一。过去不久，明明有十年苦斗，虽则一时罢手，彼此初未释然。此其二。明乎此，则其势不能免，不能怪责那一方，已甚明白。何况，政治军事文武斗争分不开，地面如此广，人如此多，亦无从追究谁先起意，谁先动手。事实上，总是相激相宕，不知不觉演成，此其三。还有第四点，就是当两方关系好转时，未及将彼此关系厘定清楚。譬如，政治上陕北边区，军事上第十八集团军，其于国家建制几成一谜。匆忙抗战，留下许多问题未解决，其引启纠纷，是自然的了。

二、国民对于这一问题，应抱持严正态度。上面的话，对于当事双方谁亦不责备，好像很取巧。好像作中间调停人，要如此说话才行。其实我是反对这种态度的。中国国民不应当将此事看作邻舍吵架一样，站在旁边来调停。这是家里的事，是切身的事，要持严正干涉态度。对于双方有不对处，都应当责备。

三、解决问题的办法，要在国民舆论督迫下，和平解决。要知道陷身问题中的两方，谁都不能解决这问题。问题的解决，必待关系切身利害而身又不在问题中的大多数国民。正当的解决，亦是唯一可能的解决，必在国民舆论督迫下得之。

所以我那提案上说，事非一枝一节之事，于一枝一节究问是非曲直，实属无益。又说，问题之解决，应从厘定党派关系入手，以求得较今日更进一步之团结（意指党派综合为一）。而以解决问题的责任，责望于参政会。原文有云：

> 窃念执政之国民党，于抗战起后，既招致党外在野人士，始而为国防参议会，继而为国民参政会，原期团结共商国事。今双方行动，虽不起于参政会内，须知亦并不在会外。国民党方面，蒋总裁固明明本会之议长也。共产党方面为首负责人毛君泽东，固明明吾参政同人也。双方不协，是本会尚未能发挥团结作用有以致之也。设今于此问题不加解决，而听其扩大，则参政会应职其咎。吾同人举不得辞其责而亦大亏负执政之国民党之初心也。

至于原案提议的办法，计有三点：一是电促毛参政员等迅速出席（按毛君从未出席，而其余几位当时亦未到）；二是组织特种委员会研究解决方案；三是特种委员会由议长指定委员三人至五人组织之。

其实在我早知问题解决非易，并不存何等奢望。我只望在会内会外造成强烈不许内战的舆论空气，俾军事行动收敛一下，而寻求合理解决途径。其次，则希望在大会电促之下，毛先生果然来渝一行，情势或有转移，为问题解决开其端。但后来事实上均未作到。

我当时是先提一询问案，后提此建议案。询问案于开会第一天即行送出。大意即根据参谋总长在驻会委员会上之报告，而询问政府在眼前曾否严切制止双方行动，以及如何为根本消弭之道。及至此建议案撰写好，觅同人联署时，许多人怕惹是非，不敢签名。只有几个熟人，如黄炎培，冷遹，江恒源，张君劢，罗文干，胡石青，左舜生，张申府，晏阳初诸公帮忙，和几位老先生如张一麐，钟荣光，胡元倓，张澜，光昇诸公热心此案之提出而签名。黄先生老成练达，他劝我不要贸然提出，应先请示议长蒋公，至少亦应先向王秘书长（世杰）说明之。我没有那样周到，又加联署人凑足二十，大会提案将近截止，来不及请示说明，就径直送出了。

在询问案送何部长答复之时，大约我已被人注意而怀疑。及至此案提出，□□□□□□□□□□□□□□□□□，□□□□□□□□。执政党的参政员始而要打消此案，后来改提强调军纪军令的对案。最后由王秘书长面请蒋议长指示，蒋公一面有亲笔手谕，□□□□□□□□□□□□□□□□□□□□□□审查会召集人适为黄炎培先生。王秘书长约黄先生商谈后，即将手谕二纸（一纸写不完，遂有二纸），请黄先生转给我看，并托他与我商量一切。

蒋公手谕原文此时自记不全。大意是说，此为军令军纪问题而非党派问题，军令军纪是不能有讨论余地的，然而参政同人若愿意加以研究，亦未始不可。最后则政府自有权衡。黄先生与我商量，说当局既认为可以通过，则通过无问题；为避免会场上无谓争吵起见，最好省略各种手续。□□□□□□□□□，□□□□于是在审查会上，黄先生主席，第一省略宣读（照例秘书宣读全案原文）；第二省略说明（照例由原提案人加以口头说明）。然后主席又说，原提案用意甚好，所谓组织特种委员会一事似亦可行，可否勿庸多讨论。大家表示赞成，举手通过。陶参政员百川发言，原提议特种委员会三人至五人，似乎太少；人选既请议长指定，则人数亦不妨由议长决定之，不必限制。又大会没有几日，此委员会工作似不必限于大会期内，即在会后仍可进行报告请示于议长。大家亦无异议，而通过。

审查会完毕，送到大会上。蒋公亲自主席，仍照前省略各种手续。只由秘书长宣读审查意见，议长问大家赞成者举手；大家举手，通过。于是一个大案，不到两分钟，便办妥。事情不算不顺利，而我想造成舆论空气的初意则达不到。还有电促毛参政员泽东出席一层，则审查会以至大会皆没有提。

末后，特种委员会经议长指定十一人组织成立。共产党方面由秦邦宪董必武代表；国民党方面则有许孝炎李中襄等几位；居于中间的则为黄炎培，张君劢，左舜生，等几位（记不全）。而由张副议长伯苓和黄先生为正副召集人，自行定期召集开会。

据闻开过两三次会，在会上两方说话甚多，却并无一点争吵，而且每次都有结论。——这是黄先生告诉我的。临末一次会，秦参政员报告他与何部长交涉大致妥协，计有三条：

一、共党处置办法，以彼此公函往复取消之。

二、陕甘宁边区定为十八县，由中央指定之；其隶属关系大约将隶属于行政院。

三、军队编制为三军六师、三补充团、三保安团、三支队；共约二十三万人之数。

于是经该会议决如次：

一、地方政制及其职权，必须经中央正式订定公布，以举统一之实。此事并望中央从速解决办理。

二、各地民众运动应遵守抗战建国纲领，并服从政府法令；所有政治性防制办法应一律撤销，以收团结之效。

三、关于货币，希望中央就地方需要予以相当数量之供给；同时取消局部施行之通货，以免紊乱币制。

四、经济抗战应由政府命令各方严切执行，绝不使敌货输入流通。

五、右之决议，由召集人面陈议长；本会休会，这样特种委员会就结束了。

十二 总结全文

以上共分十一节，将我个人自抗战以来的事自述一遍。第十一节，上年（1940）4月间的一提案，若再叙下去便是第一节，本年（1941）二三月间的一段经过。首尾如环之相扣，所有前后情节，乃至日期顺序，都可在全文中寻清楚。现在临了特地说几句话，作一总结。

我努力的是什么？大约看了全文的自然明白，无待赘言。现在要说的，就是凡我在抗战中努力的事，其实都是抗战前一向所努力的。再则，就是将来抗战完了后，我要努力的事仍不外此。

先讲抗战前我一向努力的事。我努力的是乡村建设，人人皆知。乡村建设的内容，不外唤起民众，组织民众，训练民众；总而言之，就是发动民众。抗战中的发动民众，是在以民众配合军队，以后方配合前方；总而言之，是为了抗战。抗战前的发动民众，是在启发民众力量，作根本建设工夫，向着新经济新文化新政治而前进；总而言之，是为了建国。然而抗战前，虽侧重根本建国工作，同时早就准备抗战；此为上文所曾叙及者。抗战中，虽以对外抗战为主，同时亦正离不开根本建国工作。所以前后并没有大差异。

在南京我起草了《非常时期乡村工作计划大纲》，而未能作；在四川我拟了改善兵役种种计划和建议，而未能作。——这大都是为后方设想的。在徐州小驻时，曾为山东乡村工作同人同学写一册抗敌工作指南，亦没有发生多大效果；则是为前方或敌后设想的。其起首一段，将抗战前工作抗战中工作性质无异，联系不分，指示甚明，摘录如此，以备参考。

乡村工作，在平时其目标为建设新社会，完成中国革命。但在今日，则应转移其目标于抗敌；于抗敌之中，进行新社会之建设。此为总目标。在此总目标下，则以敌人征服我者有四大步骤，从而对抗，亦有四项目标。兹分别指点如次：

一、敌人对我第一步计划为军事的占领。故抗敌工作第一目标，应为对抗敌人，使不能达到其军事目的。在国军作战地区，则发动民众武力，组成游击队，与正规军相配合，相策应，并担负谍报，向导等工作，以求保卫乡土。在敌人已经占领地区，虽不得正规军配合策应，亦应相机为破坏敌人，牵制敌人，妨碍敌人种种工作。大之可以部分收集失地，小之使敌人不得遂行占领。

二、敌人对我第二步计划为政治的统治。故抗敌工作第二目标，应为对抗敌人及其傀儡政权（如维持会，或伪县长等），使不能达到其政治目的。在敌人傀儡政权势力所及之地区，例如铁路沿线，或公路沿线之城镇等，应有秘密组织，消极抵抗，乃至进而予伪政权以种种破坏打击。在敌人未成立傀儡政权之地区，或虽已成立而其势力不能及之地区，应斟酌情形，或形成某种方式之地方自卫自治力量，或树立代表民众之临时政权。总求安定社会秩序，俾农业得如常生产，农民得如常生活，消极的可以不接受敌人统治，积极的能为游击队作根据地。

三、敌人对我第三步计划为经济的榨取。故抗敌工作第三目标，应为对抗敌人，使不能达到其经济目的。此要在使乡村社会趋向团结组织，依其组织的力量，解决经济生活上种种问题（如缺乏煤油，便商量着设油坊，缺乏辅币，便商量着存积粮食，以粮食为标准，发行辅币），达到乡村自给自足的企图，而使敌人不得遂行其种种计划（不能收买农产。不能行使伪钞，不能推销敌货，不能布置经济侵略机关）。

四、敌人对我第四步计划为灭亡我民族文化。故抗敌工作第四目标，应为对抗敌人，使不能达到其亡我之最后目的。此要在激发民族意识，认识民族精神之所在，而服膺勿失。凡其一切毁灭我文化之所为（如提倡日语日俗，改订教科书等事），均严切拒绝之，抵制之。

蒋委员长于政府迁出南京后，告国民书有云："中国持久抗战，其最后决胜，不但不在南京，抑且不在各大都市，而实寄于全国之乡村。（中略）诚能人人敌忾，步步设防，则四千万方里以内，到处皆可造成有形无形之坚强壁垒，以致敌人之死命。"乡村抗敌工作之意义重大，言之最为透彻。

然抗敌之中，仍须不忘原初建设新社会之目标，要使上列各项工作同时更具有建设新社会之意义。例如：在政治工作中，启发民众政治意识，养成其组织能力，引导其政治生活趋向民主化；在经济工作中，促进农民合作，养成农民适应环境之自主能力，使经济重心转移于乡村，经济生活趋向于社会化；在军事工作、文化工作中，树立坚强的有形无形之国防基础等等皆是。

抗战不能不靠民众抗战；建国不能不靠民众建国；总之，都要发动民众。然而中国民众在乡村；民众工作就是乡村工作。乡村工作是我一向的本行本业。

《光明报》（香港），
1941 年 9 月 18 日—11 月 3 日。

乡村建设纲领

梁漱溟先生一向主张建设新中国，必走乡村建设之路，著有《乡村建设理论》（一名《中国民族之前途》）一书，分析旧社会，提出新方案，论之颇详。抗战发生二年后，复草拟《乡村建设纲领》一稿，说明建国之意见。兹特检出披露，以飨师友，并盼各地师友细心研究，共同探讨发挥之，如有所见，可迳函师友通讯编译处。

编　者

自近百年世界大交通，西洋文化势力东渐，中国在国际上备受欺凌，在文化上相形见绌，因而引发其变法维新革命的运动，以求文化改造，民族自救。所谓乡村工作，实为此种运动在最近一二十年间，从一觉悟而有之新转向。粗言之，从事于教育运动以救国者，则觉悟其工作必须致力于乡村教育；尤其乡村的民众教育；从事于政治改革运动以救国者，则觉悟其工作必须致力于地方自治暨乡村自卫；从事于经济建设以救国者，则觉悟其工作必须造端于农业改进及农民合作，于是，不期而汇归于乡村工作之一途。盖乡村生活，农业生产，为此社会最大之事实；诚欲改进文化，唤起民众，复苏经济，终不能舍此而别求其致力处入手处也。

由是乡村工作，视其手段，虽近于社会改良，而语其使命，则在完成中国革命。其始，或未尝对于中国问题有整个之认识，一贯之理论；而其卒也，固不能不于反省得之。凡建国之理想，政治之主张，吾人所为号召于国人者已既有年；兹更提示纲领，一以徵信于同人，一以求教于各方。

甲、对于中国问题之基本认识

一、中国问题包含两面：

1. 对外求得民族解放；

2. 对内完成社会改造。

必此问题之两面同得解放，乃为完成中国革命。

二、中国革命，乃为世界潮流，国际侵略所引发之文化改造，民族自救，初非社会内部矛盾所爆发之阶级斗争。所有其民主政治之要求，建设社会主义经济之要求，皆发于文化改造，而以民族问题涵盖阶级问题，失其阶级斗争之本质。

三、中国问题演变至今，外界之侵逼与固有社会构造之崩溃皆已达于最后；而转机亦即在目前。说对外抗战必决胜于乡村。今后民族解放与社会改造，方将同时并进，以底于成。

乙、确定建国之理想目标

四、中国革命先导孙中山先生所倡民族主义、民权主义、民生主义，已分别指出吾人应求民族间平等，政治上平等，经济上平等之原则。富强之近代国家，非复吾人所取，应确切认定以建设平等无阶级之社会主义国家为目标。——然中国以自有其历史文化为背景，将亦自有其进程，自有其范型。此又必须特为点明者。

丙、进行之方针路线与步骤

五、就对外言：上年以来，日寇进攻，迫我不得不起而应战，从各种形势以观，实予我民族解放一最好机会；应坚持抗战到底，以期完成革命任务。

六、就对内言：三十年以来，固有社会秩序已崩溃无余，今后唯需以建设完成革命，从进步达到平等；一切民族社会内的斗争及破坏行动，无复必要，在所反对。

七、就当前言：应即于抗战中进行建国；抗战之动员工作与建国之建设工作，一体不分。

八、为抗战而动员，必需循乎下列原则：

1. 普遍之原则——全面抗战，势须普遍动员。

2. 自觉之原则——在动员中，虽不能无机械强制于期间，而要必唤起民众之自觉，乃得于扩大社会中开发出无尽之抗敌力量。

3. 团结组织之原则——抗敌唯恃乎此；应随在各种机会中，锻炼培养国家之统制力，各方面之团结力，及群众之组织能力。

4. 关系协调之原则——调整社会内部关系；使一切矛盾参差，不向于发展而趋于解消，乃得一致抗敌。

5. 自力更生之原则——经济上（乃至其他）之自力更生；形势所逼，唯此可以得救。

九、为实现建国理想而有之建设工作，同样必需适用前条各原则。吾国前此所行之建，多不合乎此原则，致与建国理想相背驰，今后必须矫正之。

1. 普遍之原则——以往所行之建设，忽略乡村，实为极不普遍的，为向于建国理想而前进，当求此社会之普遍进步平均发展，以最大之注意加于广大之乡村。

2. 自觉之原则——唤起民众自觉即属民众教育（社会教育），以往之教育，全未置重于此；以往所行之建设更未能与此相配合，纯为一种机械的建设。今后当置教育于建设之第一位，置民众教育于教育之第一位，而建设与教育打成一片，庶几达成民治民有民享之理想。

3. 团结组织之原则——以往地方下级行政未获重视，下层机构极不健全，故国家之统制遂无从言。又由于对此上三原则俱皆忽略，故乡村自治组织，农民合作组织等，宜佳组织，或则久而无功，或则质量微少，或则等于没有。假使今后任令国家之统制力，群众之组织能力，长此缺乏，将无以为国；建国必于此求之。

4. 关系协调之原则——以往之建设，缺乏方针计划，在经济上任其顺沿个人营利自由竞争之途辙，使社会矛盾不向于解消，而趋于发展，于建设理想全相违反。今后为向于建国理想而前进，必须认定从农业引发工业之路，以合作代竞争而后可——（参看乡建理论三九二——三九四页）

5. 自力更生之原则——前所谓从农业引发工业之路，指从农业生产，农民消费两面开出对工业的需要，而统筹建设之，其详如乡建理论之所示。盖唯如此，生产力，购买力辗转返增，农业工业坌为推引，而产业乃日进无疆，是为真正之自力更生。以往之建设，缺乏方针计划，无形中违乎此原则，今后必须矫正之。

从乎以上五大原则之建设，是即吾人所谓乡村建设。乡村建设运动起于中国革命运动之后，其始，将以完成社会改造，值兹对外抗战，则转为动员工作，原无二致。

十、无论为抗战而动员，抑或为完成社会改造而施行建设，政治上的统一皆为其第一必要条件。此统一在今日已有雏形，但其所由统一，实为国人抗日要求之一致，未免为对外一时性的。为加强眼前抗战力量，抑更为后此建国张本，必须进一步从根本上树立真正的统一。

十一、此进一步的统一，显然必须国人于对外抗日一致之外更求得其在建国问题上之一致同趋。因此亟宜确定国是国策，并解决党派问题。

十二、国是国策，应将下列两大问题及其内涵细目，均有确切之决定：

1. 如何抗战，求得民族解放？军事，外交，及一切动员问题；

2. 如何建国，完成社会改造？其理想目标，并达于实现之路线步骤。

十三、在国是国策两大问题中，实以建国问题为主要；在建国问题中，实以经济建设问题为主要；在经济建设问题中，又以中国工业建设之方针路线如何择取为其核心。于此核心问题，吾人主张从农业引发工业，而反对从商业里发达工业。此一路线，既有别于个人营利，亦非所谓国家统制，而是从农民的合作，使整个社会日进于组织化；从经济上弱者的自卫自立入手，以大社会自给自足为归，自始即倾向于为消费而生产，最后完成为消费而生产，不蹈欧美为营利而生产的覆辙。

十四、中国经济建设，所求在工业，而入手则在农业，当先一步集中力量解决农业上各问题：

1. 治安问题；

2. 运输及商业上的问题；

3. 农民负担问题；

4. 灾害问题（包括水利问题）；

5. 土地问题；

6. 农业金融问题（树立农业金融系统）；

7. 农业技术问题（推进科学技术）；

8. 农业经营问题（发展合作组织）。

十五、农业须从方方面面（例如上列问题之解决）促其发达进步，而工业则当统筹建设：

1. 调查全国产煤，产石油及发电之水力，确如估计；然后划全国为若干区域，统筹分配，次第开发利用，以供给工业上的动力于各该区域。

2. 调查并统筹钢铁出产和机械制造，同样为有计划的供给于各处。

3. 为一般工业建设相关条件的化学工业以及水泥、木材等问题，皆应统盘筹划为适宜之配合准备。

4. 铁路、轮船、港口等一切商业运输上的工程和事业，其间接刺激工业生产者为力甚大，均应善为规划安排。

以上四项，是为"工业之本"的工业；有此而后生产运输等百业，乃得进于工业化。有此统筹，乃得进而统筹其他。

十六、一般工业的统筹建设，以有下列四大前提，而得遂行：

1. 在农业技术前进程中，在农业原料增加程中，在农民购买力增高程中，大大开出对于工业需要；

2. 同时大多数农民已纳入合作组织之中，而得把握之，以为统筹之据；

3. 前条所谓"工业之本"的工业，已有相当布置；

4. 除政府之行政机构外，更得全国乡村工作者结合之系统，全国农民合作组织之系统为担负统筹工作之机构。

此其结果，将为以农兼工，农工结合，工业分布而不集中之全新形态。如是之经济建设（参看乡建理论）一本乎民生要求，显然非资本主义，而亦非共产主义，信所谓民生主义，实乃社会主义之一种。

十七、中国原为一大农业社会，近百年来受西洋影响虽走向近代工商业，走向资本主义，而以连年动乱，徒见旧的崩溃，不见新的成功，故一切矛盾（都市与乡村，农业与工商业，消费者与生产者，资方与劳方等）不著，而工商百业仍依托于农业，都市仍依托于乡村。吾人此种主张，非唯从乎农业立场，抑并顺乎工商百业之要求，不难获得此一大社会广泛同情而共相支持之。——经济建设的方针路线于是乎定。

十八、经济建设的方针路线既定，而政治建设随之。政治上之民权主义为民主主义之一种。吾人所见，中国政治得进于民主化，将有赖其经济生活之社会化，此与西洋政治之民主化得力于个人主义者适异。经济上之社会化有助于政治上之民主化；政治上之民主化得复有助于经济上之社会化；如是辗转循环向前进，自微之著，由下（乡村）而上（国家），经济上之社会主义与政治上之民主主义，同时建设成功（参看《乡村建设理论》）。

经济建设的方针路线既定，政治建设的方针路线又写，国是国策于是乎定。

丁、担负工作之系统力量

十九、国是国策之决定，应由政府领导，使各方意见均得充分交换后行之。既经确定，则党派关系不期而有本质的转变，党派问题随以解决。国民党将为国内诸党派之综合体，其组织形式为二重的（另具方案）。中国社会形势散漫，而中国问题又以民族对外涵盖阶级斗争，故不应有独霸排他的唯一政党，亦不应有互相对立的几个政党，其所应有者唯此二重组织的政党。各别政团为第一重，政团与政团之综合为第二重。在此广大散漫社会中，非有各别政团，无以代表各方不同之亲切痛痒要求及许多参差不齐之意见理想；然又非综合于一组织之中，不能协力抗战建国。此二重组织之国民党建立。□□□负抗战建国工作之一大系统力量形成□□□

二十、国是国策决定，国人意志□□□□□□□□□□□需为不断之应付，亦即需要不□□□□□□□□此不断统一意志之机构，在于国民党（综合□□之中枢）。国民党中枢代表国民党行使政权，而治权则属诸政府（中央政府及地方政府）。政府不着党□颜色，亦非其混合色，而应为一"无色透明体"。

□国政治上之真实稳定统一，必基于上述两大条件：一、国是国策之决定；二、党派□题之解决——二重组织之国民党建立。而政权治权之划分不混，则又为国是国策赓□订定，日臻昭著之根本；党派关系一经综合日臻安固之根本。

二十一、无论为抗战而动员，抑或为完成社会改造而施行建设，除以政治上的统一为第一必要条件外，尚有其第二必要条件，即是：担负此工作之一大系统机构之建立。非原有中央以讫地方之行政系统机构所能适用。

二十二、从乎第八条第二项，第九条第二项原则之所示，动员工作或建设工作，均不□恃行政力量，更须赖有教育功夫。故为施行动员或建设，必须大规模发动知识分子下乡，从事于广义的教育工作，亦即民众运动而后可。而同时所有现行教育制度学□统，不适于抗战建国，今日无论言动员或言建设，皆必自教育改造始。

二十三、新教育制度之要点：

1. 学校教育与社会教育合一不分。

2. 各级教育设施应厘定其教育对象之区域，以社会区域之大小统属，别其等级，□系（假定为国学、省学、乡学、村学），各负其区域内之教育责任。而上级学府应辅导下级之进行；下级学府应受上级之指导；各级学府间，于上有系属，于下有责成，期于有编制，有计划地进行。

3. 教育系统与行政系统沟通合作，以行政力量辅翼教育，以教育功夫推行政令。两系统（政府，学府）在其上端（县以上）虽合作而各有机构；在下级（在县之下）则教育机构直与地方下级行政，一方自治组织融为一体而不分。

4. 在行政系统内之技术人员、技术机关，应与教育系统各专门学科合并，或联络；而学术研究与实际工作，求其互相沟通，上级学府经下级机关从社会上实地调查得到问题与其相关材料，而作研究实验，还以研究实验之所得，指示下级工作之进行，或经下级学府以推广于社会。社会教育之内容赖以充实，而学术亦得发挥其效用。如是，下级不断以问题刺激上级之研究，而学术进步，上级不断以方法材料供给下级以施教，而社会进步。上下往复相通，而学术与社会乃相携而并进。

此即纳社会运动于教育之中，以教育解决社会问题。在非常时期，则动员外无行政，动员外无教育，动员、行政、教育三者合一。在平时，则建设外无行政，建设外无教育，建设、行政、教育三者合一。

根据上列原则，建立教育系统及行政系统（另具方案），废除现制。

二十四、政党应为具有理想要求而从事社会运动者之集团；除在中央及地方执政者不得有党籍□□全国在下层工作者得自由参加各别政团（或自组 □□□□□□ 大综合体之一员。夙昔排他性的，对立 □□□□□□□□□□□ 立，既有共同纲领，应为一致行动 □□□□□□□□□转变为同在国策下一同服务又且联合工作之团体 □□□作中不得自为主张；而工作经验观察所得，无妨本其理想要求，透过其政团组织，而贡献意见于上重中枢。一面以社会服务之精神，工作于各地各级机关（属于行政或教育系统）；一而以社会运动之精神，参加上下两重团体（属于政党组织）。于服从国策之中，不放弃理想；还以经验所得，推进国策。从其团体组织，得以互相策勉，共负使命，于其工作当有亲切自发意味；从乎全国系统机构，为一定计划之执行，于工作当收有条不紊，踏实进步之效。系统机构，团体组织，亦分亦合，运转如环，俨然为推动全国向前迈进之一大动力。以此抗战，抗战必胜；以此建国，建国必成。

戊、可能成功的新社会

二十五、建国之目标、路线、步骤，及其担负进行之动力，具如上述；社会之轮廓有得而推论者：

甲、此新社会对中国旧社会之比较，可谓转消极为积极。其所由转变，要在融取西洋之长：

1. 从缺乏科学技术，顺应自然之生活，进为引用科学技术，支配自然。

2. 从缺乏团体组织，仅止于家庭乡里相安相保者，进为运用团体组织，形成支配自然之主体，实现人类精神。

乙、此新社会对西洋近代社会之比较，可谓转偏敧为正常，所以为正常者有六：

1. 农业工业相结合而非相违离；二者应乎需要为自然均衡的发展而无敧轻敧重。

2. 随乡村之进步而都市发达；都市为社会之中心，而社会重心则在乡村。乡村为本，都市为末，两者相通而无矛盾之弊。都市乡村化，乡村都市化，两者相近而无乖离之弊。

3. 社会之繁荣发达，一出于其自身之向上进步，而非侵略所得于外；其经济制度足致世界于和平，而无构成民族斗争之弊。

4. 以人为主体，是人支配物的，而非物支配人的。

5. 团体与分子之间得其均衡，不落于个人本位，或社会本位之两极端。

6. 政治上机会均等，经济上机会均等，是平等无阶级的社会，而非阶级统治。正常形态之人类文明于是出现，近百年之中国革命遂以完成。

1941 年 12 月《师友通讯》第 7 期 1—6 页

教育的出路与社会的出路

我们且先讲一讲题面。何谓教育的出路？凡一种教育有成效见于社会，因而社会要求发展此教育，教育有其发展之前途者便是。反之，教育没有成效可见，却为社会制造出许多问题来，招致社会的诅咒，要求其改造，那样教育便是无出路的。何谓社会的出路？这大约应有两面条件：一面从社会中的个人看，能得安居乐业：再一面从整个社会看，能得向上进步者便是。反之，社会中的分子既难得安居乐业，全社会又无向上进步之机，那样社会正是得不到他的出路了。亦有一种变例，个人虽一时不得安居乐业，社会却于此得了向上进步的机会，那便是革命。革命是一过渡时期，总要过渡到两面条件具备，此社会才算有了出路。从题目的全文来讲，我们便是意在研究教育的出路与社会的出路之关系。

一

我们何以提出此问题来研究呢？自然为了中国教育正在此问题中。具体地说，有两层动机。

一层是，在教育界服务的人，数十年来常常感觉教育之失败，教育自身无出路。社会亦时常诅咒教育，以社会上许多病象皆为教育所结不良之果。然而说得太过，好像一切罪过皆由教育制度错误，和办教育的人错误而来。其实不然的。数十年来中国教育之所以无出路，大半为中国社会无出路之故，不应当一切归咎于教育制度和办教育的人。我们认为要辨明此点，须使大家明了教育的出路与社会的出路之关系。

再一层是：证明今后要设施教育，必先辨认得社会的出路所在，把握之以为设施教育的指针，不要再盲目地办教育。——这是更要紧的一层。

二

我们开始讨论这问题，应先指证过去中国教育的失败。过去中国教育的失败，是不待指证的。因为说的人太多了。而且就教育制度频频改动不已（有人曾指出三年一小改，五年一大改），亦可知其寻不到得力处。如学校培养出来的人不合社会的需要，毕业即失业。——此即二十年前职业教育所为提倡之由来。又如教育与社会相隔绝，受过教育转成社会之病累。——此即十五年前乡村教育所提倡之由来。但至今日，职业教育，乡村教育亦未能开得出路。又如《轮回教育》之讥诮，说从学校出身之人别无事业可作，唯有仍回到学校教书之一途，再造出一批人来仍是如此，轮回不已。又如数十年来屡说要普及教育，但受教育的人，却日见其少，不见其多。农业教育办了几十年，而社会上新农业不兴；工业教育办了几十年，而社会上新工业不兴。凡此，自都是我们教育失败之证。然而，所有这些失败，全是教育办的不对么？抑或不完全是教育本身（教育制度和办教育的人）之过呢？

三

我可以回答，数十年来中国教育之错误，原不可讳言。他本身诚有其致败之由；然吃亏还在中国社会正没有出路。因为社会没有出路，就加重了教育的失败，而惨败无余了。

过去中国教育之错误，论者已多，现在亦不须细数。但核实言之，总不外误在一切抄袭自外国社会，不合中国社会条件；此为主要一层。其次为自己有所参酌变动之处，或失原意，或恰恰蹈袭中国旧弊（例如学校毕业奖官之类）。——此为附属一层。然假使中国社会正将以外国社会的出路为出路，则此教育设施纵不合于社会固有条件，犹不违于将有之新条件；尽管枝节上错误甚多，而大方向不差，必无惨败之理。

此试看日本之例，便可明白。

四

我们最好以日本与中国对照来看，两下同为东方农［业］国，同受西洋文化势力的刺激压迫，同以模仿西洋文化为维新自强之道，并且同一时间开始。不过开始之后，在同一个六十年中，历史所演，却大不相同。日本于此六十年中社会进步，国势蒸蒸日上，居然成为世界一等强国；而中国社会经济却日见崩溃，国势陵夷，几乎一切没有办法。

为什么一则于此得其出路，一则没有出路？不是现在所要谈的，现在要谈的是这里面的教育。在日本方面，同我们一样是抄袭西洋教育，同样地不免于错误（尽管有多少之分，必不能说他没有错误）。然而日本教育总算成功了。——在其社会进步国势日强之中，当然他们的教育是尽了它的功用，任谁都要承认的。那我们能否说这一切全是日本教育之功呢？恐怕不能。同样地，中国教育之失败，固不待言，却亦不能说一切全是中国教育的罪过。中国教育不能负其全责，犹之乎日本教育之不能居其全功一样。

事实很明白，日本教育是随其社会的出路而有了出路，中国教育是随其社会的没有出路而没有出路。于此显示出一个道理，教育的成功或失败，我们要从社会出路上问消息。

五

若问到社会的出路，则各时各地却不相向。譬如当今天这时候（二十世纪四十年代）便和过去那六十年（十九世纪八十年代以来）大不相同；而中国和日本又是不相同的。

日本在过去六十年间得到出路，其理似并不繁复难晓。因为近代西洋社会的进步，是有其一条路向的；日本只是跟着这条路走上去而已。这条路以资本主义的经济为其中心要点。所谓走上去或走不上去（如中国），皆指此。资本主义的经济，建筑在个人营利谋生上面，原是人人现有的心理，同时其所需技术，如许多生产技术和商业金融等各项技术，亦经创造发明出来摆在面前，不难学习。问题只看政治如何。政治如果有办法，对外能应付国际环境，对内能安定社会秩序，或者再加上一点对工商业能保护奖励，那走上资本主义的路去，是顺理成章不生问题的事。而明治维新后的日本政治，正好作到这两三点。由于国际环境的应付，就从修改不平等条约转进到参加国际竞争；由于社会秩序的安定，就从人人都要营利谋生中发展了工商业，不断吸取西洋技术，飞快进步起来。抄袭西洋教育，此时正好尽其功用。

事同一理，中国之未得走上资本主义经济的路，亦甚简单。只为政治无办法，对外不能应付国际环境，对内不能安定社会秩序，更谈不到奖励保护工商业。而且相反地，国际的侵略压迫，辗转益深，国内的变乱与战祸相寻无已，农工商业齐受摧残。不唯一条新路未得走上去，几千年旧路（指农业）亦破坏了。与日本相较，一出一入，相差甚大。整个社会无出路，教育在其中有什么办法呢？

六

有许多人不明白此理，只见社会生计日窘，而教育的结果总是养出大批吃饭的人，便高呼生产教育！生产教育！幻想生产教育办起来，社会的生产便可增加。真是糊涂好笑！社会生产事业不兴，纵有工业人才农业人才亦何所用？眼见好多生产技术人才未得其用，再培养许多，又将如何？不先求社会为生产的社会，而徒求教育为生产的教育，其事固不可得。

当日本模仿西洋，改行新教育之初，谅他亦不是没有些少错误的。但以其经济政治及整个社会方从近代西洋的一条路得出路，教育与之相符顺，大方向不差，小疵瑕就不显。况且走上路去，一切错误尽管一边走，一边修正得。中国不然了，教育虽跟到西洋一条路走，而经济政治整个社会却走不上去。失败既势不可逃，各种大小错误此时乃毕见而不可掩。而且大方向未得把握到，在枝节上左修正，右修正，总归白费，落一个手脚纷扰而已。

我们要记住这一定理：若社会的出路在此，而教育大方向与之相符顺，便彼此相成，同有出路；反之，若社会的出路不在此，而教育却以此为方向，便彼此相毁，一齐没有出路。

七

认识得教育的出路与社会的出路相关之理，过去的功罪无须多论；要问：我们今后应当如何？因为教育固不能外于社会自有其出路，但非谓教育的命运，就只能是被决定的。吾人可以体认把握社会的出路所在，而努力以求之。在力求社会出路之时，教育亦是要运用的一件法宝；同时即从社会出路里面，教育亦得其出路。

就眼前为例，我们抗战就是求社会出路。教育固然不能包办抗战，却亦为抗战所必要运用之一事。此时教育的出路，正亦在抗战上乃能求得之。又如过去革命北伐，为那时求出路的大道；黄埔培养干部的教育，最能相配合。那么，黄埔教育便亦因之有出路。今后建国，更是我们求社会出路的正面文章。在建国上非运用教育不可，教育亦非配合建国，没有它的出路，这是一定的。

教育必须配合建国，似已人人皆知，不劳多说。要说的是：如何才可以建国？中国社会的出路究竟在那里？教育又怎样与之配合？

八

究问到此，乃是一更大的题目，须写一篇更大的文章。今只能简单指出一点意思，即中国固非日本之比，而今天尤非过去六十年之可比。从前那时的日本，只须在国际环境应付得了，国内社会秩序安定两条件下，便可飞快进步起来，顺其自然地建国。我们今天却不行。

我们今天必须得第三条件：一个有方针有计划的建国运动发动起来，才行。所谓一个"有方针有计划的建国"，是确定建国目标，而有计划地完成之，其内涵有两面意义：

一面是具有深刻自觉的学习于人；

一面是具有全盘计划的自我创造。

因为一定要经济有出路，而后社会才有出路；而在经济上，中国今天非有方针有计划，是打不开路来的。随之，整个社会方方面面都须要有计划地配合前进才是。

西洋社会在近二三百年间有飞速的进步。但此进步并非有方针地向前，更没有目标预期。日本社会近六十年间亦有飞速的进步，此进步大体是学习西洋，而以成功一"近代国家"为预期。但他缺乏自觉，更说不上有全盘计划。苏联近二十五年间亦有飞速的进步。此进步大致可称是求达于预期目标之一种有方针地向前进；亦可称得有全盘计划的自我创造。但并世中没有可资他借镜取法的。故不免从试探中改正错误，滥杀与浪费正不在少。于所谓"具有深刻自觉的学习于人"一层，遂无从说起。所以我这里所说乃是中国独有的情景。

九

建国盖所以完成革命；——完成社会的改造。按通例说：社会改造盖历史演进之自然，新社会恒孕育于旧社会之中。当革命爆发，旧秩序被推翻之时，社会新机构必已相当成熟，其事有类蝉之蜕壳。但中国革命启自世界潮流，是从外引发的，非内部之自发。旧社会被推翻了，而将据以建设新秩序的事实基础，却未从历史孕育得来。今非补作一段培养社会进步的功夫不可。我们所要求之秩序愈理想化，或现代文明愈前进，则此一段待作的功夫乃愈大。如何以最经济的方法完成之，是即必须为有方针的前进，有计划的来作了。

中国在文化上本来是最先进。——凡今日世界上号为先进国者，原来都是他的后进呀！但同时他又是最后进。——他的进步方期待于今后；虽后起之秀如日本苏联都跑到他前面去了！在这中间，他曾有一二千年之盘旋不进，和近百年的社会崩溃不得进步。此其所以然之故，现在不谈。然即此可见其文化个性之强，且以历史积久，背景深厚，受过去之规定愈严，愈不得漫然以从人。如是从这最先又最后的两极端，又产生两个极端：一面是世界上正有大量又大量的东西可供他学习，一面是他最不能随便学习旁人。此即所以必须"具有深刻自觉的学习于人"之由来了。

学习于人，正所以创造自我，"具有全盘计划的自我创造"，就是"具有深刻自觉的学习于人"。——中国今天建国，必须如是。

十

如是的建国，要必以排除障碍为之先（过去北伐，今日抗战无非尽此任务），以确定国是国策奠其始（此今日应着手之事），而号召全国人起来共同参加，扩为一伟大无比的运动，以完成之。

号召全国人起来共同参加这一伟大的学习，伟大的创造。试问：这是什么？这是自古未有的"民族自我教育"啊！彻头彻尾在建国，彻头彻尾是教育。迟重许久的这一老大民族之向上进步，将必以计划地包办出之；而此包办社会进步的工程，明明是一伟大教育的工程。

所以在这里若说"教育配合建国"，尚嫌建国和教育分为二事，有所不足。我们推想那时教育，大约应具下列各原则：

一、纳社会运动于教育之中，以教育完成社会改造。——此为一总原则。

二、着重于成人，与平时教育着重于社会未成熟分子（儿童少年等）者异——此为革除旧生活，创造新文化所必需；所以与平时教育主于为既成文化之绵续者不同。

三、着重于社会，并求普及一般人，与平时教育着重于个人，恒囿于少数人（学校学生）者异。——此所要变革的正是此社会（组织关系、风俗习惯等），而不是求个人之适〔应〕于此社会，如平时者。

四、就所在社会环境施其教育，与平时教育恒设为特殊环境（学校）者异。——此即化社会为学校；因为不能将农民工人等从社会抽出来，脱离生产行程而施以教育。

五、教育内容、学习资料一切以革命建国所需者为准。——质言之，根据经济政治国防等建设计划来订定教育计划及教材。

六、注意于集体生活习惯之养成。——此本为上项所涵有之义；因其重要，特别提出。

随手写来有此六点，亦许不止六点。距今十年前（民二十二年）我曾有《社会本位的教育系统草案》之发表（发表于《中国社会教育社》年会上，有单行本，国内各教育杂志有转载，又曾收入《漱溟教育文录》及《乡村建设论文集》。现见全集卷五），读者可以参看。所有初等教育，中等教育，高等教育，人材训练，学术研究，一切均依从于此原则而各有其安排。

十一

中国今天建国必须有计划，而以教育完成之，这是千真万确的事。可惜国人于此尚认识不足，赴之不急。不知我们不同从前日本那样，能应付外面，安定内部，便可自然进步。反之，我们应付外面安定内部之一大力量，却正要寄托在此有计划的建国运动上。申言之，从前日本只需两个条件，（一）外面国际环境应付得了；（二）内部社会秩序安定。而我们今天却需多一个条件：（三）一有全盘计划举国参加的建国运动，并且以第三个条件为前两条之本。

前经指出过去日本之所以有出路，在其政治有办法，而同一时期中国未得出路，都为政治无办法。其实有办法无办法，简单说只在政治统一不统一。内部安定在此，应付国际亦在此。统一，一切有办法；不统一，一切无办法。我说第三条件为前两条件之本，正为中国今后之统一必将在此。

何以言之？此可以过去史实来推证。过去在推翻满清缔造民国的号召下，全国响应曾建立了第一度统一之局。继则在否认袁氏帝制再造共和的号召下，全国响应曾建立了第二度统一之局。第三度则在国民革命的号召下，以北伐完成统一，虽表面上比前两度用兵较多，而主要仍为人心响应之功。只惜从来人心重在有所反对一面，其一致响应者在此，一旦对象消失，即失其共同目标。故前两度统一皆不能久。第三度亦不免于杌陧不安，幸值暴敌侵凌，而得巩固。

今天的统一，自然是从第三度绵续下来。然而，实在是一新局面，为前此所未有。其明证有三：

　　一是国内各党派都来拥护，一个领袖，一个政府。
　　二是各省区地方无保留地拥护中央，服从中央，军事上财政上乃至一切法令上，皆达于统一的最高度。
　　三是国家对人民经济生活无限的统制，人民无条件的接受。

　　这样强有力的统一，不只民国以来未有，恐怕中国自古未曾有过。我们迳不妨说为第四度统一。它是全凭抗日战争的号召建立起来的，对内丝毫没有用兵。人心趋向之有力，于此更得充分证明。而为人心造成此有力趋向的，则是一个明朗强大的共同目标。——抗日复土。

　　本来，我们同时唱出有"抗战建国"的口号。只惜人心仍重在抗日一面；这是与排满，倒袁，北伐，同样一消极性的目标，不可以久的事。要恒久统一，必需使人心重在积极一面，强调建国。要强调建国，必须使建国的理想目标明明朗朗在人心目，乃至如何达于目标之路线、步骤、计划，都确定而昭示出来，号召国人共同趋赴。

　　前说要"以教育完成建国计划"和"纳社会运动于教育之中"，正是将号召国人共同趋赴的功夫包含在内。如其强调建国，不落官样文章（官样文章是得不到人心响应的），而处处以恻怛真切之意行之，经此教育号召不难普及妇孺，深彻人心。而如是一全国彻底响应的建国运动，发动起来，其必能一面永奠国家统一，一面开出民族前途，还有疑问吗？

　　我说：以过去史实推证，中国统一今后将寄在建国运动上，而第三条件实为前两条件之本；其理如是。

　　我说：要三个条件具备，中国社会马上便有出路；其理如是。

　　我说：我们今后必要体认社会出路所在，而把握之以设施教育，然后中国教育乃与社会同有出路；其理如是。

　　　　《梁漱溟最近文录》，中华正气出版社，1944 年版，第 15—23 页。

宪政建筑在什么上面

一 什么是宪政

照我所了解的：宪政是一种政治。政治是指国家的事情而言。国家则是人类最强固的一种社会生活。从乎理性的解释，国家似应为一自愿的团体组织，但事实上截至今天为止，一切国家总还是有统治被统治两方面，强制多过自愿。不过自从近代以来，由于经济进步，文化增高，理性之开发不可遏抑，片面强制渐不可能，于是而宪政出焉。宪政是一个国家内，统治被统治两方面，在他们相互要约共同了解下，确定了国事如何处理，国权如何运行，而大众就信守奉行的那种政治。

宪政之"宪"，便是指相互要约共同了解下所确定者而言。"立宪"云云，便是有所确定之意。这种确定，有时是一种成文法，通常称为"宪法"。但果真彼此各有力量，谁亦不敢欺侮谁，而又诚信相孚，则共同了解者自能共守不渝，非必一一著之文字，昭告天下。

再进而说明，他们所必须确定者，是哪些事实呢？这大概有两项为最要：

一项是国家和其组成分子相互间之权利义务关系。所谓组成分子自然就是人民；而国家照例由政府来代表它。事实上，政府或直接或间接总为统治阶级所掌握，而人民则正是被统治的一面。其相互间的关系如何，正为争点之所在，必须一一确定之。大约在开初，总偏于限制国权之滥用，而保证人民的种种自由。到末后（如上次大战后诸新宪法），又转而加重国家的义务，明定人民之积极的权利了。总之，立法就是于此有所确定；反之，于此没有公认的准则，便不是立宪国家。立宪不立宪，首先就是从这里分别。

一项是代表国家行使国权的为那些机关，其彼此间如何相关系，而职权又如何划分。上面说了，代表国家行使国权的照例便是政府。但在立宪国家，其政府不是由一个人独揽或一个机关包办的，而至少分作几个机关，配合来运用。例如元首没有内阁副署，便不能发号施令；内阁不得国会通过，便不能决定其施政方针和预算；国会没有行政官署和各级法院，则其所立法亦无由见诸实施。这些机关各有一分权力，而都不可能任所欲为。同时为大局从积极一面设想，仍不能不求其运用之灵活。所以其间分际关系，都要加以确定，得一公认才行。总之，立宪就是于此分别有所确定；反之，于此浑而不分，漫无规制，便不是立宪国家。立宪不立宪，再就是从这里分别。

二　宪政建筑在什么上面

明眼人可以看出，宪政并不建筑在宪法上面。宪法不过是事情确定之一种形式，而事情之所以确定生效者则别有所在。在哪里呢？在两种力量上面。一种可名曰外力，或他力，或机械力量；近有一种可曰内力，或自力，或精神力量。试为说明如下：

我们先要知道，一个活人，就是一个力量。一群人，一阶级，一机关，——都是更大的力量。国家的事情（政治），正存在于许多大小量力之间。力量决定一切；一切事亦是有待于力量来决定的，宪政之出现于泰西国家，乃因其社会内部各方力量发生变化。大略说：前此封建社会，统治阶级几乎全部是武装的，其强制性自然很大，自中古转入近代，都市工商业发达，其新兴阶级与国王同利于国家统一，而与旧封建阶级（大贵族大僧侣等）形成对抗，以剂于平；此时片面强制不适用，而"相互要约共同了解"斯有必要。参加此要约了解者，以力量论，原有多方面；以关系论，则概括为统治被统治两方面比较方便。

据此以观，则宪之所由立，盖有其不得不立者在。质言之，正为彼此都有力量而不可抹杀之故。既经要约而生了解，随后亦就只有循守遵行下去。——这亦就是上面说"谁亦不敢欺侮谁"的话。我所谓"外力"，即指此。因其都是有所迫而然，或慑于外力而然也。假定其为甲乙丙丁各方面，不论其为甲，为乙，为丙，为丁，以一望余，均为外力。递互为外力而相制，有似机械一样，所以又名之曰机械力量。

宪政始终是这样一回事。不过后来社会经济愈进步，文化愈增高，新陈代谢，新兴阶级之后又有新兴之阶级，此次遂有第四阶级（劳工阶级）之目。此时旧封建势力没落，政治上又转为这两个阶级相对的局面。因而所谓宪政者，又是在他们彼此间如何共信共守之事了。英国宪政所以有名于世界，就为其数百年相沿，尽管社会上新旧相代，前后异势，政治上每能随之推移，而始终秉持共信共守之原则，很圆活的发挥其国家机能。虽前之为甲乙丙丁者，今则递嬗到丙丁戊己，而其间理致无二。举其大者显者以概其余，我们就可以说：宪政是建筑在国内各阶级间那种抗衡形势之上。

但单纯以机械原理来说宪政，当然还不够。在彼此挟持之外，当然还有出于本心要求之一面。自由平等，民主，并非全由外铄，而是人心所本有之要求。人类社会不徒有"势"，亦还有"理"。例如：对于某些道理的信念，正义感，容人的雅量，自尊心，责任心，顾全大局的善意，守信义的习惯，等等亦是宪政所由建立，及其所内运行之必要条件。我所谓内力，或自力或精神力量，即指此。假若没有这一面，宪政亦岂可能！

三　举例来说明

今以个人自由之确立为例，来征验宪政必如何而后确立。不久以前，报纸登载韶关市一区长张某非法拘押一新闻记者之事，其后新闻记者卒得放出，最后此张区长且被治以应得之罪。同时，重庆《宪政》月刊第三期黄炎培先生文内，自叙其巡行至西昌县，见某地区署拘押人犯甚多，索阅其表册，则或无案由，或不记年月日。问其究有多少人数，亦不能确答。黄先生亦颇知此类事并不稀奇，所以在文内有"万方一概"之叹。今问：此一新闻记者之自由，何以卒邀重视终得恢复，而那无数乡下人之自由，却被抹杀至此？大家当然明白，新闻记者与乡下人虽同是一个人，然其经济地位文化程度大不可同语。因此一则没有力量，一则有力量。再问此新闻记者之胜利，只凭其一己之力量乎？事实还告诉我们，全由新闻界一种团体力量而致。乡下人论地位程度既不行，更吃亏在没有组织。

我们由此例可以说明西洋宪政了。近代西洋之有宪政，都是其新兴资产阶级开出来的；凡谙历史者已习闻其说。其理不外：这一部人之经济地位文化程度增高起来，力量强起来之故，特别更为他们有组织之故。都市自治是其地方性组织，同行公会是其职业性组织；同信仰者还有其宗教团体。地方与地方，职业与职业，教会与教会，又可以联合起来。这是他们最不可欺侮之处。假如其中一人被侮，其团体便感受威胁而必反抗，其整个阶级便为之不平而难坐视。其结果，个人自由遂以确立。

自由是什么？自由是国家（团体）与个人之间的界限。个人不得越出此界以妨碍团体（国家），团体不得侵入此界以妨碍个人。穆勒所著《论自由》（On Liberty）一书，严几道先生译为《群己权界论》，正为此。然求国家与个人各得其平，实一理想境界，非人类理性发扬极〔至〕，讲理而不较力，安得臻此？在彼此角力之世界，只有借力以申其理。然以个人对国家太渺小了；又安得有力量划清此界而守之？所以只有待团体力量或阶级力量，方行。国家原是一个名义，实际由统治阶级代行一切；到近代，资产阶级兴起，恰足以抗衡个人自由，即借此阶级抗衡形势而得确定；不然，是没有办法的。

但以上只说明了机械力量之一面，精神力量同样重要，而且二者不可分离。近代西洋"人权天赋"之信念甚强。1789年人权宣言，每有"神圣不可侵犯"之声明。虽然晚近思想界已大为修正，在当时却曾普遍流行，这种信念和随附于此而遇事〔讲求〕之正义感，既经要约后之信义心等，其力量当然都非常之大，同为近代人生确立其个人自由之本。彼此挟持之机械力量，其内容亦恒有精神力量在；而精神力量亦时或从社会形势得其培养。此二者，实相成；而宪政就建筑在上面。

从大体来说，宪政之出现于西洋，实由西洋社会充满了〔各种〕力量，此为中国数千年不产生宪政对照来看，尤为显然，——我意盖指中国缺乏阶级。又若论英国宪政成绩之好，则不能不归功于其精神力量。——此又可与中国近数十年宪政运动之失败。相对照。凡此均不及论。

又苏联实为宪政开一新例，其间盖有与常例极端不合之处。如何观其会通，亦非此所及申说矣。

《大公报》（重庆），
1944年5月1日。

中国到宪政之路

在今日谈中国宪政问题，最不好谈。第一，是为了今日的宪政不好谈；第二，是为了中国的宪政不好谈。

何谓好谈不好谈呢？你谈出来的话，我明白；我谈出来的话，你明白。彼此三言两语，便将问题弄清楚。彼此谈了三次两次，便讨论出个结论来。这便是好谈，反之，便是不好谈。

何谓今日的宪政不好谈？宪政到了今日，远不像是三五十年前，一百年前，那样简单明了。就宪政本身说，近三十五年间世界史上演出许多宪政新例，形形色色，种种不同。你不能执其一，以否认其二。再就学者们的研究说，经过近三五十年的学术进步，讨究日深，其间议论亦日益纷繁。因此可能你有你所谓宪政，我有我所谓宪政，彼此谈了许久，未必谈得是一件事。但如说它不是一件事吧，却又非两件事。——这便大大不好谈了。

何谓中国的宪政不好谈？一个民族如中国者，其历史之久远，文化背景之深厚，真是世无其匹，非常特殊。因此中国社会究竟是什么社会，令人难于认识。多年以前之中国社会史论战，并没有寻得切实归落。彼此同是中国人，又谁能像外国学者那样谦谨，自承"我不认识中国"呢？然而你心目中之中国，却未必是我心目中之中国；说它是两件事固然不可，而正各有所见各有所谓，亦并非同物。则如何乃是中国到宪政之路，当然便可以东说西说，而大家说不拢了。莫说三次五次讨论不出结论，就这样谈下去，十年八年亦是白费唇舌。

所以我们现在第一要确定什么是宪政，第二要认识明白中国社会。这两点弄清楚了，那么，今后中国究将如何实现它的宪政，自然才好谈。

一　试论什么是宪政

究竟什么是宪政？我不是研究宪政的专家，最好不要请教于我。然而我为了发表我对于中国宪政问题的意见，既来写这篇文章，却必须确定我之所谓宪政。假如我说的不对，有人能指正之，说出一个对的来，那岂不甚好。

照我所了解的而说：宪政是一种政治。政治是指国家的事而言。国家则是人类最强固的一种社会生活。从乎理性的解释，国家应为自愿的团体组织；但事实上截至今天为止，总还是有统治被统治两方面；强制多过自愿。不过自中古转入近代以来，由于经济进步，文化增高，理性之开发不可遏抑，片面强制渐不可能，于是而宪政出焉。宪政是一个国家内，统治被统治两方面，在他们相互要约共同了解下，确定了国事如何处理，国权如何运行，而大家就信守奉行的那种政治。宪政之"宪"，便是指相互要约共同了解下所确定者而言。"立宪"之云，便是有所确定之意。这种确定，有时是一种成文法，通常称为"宪法"。但果真彼此各有力量，谁亦不敢欺侮谁，而又诚信相孚，则共向了解者自然共守不渝，亦非必一一著之文字，昭告天下。

试再问：他们所必须确定者，是哪些事项呢？这大概有两项为最要——

一项是国家和其组成分子相互间之权利义务关系。所谓组成分子自然就是人民；而国家照例由政府来代表它。事实上，政府或直接或间接总为统治阶级所掌握；而人民则正是被统治的一面。其相互间的关系，正为争点之所在，必须一一确定之。大约在开初，总偏于限制国权之滥用，而保证人民的种种自由。到末后，又转而加重国家的义务，明定人民之积极的权利了。总之，立宪就是于此等处有所确定；反之，于此没有公认的准则，便不是立宪国家。立宪不立宪，首先从这里分别。

一项是代表国家行使国权的为那些机关，其彼此间如何相关系，而职权又如何划分。上面说了，代表国家行使国权的，照例便是政府。但在立宪国家，其政府不是由一个人独揽或一个机关包办的，而至少分作几个机关，配合来运用。例如元首没有内阁副署，便不能发号施令；内阁不得国会通过，便不能决定其施政方针和预算，国会没有行政官署和各级法院，则其立法亦无由见诸实施。这些机关各有一分权力，而都不可能任意为所欲为，以防国权之滥用。同时为大局从积极一面设想，仍不能不求其运用之灵活。所以其间分际关系，都要加以确定，得一公认才行。又假如是联邦国家，则各邦与联邦中央之间的分际关系，亦必须明白确定。总之，立宪就是于此分别有所确定；反之，于此浑而不分，漫无规制，便不是立宪国家。立宪不立宪，再就是从这里分别。

什么是宪政，如上所论，似乎亦不难知。是的，宪政之本义要不外是了。然而要晓得，这只是本于宪政初起的形式而立论；后来发展变化，便多不同。

二　民主精神之分析

近三五十年世界史上演出许多宪政新例，其中最特别亦最值得注意的是苏联。苏联是完成宪政最后的一个国家。而我们上面所论，却大体是以英国为准；英国正是出现宪政最早的国家。两下比较，其间颇多极端不相合之处。今为说明其极端不合而卒又相通之故，我们要先来讲一讲民主。

照我所了解的，民主是人类社会生活中的一种精神。这种精神，细加分析可得五点：

第一根本点，就是我承认我，同时亦承认旁人。我有我的感情要求，思想意见，种种；旁人亦有他的感情要求，思想意见，种种。所有这些我都要顾及，不能抹杀，不能排斥之，灭绝之。若像俗语所说，"有己无人"，便是反民主。

第二，从承认旁人，就有"平等"这一精神出现。那就是不但承认旁人之存在，并且承认旁人亦不比我低下，而大家彼此平等的。若像俗语所说，"唯我独尊"，便是反民主。

第三，从彼此平等，就有"讲理"这一精神出现。那就是彼此间的问题，由理性解决。什么事情大家说通，你亦点头，我亦点头，就行了。不能硬来，不能以强力来行己意。所以凡不讲理，而要"以力服人者"都是反民主。

第四，从平等而讲理，因而就有"多数人大过少数人"之一承认，俗语所谓"三占从二"，少数服从多数者是也。所以遇事大家开会讨论商量，公同取决，是谓民主；其中盖含有承认旁人，平等，讲理，取决多数之四点。民主之"民"，指多数人而言。民主之"主"，则有从多数人的主张，以多数人为主体，由多数人来主动，三层意思。

第五，大家的事，当然大家商量决定；然若一个人的私事于大家无涉者，便非大家所应过问了。于此而过问，而干涉，岂非又抹杀旁人的感情要求思想意见了吗？于是就有"尊重个人自由"之一精神出现。近世欧洲"人权天赋"之说，大抵由个人感受太过干涉，太过抹杀，以致发生反抗而来。其所谓"个人主义"不外要提高个人在团体中之地位，认为团体要相当尊重个人，正是一种民主精神。

民主精神，实涵有以上五点；所有末后四点盖皆从头一根本点推演下来。这一切本都是人情所恒有，并不稀罕。但求其五点并具，发挥尽致者，则似乎人世间又远没有一个这样的社会。因此，民主不民主只在其正面一长一消上见出，只在彼此比较相对上见出，而非绝对如何的事。又此五点，虽恒相联而不必同时具备，每每一时一地各有其特殊之表现，或不同之风尚。此时此地，彼时彼地，此地彼时，彼地此时，此五点者有隐有显，或申或绌，曲折参差，不可一例相衡。例如英国风尚极重个人自由，而不求经济上之平等；苏联看重经济上之平等，而忽于个人自由。即以英国社会而论，其政治上机会之平等远过于百年以前，而自由风尚却视昔修改甚多。又如中国文化，自古富于民主精神，初不后于近代之西洋人，然而中西相较，彼此所表现者每每互异。关于此层，后当更论。

三　宪政与民主

说"宪政"就等于说"法治"；却是法治卒必归于民治。何以言之呢？

"法"这样东西，应该是为国人所公认而共守的；此所以有"国法"之称。依理言之，此国法便须是国人公共的意思，绝非任何一个人或一部分人可以其意思加于全国人身上的。翻转来说，若非出于国人公共意思，便不足以当国法之目。然而经济未进步，一般人文化水准太低，不能表现他们的意思，结果就落到全国以少数人的意思为意思。——这是必然之事。此时自不免由他们来颁定法律，而算是国法，要国人共守。讲老实话，便在今天这文明世界上，似此情形，哪一个国家能免掉呢？至多不过某一国家好些，某一国家又差些，程度上不同罢了。然而这其间却亦有一界别。不可混过，不可忽视。

这界别，便是立宪不立宪之分。立宪国家，不管它实质上能否免于此，但在形式上它总要做到不如此。——形式上总要做到两点：

（一）以国会为立法机关，非经一定程序，不能成为法律；

（二）法为最高，国人于此定其从违，任何机关命令亦不过依法而发出的，绝不许以命令变更法律。

前一点。即表示国人公共意思为法，法为国人公共意思。后一点，即不承认任何个人或任何一个机关，可以其意思要国人遵从。这种原则之确认，非一般不立宪的国家之所有，所以究竟大不相同。

所谓"法治"非他，即对此种原则之确认及其实践。法治之"法"，既为国人公共意思，则法治内涵恰是民治，我们于此已可认出了。又通常说，政治上的民主不外两点：一是国家对于个人自由之尊重；又一是国家大事付之国人公议公决。而立宪国家所要确定的，亦便是在此。则政治上的民主（民治），为宪政应有之义，不可或缺，自甚明白。

但法治与民治，并不是同义语；宪政亦终不等于民主。譬如一个国家统治被统治两方面，在政治上果真有他们共信共守者在，我们就得承认它是宪政。其所共信者愈明确，共守者愈真切，就愈见他们宪政精神之高。却是他们所共信共守者，果全合于民主精神否，实不一定。根本上统治被统治打成两截这一事实，早不合于民主精神了。试就英国这一实例来看，英国的宪政自来是好的，英国的法治精神自始就很高，但从实质上核论其民主成分之增高，却只是后来之事而已。此层随后就可论到。

我们把宪政与民主之关系，总结一句：政治上民主精神，就过去历史来看，端有赖于宪政之出现，乃得渐次开发出来。或云：宪政之出现于人类历史，不外是为政治上渐次开发其民主精神。

四　英国之例

政治上的民主，就是借着宪政而有一点，进而再多一点，再多一点，再多一点，如此步步增高的。其最好之例，自然便是英国。英国宪政渊源中古，数百年来所含民主成分日高，时或外表可以不变，而内里自有脱胎换骨之妙。试就现在的事追溯上去，数一数看。

谁都知道，现在的英国一切国事决于国会（巴力门），而国会议员则选自民间；选举权是普及全民的，没有不平等的限制。以云民主，似可无憾。但一经按核，便知其权力之所寄，前后大有转变，而实行普选亦只是最近的事。原其所谓"巴力门"者，实包有英王，贵族院，众议院三方面在内。固然今日之"巴力门"，实际上几乎就是一个众议院而已。而论其确立此种地位，尚须以1911年为准。在此以前，事实上其地位早居重要，固不待言；而上溯到十五世纪以上，却正是贵族院权重呢！再追上去，此两院制又由三级会议而来，那时大权还是在英王的。即在今日，英王特权依然具在，不过暗中移归众议院之多数党，以为政治上必要时之运用了。

就在大权逐渐移归到众议院之际，选举权一步一步推广到社会各阶层，众议院由之愈得深植其基础于广大社会。亦可翻转说，众议院因选举权之推广，而地位愈形重要，取得了大权，两面是互为因果的。计自1832年、1867年、1884年、1918年、1929年，选举权前后经五次之改订；最后一次，方将过去不平等之选举大加清算，确定普选之制。此不过距今十数年之事而已。

政治上之民主，不外前说以国事付之国人公议公决，和国家尊重个人自由两点。前一点以渐而进，既如上所述；后一点虽不全同，亦不相远。英国人笃嗜自由，特成风尚；法院于此，遇事必予拥护。即从法院判例中，或巴力门所制各法律案中，而人民各种自由即以确立；初不待宪法条文明示保证或赋予。其间一切多循乎事实而来，则渐进之迹自亦可睹。及至晚近，虽好自由之风并不衰替，而时移势异（特自上次大战起），国家干涉之事不免与日俱增。这却不可作退步看，而宁为民主路向中的进步。

法国学者笃奎尔（Toquerille）研究英国宪政，尝太息说"在英格兰，宪法常常不断地改变，严格言之，它未尝有真际之存在"。[1] 这话自然很对。但根据我们的研究，更可为之进一解。我们说：

立宪就是有所确定。数世纪以来，英国盖不断地有所确定，以至于

---

[1] 据戴雪著（雷宾南译）《英宪精义》，第12页，商务印书馆。

今。每一次它有所确定而共守，每一次它便是宪政。虽所确定者，不久又有改动，以致其内容总不一定；然其为宪政则未尝变，其每一次改动总是向着民主精神前进则未尝变。是看似它未有真际之存在者，固自大有其真际在也。它的真际就是：以宪政替英国渐次开出其政治上之民主精神。

五　再看苏联如何

自有宪政之英国出现，世界各国先后则效，虽因时因地各有变通，不能无出入，然大致看去总是那回事。只有苏联蹊径独辟，尽有极端不合之处，似难以宪政相许。但近年世人眼光对它又渐转变，似乎亦可接近。据我们看，其间原有可通之理，不过却有一段曲折。

它所不合于宪政者：第一，它是共产党独霸之局，或如它所云"无产阶级专政"；这种单方面的事，自无"相互要约，共同了解"可言。第二，人民生命财产毫无保障，一切自由都谈不到。此种情形，特以头两年军事共产时期为甚，特以格拍乌（秘密警察）之横行为其明证。第三，大权集中一处（指苏维埃大会及其执委会及其主席团），立法，行政，司法浑而不分。

照这样说来，似无讨论余地了，如何又说可通呢？这就为宪政实以民主为其应有之义，且是不断地向此前进；而它正同样是趋向民主的。为要说明它自己，它将站在民主立场先批评英国。第一，将指出英国人民除百分之六独立自营生活者外，有百分之九十都是受雇于人，靠工资为生活的，而其他百分之四恰为雇主。生产工具如此被垄断，大多数人在经济上受制而不得自主，其影响于政治是不待言的。第二，影响舆论之有效的宣传工具如报纸、广播电台之类，亦多为资产阶级所操纵利用。此其足以影响政治亦是不待言的。第三，初等教育在英国虽已普及，但工资生活者中约百分之九十不能升学，所受学校教育仅到十四岁而止。教育机会如此不平等，则政治机会之不平等随之。第四，在英国历来执政者多出自世族门第及财富之家；特别是政府文官（巴力门决议有待他们执行），主教（他们像报纸一样能影响舆论），法官，银行和铁路的总经理等，几乎全部出自同一少数阶级。① 总上四点，是其阶级统治有难为讳者，则民主政治不免于空言。

这样的民主，既令人不满足，就有别寻途径之必要。于是而有苏联这一条路出来。以下可作为苏联申明它自己的话。

原来英国人之爱好自由和服从公论，其精神实非其他民族所及。数百年来政治上之民主步步开展，蔚然为一世之冠，谁能抹杀。不过却不免忽略一点事实。事实上，一个人生活未得稳贴，或教育未受充分，则许给他自由，他亦难于享用之；请他预闻政治，他亦不得尽量参与。况且经济上既有垄断，则政治上之垄断自亦事实所必致。恰在英国忽略之处，便是苏联着眼之点。它着眼在解决社会经济问题。同时亦是志在给大家同受较高教育，求得文化水准普遍增高。盖必如是，而后每一个人乃为不折不扣的一个人。政治上虽欲不民主亦不可得，民主政治乃实现而不虚。但这非建立社会本位的新经济，就办不到。所以其意不徒在经济而止，而其着眼点和入手处却非在经济不可。因此它首先将"主要生产手段国有"和"不劳动不得食"，这经济上两大原则揭出；而政治上的自由与民主，却不忙提到。

非但如此，而且它基于下面两点理由实有领袖独裁和阶级专政之必要。——

第一，它这种运动自是一大革命，面对着两面敌人：在外则西欧资本主义正强，在内则旧日封建余势尚厚；而它全然要处于一指挥作战之状态下。

第二，这样经济建设及其社会全部文化之建造，必须以一贯之方针计划完成之，势不容筑室道谋。

领袖独裁是一种事实；阶级专政则更有它的理论在，这就是国家之为物，原是一强制的组织，凡强制，必有强制被强制两面，斯阶级统治所以为国家定型而不可逃。但从乎民主政治之旨趣，不应再有"治人""治于人"之分，而必须合一，归于吾人之自治。所以在国家之内，是没有民主政治的；真正民主政治必为国家之消灭。在它止是要作这种消灭国家的功夫。不过此却非可一步登天之事。当其从经济入手，以讫全部社会改造

① 此四点据（英）斯隆著（邹译）：《苏联的民主》，生活书店出版。

之完成，还要假手于"国家"这机构。此时"国家"仍为一阶级统治之局；所不同的，是原来被统治之无产阶级起来作统治者，执行这一大改造计划，以渡达于阶级之泯化。犹之乎近代国家资产阶级的统治一样，在其本阶级内未尝不民主；此所谓无产阶级专政之"专政"两字，盖对于无产阶级以外而言。当新建设逐步达成，国内外情势日趋稳定，起初民主在无产阶级圈内者，此时便可将圈圈放大。最后到不设圈界，那亦就是平等无阶级社会之实现了。

以上是关于政权公开不公开之解说。至于人民自由没有保障，在一般国家遇着非常事变，入于紧急戒严状态，岂不是亦有这类情形。且又可分两面解脱：它为制止无产阶级以外之反动而用特别手段，正等于一般国家对付乱党之例；对于本阶级内，则它又正像罢工期间的职工会，以各种必要手段来执行其高度纪律一样。

总结来说，对于人生情调、理趣，它和英国人本有不同：一则偏于乐群而以社会为重，一则偏于乐自由而以个人为重。这是事实。但除此以外，它和英国同样相信民主原则，要求民主生活，没有根本的不同，像法西斯国家那样（法西斯不相信民主原则，不要求民主生活）。而且二十余年来之勇猛精进，经济生活文化水准均如预期之普遍增高，政治上之民主果亦随之逐步实践（恕不枚举）。其事，世人既无不见之，一向疑忌心理已然大减而代以彼此接近之心情。只以国际战争又作，其建设进程为之顿挫，其政治亦难成常态；民主政治之完全实现，犹有待于今后。然即今所表见者，固已可使我们相信它并非邪魔外道。我们不妨承认它与英国——一般宪政国家之代表例——同是宪政；其渐次为政治上开出其民主精神来，并无二致。不过在同一目标底下各有各的路线而已。

六　由阶级统治到民主政治

此时我们有必须说明之一事：阶级统治与民主，虽若矛盾不相容，但欲达于民主政治，却非赖有阶级以为过渡不可。如英，如苏，皆显示此理。

我们这里所说阶级，指经济上有剥削与被剥削之分，和政治上有统治被统治之分而言。不事生产劳作而享用转厚，即是剥削。治人而不治于人，即是统治。这虽是两桩事而每每相兼。或则以统治而兼剥削，如封建地主；或则以剥削而兼统治，如近世资本家。关于阶级之如何发生，这里不谈；所要讲的是阶级废除之所以有待。有待于什么？简单说，有待于劳心劳力之合一不分。正如孟子所说："劳心者治人；劳力者治于人；治于人者食人，治人者食于人"。治人，治于人二者未能合一，实为劳心劳力二者未能合一之故。但如许行所说："贤者与民并耕而食，饔飧而治"，以劳心勉强合于劳力，那样却是不行。那样不是顺着社会进步趋势走，而是逆转了。一定要等到生产工具生产技术高度进步，以蒸汽机电机一切物理的动力替代人力，劳力者自然化为劳心才可。——因为少用人的体力而多用人的心思，原是生产技术进步之一定趋势。

　　这种进步，可得两面效果：一面是为人们腾出极多之闲空，以便大家都很受教育求学问；一面是使生产工作与学术生活极相接近而不相碍。本来读书受教育，实在是一种高等享受，其中表示着人们有闲空；人们有闲空，表示着社会的富力。像我们今天得以享受教育，实为经济上相当进步，而又有好多人在生产上服劳，才腾出空闲来给我们的。假如经济不进步，生产力有限，而又要一切人享受同等教育，那非大家一同挨饿不可。所以人类历史上，从不见有这样事实。而事实所趋，亦就自然在阶级分化了。古有"不患寡而患不均"一句话，其实正为其寡，所以就不能均。人类要废除阶级的理想，早就有了；而一直到今天还难实现，完全就是基于这种事实上的必要。只有生产力进到极高，如上所说者，而后乃有人人同受较高教育之可能；这种事实上的必要，才被取消。同时，那非平等不可之势亦才于此奠定。所谓非平等不可之势，就是：人人均受较高教育，人人均从事学问，文化水准普遍增高，彼此知识能力相差不远，这一伟大事实。盖能力平等，为一切平等之母；而教育平等又为企图能力平等之道。阶级废除之有待，正待此耳。

　　这其中含有生产手段归公之一义，未曾说出。因为它是随着生产技术进步而来，又包含在生产力进到极高之内的。盖社会当生产技术简拙之时，则各人各家私有其生产手段而自行其生产，实为方便。只有在技术大进步之后，才有集中为大规模生产之必要，而此时生产手段亦不可能分折零散，于是乃形成其归公之势。而且为了完成生产力高度进步，亦非将生产手段归公不可。所以社会主义和生产力进到极高这一句话，原不可分。

不过点出来，自然更明白。

亦只有生产手段归公，经济生活社会化，而后乃能完成社会的一体性，大家在社会中如一体之不可分。社会既达于一体，而后社会间自无不均平之事。如上所说，教育机会平等一类事，自有不待言者。要想社会达于均平之域，只在均平上求，是求不到的。却必在这一体性上求才行。此不可不知。

说到这里，则最后民主政治之实现，有待于经济上社会主义之完成，其理甚明。阶级统治是现在的事实，谁亦跳不过这事实去；只有从现在脚下向着民主政治那一鹄的，一步一步走。所不同者，英国起脚太早，未曾认明此理；然步步走来，正亦不能外于此理。苏联末后赶上，却是先经认明此理，而有计划地前进。

七　阶梯原理

我们知道，政治上之民主不外两面：一面是政权之公开；一面是自由之保障。所谓"欲达于民主政治，非赖阶级以为过渡不可"的道理，可分就这两点来说明。

论理既说政权公开，便应公开给全国所有的人。但政治上都是力量对力量之事，并不像哲学家推理一样。如上所明，政权之公开原为经济进步社会形势开展所促成，非从理论演绎而得。全国人力量均等之势，既不可骤期，则政权亦只能随经济进步社会形势变化而逐步公开，没有一下完全公开之事。最后公开了，自是无阶级，但中间过渡者仍必为阶级，与原初之阶级统治颇相类似。这里说阶级，系指"从社会地位利害关系而联成之一群"，在彼既有其"阶级意识"，在人亦以此相待者。除中国社会独以形势散漫，阶级分化不明外；此在欧美日本社会中，皆划然若有可见。

何以必赖阶级为过渡呢？须知政权在旧统治者固不乐于公开以予人，抑政权亦初不同于酒食，为人人所欲求（此以选举权每遭放弃，至有行强制投票者，可为明证），又不等于仁德义举，特有待于贤豪之热心，而要在其利害关系足以相及，自然引起关切注意，乃不惜时光不惜金钱，以求参预乎其间。此固非具有相当经济地位知识能力者不办。像那一般劳力为生者，不消说；便是像中国旧日读书人，亦多半来不及。因为这种参与，亦不过参与某些问题之讨论决定。其事固不可当一职业以营生活，这只有西洋封建末期，都市复兴，那些营工商业者适当其选了。即在他们，起初亦还不是自动要求，而是旧统治阶级寻到他们头上（所谓三级会议），随后乃生兴趣。假若不是既在旧统治者圈外，又大有别于乡农齐民，崭然自成一新阶级，安得有此？

这一阶级固然还不曾组成一大团体，却正从许多团体而来，或亦涵有许多团体。各城市自治，是其地方性组织，各行业公会，是其职业性组织；从宗教信仰上，还有各教会组织。因此他们可以随时联系起来，共同应付他们的环境，渐由被动而主动。此时政权之公开到他们身上，客观的必要同主观的要求，均在形成，其事遂不可已。在理论上，虽公开应不限于他们；在事实上却不可能泛及众人。徒有理论之必要，是不行的；还待有事实之必要；徒有其必要是不行的，还待有其可能。一般劳苦大众，没有空闲，没有知识能力参与其间，便是不可能之大者。像前举英国之例，从限制选举权慢慢一步一步公开到无所限，正是循乎事实发展之自然。

自然就好，不自然必出毛病。假如生产力没有增进，文化水准没有提高，而早行普选，不是给少数人以盗窃民意之机会，便是决大计于众愚而误事。所以英国的政治学者曾指陈：

> 倘若四百年来，早经存有极普通之选举权，因之遂存有极大选举团于国内，我敢断言：英格兰必不有宗教的改革，朝代的变更，相异信仰的容忍，甚至正确的日历。打谷机器，汽力织布机，多轴纺纱机，以至蒸汽机，于是亦均要被禁绝不用。即在今代，强种牛痘会要不能举行。[1]

当产业大兴，资本势力取封建势力而代之，此新兴阶级无形中进据统治地位。却是另一新阶级势力，又从下面起来。此即劳工阶级，又被称为第四阶级的。他们更且有工会工党等组织，以从事经济上政治上各斗争。此时政权之公开到他们身上，客观必要主观要求以及事实之可能，又渐都形成；普选实行固不消说，就是工党之入阁组阁亦出现了。国家政权就是

---

[1] 梅因著：《大众政治学》，97 页；转引自《英宪精义》，71 页。

这样随社会进步而逐步开展，有如升阶或落梯然。倘若不如是，则如何得有政权公开之实现，反不可想象。

由"天赋人权"之倡说，曾成为一时信念；个人自由之得到尊重，似乎一朝而泛及众人，并不假阶梯一步一步展开。其实亦不然。如我们所习闻西洋史上"自由市民"一词，正是对封建下不自由农民而说；上面讲那先取得参政权的第三阶级，亦就是早得自由的他们。自从立宪之后，在法制上人民固享同等自由，没有像限制选举权之事。但实际上一个人能否当真享有其自由，还看其经济条件知识程度等如何而定；并不因法律之规定平等而平等。经济条件知识程度既恒视乎其阶级地位而异，则自由因阶级而有异，随社会进步而逐步实现，其理易明。而更重要的，还有下面一层道理。

自由是什么？自由是国家（团体）与个人之间的界限；个人不得越出此界以妨碍团体（国家），团体不得侵入此限以妨碍个人。英儒穆勒所著 On Liberty（《论自由》）一书，严几道先生译为"群己权界论"正为此。然求国家与个人各得其平，实一理想境界；如何而得实现此理想，却大成问题。盖以个人对国家太渺小了，又安得有力量划清此界而守之？没有力量，只空谈以讲理，是不行的。此时就需用阶级了。原来国家亦只是一名义。除对外有时表见全国力量外，当其对内实不能不以统治阶级的力量为力量。西洋近代于旧统治阶级外，既有资产阶级兴起，其经济地位文化程度既足以申其自由之要求。更且他们非散漫之个人，而如前所说随时可能联合起来，共同应付他们的环境。假如其中一人被侮，其所属团体便感受威胁而要反抗，其整个阶级便为之不平而难坐视。以此阶级与彼阶级相抗衡之形势，遂以保障了个人自由。倘若不是这样，则如何而得有个人自由之保障，反不可想象。

从社会自然发展来看，非以阶级作梯子不可能达于民主，既指陈如上。更妙的是苏联表面作风大不相同，它有意地建造民主社会，仍旧少不得以阶级作梯子。它必从乎无产阶级立场，运用无产阶级力量，借着无产阶级专政，执行一大计划而后乃得完成这一大工程。它不以资产阶级为过渡，而以无产阶级为过渡，只是将阶级原理掉转来用而已。

《民宪》（重庆版），
1 卷 3、4、5 期，1944 年。

谈中国宪政问题

　　我始而标题"中国宪政论"，后来自己恐怕不能对这一问题透彻地言所欲言，作成首尾完整之文，乃改用今题。取此比较轻松，随意写多写少不拘。继续不断谈下去，未尝不可；如其不然，随时亦可截止。

　　此次政府于国防最高委员会内，成立宪政实施协进会，要我参与其事。我谢不应征。于答复邵秘书长力子先生函稿中，说明我从来认为宪政可以为远图而非所谓急务。又说我们都盼望政府实践民主精神，而宪政却不必忙。

　　今为第一谈，便将先谈我对于此一问题的态度。中国宪政问题的发生，至少亦有五十年，而我刚好便是五十岁的人。我自十五岁后，便热心国事，三十五年来的宪政运动都在我心目中。假如不是亲自参与其事，亦是耳闻目睹的。其间总有自己的意见和态度；今便是先谈我自己先后态度之不同。

　　我最初态度，自然是渴望中国宪政之实现。大约当前清光绪宣统年间，比较有知识的人，都是如此。那时领导宪政运动的，是梁任公先生一派人；其出版物流行内地，人人传诵，而驻外使节各省疆吏，莫不献言吁请，力量确是很大。民间亦有开会演说，作种种活动者，多是各省咨议局为之倡导。末后，则各省咨议局推定代表，有全国大联合请愿开国会之举。清廷规定九年预备立宪程序，将应行准备之事，一件一件排列详明，灿然可观。而我们渴望宪政的，却大为哗然，觉得九年太远了！真没有想到，过了三十多年至今天，中国的宪政还是在预备中呢！

　　这时候，谈宪政者多半集中在"开国会"和"实行责任内阁制"两点。（不像今人言宪政便联想到开放言论出版等自由，更没有民国十八年那种人权运动。）政府所模仿的，是东邻日本；而我们则莫不歆羡英国式宪政，梦想"政党内阁""议会政治"。大家心中绝不发生这事可能不可能的疑问。今日想来，其所以不发生疑问者，原因就在有日本之例近在眼前。当时人都相信，日本以一小国而能一战打胜中国，再战打胜俄国，全为实行宪政之效；日本既可以学西洋而成功，中国有什么不能成功的呢？至于作到日本式宪政或英国式宪政，那亦不过程度之差；要看人民奋斗之如何，和统治者固执不固执而已。——当时观念便是这样简单，这样浅薄。非独我一人如此，实在不曾发见有什么不同的意见。

就在清廷以九年预备立宪，拒绝了即开国会的请求，并逐各省请愿代表出京之后，内地人心乃转向革命。我亦是其中之一人。原来清廷的颠覆，民国的成立，除当时的革命党外作用于其间者还有两大力量：其一为各省新军（新式陆军）；再者便是这代表被逐的各省咨议局了。革命既起，宪政似乎不远，但宪政方式却亦发生一点小问题。那就是革命不要君主，无论日本式英国式都不能用；将必选择于美国式法国式之间。而论宪政运用之灵活，美国法国皆远不如英国。于是康有为氏特著"虚君共和论"一小册子，说革命无非要求共和，英国亦是一种共和，即所谓"虚君共和"。鼓吹保留君主制度，假如不愿保留清帝，亦不妨选立孔子后裔为帝。他的话当然不发生什么影响。却就一般人的宪政观念而言，辛亥革命后，从英国式转向于法美，多少算有一点变动。"总统制""内阁制"之讨论，即盛于此时。卒因法国式（即内阁制）较近于英国式，而被采用。当然此亦是对付袁世凯之故。不过多数人念念于"议会政治"，构成当时的宪政思潮，亦是不可忽视之一因素。

从清末之资政院，到民国初元之临时参议院，以至正式国会开会，我都是热心旁听的。除了议员们之外，没有人像我那样日日出入于议会之门。同时，自然我亦要出入于政党之门。我的政治思想初受梁任公影响极大，于梁系人物亦有相熟者，所以"共和建设讨论会""民主党"的先后党部亦常走动。而自参加革命以后，亦算着籍于同盟会；所以同盟会本部和国民党本部，往来更多。当时梁派之梦想议会政治、政党内阁，固不消说；即同盟会之收合"统一共和党"等小党，以改建国民党，亦正是本这一方向而来。这一改建，意在将原来的秘密组织，转变为宪政轨道内公开存在合法竞争之一个政党。那时妇女参政尚未得通行于那些宪政先进国家；因此，同盟会本来有女同志，国民党却不收女党员了。更重大的改变，三民主义之"民生主义"被删略，而在另一条文中，代以"民生政策"字样。这就是只谈社会政策，不谈社会主义。在主持改组者的信念，只要宪政奠定了，任何问题无不可在宪政内求解决。何况中国还没有欧美那样社会问题，只须在产业开发之初，运用社会政策得宜，不难达成理想。而且社会主义在那时都看作是高调；改建国民党恰在正式国会开始竞选的前夕，为要接近社会一般心理，以期多得选民，亦是要避免高调的。孙总理和党内老辈人物，对于这些改变皆不满意，争执十分激烈；然卒如此议，建立民国初年的国民党。我在当时没有资格参预这些讨论，然而却得侧闻绪论。在我的意识上，完全赞同宋遯初（力主改组者）一派，以为明达极了。

政治上照例不外偏左、偏右、急进、缓进两大派，国民党当然是前者，梁任公一派当然是后者，现在两方面恰抱着政党内阁之同一理想。于是宋特访梁密谈，以两大党一党在朝，一党在野，更番执政，互为监督，彼此相期勉。并决定正式国会开会后，由国民党组阁，成立得一很好的谅解（此一谅解之成立是秘密的，宋被刺后乃渐宣于外）。宋梁两先生，不能不说是那时节最有识见的人；而且他们的识见，实为多数人所接受而形成了公共意见。此一谅解，更不能不说是他们共同为了国家前途，所作合理打算。然而不久，都被事实所粉碎。不唯当时成为空华梦想，亦许永远是一个梦想！

粉碎这一合理打算者，照史实说，是袁世凯之破坏约法。自是以后，则是北洋军阀一而再，再而三的玩弄宪政。到民国十三年曹锟贿选总统，同时公布宪法之一幕，可说中国宪政运动之前期就结束了。虽然接续还有段执政时代之宪法起草委员会（以林长民为首），实不足数。此后应该划作中国宪政运动的后期。前期后期如何分别，后面再详。这里要说我在此结束时期，所得感想和启发。

说前期运动结束了，是吾人自今日回想而判断其寿命已终的话，在当时只显示此一运动之失败而已。其失败之惨，唯真热心于其运动者能深刻感觉之。失败的教训，亦必曾致力于其运动而肯用心思者，乃能领会之；外人总不免隔膜。我于这一期运动，只算得一无名小卒，原不足数；然而体验和觉悟，却言之不尽。约举其大者来说：

第一，打击这运动使它不能成功的，看是袁世凯北洋军阀那一幕一幕历史剧，实则造成这几幕剧的，不是袁等个人，而是那时全体社会。何以言之？个人的意识不是凭空来的；更且离开社会的支持，个人是没有力量的。说支持，不一定要积极支持而后为支持；消极容忍他，亦便是支持他了。我在民国十年出版的《东西文化及其哲学》曾说：

> "西方政治所以不能安设在中国之故，全然不是某一个人的罪过，全然不是零碎的问题。虽然袁氏野心，军阀捣乱，都不能不算一种梗阻。"

正为亲眼看到袁等行动，皆由于许多人助成他，尤其大多数人纵容他；宪政运动却日就分化、崩溃、动摇、没落。暴力打击，不足令人气短；自身没落，却令当初热心的人不能不气短了。体验就在这里，觉悟就在这里。

第二，一种政治制度不寄于宪法条文上，却托于政治习惯而立。西方政制在我国并没有其相当的政治习惯，全然为无根之物。单凭临时约法几条条文，建立不起自属当然。像英国的宪政，更是习惯之产物。在一般习俗与英国大致接近之美国人法国人尚且模仿不成，我们社会距离英国，不知多少远，其不能模仿，又何论焉？我在民国十九年出版《中国民族自救运动之最后觉悟》曾说：

> "（上略）似此三权分立，相依为用，又复相对抗衡，各有所限，或互为制裁，原是沿着英国历史不知不觉演成的事实；然后孟德斯鸠乃从而为之说；然后若美国，若欧洲大陆国家，乃有意识的习为法律制度。即在后之取法设制者，虽非自然演成的事实之比；固亦自有相当历史根据，或新兴气势可凭。一言以蔽之，西洋政治制度所为如此安排设置者，正为其事实如此，有在法律条文之前者。然在我们则如何？一点事实无有可凭，而曰'我今欲如此云云'，但凭条文，期收大效，讵非梦呓！天下莫巧于自然，莫拙于人为。自分权标为学说而刻划失真，订为制度而胶柱不灵。今世仿行之者遍于各大洲土，察其政制曾非甚相悬，而政象之一美一恶，一治一乱，乃不啻天壤之殊。是其故，盖全在其制度或本乎事实之自然，或较近于事实。或离乎事

实而徒人为之拙也。然若法之于英，南美之于北美，亦不过仿行其制，而事实有所不逮耳；犹未若事实根本不同，而冒昧相师如中国之于西洋者，则其事不止于拙而几于妄矣！"（见全集卷五，《我们政治上的第一个不通的路——欧洲近代民主政治的路》）

中国人今后必须断绝模仿之念，而自本自根，生长出来一新政治制度才可以。我从民国十五年后，决心从事乡村工作，至今此志不移。其动机，就是要由小范围地方自治入手，为中国社会培养其新政治习惯，而努力一新政治制度之产生。（在鄙著《乡村建设大意》、《乡村建设理论》等书中，均说明此意。）

第三，更进一层，我们由此认识得中西两方人生态度绝相异，或说，民族精神彼此绝相异。西洋这种制度所由产生，全在其向前争求不肯让步之精神。所争求者，一是个人种种自由权，二是预闻公事的公民权（或参政权）。这些问题一经确定下来，便步入宪政，而且宪政所赖以维持而运用者，还靠此精神。如果不是大家各自爱护其自由，抱一种"有犯我者便与之抗"的态度，则许多法律条文，俱空无效用。如果不是大家关心其切身利害问题，时时监督公事之进行，则大权立即为少数人所窃取。所以这种精神，实在是宪政的灵魂。但中国自1911年革命后，徒袭有西洋制度之外形，而大多数人民的根本精神却不能与之相应。浅俗之人看见大局扰攘不宁，便太息责怨大家争权夺利，我却说这正为大家太不爱争权夺利之故。这并非有意翻案，出语惊人，实在是当时一点真觉悟。《东西文化及其哲学》中曾写道：

"今日之所患，不是争权夺利，而是大家太不争权夺利。只有大多数国民群起而与少数人相争，而后可以奠定这种政治制度，可以宁息累年纷乱，可以护持各人生命财产一切权利。如其再低头忍受，始终在作逃反避乱的消极打算，那就永世不得太平。"

在此以前，我民国七年为反对内战而发布《吾曹不出如苍生何》小册子，民国九年为批评一般盲目提倡佛法者而作《唯识述义自序》，皆发挥此义。总之，民国十年以前，我的态度都是如此，我相信中国人之人生态度，必要从"让"转变到"争"才可以。那亦就是认定中国人只有随着西洋路子走，乃有其政治出路。

其实这些体验和觉悟，不过一最后觉悟之前导；尚不免于知其一，不知其二。从民国十一年，我渐陷于怀疑烦闷，久不得解。直至十五年以后，对于中国的宪政问题方始有新观念展开。

当这前期的中国宪政运动惨败，我正在烦闷不解的时候，而中国国民党有十三年改组容共之事，开全国代表大会于广州。中国近二十年的政局于此开端；中国宪政运动的后期，亦要从这里说起。——虽然这次举动并不以宪政为号召，而且在某些点上像是不合于宪政风气的。

我在上面，曾指民国十二年那煌煌一大篇宪法之公布，为前期宪政运动之没落寿终；现在我又指这不揭宪政名号乃至不合宪政风气之国民党改组事件是后期宪政之肇始。前后对看，真是相映成趣！非我有意写此趣文。谈到中国之宪政运动实有不可不请读者注意之两特点：

第一，请注意它原不是真正宪政运动。读者乍闻此言，或不免惊异；其实无可异也。真正宪政运动，是老百姓起来向秉国钧者要求确立国家根本大法的运动。所谓宪政便是一切事情都要根据此根本大法而行的政治。其内容意义要在自由权之保障和参政权之取得。它可以说是来自人民之一运动。然而中国当年之谈宪政，却出于挽救危亡之动机，是站在"民族立场"。如我从来所说，它只是含在民族自救运动之内的。民族自救运动则是自近百年世界大交通以来，中国民族适应不了这新环境，感于国势陵夷而发生的。从民族自救运动的起手来说，恒必起于国内政治之改造；从自救运动之完成来说，又必包涵了一种理想的政治之实现。从头至尾，贯彻其中者，实有一新政治运动在；宪政运动正是其物。盖无论当初之革命派或立宪派，无论今天之国民党或其他党派，莫不以宪政为其理想政治；虽然其所谓宪政者，亦许彼此有些出入。

距今整五十年前，有中日甲午之战，国势陵夷，警觉最大，自救运动由是激进，宪政运动由是激进。距今四十五年前（庚子），有八国联军入北京之役，使阻挠此运动之守旧势力大受打击。距今整四十年前（甲辰），有日俄之大战在我东北，俄军败绩。当时最负时望之张季直（謇）先生给当局执政者的电报说：

"日俄之胜负，立宪专制之胜负也。"

这正是代表最流行的意见而说话。因为日本蕞尔小邦，在它立宪十年后，一战而胜大清帝国，又十年再战而胜大俄帝国；这两个大国都是冥顽不立宪的。好像事实给了立宪论者以强有力的论据，说服了在朝在野的人心，都认为要中国强盛必须立宪。于是清廷立刻派五大臣出洋考察宪政，接着便成立了"宪政编查馆"，以为筹备宪政机构。我在上文曾说过，宪政在清末民初的人心目中，最注意"开国会"和"行责任内阁制"两点，其故亦在此。明白地说，当时人心只切盼一个能负起自救图强任务的政府出现，莫让满清亲贵误国。及至清廷拒绝了"开国会"的请愿，而宣布再等待九年立宪，排满革命的潮流遂为之急进。那就是不容他再误国九年，索兴不要君主立宪，而奔赴民主宪政之路。——试问，这与欧美宪政先进国家当初之宪政运动，可以说是同物吗？以"自救图强"和"宪政"联系起来，恐怕在欧美当初不曾梦想得到呢！宪政在他们是目的，是亲切的要求，任何事物不足以易之；在我们却作为一种方法手段了。以宪政为目的，则目的不达，运动不止，卒必成功。以宪政为方法手段，则一旦发见其他方法手段，不难转而之他。在"救国第一"口号下，即令背叛宪政运动亦无变节之嫌。古语有之：不诚无物。对于宪政不以为目的而当作手段，便是不诚；中国宪政至今不得成功，盖有由也。

我说这话，并不含有责怪中国宪政运动的意思。运动不是凭空发生的，要必有使它发生之问题在。中国人的问题，原不是当初欧洲人的问题；从不同的问题，发生不同运动，理所当然，夫何足怪。不仅过去宪政运动必然涵在变法维新运动内，涵在两度革命（1911年和1916年）运动内而进行；抑且今后，宪政运动亦只能涵在抗战建国运动之内，而不能分离独立。中国之不能有独立的宪政运动，亦正犹之它不能更有独立的社会革命或社会主义运动一样，所有这前前后后许许多多，要莫非从近百年世界大交通所形成之一大"中国问题"引发的民族自救运动，而全然一脉相通的。至于宪政成功之早晚，那亦是为中国问题所决定，你便急亦急不来。

第二，请注意此国内运动之外来因素的重要。这自然是随前第一点而来的。西洋真正宪政运动，皆是从社会内部问题逼出来的，而我们民族自救，却是受外界压迫打击，自觉文化上种种不行，亟谋维新改造的运动。假若世界不交通，东方国家不受近代西洋影响，中国还是中国；即有问题发生亦必为旧日历史之重演，而不会有新式民主运动，有国民革命，共产革命这些。因为末后一两千年中国文化已陷于盘旋不进，诚如斯密斯先生（Arther Smith）所说："如无外力进门，而欲中国进行改革，正好像要在大海中造船一样"。近百年之中国，实从外面问题引发其内部问题。三民主义之民族主义，就是对外求民族解放——外面问题；其民权主义与民生主义，就是对内求政治和经济之改造——内部问题。然此内部问题亦是由外面引发的。所谓外面引发，具有三义：

一、受外面压迫打击，激起自己内部整顿之要求；

二、受世界潮流影响，领会得新理想，发动其对自己传统文化革命之要求；

三、外面势力及外来文化实际的改变了中国社会，将它卷入外面世界旋涡，强迫地构生一全新的"中国问题"。

因此救国虽属国内之事，而其所由构成者，外来因素却居重要。

这两个特点既明，我们便可来解说中国宪政运动前期后期所由划分了。十九世纪末二十世纪初之中国宪政运动，其构成要素原在西洋近代潮流；却是到了上次世界大战，此近代潮流即成过去，而别有一种潮流代兴。此新兴潮流恰是反乎那近代潮流的；它反自由主义，反个人主义，反资本主义。当大战一停之后，就输入到中国来，而马上在思想界占取优势。中国共产党的产生，中国国民党的改组，皆由此而来。中国宪政运动之前期，所以划至民国十三年为止，固为它自身没落，亦正为它所从出之近代潮流没落了。同时，所以后期运动于此算起，则因民族自救运动明明走向一新途径。纵然它此时好像于宪政风气不合，例如不尊重个人自由，不将政权开放给多数人；但此后中国宪政前途却还待它乃得开出来。它便不能不说是后期运动的端始。

民国元年国民党成立时，我在场；十三年国民党改组时，我不在场。我从来对于我见不到信不及的事，是不能参加的。我仅仅听到那次参加广州大会的李守常（大钊）先生，说给我一切。十四年，此一运动益见发皇，显呈异采；要我追从虽则不能，却不敢不从中学习。即于是年冬，在我们朋友中分出三个人去广州。十五年北伐出师，他们皆在军中，一同到武汉。十六年五月我自己方去广东，但仍取静观态度。——所有以上这些事情，旧著《中国民族自救运动之最后觉悟》曾加叙述，今不更及。简单说我颇得一些启发，我是从中学习了一些。

就在此时，我认识了中国问题，并看明了民族出路之何在；数年疑闷为之清除，所谓"民族自救运动之最后觉悟"者，盖正指此。我对于宪政问题一个与前不同的态度，当然亦即产生于其中。还有许多见解和主张，亦是从那时演下来。所以在《乡村建设理论》自序中说："这里面的见解和主张，萌芽于民国十一年，大体决定于十五年冬，而成熟于十七年"。而此次辞宪政协会之召，于答邵力子先生书中则说"窃抱此见地至今殆积十有五年以上"，以十七年到今三十三年，是十五年以上也。

从那时起，我就致力于乡村运动——始在广州标名"乡治"；继回北方，北方同志既以"村治"为号，亦因用之；末后则定名"乡村建设"。乡村运动便是我的宪政运动。所谓一个与前不同的态度，便是以前认宪政为救急仙方，今则知其为最后成果了。此次答邵先生书，说"宪政可以为远图而非所谓急务"，意本于此。

民国十八年胡适之焦易堂诸先生，有人权运动之倡导（新月书店有人权论集出版）。倒退廿年我必算一份，倒退十五年（约法初被破坏后）我或者更热心，但此时却无意附和。个人自由之神圣观念，"不自由毋宁死"的口号，中国人本缺乏。清末民初学得一些，方苦不足，而布尔塞维克新风气传过来又被毁弃！正我所太息者。说我不了解人权运动的意义，总不能。那时节，我正在兵灾匪祸之区，穷苦破烂的豫北地方，努力乡村运动。说我对社会运动无兴趣不热心，总不能。然则我自有我的见地主张，盖昭然矣。三十年在香港，亦有一次人权运动（《时代批评》月刊曾出人权运动专号），我不参加，亦同是一理。

廿三年南京立法院以"五五宪草"公表于社会，征集各方意见。其时天津《大公报》初辟星期论文栏，我写了一篇论文，标题便是：《我们尚不到有宪法成功的时候》。内容理论现在不谈，态度固自可见。

二十八年九月忽有早施宪政之议发于陪都，而且通过于国民参政会。那时我正从山东河南各游击区回来，行抵晋南太行山中，深惜事先未得在渝与各方面商谈，贡献一点我的意见。十月到重庆，宪政运动正非常热闹，然我心知无结果。果然，后来事实证明我所料之不差。我岂是反对宪政吗？我是爱惜宪政啊！

这回虽不同上次，说立即召开国民大会制宪的话；然而亦算旧事重提了。就我个人讲，仍和上次抱持同一态度。我认为：

一、眼前迫切需要的，为国内之团结统一；我祝望国人以求宪政者，求团结统一。

二、实现团结统一为谈宪政之前提；却不是从宪政可以达团结统一者（有人正这样想）。

三、民主精神实为团结统一所必需；没有或少些民主精神则团结不可能，不如以团结统一责勉于执政方面；随着团结统一，自然带来了民主精神自由空气。

四、对于宪政不晓得爱惜，不晓得郑重其事，便是宪政的罪人，愿国人警觉。

对于中国宪政问题，我自己先后态度之不同，已大略叙明。其所以转变之理，还待另谈。

《民宪》（重庆），1 卷 2 期，1944 年。

中国统一在何处求

一

中国统一在何处求？我们从近三四十年来史实推阐证明，可得一原则如下：

中国统一，恒在一个正大题目之号召下，获得全国人心响应时，所造成的那一共同趋赴。

或更明白言之，中国统一需用武力甚少。它并不从武力征服得来，而却要从全国人心一种共同趋向得之。这完全是由三四十年来经过事实看出，不是凭空说的。

我们知道，近三四十年来中国，常常在闹着内战，真称得起统一的时间极少。假如严格核算起来，三四十年来怕还不足三四年。且莫论从前军阀混战时，即以国民政府统治下最近十年言之，抗战前夕还是不统一的，除了抗战初起一段时间，表见高度统一之外，末后七八年又难称统一了。然而细数之，前后却亦有四度统一。

第一度，在推翻满清缔造民国的号召下，全国响应曾以建立了全国统一之局。

第二度，在否认袁氏帝制再造共和的号召下，全国响应曾以建立了全国统一之局。

第三度，在国民革命的号召下，曾以北伐完成统一。

第四度，在对日抗战的号召下，全国响应，曾实现了全国高度的统一。

在这四度里面来看：第一度曾经用兵，然而其用兵是异乎寻常之少。第二度亦曾用兵，然而其用兵亦是异乎寻常之少。——这些事凡熟悉当时事情的人，谁都知道的。第三度用兵似乎较多。然北伐出师实只三万多支枪，而卒能制胜吴佩孚孙传芳张作霖张宗昌诸大军阀二十倍之众者，全恃革命潮流先声夺人，从收复中原，以至东北易帜，还是各方响应之功，并非武力征服之结果。第四度全无对内用兵之事，而统一之表见乃最强。试看：

一、全国各党各派都一致拥护领导抗战的国民政府。

二、全国各省区地方一致拥护中央服从命令，军事上财政上乃至一切法令上皆达于高度统一。

三、国家对人民生活无限的统制，人民无条件的接受。

这种强有力的统一，不只民国以来未有，恐怕中国自古未曾有过，它是全凭抗日战争的号召而建立的。在抗战初期，对内的确丝毫没有用兵，人民趋向之有力，于此更得充分证明。

二

我们再就往事加以研究，为什么每有当国家统一之后，不久便陷于分裂呢？其极易失败之故何在？那便是从来人心重在消极和反对的一面（例如排满，倒袁，北伐等是），其一致响应者在此；一旦对象消失，即失其共同目标，统一不起来。所以当大清皇帝、袁世凯、北洋军阀既倒，便好像目的已达，又各自分手了。假如国人在正面要求上明朗有力，那即是在建设新中国的要求上明朗有力，其一致响应共同趋赴者在建国。则建国未成，目的未达，固不致分离；到建国既成，国基已固，分不分亦不怕了。如果能够这样，统一的基础岂不永奠？

此番抗战，我们本来唱出同时"抗战建国"的口号，只惜大家仍重在抗日一面。这是与排满、倒袁、北伐同样消极的目标，不可以久的事。且不论抗战未完内部已渐失统一；即令统一到抗战完成，亦难免蹈过去三度覆辙。我们今天为补救现在的缺失，为建立恒久的统一，必须强调建国的要求。强调建国的要求，不是像今天这样空喊一句口号。空喊一句口号是不行的。我们必须使建国的理想目标，明明朗朗的在人心目；乃至如何达于目标之路线、步骤、计划方案，都要确定而昭示出来，号召国人共同趋赴。我相信：当一个伟大明朗有力的建国运动，一旦发动起来，则全国统一是不成问题。倘此建国运动步步踏实地走向前去，则统一之恒久奠定也是不成问题的。反此，若舍此他求，则我不知道有什么路走。

三

我们今天必须把一个有方针有计划的建国运动，发动起来才行。所谓一个"有方针有计划的建国"，便是确定建国目标，而有计划地完成之。

其内涵盖有两面：

一面是具有深刻自觉地学习于人；

一面是具有全盘计划地创造自我。

欧美几个大国家，都是在近二百年间以飞速的进步而建立，但此进步并非有方针的向前，更没有目标预期。日本则在近六十年内，以更速的进步完成其建国；此进步大体则是学习西洋，而以建立一"近代国家"为预期。但他缺乏拣择，更说不上有全盘计划。最近则苏联在短短二三十年间，更以超速的进步建成其崭新的国家，此进步却是求达于预期目标之一种有方针的向前迈进，亦可称得有计划的自我创造。其所以每次都是后胜于前的原故，每次都是愈来愈有预期目标以至有计划的原故。正为后来者可享有两种便宜，一种是迎头赶上，直接学习现成的最新发明，无待多费力气，一种是前车覆辙有鉴，自知避免而别觅新途。如苏联鉴于资本主义之弊而别采社会主义之例。但说到社会主义，并世中却没有可资借镜取法者，所以他还不免从试探中修改错误，浪费精力正不在少。只有中国今天建国又在苏联之后，一切技术发明可资学习者，比任何人都多，一切得失利弊可以取鉴者又比任何人都多。按理讲，他建国的速度应该比他人更速，他在目标方针上应比他人更有别择，他在建设过程上应比他人更有计划。须知在二十世纪五十年代后来谈建国，是不同于过去任何一个时期的。

同时要知道，在中国来谈建国，又是不同于任何一国度的。中国在文化上本来是最先进。——凡今日世界上号为先进国者，原来都是他的后进啊！但在今天，他却演变成最后进了。他的进步和建国，方期待于今后，虽后起之秀，如日本苏联都已跑到他的前面去。为何最先进者竟尔变成最后进呢？第一，则为他在近一二千年的历史上是盘旋不进的；于是就落于近代西洋国家之后。第二，则为他在近百年史上，感受西洋文化影响，以致社会崩溃解体，不使进步；于是又落于东邻日本之后。若再问为何有此一二千年的盘旋不进，为何有此近百年的社会崩溃？则非此短文所能解说，我只能回答说：这由于他文化个性之顽强；亦即此而可概见，且以历史积久，背景深厚，受过去之规定愈严，愈不是漫散以从人。因此，今天世界上所积有大量的东西可供他学习，他亦非学习于人不可；然而他却是最不能随便学习旁人的。我在"学习于人"之上加有"具有深刻自觉"六字，正为此。

建国盖所以完成革命——完成社会大改造。按通例说，社会改造盖历史演进之自然，新社会恒孕育于旧社会之中，当革命爆发和旧秩序被推翻之时，社会新机构必已相当成熟，其事实类蝉之蜕壳。但中国近两千年历史上，却只有一治一乱之循环而没有革命。近五十年来的革命运动，盖从国际侵略及世界潮流所引发，非内部自发的。旧秩序被推翻了，而将据以建设新秩序的事实基础，却未从历史孕育得来。三十余年来新秩序之不得建立，正为此。今天非补作一段培养社会进步的功夫不可。我们所要求之新秩序愈理想化，或我们建国工作起手愈晚，则这一段待作的功夫乃愈大。那么，如何以最经济最有效的方法完成之，就愈属必要。此即必须为有方针地前进，有计划地来作之理由。在"创造自我"之上，要加"具有全盘计划"六字，正为此。

学习于人，正所以创造自我。——创造一新中国，号召全国人起来共同参加这一伟大的学习，伟大的创造；发挥出民族的向上心，进行这自古未有的"民族自我教育"，以期为我中华民族展开一新生命。试问：这不是抗战胜利后的今天，亟应发起的一大运动吗？

四

统一是建国的前提；求得统一，即是完成了建国的最初一步。——这都是人人所了解的。而我则更相信：中国的统一，还要在一伟大建国运动上求得之。我多年来如此相信，并且多年来为此奔走，当二十六年抗战初起，全国各方在抗日运动上互相团结而表见出国家统一的时候，我一面欢喜，一面感到不满，因为团结统一依托在临时对外上面，明明是不可靠的。我于二十七年一月初自武汉访问延安，和毛泽东交换意见。我主张在抗战中，便把如何完成社会改造的事情，全国人大家彼此谈通而确定下来，俾在建国问题求得一致同趋，以建立根本恒久的团结统一。当时国共两党正在武汉起草共同纲领；而这是比那个更迈进一步。共同纲领是两党的，而我则以为应该是全国各方的；共同纲领重在应付当前抗战，我则更注意在永久的建国大业。我不名为共同纲领，而名之曰国是国策。我要求确定国是国策。

当时毛先生曾劝我折回武汉，进行确定国是国策的运动，不过共同纲领的起草，在我未回武汉时就失败了，国是国策的话自然更谈不到。二十七年十二月，我在重庆又以怀抱的主张，写成解决党派问题的建议一文，但新闻检查方面未许发表，仅仅在国民党共产党和其他方面朋友间，传观一遍而已。二十八年九月尾，我由华北各地视察后回来，再度努力我的团结运动。在重庆曾家岩，向陈绍禹秦邦宪林祖涵董必武吴玉章诸君，又详谈我的主张，颇获同情。同时又在国共两党之外，联合起来一些中间派，有"统一建国同志会"之组织。这即是后来"中国民主同盟"的前身。八年来，以力量绵薄，成效莫睹，然而我的信念，则至今有增无减。我终信中国的统一，必于团结求之；团结必于确定国是国策，发动建国运动中求之。今天抗战胜利，时机更近，必当继续努力。这里粗陈大意，其详须俟另篇。

《大刚报》（贵阳），
1945 年 12 月 16 日。

政治的根本在文化

在极度苦痛与苦闷中，中国人又度过他胜利后的一年。当此新年之初，我们不愿意说空头吉祥话，而愿切就当前问题有所指点，作为国人解决问题的参考；祝望这一年里，我们更接近了问题的解决。

我们的问题在哪里？大约有常识的人都可以认识到问题是在政治。纵然直接刺激我们的是一些物价问题，失业问题，征兵征粮的问题等，但大家都知道，如其大局和平，国家统一，社会安定下来，百业自能复兴，并且也不致再有征兵征粮之事。一切问题归总是一个政治问题。政治问题是一切问题之本，这诚然是不错的。过去一整年之间（自上年一月政治协商说起），全国各方面，便正是努力想解决政治问题。论起来似乎并未有认错题目。虽则一整年努力未能解决问题，反而把问题弄僵；但今后仍不能不向此努力。我不敢也不能持什么异议。

然而我愿国人明白：政治问题还是表面，非其根本；政治问题还是问题之一部，非其全部。论其根本，论其全部，原是整个文化问题。文化不是一个空名词，它一面包括政治经济乃至一切而说，一面又指贯乎此全部文化的骨干或根本意义而说。试举眼前事为例。眼前世界上，英美代表着一大文化派系，苏联又代表着另一大文化派系。我们谈到英美文化，就包括其政治经济乃至一切而说；同时，也就指着贯乎其全部文化中的个人本位制度而说。个人本位制度是英美文化的骨干，亦是贯乎英美文化之一根本意义。同样的，说苏联文化，就包括其政治经济乃至一切而说，同时亦就指着贯乎其全部文化中的社会本位制度而说。社会本位制度是苏联文化的骨干，亦是贯乎苏联文化中之一根本意义。政治在这里，只是其表层的东西，而且亦只居其一部。我所愿国人明白的：我们的问题早已不在只居一部，又且表层的政治上。我们的政治问题不是平常的政治问题，而是自从旧政治制度废弃后，却总建立不起来新制度的问题。此新政治制度之建立不起来，便不是政治问题，而是文化问题了。

中国文化之发生问题，是由近百年世界大交通，西洋新兴文明改变了整个世界，使中国人不能适应而生存。于是乃有变法、维新、革命、种种运动，以求改造我们的文化。从来不是单纯的政治问题。从来就是一个比政治问题更深微的问题。本来一切文化从两种因素构成：一种是人的好恶取舍，抑扬轻重，及一切价值判断流露在人生目的方面的；再一种则是顺此目的而来之手段方法技术等等。前者为主，后者为从。不同派系之文化皆因其前者之不同，而不因其后者。试再借眼前事来说明。个人本位，社会本位之取舍不同，重视政治上之自由，而轻视经济上之平等，重视经济上之平等，而轻视政治上之自由，便是英美文化与苏联文化所由分。即此取舍轻重，是其文化里面各自最主要的所在。至于那些农工生产方法技术等，则为文化之后属部分，两方自然同样要科学化工业化，彼此并没有什么不同。即有些不同，亦无关重要。

中国当变法维新之初，有"中学为体，西学为用"之说，其意即在主要者不改动，而从属部分可以取之西洋。无如事实上，主从很难分，且事实上亦不许可这样作。卒之，中国固有文化里面最主要的所在，亦随其余部分而一同动摇崩溃。旧文化的崩溃本不必顾惜。像俄国旧文化不是全部被布尔斯维克推翻了吗？只要新文化能建立起来，如苏联今天这样，又何必顾惜旧物。苦就苦在旧文化崩溃而新文化产生不出来，如我们今天这样者。

何以我们的新文化这样难产？我于此便要指出许多人把中国近两千年社会当作中古封建社会的看法是绝大错误。须知中国固有文化，实自成派系。他既和眼前这两大派系不相同，亦不等于在他们之前的封建期文化；假如是那样的话，近百年西洋文化过来之后，中国社会从中古转入近代，其势极顺且易，何致于还有今天的问题呢？廿五年前，我就指出中国文化是人类文化的早熟（见旧著《东西文化及其哲学》一书）。我今正在写的《中国文化要义》一书，更充分证明这句话，此处不及申论。不过我可以正式告诉大家，我可以向大家证实这一事实：所有那些近代人生上的许多宝贵观念，为英美文化里面最主要所在者，只引起中国固有人生观念上一些纷扰，并不能取而代之。——这是几十年来的事实。

在一社会文化内，有了两种不同的是非取舍，已经失去中心骨干，陷于紊乱不安。更不得了的，是在英美派文化势力之后，布尔什维克的势力又进入中国来。三个不相协调的是非取舍混在一起，互为矛盾刺谬；试问这如何成为一个社会？读者试展望眼前世界上两大派文化之不易调和，或假想英美的观念播入苏联，苏联习尚流行英美，是多么杂乱无章，就知道三四十年来中国社会之如何光怪陆离，纷歧错综了。若有人叹息中国社会人心之堕落，而怪问其故，须知其故正在此。因为旧文化的长处易被取消，而旧文化的毛病不定取消得了。新文化的长处在正面未必发挥出作用，而人所有的通病或借着大得出路。矛盾冲突愈多，彼此之抵消愈大，正面发挥愈不可能，而各种短处一切毛病却尽得其机会。若有人苦闷于中国政治问题总得不到出路，而怪问其故，须知其故正在此。因为政治是表层；根本人生摇摆不定，进退莫知所据，则下面不稳，上面如何安立。三十余年间，任何一种新制度到中国来，都要失效，盖势所必然。

话归本题，我们的问题在哪里？我们的问题就在文化上极严重的失调。我愿明告国人：若没有对整个文化问题先有其根本见解，则政治问题的主张是无根的。要确定中国政治上一条路，必在对于整个文化问题有全盘打算之后，否则便谈不到。要对整个文化问题有全盘打算，又必须把中国固有的那一套和眼前世界上两大派文化相比较，深明其异同之故，而妙得其融通之道。假若此融通之道在思想上未能观〔形？〕成，则文化问题之全盘打算亦自无从谈。我们的问题之解决，一面须要求得国内和平，给我们建造新文化的机会；一面尤须作上项思想功夫，及全盘打算工作；然后才得向前开步走。

问题太大，我的话且止于此。附带说的，我个人所愿意尽力者即在上面所说思想功夫及打算工作。容后继续向国人请教。

录自《民主报》，1947年1月1日二版。

树立信用　力求合作

我现在提出两句话，贡献给国人，特别是贡献给国内各方面有心人士：

一、树立自己信用；

二、力求彼此合作。

以下我说明所以提出这两句话的大概意思。

一

我认为中国今天正是旧社会崩溃解体，新社会建造未成之际。一切问题，一切病痛，罔不由此而来。而卅余年间政治问题之总不得解决，则尤表著其苦闷之焦点。所谓政治问题之总不得解决，亦即指国家大局之总不得统一稳定而言。此一焦点，即全部问题之反映；而由此处不解决，其他问题其他病痛乃益相缘而均无法解决。如此辗转增上，牵缠一堆。——这是我的诊断，自民国十七八年到今天，没有改变过。我从来不同意那一种归咎帝国主义的流行说法。帝国主义之为害，只居问题的表面；问题主要是在中国社会本身，尤其在社会之崩溃解体。我从来亦不同意那"贫、愚、弱、私"一类说法（胡适之先生曾有五大魔之说亦此一类）。中国人的缺点，谁不看见？但问题之在社会组织结构间者，远较其在各个份子身上者严重多多。此外，从"反帝反封建"的口号，则封建势力之残存，亦被认为问题所在。我承认有些旧东西旧势力尚待涤除，然除之之法则在培养新东西新势力。若无新者之起来替代它，它不会去掉的。所以这些总非主要问题所在。

今天在抗战胜利后，中国国际地位已大为改善，而中国问题初未因以松解。反之，中国人的灾难今竟陷于无比之严重地步。这完全证明了我说问题主要在中国社会本身；帝国主义之为害，只居问题的表面的话。

我的认识既然如此，我的主张就一向集中在如何引此崩溃的旧社会，渡到新社会之建设途程上，而对于任何题目的暴力革命，或任何题目的对内作战，均不承认，反对到底。十多年来，我不满意国民党，不满意共产党，就为此。在新社会建设途程上，开头一步必在国家权力粗得统一。这原是建设之必要前提。至于真正统一之确立，则必待建设乃得完成。这亦即是说：先求政治问题一初步解决；至于政治问题之完满解决，那要随着新社会建设之完成而成的。这国家权力之粗得统一，当抗战初起，我以为大有希望。我同意毛泽东先生的见地：长期抗战决定长期合作；抗战中的合作决定抗战后的合作。即我料想强敌压境，必可促成国内团结，而使国家渐达于统一。我的坚强论据，就在中国人不团结不能驱除敌人，此无可置疑者；而我们之必定驱除敌人，亦属坚信不疑之事；则在胜利之前统一，不是确定了吗？胜利前统一，胜利后还能分裂吗？哪晓得事实竟不然！胜利前就没统一。胜利后之政治协商的任务，是专为谋国家统一的；看看可以成功，而偏偏到今天还是失败！凡此均可见其逗合之机远不逮崩离之势；中国社会之大可忧者在此！

二

中国今日之苦，就在旧社会崩溃，新社会未成，前后左右不接气；我们现在一面仍要努力和平统一运动，固不待言；一面便应当从根本上作接气工夫。此接气工作有二：

其一，便是致力文化问题的研究，而谋不同文化之沟通。因为使得中国旧社会崩溃的，并使得它新社会不易建成的，全是在文化之杂乱不调上。非从这里谋得其沟通协调之道，便无法使眼前那些头脑不同观念不同的人彼此接气。又非从这里研究，便无法看清楚前途要建设怎样的新社会，及如何建设之途径，而使前后社会早得接气。最近我在《大公报》上有《政治的根本在文化》一文，曾略申其意，请参看。其实民国廿三年春，天津《大公报》初辟星期论文栏，我写

《中国此刻尚不到有宪法成功时候》一文，我早就点出下面一些话给国人。

> 从中国固有思想与西洋近代思想之矛盾冲突，又西洋近代思想与其最近思潮之矛盾冲突，使得今日之中国人迷乱纷歧，无法建成一种优势的理性势力，亦就无法产生一优越有力的思想要求，以压倒其他，而为制定宪法之本。

> 中国人真成了人各一心，彼此心肝痛痒都到不了一处。意见理解很难相通。其形势之分散，心理之乖舛，盖古今所不可一遘。丁文江先生叹息中国人没有公共信仰，其实何敢谈信仰。且问他，有没有共同的问题公共的要求？

那时丁文江先生适有一文在《大公报》上，说要建立公共信仰的话。其意似与近中《观察》周刊吴世昌先生《中国需要重建权威》之说相近。吴先生在他文内，有这样的话：

> 权威不是实力，而是指某一社会中人群所同意信守的生活方式和原则——几颗思想上的大柱子，顶住了这社会的组织机构。（见《观察》1卷8期）

此其用意，似与我有相近处；足见问题所在，大家亦都感觉到。但我却不说《建立信仰》，《建立权威》，其他亦有不同，后当再论，此不多及。

又其一，便是现在所提出的两句话了。这两句话，要分别讲一讲。

马歇尔曾说，为中国国内和局最大障碍者，即国共双方彼此猜防太过，彼此不放心。这是事实。其实今天何止国共两方彼此相信不及。在此广大社会中，遍处皆是彼此不信任的空气。政治上，由此而党派合作不成，固然酿出当前莫大灾难；其实这种含毒气氛之流行，在社会之组成上便是根本的大危机。它可以使社会不成社会，失去社会所以存在之道。但我们怪谁呢？本来遍处都是骗子呀！遍处是骗局，遍处是谎言，口是心非，言行不符；尤以政治上为最甚，尤以政府当局为最甚。居高临下，制造而扬播这种气氛的，正是那些在上的人物！单是"坏事作尽"都不打紧，最可恶却是同时他"好话说尽"，使信义几若非人间所有，根本破坏社会所以组成之道。

为大局求转机，近而求各方面能和平合作，远而图新社会建设之有成，所以我以这"树立自己信用第一"一句话贡献于国人，并怀着万分恳切心情祈求于国人。社会上增多一个有信用的人，即增多一分元气。大事小事公事私事之进行即因之多一分积极可能。对于今天的中国，这就是极可贵之贡献。假若是一个党派或一个团体，或一个负时望的人物，或一个在社会有相当地位的人，那所关系者就更大。我们特别恳求他千万自爱，一言一动，出处进退，保持其已有之信用，再增其更高之信用；而千万不要不自爱惜，以致人们对他失望。那将不仅是他个人之自毁，而实在给予此可怜之社会又一大打击，一大破坏。他将不仅对不起他自己，他实更负罪于国家社会。我说这话，我直欲跪在他面前向他垂涕而道了。我大声高唱一句：树立自己信用第一！

本来人类社会所赖以组成者，如宗教、礼俗、法律、制度、一切成文或不成文的东西，大体都出于人为的，都是后天的，亦即是文化的。然人类所有好诚实恶诈欺之一点，则是先天的。凡心眼实在，表里如一，坦直慷爽，"言必信，行必果"这一类人到处都欢迎的。盖人与人心气相接通，彼此能共事者在此。所以在我们此时，纵然文化杂乱无章，未臻协调，难有凭准，而人人有信用，则犹有其可凭之点在，亦足以相维系。

更且是从这里亦不难产生新文化。今天我们新文化之难于产出，非在受到什么阻抗。恰相反，就苦在遇不着阻抗。你说"民主"，他亦说"民主"，人人都在说"民主"，你说"自由"他亦说"自由"，人人都在说"自由"。弄得"民主"、"自由"遍于天下，充耳塞目，不胜其烦，而民主自由乃愈不可得。你如果从名词上口号上求之，则各样不同文化在中国早已达于协调了，用不着再去创造。然而事实何在呢！所以只有群以无信用为贱，相约不理睬他，使他不能存在；一切澄清下来，然后中国才有办法。

三

树立自己信用第一，力求彼此合作第二。人们彼此间有信用，遇事自能合作；然为挽救大局，开展前途，更须加意求之。

国共两大党今天相杀相斫，不惜毁灭国家，是彼此不能合作之最大者。然而他们本是相争之两造，宿怨积仇，非有第三方面督迫之，岂易合作。在他们以外，广大之第三方面不能合作起来，成为一大力量，以转移形势，奠安大局，才是真该受责备者。而况且在第三方面原有联合的；不唯不能扩大充实这一联合，乃其后竟又合不拢，而一个一个裂出去。这才真是不能合作之最大者！陷大局于今天不可收拾地步者，实乃在此。在大局政治而外，其余不论大事小事，如我们所见。都为其间彼此不能合作，许多聪明，许多力气相抵相消，而牵陷于僵局，浸寻于毁败。随处都是例证，不烦枚举。则力求合作，岂非救时之药。

再则展望新社会，我相信前途，在政治上决不是各党各派各自活动，合法竞争，如英美方式，而是彼此合作；在经济上亦不是企业家互不相谋，自由主义之时代，而是生产者消费者都彼此合作。说世界潮流今后要日进于民主，亦正因今后一切的一切是要彼此合作之故。则力求合作，恰是进行新建设了。

因此，一切有心人应当在有形无形之间，随时随地，倡导合作运动，培植合作基础，散播合作种子，消除人与人间的险阻隔阂，使此涣散而且僵痹的社会融合复活起来。然而要同人合作；却亦不是一容易事。我素常讲人与人合作的基础条件有二：

一、在人格上不轻于怀疑人家；

二、在见识上不过于相信自己。

时下风气刻薄，专好以不肖之心推度旁人。谈论之间，总是说人坏话，不说人好话。一般人相与之间，除表面有些虚情客套外，其内心绝少对人存恭敬信服之意。自共产党理论之输入，动辄以"统治阶级""买办阶级""小资产阶级"等等指目于人，非怀敌意即存鄙视。而人亦以洪水猛兽视共产党，隔阂误会至不可解。这样就失去彼此合作基础，直是让社会走上绝路。我们必须先把自己放得坦白空洞，虚心以求了解一切。而在与人合作之初，尤须拿出信心与热情来。偶有误会隔阂，总力图打开，重新求取了解。如此路子愈走愈活，才可开出光明的前途。人情大抵不相远，而彼此感应之间，至神至速。顺转逆转，出入甚大。关键在我，不必责之于人。

对于一件事情，而两个人所见不同，主张各异，除了各有其立场与用意外，便是彼此的识见问题了。构成一个人之识见的，一则在他的头脑聪明，二则在他的学识经验，三则在他对此一事之见闻所得。这些地方，无论贤愚每每不肯让人。谁都觉得自己聪明，谁都相信自己的判断，谁都自以为是而不肯服人。彼此不能合作，亦多由于此。其实聪明关乎个性，经验限于一隅。与其各执一偏，不如善观其通，任何不对的见解，亦都是真理的一面影子。彼此所见不一致，未尝不可相资为用，正不必抹杀人家。平素我总感自家学识不足，临事且恐思虑有所未周，或者他所知道的有在我所知之外者，愿更资取于他，成就自己。往往这样，倒引起对方亦来接受我的意见。由相远而相近，由不合而渐合；合作基础遂以建立。

举个例来说，我与共产党之间显然有很大距离。在理论主张上，他有他们的一套，我亦自有本末。这距离不同寻常，不易泯没。然而根本上还是相通的。我有心肝，他们亦有心肝。我对于民族前途，对于整个人类前途，有我的看法及其远大理想，除掉这远大理想，便没有我。而他们恰是一个以远大理想为性命的集团。说到眼前一桩一桩事，尤其容易说得通。这样，遇着该当合作的事，就可以合作。语其合作之所以可能，要不外有合于上面两条件而已。在人格上，我不敢菲薄人家；相反的，我敬爱这些汉子。至于见解主张之不同，不妨"宽以居之"，一切从头商量。异中求同，依然有同可求。在事实所必要上，让一步又何妨。归总一句话：把人当人待，那里有说不通的话。自外于人，偏说人拒我，那就不行了。去年3月我第二度到延安，在他们欢迎会上，我就曾这样坦白自陈，并提出这合作的两基础条件，供他们参考。今又特提出请教于各方朋友，请教于国人。我以为只有这样把东西南北各式各样的朋友，都拉在一起合作，中国才有救。

《观察》，2 卷 1 期，1947 年 3 月 1 日。

两年来我有了哪些转变

三年来整个中国有了绝大转变，不但是面貌一新，气象不同，而且几乎每个角落的人，彼此互相影响着，从内心上亦都起了变化。就我个人来说，亦许旁人看着变化不大。其实在我自己正是"打破纪录"了。因我平素比较肯用心，对于什么问题恒自有见解主张，而我的行动又必本于自己之所知所信，不苟同于人，既好几十年于此；说思想转变这句话，谈何容易？更简捷地来说，我过去虽对于共产党的朋友有好感，乃至在政治上行动有配合，但在思想见解上却一直有很大距离，就直到1949年全国解放前夕，我还是自信我的对。等待最近亲眼看到共产党在建国上种种成功，凤昔我的见解多已站不住，乃始生极大惭愧心，检讨自己错误所在，而后恍然于中共之所以对。现在那个距离确实大大缩短了，且尚在缩短中。

我的思想转变起于1950年1月由川到京之后，为时还不够两年。其引发变化最有力的外缘约计有三：

（一）去年4月到9月我在华东，华北以及东北一些地方的参观考察；

（二）今年5月到8月我在川东合川县云门乡的参加土地改革工作；

（三）今年7月在云门土地改革中，正逢中共建党三十周年，读到几篇重要论文。

究竟我思想上有了哪些转变呢？

我从少年时代感受中国问题的刺激，即抱有解决中国问题的志愿。从清末参与辛亥革命以来，到现在四十年不断地实践，不断地思考，就筑起了对中国问题认识的一个体系。其间固自有我所认识的中国问题如何解决的途径，并亦有我所认识的中国问题所由形成的背景。所谓背景包含内外两面：一面是中国社会的历史发展；一面是西洋势力（特别是西洋文化）之所从来。所谓我的思想转变，主要指这些认识之得到修改。因为共产党的思想更自有它一贯的体系，而彼此又同在求着解决一个中国问题，所以一切所见不合亦就始终环绕着一个中心问题——中国社会的阶级问题。简捷地说：我过去一直不同意他们以阶级眼光观察中国社会，以阶级斗争解决中国问题，而现在所谓得到修改者亦即在此。

不过点头的自是点头了；还点不下头来的，亦就不能放弃原有意见。本文分作几个问题以扼要的语句来说一说。对于某一点转变的由来当然要说出；对于未曾改变的意见，是不想申论的。但为了分清哪个已变，哪个未变，有时不可避免地要提到一些。两年来奔走各处，既竭心力，竟未能有进于此；如何进一步求通，正所望于朋友们指教了！

一　旧日中国是不是封建社会？

中国问题形成于近百年来世界大交通以后；旧日中国指那以前的而说，似亦可通指秦汉以来两千年间的中国。中共认它为封建社会，我则意见不同。因我认它不再是社会发展史上五阶段的那个第三段——封建社会。假如是的，那么通过它就可以进到第四段——资本社会。然而它已经不可能了。依我所见，中国封建阶级当周秦之际由内部软化分解而解体；秦汉以后的社会便已陷于盘旋而不进——不再进向于第四段。盘旋不进与进步慢截然两事；若说它是封建社会便不得辩白，所以我总不愿这样说。它是否就已从封建社会解放出来了呢？那亦并没有。如我所说，它时不免"逆转于封建"的。（具见旧著《中国文化要义》一书，以下均同。）

在这问题上我的意见大致没有改变，却可说有所省觉。此即在鲁南莒县考察中，在西南合川县参加土地改革中，对中国社会的封建性特有省觉。

二　中国社会发展可能不可能有特殊？

从上所说，肯定了中国社会发展有其特殊之路，这似乎不大合于唯物史观。在我的思想上，是很欣赏以阶级的"从无到有，又从有到无"来理解人类历史的；以为这样确能得其要领。所以社会发展上一般要经过的五阶段，说中国亦会要经过，原是可以这样说的。但我却发觉中西社会似乎很早就有些两样，而中国封建解体之不同乎西洋尤其显著。在这以后便陷于盘旋往复，失去社会应有的发展前途。那么该当怎样解释这问题呢？我在旧著中说，要知生命创进不受任何限制，尽可有其势较顺之顺序（次第五阶段），却并无一定不易之规律。现在我还是认为社会发展信有其自然顺序，然却非机械必然的。如我所见，失其顺序的或者不止中国，似乎印度亦是一例。

这亦就是说，社会发展史有例外是可能的，这种讲法能在马列主义中得到许可吗？我却不知道了。

三　中国社会缺乏阶级的问题

从上所说亦就可以同时回答了此一问题。对中国社会的封建性有省觉，亦即对于其社会的阶级形势有所省觉。这是一回事。但仍有深刻地谈一谈之必要。

我向以"伦理为本位，职业分途"两句话，点出秦汉后中国社会结构之特殊。在此特殊结构中，阶级对立的形势被隐没，被缓和，被分散；因而我一向强调中国缺乏阶级。但我的话仍然从两面而来说的，试检旧著便知。旧著中说：缺乏阶级自是中国社会的特殊性，而阶级之形成于社会间则是人类社会的一般性；凡不能指明其特殊性而从其一般性以为说者，不为知中国。但中国其势亦不能尽失其一般性，故其形成阶级之趋势二千年间不绝于历史。特殊性与一般性迭为消长，表见为往复之象。这几句话现在看去仍不失于正确。然则所谓"有所省觉"是否便是侧重了一些有阶级呢？更有进于此者：

中国人缺乏阶级意识（阶级自觉），尤不习于阶级观点（本于阶级眼光分析事物），与其社会之缺乏阶级的事实是分不开的，亦是迭互为影响的。并且二千年的老社会亦就是藉着这样而过日子。但在从前是需要的，是只能如此的；在求着解决中国问题，改造中国社会的今天，便恰恰不适用了。中国共产党今天所以成功，恰在前面说过我一直不同意于他的那一点：以阶级眼光观察中国社会，以阶级斗争解决中国问题。我现在觉悟到尽管中国社会有其缺乏阶级的事实，仍然要本着阶级观点来把握它，才有办法。看下文自详。

四 中国问题是不是要从阶级斗争中求解决？

在这一问题上，三年来的建国事实给我的教训最大，两年来的各处观察给我的启发最大，因而我的思想转变最大。过去答案是否定的，今天却是肯定的了。为了叙明旧见解是怎样得到纠正的，须先一叙旧见解的由来。

旧见解具详旧著《乡村建设理论》一书，可综括为四句话：

（一）在中国问题的解决上不须作若何暴力斗争。诚然中国问题的解决在于完成一大革命；革命要紧在社会秩序的根本变革，使得人们从一旧社会解放出来，进入一新社会；而照一般说不经过一番暴力斗争便不能推翻旧秩序。但恰不能把中国作一般国家看待。一般国家莫非阶级统治，其社会秩序皆有一大强制力为后盾，所以非暴力革命流血斗争不可。中国如我旧著之所阐明，它乃是融国家于社会，以天下而兼国家，不属于一般国家类型的。它之所以如此者，又源于它很早便是以道德代宗教，以礼俗代法律，其社会秩序恒自尔维持，若无假乎强制之力。两千多年来它常常是一种消极相安之局，而非积极统治之局。积极统治是以阶级对阶级之所有事；"一人在上而万人在下"的局面，则只能求一个消极相安。历史上要推翻一个王朝总不费力；费力全在事后如何并群雄为一雄。这就是其两阶级对立的形势不足，而特苦于散漫之明证。清末我们就是在这种文化背景社会基础上而发动革命的。又加上当时国人主要是激迫于外患，而非发乎内部问题；从救国意义上几乎人人（包括清廷官吏在内）都可同情革命。暴动流血自然还是要有的；坚决相持的斗争何必然？这亦就是后来事实上果然并不费力的道理。而随着清廷之倒，两千年相沿的旧秩序（当时说为专制制度）亦就推翻，特别是其有强制力的那部分被推翻了。在此后，暴力斗争更无必要。

（二）解决中国问题的功夫有远在暴力斗争以外者。法国式的资产阶级民主革命，当旧秩序推翻后，新秩序便豁然呈露，或一步一步自然展开，不必要费一番建造功夫。而俄国式的社会主义革命，却在推翻旧秩序后还要大费一番功夫建造新秩序。如前所说，中国两千年已陷于往复盘旋，失去社会应有的发展前途，本来这两种革命都不可能发生的；却由于近百年世界大交通，中国历史世界历史汇合一流而形成了中国问题，势必要完成这两种革命，才算问题解决。正为不论从哪种革命来说，新社会均未得孕育于历史，新秩序的建造工程乃重要而艰巨无可比？为此。但在这里，暴力斗争却全然用不上。

（三）暴力斗争解决不了中国问题。中国自 1911 年后国内战争相寻无已，同时外患每与内战相缘而俱来，不特谈不到新社会的建造，抑且百业受其摧残，整个社会天天在向下沉沦。要扭转此向下之势而向上，必自建立统一稳定的政权结束内战始。能如此即是中国问题解决的开端；不能如此，则一开端亦不可得，只有等待灭亡。所谓斗争解决不了问题，即指从斗争建立不了此统一稳定的政权说，旧著曾再三点明。这个道理很简单，即在中国缺乏对立的两面，而形势特散。有两面才好斗，亦自然要斗，斗亦能斗出结果来。结果指一面压倒一面，而国权树立。形势特散的中国，缺乏对立的两面，在外患侵逼之下，只有亟求调整关系而合作，不能斗。斗就要陷于乱斗，就要混战一场而没有结果。

成其为两面或不成其为两面，如何鉴别？依何决定？假如在国内战争上可以看出其有阶级分野，那就是有两面。但显然看不出；我们能说吴佩孚代表什么阶级，张作霖代表什么阶级吗？反之，他们的分别不在此，都是以直系、奉系、皖系、桂系、浙系……来分的。这就见出阶级分野不够重要，没有力量。再则要明白：阶级问题要紧在剥削被剥削；而剥削（不论封建性的或资本主义的）却必在一定秩序下进行。有秩序便有两面；否则，不成两面。二三十年来中国已成了一种争夺之局，而够不上说剥削的局面。它不是有一不平等的秩序，而早没有秩序了。自 1911 年来旧秩序推翻，新秩序讫未建立，即陷于"秩序的饥荒"中；这正是最痛苦所在。我们应该怎样求着从争夺局面进为剥削局面，却谈不到反剥削。假若有一不平等秩序，可以斗争推翻它；没有秩序而用暴力斗争，只是乱上加乱。

（四）暴力斗争将更迟延了中国问题的解决。新秩序之讫难建立，实为新社会未得先有所孕育于历史中，以致旧秩序推翻后却缺乏建设新秩序所需条件（特别是其物质基础）。事后补救全在艰巨的建造新秩序工程中。此时愈给社会以培养进步的机会愈好，而有方针有计划地向前推进，以完成此一建造工程最为理想。那么，如何奠立一个统一稳定的新政权即为其必要前提。这一切都要调整社会关系增进社会关系以求之，而切忌分化斗争，暴动破坏。那样作，将必延滞社会进步，妨碍统一稳定，使新秩序不得其建造，亦即更迟延了中国革命的完成、中国问题的解决。

由于我心里的反对最坚决，盼望中共转变最殷切，所以一旦得闻其倡导抗日而放弃对内斗争，即跑去访问延安，那时距卢沟桥事件不过刚六个月。此后奔走团结（抗战中）争取和平（胜利后），逐逐八年，不敢惜力；而一旦料知和平无望，即拔脚走开，三年不出；要无非自行其所信，一贯而不移。

今天看来，其果于自信如此者，一面虽亦是在某些点上不为无见；一面却正是主观有所蔽，遂于国际的国内的某些事实，视而不见，听而不闻。这种自己蒙蔽自己，是直待去年和今年乃始发觉的。

去年游历山东老解放区，清楚了从抗日伪到抗蒋美十多年的斗争经过，立即恍然于自己一向错误之所在。斗争的经过是这样的：日寇初来，国军撤退，各地成立抗敌组织，社会各阶层一般都参加；有钱出钱，有力出力。及至日寇大事扫荡，抗战入于艰苦阶段，许多地区不能保持。在敌伪残杀威胁和利诱之下，城镇中地主富绅率先投降，凡是那些“有身家者”亦皆所不免。其始终团结在八路军共产党领导下坚持而不散者，末后却只剩贫苦农民了。阶级成分至此乃大见区别。胜利之前，开始反攻，至胜利后收复许多地方。在“反汉奸”运动下，农民清算斗争了许多地主富农，阶级对立于是尖锐。不久，蒋军又来进攻解放区而占领之，地富便有“反清算”斗争，而杀了农民。阶级相仇，又自加深。但蒋军还是站不住；解放军回到解放区之后，农民又起来杀地富；且从土改而最后消灭了地富阶级。

这一事实经过，显示出来：这些北方农村中尽缺乏两面对立的阶级如欧洲中古者，但既有贫富不同，遇到机会亦可能裂开两边而相斗的。我过去只看其静态，而于这种可能发展却未注意估计到；此是第一错误。更大错误乃在我竟忽视了这种可能机会很自然地就要到来。因在整个世界正从阶级立场分成两大阵营而决斗的今天，其势必然要把中国社会亦扯裂到两边去。我一向强调“中国处在世界大革命形势中不容自外”的话，何以还是孤立地来看中国问题?! 其中自是有一主观偏向在，而不自觉。

同一偏向，使我于国内社会事实亦只爱看其缺乏阶级的一面，而有意无意忽视其相反一面。漫然以我们在邹平、定县各处之所见为足，在山东数年而不去调查莒县、诸城、单县、曹县那些地方，在四川数年而于其地主剥削实况不加考察。直待去年到鲁南参观，今年参加西南土地改革，乃始有所见有闻。像这样谈社会问题，何能免于自欺欺人之讥。

所谓三年来的事实给我的教训最大者，即是若干年来我坚决不相信的事实，竟出现在我眼前。这不是旁的事，就是一个全国统一稳定的政权竟从阶级斗争而奠立了。我估料它一定要陷于乱斗混战没有结果的，居然有结果，而且结果显赫，分明不虚。我何以估料错了呢? 对于国际的国内的那种种形势漫不加察，没算在内；我认为分不成两面的，归根到底还是分为两面了。其次，我又对于马列主义太欠研究，误以为斗争只是斗争，不料想毛主席却有"又联合又斗争"的统一战线那一套运用。于是就不但分开两面，始终斗而不乱；更且不断扩大了自己一面而终于制胜强敌。当全国解放之初，我还对于前途的统一稳定有些信不及。此次到西南参加土地改革，在下面看了看，才知道高高在上的北京政府竟是在四远角落的农民身上牢牢建筑起来；每一个农民便是一块基石。若问似这般鬼斧神工从何而致? 还不是说破唇皮的四个大字：阶级斗争!

结束一句：既然客观形势上中国不可免地要卷入世界漩涡，而终必出于阶级斗争之一途，那么，阶级斗争便是解决中国问题的真理。眼前的事实即是其征验。

五　接受不接受唯物观点?

我从不相信我是唯心论者，亦如我从不相信我是改良主义一样。正如此，所以总不喜欢旁人向我宣传革命，向我宣传唯物。——我何尝不革命? 我未尝不唯物!

但我近来却于唯物观点有所体会了。例如前说"尽管中国社会有其缺乏阶级的事实，仍然要从阶级观点来把握它"，那个阶级观点即唯物观点。又如在前觉悟到自己有一主观偏向作怪，才明白共产党说我们这些人是小资产阶级正是有道理的。这道理即是唯物观点。

唯物观点似乎就是对一切事物都要其具有客观性的那一面来看它，来把握它。总要能把握它，才有办法。因为我们不徒在理解这世界而在要改造这世界。改造世界要有办法才行；办法都从把握了客观情况生出来的。

如我为主观偏向所蔽，不能把握国际的国内的客观情况，即落于被动而解决不了中国问题。一切失败无不从自己落于被动来；时时争取主动，才得有胜利。怎样争取主动呢？那就要唯物。必唯物而后能"制物而不制于物"。

唯物乃所以争取主动，而不是取消了主动，这是必须记取的。我明明是一个小资产阶级，却不从这个地方去把握它以求改造；纵然不愿落于小资产阶级的毛病，其结果还是落入而不能出；因为不唯物。但假如我说"我是小资产阶级，天生来有小资产阶级的毛病改不了"；那便是取消了主动，那是机械论，亦不是这里所讲的辩证唯物。为了改造自己的毛病，而冷眼地把握"一个小资产阶级"这一客观事实，以争取主动；那么，就合于辩证唯物主义了。

我即从此义（为了争取主动）而接受唯物观点。

六　中国革命要由什么人来领导？

过去我既不同意共产党以阶级眼光观察中国社会，以阶级斗争解决中国问题，当然亦就不承认中国革命要由无产阶级领导之说。现在相信了阶级观点、唯物观点有道理，自亦承认了这一说法。但仍有把前后如何转变谈一谈的必要。

当初我的意见是这样：中国自秦汉后循环于一治一乱，是没有革命的。近百年世界大交通以来，盘旋往复之局被打破，旧有社会至此将必为一新社会所代替，乃信有所谓革命。但究非社会内部自发的阶级革命，而是从外引发的民族运动表见为革命。所谓从外引发具有三义：（一）从外侮侵凌而激起来要自己整顿内部，以应付新环境；（二）从领会外来的新理想而发动了对固有文化（政治经济一切在内）的革命；（三）从外面世界引起中国社会逐渐变质，而内外联通一片，在当前世界革命大形势中不容自外。社会内部矛盾当然是有的，但民族的危难掩过它。它可以为发动革命之资，革命却不发于此。其政治改造趋向民主主义，而却非发乎反封建争自由；

其政治经济改造趋向社会主义，亦不是发乎反资本主义的斗争。大抵其旨都在改造固有文化以救国（或实现理想）。中国革命先导孙中山先生称他的三民主义为救国主义，就是为此。因此像某种革命以某一定之阶级为其动力之公式，在这里便不尽合用。革命不革命，在这里初不以阶级来分，却看谁接触外面世界较早和谁关心国事或否为定。对于外面世界无见无闻的人，尽可不满现状，却看不清前途往哪里走，就于革命隔膜。中国革命最早的形式表现为新旧之争；中国革命尝被谑称为"留洋学生的革命"；而革命策源地总在沿江沿海的广东等地方，一切都是为此之故。特别要知道，像阶级革命前夕，被压迫者非打破现状为社会求出路便没有自己的出路，那种形势在这里是没有的。相反地，这里是个人自求出路于现状之中，还较打破现状为社会求出路容易得多。如我们所亲见，革命的人都不顾身家，身家念重便不能革命；革命的心情正有如古人所说"先天下之忧而忧，后天下之乐而乐"者。总结来说：中国革命天然就是先知先觉仁人志士在发动，在领导，而全然不是什么资产阶级或无产阶级。

中国革命的发动与领导虽不在一般农工劳苦大众；但中国问题给他们的苦难最深，则在解决中国问题上正要靠他们的力量，固自无疑。工农比较，农民力量是大的，不须说。抑更为在政治上在经济上莫非都在压迫着农村，农村的痛苦表现中国问题的灼点；解决问题就要从农村入手，解决问题的力量亦就要在农民。

所以我的理论，中国革命的动力是要知识分子下乡与农民合起来构成的。好比一个巨人，农民等于是他的躯干，知识分子则作他的耳目，作他的喉舌，作他的头脑。两面彼此互不能缺少。虽则知识分子尽不必是在前所称"先知先觉，仁人志士"；然而一切知识分子正都应该认识并且负起这个任务。因为今日知识分子即旧日士、农、工、商四民中的士人，在旧社会结构中实有其特殊位置和职分。从其固有位置和职分，遭遇今天这时代，恰恰就应该是这样。

今天看来这种说法虽于固有历史和文化不为无见，却亦蔽于其所见而不见其他。在前述 5 个问题上我所得那些省觉或转变，显然都于纠正这种说法有关，不必重叙。于此之外有几点应须一说的，约举如次——

（一）过去我不留心的无产阶级立场仍当作某一阶级的狭隘立场，因而误认这于民族危难的中国正应该大家都从民族立场出发的时候是不合适。在明白在人类历史中各个革命阶级当其革命时皆有合于正义与公道的一面，但除了此时此面却不免狭隘自私。唯独到了无产阶级，乃是历史全程中最末后一革命阶级，它负着彻底解放全人类的使命，就不像其前者之各有所局限，而必然要廓然至公至明才行。它既不会因民族而废阶级——它不可能当本民族侵略压迫其他民族时，还站在本民族一边而失其阶级立场国际主义；它亦不会因阶级而废民族——它亦不可能当本民族被其他民族侵略压迫时，还只顾本阶级而失民族立场爱国主义。

（二）过去我强调中国革命的特殊性，总要把它划出于一般革命之外，名为承认它是世界革命的一部分实际等于没有承认。现在事实告诉我中国革命要通过世界性的大阶级斗争而得完成，乃知我们只能在一般革命中讲中国的特殊性，而不应跳出革命范畴来讲。这样正不必论中国的无产阶级大小强弱如何，而承认中国革命只能由无产阶级来领导了。

（三）我一向认为两个不同的革命力量——资产阶级与无产阶级——相联地都没有在中国历史培养出来，是过去我们一直没有革命的原因，亦是当前革命不能不特殊的基本理由。同时看见中国共产党明明是许多知识分子和农民，却自号为无产阶级，显然名不符实。又看见他们避开城市工人运动而专走农村斗争之路，直无以自圆其说，更觉得凡抄袭外国的都不行。而我的特殊论的信念于此乃益加强。后来虽明白：当前客观形势决定了中国革命的性质和道路，而从什么性质的革命便决定要什么人来领导，尽管其人并非无产阶级，而看清了中国革命要如此，还是可以学着站在无产阶级立场，作无产阶级之事的。但仍然不解：这个知识分子和农民的大集团，究竟其无产阶级化的过程是怎么样的？又且怀疑，这是不是客观（缺乏无产阶级的社会事实）不足以决定主观（学作无产阶级的自己想法），而主观力量强到足以代替了客观呢？直待中共建党三十周年纪念，读到彭真市长那篇论文，[①] 把他们从一个知识分子或农民怎样在特殊境况中而无产阶级化的过程说出来，乃始恍然而得其解答。从而我亦得以了解

---

① 彭真在《马克思列宁主义在中国的胜利》一文，有如下的话：他们（共产党）加入在一种军事共产主义的供给制生活。……而且过着严格的集体生活，具有至少是不亚于产业工人的组织性、纪律性和觉悟性。现在这种党员的实际社会成分，已经不是农民，而是革命职员或革命军人。所谓农民成分，对于他们不过只是一种历史成分。（他们早已脱离了小块土地和小生产对于他们的束缚和局限性。）

另外一大问题：中国革命的主要形式为什么是武装斗争？

如前所叙陈，在我认为是：中国问题的解决不大需要暴力，不相宜用暴力，乃至暴力亦用不上。但在斯大林和毛主席却偏都强调武装斗争是中国革命的特点，或其主要形式。而且今天的事实亦完全证明是这样。很久我想不通这个窍，如今明白了；不这样，那完成中国革命的力量便无从培养出来。

第一，我们要知道老中国所不同于西洋的，就在没有近代工商业。——这恰是近代两个不同革命力量的总来源。近百年世界大交通后，近代工商业虽传过来，却一直未得好的发展。其在 1911 革命前，既扼于不平等条约，以这样大国家说，贫弱得仅胜于无。其在 1911 后，内战迭起而不休，更是内外夹攻，难得有机会发展。因此中国革命力量的来源，在这一方面说，几乎是被截断的。中国革命力量的取给，初不在此。

第二，要知道老中国社会所由构成的士、农、工、商四民，士与农最关重要。后来有了资产阶级、无产阶级，其意义与作用，自非昔日的商与工所可比，而由于比重太小，在全国大局上关系微弱。如我所见。满清的推翻只是留洋学生"新士大夫"所为，并不与资产阶级相干。后此分量是渐加重了。而为后此革命来源的"五四运动"仍是新知识层的事，他们（资本家）不过居响应地位。中国革命力量自始至终不能不寄于优秀的知识分子和广大的农民，这是一定的。

第三，要知道知识分子的不切实际而善变，农民的落后与短视，加之以他们所同具的高度散漫性，如果不改造一番，是万万不胜革命之任的。还有新知识分子群趋于都市而不返，农民滞居乡村而不出，彼此如不相结合亦是不能形成力量的。根据以上三层，在我们心中就会发生中国革命力量如何养成的疑问。

确实这是一个问题。在什么时间，在什么空间，采什么方式，都很难为它设想。假如事先来设计，敢断定谁亦设计不出的。

再说到时间问题。既说为培养，便不能时间太短。但何处社会容许这样反抗现秩序的力量从从容容存在且长大呢？在旧秩序尚作有力的统治时必不能容；在新秩序建造起时又已用不着。唯一于它适合的，是旧秩序已失其有力统治而新秩序尚有待建造那段时间。这惟在中国有而且长。缺乏历史孕育而从外引发的中国革命，在旧秩序推翻后，新秩序建立不起者几近四十年。那么就尽有足够时间来培养成功这巨大的革命力量了。

再又说到空间问题。这一革命力量的培养，在空间上又是不能太小的。但在一国之内这样划地自守，尖锐反抗国权，虽小且难见容，何况要大呢？不止要大，而且要愈长愈大。说明白一点，便是要在一国之内又新长出一个国来。试问除了近几十年在中国，更向何处去找这空间。毛主席曾有《中国的红色政权为什么能够存在？》一文，就是给这空间一个说明。那还只是说抗战前的事。在抗战中，国境大部沦陷。在广大的沦陷区域，乃是更适于这革命力量得到培养和发展的空间。于是这空间问题又从时势演变而天然解决了。

于此有一对照：在 1911 年革命后，我对于国内秩序状态，即怀抱一大苦闷，久久不得解决，迫切要求建造新秩序以完成革命。此完成革命力量要在知识分子下乡与农民结合而成，似我所设想者与这里的事实亦甚相近。然其根本不同处：我正以无秩序为苦，而共产党却就苦其有秩序。因此他们非武装斗争不可，而我则不然。有斗争即有发展。此发展是两面的：一面是对外扩大势力，一面是不断改造自己。末后在他们则一个个无产阶级化，而壮大了无产阶级政党如今天这样，并且于新秩序的建造工程已有很好的开端。在我这里呢，知识分子还是知识分子，农民还是农民，虽亦曾要求组织成团体，却全然一场空话。

关于我的荒唐失败今且不谈；亟须结束以上的话。

以上的话无非解说：担负建造新秩序完成中国革命的一大力量——中国的无产政党——就是这样培养长大的。其中要点，一则在有"非此不可"的必然性，又一则在有"机会丰富"的可能性。历史就是"非此不可"遇着"机会丰富"，两下合成的，亦可说"天造地设"吧！必须说到这里而后于无产阶级领导中国革命之义可以无疑。

七　群众运动中的领导问题

说起来惭愧，我亦算是搞过群众运动吧！因我有志领导农民，亦曾下乡，实行我的乡村建设运动。现在对于群众运动这件事在我思想上亦有些省觉和转变，可略说一说。

记得 1938 年 1 月访问延安时，毛主席问我作乡村运动曾感到有什么问题和困难。我开口一句便说：最困难的就是农民好静不好动。毛主席没容我讲下去，就说：你错了！农民是要动的；他哪里要静？我的话自有所为而发，例如：农民对新事物之不感兴趣，不大接受，许多事情办成之后，农民念道它的好处不置，而当其开始时总是怕麻烦，态度消极。对他的话，当时不甚了解，却亦引起注意。其后读到《湖南农民运动考察报告》，乃知其所谓。此次参加西南土地改革就更懂得了。在湖南和四川这种地方，农民茹苦郁塞于封建势力种种压迫之下，确乎是要动的。北方情形不尽相同，似不能以彼例此。但我颇有省觉于当初我们未能抓住农民真痛真痒所在；抓住他的痛痒而启发之，他还是要动的。说农民好静不好动，还是隔膜；彼此还不是一个心。群众运动的入门诀窍，似要在变自己为群众。在任何问题上，先不要有自己的意思，除非群众已经看你是他们的人之一。

　　共产党可佩服之处甚多，而我最佩服的则是其群众运动。我尝叹息，自古以来有群众，自古以来亦有领导，但却没有领导与群众结合像这样好的。过去我亦有依靠群众之意，但比起他们来，那就太肤浅了。至于向群众学习，虽作风偶有类似，只是偶有而已，绝未把它作一信条。今后我如作群众运动，首先要改的就是"我来领导"那个观念。

《光明日报》，1951 年 10 月 5 日。

关于经济基础及其上层建筑问题

（读书笔记）

这里的问题约有三层：

（一） 所谓经济基础究竟指什么而说？

（二） 哪许多东西是所谓上层建筑？其间又有些什么不同？

（三） 在经济基础与其上层建筑之间有着何等样的关系？

兹就尤金博士的《斯大林关于语言学问题的著作对于社会科学发展的意义》一文（1951 年 10 月 17、18 日《人民日报》），摘录其对以上三层所说的话，分别列后，并寻绎其意试作结语。

（一） 所谓经济基础究竟指什么而说？

从尤金博士原文摘录如次：

1. 在斯大林同志关于语言学问题的著作发表以前，有时候人们竟把生产力、技术列在社会的经济基础以内。（下略）

2. （上略）而在语言学问题的著作中，斯大林同志……把注意力集中在生产关系构成社会的经济根基，即经济基础一点上。

3. 对于社会经济基础这一问题的看法存在着两种极端，两种危险。第一种极端是企图把经济基础这一概念归结为生产，归结为技术。这种观点是不科学的，非马克思主义的；因为它使得我们对于社会的发展规律得出庸俗的机械的理解。（中略）另一种极端是把经济基础与生产力、与生产分离开来加以考察。这就使得社会中的阶级关系、人的关系被看成某种抽象的东西，被看成为与物质生产过程无关的东西。（中略）斯大林同志……扫清了对经济基础的庸俗的机械的

理解，也扫清了对经济基础的唯心论的理解。（下略）

4. 大家知道，生产关系所回答的是生产资料归谁所有的问题。所有制形式是这一种或那一种生产关系的基础。

5. 斯大林同志使我们对于什么是基础与上层建筑这一问题得到了极其确切的理解：“基础是社会发展到某一阶段上的社会经济制度。”（下略）

6. 资本主义各国现有的生产力水平早已完全准备成熟，以致在这些国家中可以开始过渡到社会主义了。然而，纵然在生产这方面准备了这一点，但是生产资料却掌握在资产阶级手里；这里的经济制度、经济基础是资本主义的而不是社会主义的。因此，要不消灭资本主义的经济制度，就不可能过渡到社会主义，虽然生产力已经成熟到可以实现这种过渡了。

7. （上略）统治阶级依靠国家，以强力迫使劳动者服从剥削者，以强力力求保存其对生产资料所有权之不受侵犯，保存他们的经济基础。

8. 在我们的哲学、经济学、历史学及其他书籍中，时常见到把生产方式与经济制度混淆起来与同一看待的现象，结果得出错误和有害的结论。

依据以上这些话，还有未及摘列的话，我们可以试作以下的结语：

1. 生产力、技术等不在所谓经济基础以内。

2. 生产关系——它回答生产资料归谁所有问题——构成社会的经济基础。“所有制形式”，大概便是：奴隶主所有制、封建地主所有制、资本家所有制、社会公共所有制。因此所以说：“基础就是社会发展到某一阶段的社会经济制度。”

3. 经济制度主要就是所有制，就是生产关系而已，不包含生产力在内；而生产方式却是生产力与生产关系的统一，故此不可把生产方式与经济制度混同起来。

（二）哪许多东西是所谓上层建筑？其间又有些什么不同？

以尤金博士原文摘录如次：

1. 斯大林同志使我们对于什么是基础与上层建筑这一点得到了极其确切的理解："基础是社会发展到某一阶段上的社会经济制度；上层建筑是社会对于政治、法律、宗教、艺术、哲学的观点，以及适合于这些观点的政治、法律等制度。"

2. 斯大林同志指出："基础之所以创立自己的上层建筑，也就是为了要使上层建筑替它服务，要使上层建筑积极帮助它形成起来和巩固起来，要使上层建筑积极为消灭已经过时的旧基础及其旧上层建筑而斗争，只要上层建筑拒绝履行它替基础服务的作用，只要上层建筑从积极保卫自己基础的立场走到对自己基础漠不关心的立场，走到对各个阶级同等看待立场，它就会丧失自己的本质，并终止其为上层建筑。"

3. 关于这一问题（社会意识形态的哪些领域应归入上层建筑之列的问题），近来在我国杂志上曾发表了许多文章，而在许多作者中间却存在着极不相同的观点。（中略）要正确回答这些已被提出的问题，首先必须以一切社会意识形态都是社会物质存在的反映，这一无可争辩的马克思主义原理为出发点。（下略）

4. 但是大家知道：思想、理论，观点，当它们发生以后，就具有积极的力量，并且反转过来影响物质生活条件。其次，社会意识的一切形态都具有相对的独立性，并有自己的发展历史。所以在这里最重要的，就是每一种社会意识形态都有自己的特点、自己的特殊性和自己发生与发展的规律。

5. 例如拿科学来说，这里就很显然，决不能把自然科学和社会科学混为一谈。（中略）社会科学和理论，都是为各个阶级经济利益而斗争的一种直接的和积极的形态，都是反映社会政治观点的阶级性的科学；所以它们包括在上层建筑之内。（下略）

6. 至于以自然为研究对象的自然科学，则有若干不同。（中略）自然科学就其本质说来，能够发现而且正在发现自然发展的客观规律——能够发现而且正在发现那种不仅不依赖于人们的意识而且不依赖于每一时代社会制度性质的客观真理。

7. 研究自然的科学，还有另外一个特点。它们照例是和生产直接联系着、直接为生产服务。（中略）并一视同仁地替资本主义社会和社会主义社会服务的。

8. 自然科学这一切特点，使我们不能不得出一个结论，即自然科学按其本来直接的面目，并不适合于那些使它具有上层建筑特性的条件。斯大林同志指出了上层建筑的一个显著特点，就是它不是与生产直接联系的。他说："上层建筑与生产及人的生产行为没有直接联系。上层建筑只是经过经济基础的中介与生产发生间接的联系。"

9. 同时毫无疑问，自然科学虽不完全是上层建筑，但它本身却包含有若干上层建筑的现象，并和上层建筑相联系的。（中略）恩格斯早就指出过，不论自然科学家愿意与否，他们必然地以哲学为指导。（中略）自然科学中的世界观因素，已经把自然科学和上层建筑联系起来。（下略）

10. 斯大林……以语言为例，指出并非所有一切社会现象都必定或者是属于基础，或者是属于上层建筑。在社会生活中，有一些现象是在许多历史时代、许多生产方式中创立的，替许多经济基础服务的；而在每一特定时代，亦是替各不同的社会阶级服务的。

11. 由于每一历史时代有着彼此进行斗争的各个不同的对立的阶级，所以每一历史时代所产生的思想、观点、制度远比统治阶级利益所需要者为多。（中略）因此，文学和艺术在社会生活中的作用，也是可以理解的。文学和艺术本身表现社会的最充分的艺术的与美学的观点，因而为它们反映着各个不同社会阶级的利益，所以它们是有阶级性的；因而它们亦包括在上层建筑之内。（中略）每一时代的文学和艺术都反映出该经济制度的全部深刻的矛盾，并且它们本身就是经过斗争、经过矛盾而发展起来的。（下略）

12. 但是将艺术和文学归属于上层建筑，便认为因为由经济基础所产生的上层建筑是随着基础而一起灭亡、更替的缘故，所以过去各个历史时代所创造出来的宝贵的和伟大的东西都会死亡，那是很大的错误。

13. 至于其他社会观点和理论，也都是一样。哲学、政治经济学和历史学都反映社会各阶级的利益。但是随着旧基础和旧上层建筑的死亡，一切在旧社会中是进步的东西却保存下来。

依据以上这些话，还有未及摘列的话，我们可以试作以下的结语：

1. "一切社会意识形态都是社会物质存在的反映"，这是唯物论的基本见解，是普泛的说法，还不是"经济基础与其上层建筑"之说。这里所谓经济基础如前已明，是专指种种形式的生产资料所有制；对于经济基础而说的上层建筑，其范围于此亦正有所限定。所谓上层建筑就是社会意识形态（宗教、哲学、科学、文学、艺术、政治、法律制度等）里，产生于某一经济基础之上，特为此一经济基础而服务的那许多东西。

2. 除像语言这种东西，是在许多历史时代替许多经济基础服务，在每一时代只是替各不同的社会阶级服务，可不说外；一时的社会意识形态大体说来都难免于为它那一时的经济基础服务的。但其中亦有许多不同。有如自然科学的绝大部分学理，既有其客观真实性，无问于任何历史时代、经济基础而皆然，又同样为不同社会的生产而服务，当然就不在上层建筑之列。又有如文学、艺术以及其他等，虽或依于主观而立，恒具有其阶级性，不能通于一切；但它们因为阶级不一却不一定都为此一时的统治阶级服务，亦即不一定都为此一经济基础服务，那么，亦就不一定全都在上层建筑之列了。大约密切结合于经济制度——经济基础而为之服务的，莫过于那一时的政治、法律、宗教及其相关的那些社会科学；它们大约可以算作上层建筑之中坚部分。

（三）在经济基础与其上层建筑之间有着何等样的关系？

从尤金博士原文摘录如次：

1. "社会的生产方式怎样，社会本身在基本上亦就会怎样，社会的思想和理论、政治观点和政治制度也就会怎样。"生产方式归根到底本身决定着全部社会现象：政治制度、法律、思想和理论。

2. 无疑地，社会物质生活条件，生活物质资料的生产，产生并归根到底决定着一切社会现象的作用，其中包含各形式的社会政治制度，各种不同的意识形态（包括自然科学与社会科学）。但这可以说是一般的，好像代数的公式。这一公式所谈的，是社会生活的各个方面到底是由什么决定的，而不是某一类型的政治制度与整个上层建筑是由什么直接决定的。

3. 斯大林同志确切地指出：生产、生产力并不直接决定社会的政治制度、社会的思想、理论，而是经过经济基础的中介。同样地，上层建筑亦不是直接反映生产中的各种变更，而是通过基础的各种变更来反映的。"……上层建筑反映生产力发展水平的改变，不是直接发生、不是立刻发生的，而是在基础改变以后，通过在生产中的各种改变的折光，通过在基础中的各种改变来反映的。"

4. 例如国家、法律这样一些上层建筑的重要组成部分，乃是在某一社会中占统治地位的生产关系及其基础——所有制形式的直接表现。（中略）由此可见社会的政治制度与法律制度和社会思想并不是由生产力、生产和技术本身自动决定的，而是由社会生产过程中所形成的人们之间的关系来决定的。

5. 经济基础是第一性的现象，而上层建筑是第二性的现象，从经济基础派生的现象。

6. 斯大林同志说："上层建筑是由基础产生的，这并不是说上层建筑只是反映基础，只是消极的、中立的、对自己基础的命运、对阶级的命运、对制度的性质漠不关心的。相反地，上层建筑一出现后，就要成为极大的积极力量；积极帮助自己的基础的形成和巩固，采取一切办法帮助新制度来根除和消灭旧基础与旧阶级。"

7. 恩格斯早就解释过，意识形态的上层建筑不是由新的经济、新的基础完全从新创造出来的。因为不论是文学，艺术或是哲学等，都不能够在光秃的地面上发生的。它们是在旧社会范围内所已达成的思想材料和观念的基础上产生出来的。起而代替旧基础之新的经济基础，只是规定适合于这一基础的利益与需要之意识形态的新的发展方向。

8. 起来代替反动旧阶级的新的先进阶级仍然继续着和发展着旧遗产中最宝贵的东西……无产阶级乃是最先进最革命的阶级，它是讫今世界文化所创造出来的一切优良成就的当然继承者。

依据以上这些话，还有未及摘列的话，我们可以试作以下的结语：

1. 经济基础对于它的上层建筑有着直接关系。即：经济基础直接决定着它的上层建筑。

2. 然每一经济基础与树立在经济基础之上的上层建筑毕竟都是由一定的生产力发展水平、一定的生产发展水平所产生的。所以说到这里就要明白，除经济基础直接决定着其上层建筑之外，生产力与生产还是决定着全部社会现象，一切社会意识形态的。不过这就不是直接决定，更不是自动决定，而是所谓归根到底的决定。换言之，它必须通过经济基础的中介；假如经济基础不变更，不论生产力发展水平怎样，还是没有用。虽然我们亦可料知不进步的经济制度总不能始终障碍着生产力的发展，但它却没有那样直接地决定性的关系。过去有些人误把经济基础归到生产方式，归到生产力，甚至归到生产技术；于是从生产技术、生产力到上层建筑之间，节节都好像是直接决定，自动决定，那么，便陷于庸俗的机械论，那是不可以的。

3. 经济基础固然决定着上层建筑，但上层建筑却亦转而对于此基础的形成和巩固，起着很大积极作用；并且通过基础的中介，而有很大积极作用于社会生产力的发展。不过它是促进其发展，抑或阻碍其发展，则要视乎当时基础（经济制度）是有助于生产力的发展呢，抑或是有碍而定了。

4. 特别像是政治、法律等思想和制度所形成的国家这一机构，所起的作用最显著、最强大。今天资本主义制度在美英等国内所赖以维持而未变，并阻碍着其社会生产力不得更进一步发展的，就是在此；而同时社会主义制度在苏联，新民主主义在东欧和我国所赖以形成和巩固，并从而大大推进了社会生产力的发展者，正在此。同时不难知道：政治，法律等思想和制度原只是整个上层建筑的一部分，还有其他各部分，或为其根源支柱，或与之相配合，亦同样起着很大作用。

5. 掉转来看，经济基础对于其上层建筑所起的作用倒并不显得那样强大（此据上文引尤金的话第七条而来）。它只是规定出一新方向来，替代旧方向，反对旧方向，要社会意识形态都从这一新方向发展，而对旧的一切作斗争。

6. 当旧的上层建筑失其基础并遭到反对的时候，无疑地是会消灭的（斯大林说它们的寿命短暂正为此）。但这并不等于说，旧时的一切社会意识形态当这时候便全都会消灭，因为旧时的一切东西原非都在旧的上层建筑之列的。有的可不受这种经济基础更迭的影响，有的且从这种更迭而得到发扬光大（此据上文引尤金的话第 8 条而来），都说不定。而且要知道：新时代的一切意识形态往往是从旧时所有中引申转变而来。

1951 年 12 月 1 日

此件写出后，函送陈伯达，请问我对斯大林和尤金的话是否了解得正确。陈不答，却送毛主席阅看。——此于次年 8 月 7 日由毛主席见告。又曾向沈志远、《人民日报》编辑部、政协学习会以及《学习》杂志先后分别请教，均无是或否的明白答复。

此为 1951 年 12 月写稿，应留存纪念。

1977 年 1 月批阅（梁漱溟印）

附录：

1952 年 5 月 9 日《学习》杂志编辑部复函谓："该文涉及许多理论问题尚须继续研究"云云。著者于此信末曾写有如下批语：

看此复信，盖未能了解我求教之意。作为一个初学，其第一步自于尤金之能否代表斯大林，斯大林之能否代表马列主义真理，不能有所置疑。而唯信他们，要从他们的话里去学习马列主义。此时所担心的，在自己理解他们的话是否无误。所求教于人者唯在此耳。凡我原文在摘取斯、尤原有文句之后，所云"试作结语"者，即是我对他们的话的理解。假如我没有解错，就希望答复我：没错。如其我错会了他们的原意，就希望答复我：错了，他们的原意乃是如何如何。此外都不需要的。此复信指出我文某处某处应作具体分析和说明者，其责任实不在我。我的责任只在说出我文某处根本于斯、尤某些文句而已。质言之，我不自出意见，故不负理论上的责任；我的责任略等于一种翻译上的责任。

1953 年漱溟追记

何以我终于落归改良主义 *

一　对于中国革命问题一种似是而非的判断和处理

去年 12 月《大公报》和《进步日报》邀请好多位先生开的批判改良主义思想座谈会，其发言讨论经刊布在报纸的，我都看过了。我个人的情形和发言的几位先生不相同。因此我现在所讲的话亦就不同。他们都是留洋学生，在资本主义国家求过学，而且差不多全是学社会科学的，所以他们就多从改良主义在马克思主义前后发生的来历如何，类别如何，这面来说。我既没有去过欧美，又不是什么社会科学家，但我曾从事于一种社会运动，我将直截了当来讲我自己的事情，而不去讲外国的书本上的那些。

前写《两年来我有了哪些转变》一文（在以下还要提到此文时简称《前文》），曾说我从不相信自己是改良主义，总不喜欢旁人向我宣传革命。当真的，假如不是今天有中国共产党革命的成功，我始终会认定我走的是中国革命唯一正确之路，始终不会发觉自己是改良主义。在今天勘对起来，我之为改良主义，已无可否认，这实在是自己当初所不料。何以我终于落归改良主义呢？这并不出于理论上的浮浅错误，而是有着其思想根源的。本文即在此分析检讨。

在理论认识上我对于下列三点都是很清楚的：

第一点，我确认社会非有其本质的变革，如从中古封建社会变到近代资本主义社会，或从资本主义社会变到社会主义社会那样，就算不得革命。

---

* 该文于 1952 年 5 月写成 1987 年 6 月首次以《我的努力与反省》为题发表。

第二点，我确认要完成如上所说的革命，非变更政权不可。那也就是说，非使政权——国家权力掌握在革命一方面不可。

第三点，我确认要使国家权力转移到革命一方来，大致非经过暴动流血武力斗争不可。总起来说：如其不是这样，就难免于改良主义，特别是第一第二两点最要紧。第三点其可能有的例外机会亦甚少。

以上说的这些，可信都没有错；论起来是不致于把改良误为革命的。譬如我对于近百年来中国社会所发生的变化，早料到它不达成社会主义不止，多年来便提出"对外求得民族解放，对内完成社会改造"两句口号。这显然不是什么改良主义，而有合于第一点。同时在问题如何解决上，我亦始终没有那种"教育救国"一类思想，而是强调第一必要解决当前政治问题。这在第二点上就没有错。在第三点上，我不走武力夺取政权之路，却非自认为是其少数可能的例外。我乃是自始认定中国不属一般国家类型，因而中国革命应当别论的。

我的错误，实错在过分强调中国问题的特殊。

中国问题本有其特殊之处。例如下列三点我至今不放弃原有的意见：

（一）中国问题的历史背景特殊——秦汉以来两千余年 只有一治一乱之循环而没有革命；（二）中国问题的文化背景特殊——秦汉后的中国，是融国家于社会的，它没有构成阶级统治，不属一般国家类型（其所以没有革命正由于此）；（三）近百年世界大交通后乃引发了中国革命；中国革命是从外引发的，而不是社会内部自发的。末一点正是从前两点而来。

我这"中国特殊论"似不为今天思想所许。然而我自己还不曾发觉其错误。——这或者尚有待于朋友们的帮助。据我自己检查得错误，亦即本文所要论说的，乃在我从这一特殊论的根柢上，对于中国革命问题作出下列似是而非的判断和处理：

（一）我判断中国在 1911 年后，为了完成中国革命所需要解决的政权问题，不再是政权属谁的问题，如像一般要使政权归于某一革命阶级那样。其问题乃在政权分裂、单弱、不固定；换言之，亦就是没有统一稳定的国权。只需有了统一稳定的国权，就能完成中国革命。——这一判断今天看来完全似是而非。

（二）由于以上的判断，我虽极强调解决当前政治问题为第一必要，却全然无意取得政权，而把功夫用在力求如何使散漫的中国社会联成一体，有其明朗的一大要求可见，以为树立国权之本。过去我所作的乡村建设运动，以至抗战中和胜利后所有为国事的一切奔走活动，都是作这个功夫。——这一处理当然又似是而非。

唯其似是而非，所以不革命而自以为革命。同时，对于始终不忘革命的中国共产党虽同情它，却不同意于其路线，常抱着一个容纳共产党而修正共产党的想法。我就是这样执迷不悟了好多年。

以上的话似太抽象，必须把我过去的许多言论和行动——那一些具体的东西择要排列出来，而后读者才晓得其所指；这将是本文进行的第一步骤。其次便要把我所以这样判断问题和这样处理问题的由来说出；这将是本文进行的第二步骤。第二步骤只不过扼要叙出其似是而非之“是”的一面，还必须分析其似是而非之“非”的一面，并寻出其思想根源，才算到题。这将是本文进行的第三步骤。

以下就按这三个步骤进行。

二　抗战前的言论和行动

第一步，从我过去的言论和行动举出实例，以见我对中国革命问题是怎样判断和怎样处理的。

例如旧著《乡村建设理论》上说：

中国问题是整个社会的崩溃，而其苦闷之焦点则著见于政治问题之没法解决；假定于政治问题的如何解决没有成竹在胸，而谈其他的，都是白费。

又如旧著《答乡村建设批判》上说：

> 既然要对外求得民族的解放，对内完成社会的改造，那就必得建立能尽这任务的政权，那是没有疑问的。

其他类此之例多不胜举。这就见出像列宁所说革命基本上是政权问题的话，我们何尝不懂得。我对于中国共产党的武装斗争以解决政权问题，从来不说他们不该这样做，而只是说他们解决不了问题——达不到目的。例如《乡村建设理论》讲到解决土地问题时，原文有这样话：

> 至于共产党的作法呢，倒亦痛快，只是于大局无补。——他们若建得起政权来就有补。

又如旧著《乡村建设理论提纲》第十四条第二款：

中国社会一向散漫流动，历史上只有一治一乱之循环而无革命；现在仍未形成阶级，即便倡导斗争，亦斗争不出结果来；结果乃指一新政权的建立。

再看提纲第十六条第二款：

> 依通例，应以社会改造运动的团体（革命党）掌握政权，施行建设，完成社会改造，中国亦不能外此；但以中国革命本质的不同，社会形势有异，所以解决政治问题的途径随之而两样。

这就点出我是在中国特殊论的根柢上，否定了一般革命之路，而另自提出中国所应走的路线。其一破一立、一取一舍之理容待第二步再讲，这里只为这一路线举证如次：

旧著《答乡村建设批判》把这一路线说得最分明，因其从头至尾都是对照着一般革命之路——分化而斗争之路来说的。但仍不外根据原先的《乡村建设理论》而来。在《乡村建设理论》一书的上半部——认识中国问题之部，就是分析论证中国问题苦闷的焦点在"政治上无办法——国家权力建立不起"（此即其第五段的大标题）。而在原书下半部——解决中国问题之部，讲到政治问题的解决时就阐明这里没有"政权属彼或政权属我"（此即其第三节的小标题）问题，只要统一稳定的国权建立起来就对了。

如我在《乡村建设理论》所讲，中国政治问题须要分两步解决。树立统一稳定的国权是为头一步。有此统一稳定的国权即可进行有方针有计划的建国——建设一个政治上达成民主主义，经济上达成社会主义的新中国。必须到建国完成，方为政治问题的完全解决，是为第二步。从开头到末尾说作两步，却全靠一个乡村建设运动贯彻于其间。乡建运动实是建国运动；它为自己创造出它在政治上所需的前提条件——统一稳定的国权——于先，又随着经济和文化的建设而推进政治的民主化，以至奠立完美的民主政治制度于后。

若问乡建运动似不外致力于社会何以竟能收效于政治，则旧著《乡村建设理论》具有解说，而"理论提纲"第十七条至卅九条尤为揭示简明。这里不加叙录。

正因我认定要解决中国政治问题必须致力于社会，而不能乞灵于政治，所以在抗战以前那许多年，我都是投身社会运动，先后同朋友们创办了"河南村治学院"和"山东乡村建设研究院"，并出版《村治》和《乡村建设》等定期刊物。为了联合各处乡村运动的团体或机关，我们有"中国乡村建设学会"之组织，同时并每年举行一次"全国乡村工作讨论会"。此外我又随同一些朋友发起而参加了"中国社会教育社"；那是联系一切民众教育、成人教育、社会教育的工作者，从侧面推进乡村建设运动的一个团体。

过去我的言论和行动大致可分为抗战前、抗战后两大段落；以上就是抗战前一段的一个大概，以下转入抗战期间以及胜利后来说。

三　抗战起后的言论和行动

说到此处，想起 1941 年我在香港创办《光明报》，写有《我努力的是什么》一文，恰就是叙述我从抗战起所有的言论主张、奔走活动，从创刊日起长篇连载五十余日，那倒是现成材料，可惜现在难于检觅。这里只能追忆其要略。

对照着抗战前多致力于社会来说，抗战后我在政治上的奔走活动为多。然而其一切用心却依然是从战前一贯下来的。《乡村建设理论》曾有谈到准备抗战的几句话：

> 我认为中国不应当在如何摧敌处着想，而应当在如何让敌人不容易毁灭我们处着想，乃至在我们被毁后如何容易恢复上着想。尤其要紧的是在调整内部关系，以树立应付（国际）环境的根本。（全集卷二，555 页）

这就是后来一切言论行动的张本。所谓"不容易毁"和"被毁亦容易恢复"，指发动民众，组织民众，培养成民族抗敌活力而言。所谓"树立应付环境的根本"指要有统一全国以对外的国家权力而言。这一下一上的两面，相资为用，缺一不可。在战前说，虽多致力于社会（下面），而我眼光所注实在上面（政治）；在开战后说，我虽多为团结统一（上面）奔走，而用意恰在下面（民众总动员）。所谓"我努力的是什么"，即指努力在这相关的两面。自始至终没有离开一步。其事实经过大略数一数如次：

说战后仍须回溯到战前。由于 1935 年 10 月华北紧张（日寇所谓华北五省三市自治运动），山东的乡村工作便转入备战阶段。计划着分期分区训练民众，组织民众，而以集中训练八校师范生下乡担任其事。此工作于 1936 年 1 月开始，临到战争起来，却失败了，后有检讨。1937 年"七七"事变前夕（五月间），我在成都以《我们如何抗敌》为题作讲演，其内容即在号召知识分子尽力于战时民众动员工作。"八·一三"上海开火前夕，我又发表一长文，题目和内容与前大致相类而计划加详，列举了十四要点，连载于 8 月 11、12 日两天上海《大公报》。其后曾合并印成小册子发布。8 月 17 日夜间，南京政府在中山陵园召开国防最高会议的参议会上，我主张大规模发动知识分子有计划地分布下去从事民众动员工作，因而建议改造教育制度。当时胡适、傅斯年不耐烦听，竟阻止我发言，几乎不得尽其辞。10 月某日我与晏阳初一同见蒋，指陈民众动员的不够，并称道中共在晋北如何发动民众，颇触蒋怒。移时黄炎培、江问渔两位亦来，又一同陈说。蒋遂嘱托我四人起草具体计划。计划末后是由我负责草成交去。但一面因上海失守，京沪沿线动摇，当局无心及此；更一面因陈立夫长大本营第六部，主管民众组织之事，根本不肯让党外人插手。——这是最主要的障碍。

我的心愿在这一面既不得遂，1938年1月1日即由武汉飞西安转赴延安，访问中共中央；这是我奔走国内团结的开始。当时我提议要确定国是国策——把对外求得民族解放、对内完成社会改造两大问题同时有所确定——以解决党派问题。毛主席告诉我两大党在武汉正有八个人起草共同纲领，劝我回武汉进行。但我挂念山东（属第五战区）的事情，且与李宗仁（第五战区司令长官）有约，没有去武汉而去徐州。在徐州住一个月，与散失的山东同人设法联系，并检讨自己的失败而写了《敬告山东工作同人同学书》付印一小册。3月初回到武汉，则蒋介石正为曾想浑全国为一党，遭中共拒绝而恼怒；我解决党派问题的提议又提不出。

此时民众动员工作由于国民党猜忌排外，包而不办，其问题表见在前方后方是极其严重的。他且不谈，只一个后方征兵问题就不了。征兵变成胡乱拉兵，其景象真是惨极、凶恶之极。我在四川感受刺激，于是再度努力，缩小范围奔走于地方当局、地方人士、地方教育界三方面，想帮助他们把四川征兵事情搞好。我主张这三方面要配合起来，建立系统机构，而以最大注意贯彻到乡村。三方面都乐意接受，并于人事安排、经费筹措都有些准备。十月七日张群（西南行营主任）王缵绪（四川主席）张澜（地方人士）和我四人同飞成都进行其事。没想到只开了一次动员会议，就有人（张云伏黄埔系）公然叫嚣不许外人僭窃领导。会后邵（从恩）张（澜）诸老顿形消极，我一个外省人更无能为力。经过这次又碰钉子后，使我认清了党派问题是一切事情的总障碍。此后用力的方向所以转移到要求团结统一上，实决定于此。

是年12月我根据自己一向对中国问题的认识而参以在延安所得印象，提出一个根本解决党派问题的方案。其内容主张分三步进行：

第一步：召集全国各方面会商，确定国是国策（相当于共同纲领）。

第二步：建立党派综合体（略同于毛主席所提议国民党本身变为民族联盟，各党各派加入国民党而又保存其独立性的那种组织形式），为国是国策之赓续不断地补充或修改。

第三步：政权治权划分开；党派综合体代表国民行使政权，而以治权属之政府。政府是代表国家的；国家唯一绝对，政府不能含有党派性。它要忠实于国是国策之执行，不得有一毫出入（我因戏称为"无色透明体"），对党派综合体负责。（附注：分别政权治权是孙中山先生学说之一，而我借用之）。

文章写成交给重庆大公报发表，在送审时被检扣，由当时国民党宣传部长叶楚伧和刘百闵当面退还我。他们说我用意甚好，但若发表必招致争论而使党派关系更恶化，反于我初意不合。我无法，只能以我手稿请各方朋友如董必武、沈钧儒、张君劢、李璜等几位先生阅看阅看而已。

当初从南京退守武汉时，我早向人说过这样的话：你们向西，我要往东，你向南来，我要往北去。如今在后方既无可尽力，我便想到前方去。况 1937 年那时有一部分八校师范生训练处的同人同学约八百人，携带枪支粮款从济宁退入河南，在镇平集中受训后，经向当时政府取得名义，已于 1938 年秋整队开拔渡河返鲁抗敌，我亦有去照看之必要。于是我一面请求蒋的军事委员会转知前方战区，一面亦托秦博古先生请中共中央转知八路军和新四军，沿途给我方便和照顾。我即于 1939 年 2 月 2 日成行。当出发之时，未尝没有留于前方抗敌之意。不想到了前方正赶上敌人大扫荡，又逢着"磨擦"开始，蹀躞于鲁南山区，辛苦备尝而一筹莫展。同时看到党派关系恶化如此，抗战前途已受威胁，推想各方必然要求解决党派问题，可能就是到了问题解决的时机；所以马上又回转后方。计一往一返共经历了豫东、皖北、苏北、鲁西、鲁南、冀南、豫北、晋东南各敌后游击区域，末后于"九一八"回抵洛阳，双十节回抵成都，为时共 8 个月。此行除增加一些见闻外，可算劳而无功。

四　抗战中期到胜利之前的言论和行动

我到达成都和重庆，得悉党派关系恶化在大后方亦同样严重。不过在前方所表见者是武装冲突，大后方却是单方面——执政党方面对党外的压迫钳制无所不用其极。许多朋友一见面便诉苦，我亦以所看到的抗战危机相告。在问题的如何应付如何解决上，他们一般意见又与我相左。他们便是希望施行英美式的宪政，希望可以多党互竞并存。刚刚不久开过一次"国民参政会"，便已通过了早施宪政的决议，并且成立"宪政期成会"，容纳各方面讨论"五五宪草"。我到重庆时，重庆满街上都在开会座谈宪政，非常热闹。他们邀请我，我一概谢不参加。我知道这是一场空欢喜，国民党决不会践言。何况即令当真实行，亦非中国之福呢！我只认定我的路线，作我的团结统一运动。

我分向三方面进行我的运动。所谓三方面就是两大党及其以外之第三方面。记得似是 10 月 25 日，访问中共方面，会见了陈绍禹、秦博古、吴玉章、林伯渠、董必武五位先生，从我在前方的见闻说起，说到问题的严重，说到我的意见主张。当我说话时，博古先生就随时伏案作笔录。末后由陈绍禹先生作答，吴、林、董诸老亦各有答语。其详非现在所能记忆。只记得在我讲到问题严重时，我就说了一句"军队非统一于国家不可"的话，陈先生马上要回答，我请他莫忙，且容我把话说完。末了我分三步解决问题的话讲清楚了，然后说出军队警察应该是政府代表国家行使治权执行国策的工具。此时陈先生表示，你的方案是可以考虑的。后来又说，军队属于国家是可以的，只要国民党实行，我们就照办。诸老所表示，亦都是对我勉励的话。谈话从晚间开始，至夜深人静才分手。

在我访问国民党方面时，主要是同张群的谈话。谈话时间亦达两小时以上，我的三步解决论亦都向他说了。我指摘当时的宪政运动为"文不对题"，他最表赞成。当我强调军队必须脱离党派而属于国家时，他转问我：你向共产党谈过没有？他们如何表示？我说：他们表示国民党实行，共产党就照办。张拍手笑说：他们深知国民党不会实行，所以不必从他们口里来拒绝你的提议，而只须说一句"要看国民党便尽够了。老实对你讲，国民党的生命就在它的军队，蒋先生的生命就在他的黄埔系。像我

（张自称）这样一个地道军人而从不想抓军队，是绝无仅有的。你向谁要军队就是要谁的命！谁能把命给你？你真是书呆子！"这一席话对我真如同冷水浇背。

我亦晓得要有实力才解决得了问题，但我不相信只有军队是实力。我相信我能代表广大人民要求，便是实力。我要把同我一样要求的人结合起来。所以我的运动原以第三方面——一些小党派和在野闻人——为第一对象。经我在成都重庆两地奔走联络之结果，就酝酿出一个"统一建国同志会"来。我说明：在当前危机下，所有两大党以外的人有其不可逃的任务，就是不许内战起来妨碍抗战。然而零零散散谁亦不配说来完成这任务。只有我们大家彼此合拢来，而以广大社会为后盾；那么，这个力量却不小的。所以当时这个会把两大党以外的所有派系和人物差不多都包涵在内了。为了能在国民党统治下合法存在，先把会内大家通过的十二条纲领送给张群、王世杰请转蒋，并要求见蒋。原初公推黄炎培先生和我两人见蒋的，后因黄先生去泸州，临时只我一个人去。当时谈话，今不须记；总之，结果算是通过了，可以公开存在。王世杰当时曾问我：这是否一政党？我答：不是的，今天不需要在既成政党外再添多一个竞争单位。这只是为了求得全国团结，推动两大党合作而形成的一个推动力。

这是 1939 年 11 月 29 日的事。转过年来（1940），参政会又开会，把宪政期成会所研究出来的"五五宪草修正案"打消，期成会无形结束，那些热心宪政的朋友才冷下来。然而统一建国同志会亦不起劲。当时前方军队火并情形严重，何应钦向参政会作过报告。我据以提出"解决党派问题求得进一步团结建议案"，同志会的参政员即未得全体联署。国民党参政员对我的提案，初时很震动，声言不给通过。但蒋介石却很巧妙，亲笔写了一张字条给我，大意说这是军纪问题，本不能加以讨论的，但你们要讨论亦可以。同时嘱王世杰通知我，提案可以修正通过，希望我不必发言，以免引起争论。其实我原案很简单的，只强调问题应在参政会内解决，建议组织一特种委员会负责搜集问题研究方案。案子不声不响通过，特种委员会亦成立（却不给我参加），却不发生一点作用。似只开过一次会，听取了秦邦宪先生与何应钦交涉的报告而已。

统一建国同志会并未正式成立组织机构，似半为当时重庆遭受敌机轰炸所影响。那一半自然就是大家不起劲。秋末轰炸期过后，常用一种聚餐方式座谈座谈。皖南事变前夕，聚会较多。1941 年 1 月初，皖南事变发生后，中共严重抗议，中共参政员宣言非把问题解决将不出席参政会，同志会的同人出而奔走调解。就在这期间，又酝酿了"民主政团同盟"。

　　民主政团同盟的发起是这样的：1940 年 12 月 24 日早晨我展看报纸，有新的一届参政员名单揭晓；名额扩充，反而把原来为数极少的党外（国民党外）人士更减少几个。例如章伯钧、陶行知、沈钧儒等几位先生都被排除。所增加的都是他们党内的人。这样引起我对国民党一种非常大的悲观。因参政会本来形同虚设，若多罗致几个党外人物，在国民政府至少亦可装点门面。偏偏连这一点作用都不留，而给大量党内闲人挤进来吃闲饭，国民党的没出息可算到家了。大难当前，大局靠什么人来支撑呢？气闷之余，出门散步，走到张君劢家。却巧黄炎培左舜生两位亦先后来到。四人聚谈，同声致慨。黄老兴奋地站起来说我们不应妄自菲薄，而应当自觉地负起大局责任来才对。在互相敦勉的气氛中，君劢即提出统一建国同志会不中用，必须另行组织。他主张先要秘密进行组织并布置一切。必须在国民党所控制不到而又极接近内地的香港建立起言论机关来，然后以独立姿态出现，不必向政府当局取得同意。我们一致赞成他的意见，后来事情就是按照这样做的。

　　关于奔走调停之事值得一说的，就是并不出以和事老的姿态。我们是站在国民立场向两党提出要求。要军队今后脱离党派关系而属于国家，并且要监督执行其事。这是一点。再一点是要检查和督促那公布已久的抗战建国纲领的实行。为了这两桩事，主张成立一个委员会（包涵各方面的人）来负责。其条文全是由我起草的，并承同人推我和沈老（钧儒）两人征求中共方面的意见。中共方面周（恩来）董（必武）二公看了条文，表示愿电延安请示。假如双方都同意了，他们就可出席参政会。对于国民党，则公推张（澜）黄（炎培）诸老见蒋，征问意见。蒋的表示竟是满口应承完全同意。其后此事终于不协，其间颇有曲折，这里不叙（在这中间有一段时间，诸同人俱已辞谢调停之任，我自己还声明要一个人单独奔走到底）。

　　民盟组织的秘密进行，就夹杂在那些为新四军事件而奔走的许多聚会之间。但一同奔走的人并不全予闻民盟之事。统一建国同志会虽可算是民盟的前身，但当时却不是把整个同志会转变成民盟。例如以沈老（钧儒）

为首的救国会的朋友原在同志会，而此时尚留于盟外。这是因为救国会那时有"中共外围"之称，而民盟的产生却不愿被人看作是出于中共所策动。奔走调停始于 2 月 22 日，终于 3 月 27 日；而此时民盟秘密筹备工作亦大致停当。我即于 29 日离渝去香港，为民盟创办言论机关——那就是后来的《光明报》。我离渝前夕，曾密访周恩来先生接头，愿与他们在香港的人取得联系。（注：周答他们驻港代表是廖承志）

我是经过桂林停留一时期才到香港的。在桂林会见李任潮（济深）李重毅（任仁）两位先生，并得到他们的协助，于 5 月 20 日到香港。"九一八"创刊《光明报》，双十节揭出了民主政团同盟成立宣言和十大纲领。宣言系我属草，送经内地同人核定，一字未改。纲领原所固有，亦经我润饰而内地同人核定的；不过其中第四条经在港同人改动过。这文件很足代表我那时的思想和主张。特别是宣言，读者不难看出纯粹是从要求团结统一出发。

12 月 25 日香港被日寇占领后，承范长江、陈此生等几位朋友相邀结伴逃出香港，1942 年 1 月回抵桂林。

在桂林不觉一住三年（1942—1944）。三年总没有闲着，不断同一些朋友在如何改造政局以利抗战上有所策划。特别是末后（1944—1945）日寇侵湘入桂，大局形势危急，我们亦愈积极。其间常常在一起，作为主要的几个人，就是李济深、李任仁，陈劭先、陈此生等各位。他们并未加入民盟组织，起初亦未建立"民革"（转移到八步后，乃始商定别立民革，以便广收国民党的同志）不过在政治上既有共同要求，亦就不分彼此。民盟同人不多，亦以时聚会；救国会此时亦已正式参加在内；但总起来说，发展不大。重庆、昆明以及湘粤各地同志都不断来往联系。乃至西北像杜斌丞先生等亦曾来桂，共策进行。此时我们与美国人亦有关系来往。因为此时的美国人急切对抗日寇，深深气愤蒋介石的腐败自私，多所贻误。像史迪威、高斯（美大使）以至驻桂领事林华德等，对于一切想抗日能抗日的中国人都愿帮助的。我们亦曾设想如何在沿海一带配合美军登陆；不过后来尽成虚话。

几乎我们天天在搞，却始终（始于桂林终于八步，首尾约四年）亦没有搞出什么名堂来，这里亦就无可说。不过有两件事可以征见我的行动方向，不妨说一说。一件事是在 1942 年秋冬间（或者 1942 年的春间，记不甚清），张云川先生从重庆到桂，传递周恩来先生的一封密信给我，劝我去苏北或任何靠近他们的其他地区，建立乡村建设的或民盟的据点，他们愿帮助我创开一个局面来。这不只是中共方面的意思，民盟同志亦如此希望我。我当时差不多没有什么考虑，就坚决地辞拒了。因我内心上觉得我不能靠近那一边。靠近那一边，就要失去或削减我对广大中国社会说话的力量，对于我要广泛团结全国各方面来说，是不合适的。又一件事是在1943年秋初，国民党蒋介石在国内国外压逼之下，重弹宪政老调，成立"宪政实施协进会"（各方面都参加故称协进），自为会长，连电邀我去重庆。重庆民盟同志亦愿意我去。我同样没有什么考虑就坚决地辞拒了他。因我想我在桂林尚且不能作什么，到重庆将更不能动。我以一封长信作回答（信寄邵秘书长力子先生转呈）。信中吐露了我多年来不亟亟于宪政的意思。然后说：宪政虽不急，而民主精神却为眼前所切需。因为没有民主精神，则团结不可能。宪政恒有其形式条件，故有待于筹备；民主精神是用不着筹备的，只要你实践就是了。今天所急在精神不在形式，在实践不在说空话。

当桂林危急，旧统治濒于瓦解之时，我们曾策划就两广湖南三省相交接的一个地方，展开战时民众动员工作，同时亦就树立对内政治革新的旗帜，号召改造全国政局。这个地方就是广西贺县属的八步，那里有一个行政专员公署可资凭借。记得1944年10月中旬我同陈此生两人自昭平而东，爬过接米岭一个大高山而到八步，借住临江中学，过着自己烧饭的生活。时局多变，头绪纷杂，盘桓进退其间约近一年（截至获闻胜利之讯）。尽算是苦心孤诣，卒于一事无成。遗留到今天的只一本印行的《战时动员与民主政治》讲演小册（当时在中学分五次讲完的），自己检视几乎掉泪。除了可以证明从头到尾"我努力的是什么"之外，其他什么都说不上。

五　抗战胜利到解放前夕的言论和行动

就在八步获闻胜利之讯的时候，亦获闻毛主席应邀到渝之讯。我心里想，国难已纾，团结在望，过去所为劳攘者今可小休。今后问题要在如何建国。建国不徒政治经济之事，其根本乃在文化。非认识老中国即莫知所以建设新中国。顾年来务以团结各方为急，未遑对各方自申其所见。今后愿离开现实政治稍远一步，而潜心以深追此一大事。我自己这一决定，在离桂返渝之时，特致函李任仁先生言之。因为他是我年来在现实政治上一同尽力的朋友，所以向他告别。

路经广州才晓得国内大局未容乐观，到了重庆，更知其问题严重。于是不能不从朋友之后，再尽力于反内战运动以至参加了 1946 年的旧政协会议。（在会议分组中，我拒不参加宪草小组而独参加军事小组，一心要为整军问题尽力，还是梦想军队脱离党派而属于国家。）会议快要成功，我托周恩来先生于其返延安（1 月 27 日）之便带一封信给毛主席，申明我年来在现实政治上的努力可告一结束，今后将转而致力于言论思想工作。会议闭幕（1 月 31 日）的晚宴上，我又把写好的《八年努力宣告结束》一文出示在座各方朋友，并面托胡政之先生在大公报发表。其后在大公报又续有《今后我致力之所在》一文发表，申其未尽之意。

毛主席有一回信由恩来先生带转给我，大意说：行动与言论二者不是不可得兼的，为什么我要结束了行动而后开始言论？表示不赞成和督勉之意。我的话原是有所指。当时政治协商既已取得协议，随着就要组织各方参加的新政府。所谓我的努力可告结束，意指国内团结实现了，用不着我再努力，我不拟参加政府。这是一面。同时另一面，我觉得在大局前途上正需要我作一新的努力。因当时各方所同意的那种宪政制度，我根本认为不合中国需要。——这意思在我后来所写《预告选灾，追论宪政》一文中曾吐露一些。——我深恨时人思想不出西欧或苏联窠臼。过去为了团结，我一直有许多话闷在肚子里没有说。现在我却要说话了。我要批评到各方面，亦要批评到盟内（盟内各小党派全是梦想宪政）。对于当前政治制度问题，我要提出我的具体主张。所谓致力于言论，意正指此。这显然是以身不在政府为方便的。

恩来先生对我之不参加政府亦表示不能同意。我为了在行动上取得中共朋友的谅解，更且把自己怀抱吐露一些，所以 3 月 11 日访问延安。在延安住了十天。有一次毛主席邀了他们党内要人共约十位，一同谈了一整天。我说明了我对当时政协所拟订的宪政制度的看法。我承认它有眼前一时的必要；但认为它不会适用多久。我肯定地说它最多不出三年必将改弦更张。然后，我提出我的主张来——那就是我在前说过的分三步骤解决党派问题，建立全国党派综合体。我并说：这一主张，只是说在这里，留备将来要改弦更张时一种参考；现在不须要给我若何答复。关于我不参加政府一层虽未多谈，而有此一行，是不难邀谅解的。

我此时的打算是想创办一研究机构，从世界文化的比较研究上作认识老中国的功夫。但时局旋即恶化，没有容我抽身出来，更且把我拖入。4月中旬马歇尔从美国回到重庆，致意民盟希望协助其调停东北长春之争。恰值国民党中央政府准备还都南京，各政党的中央亦应随之迁京。正有许多事情待办，而民盟秘书长一职却虚悬无人者已经很久。盟内朋友早就要我担任，我一直坚拒不应（周新民先生最清楚），至此终于应承了三个月。我计算三个月或者大局可以归于和平，那时我再作我的事。

岂料不只三个月不行，六个月亦还是不行。从5月初到10月底整六个月，除一度去昆明调查李闻案外，都在京沪间为和谈尽力。（我那时勇于自任的经过情形，这里不叙；四九年夏曾写有《过去和谈中我负疚一事》一文载于大公报，可供参考。）但当我看清楚无可为力的时候，我就拔脚走开了。——我辞脱民盟秘书长，远去重庆北碚，闭户著书。

从1946年11月到1949年12月重庆解放，我都住在北碚。《中国文化要义》一书即于此时写成。这三年正是解放战争期间，许多旧日熟人不加入反动派政府，即归到革命队伍，唯我坚决守定过去一贯的立场和作风，只作缓和斗争的事，反对斗争的事，而不参加斗争。其间言论行动较有关系的，略说于此：

1947年1月1日为重庆大公报写《政治的根本在文化》一文，最足代表我那时的意思。我一生总在择我认为当时最要紧、最有意义的事去做。一切行动都从这一权衡上而决定。我当时不参加斗争而写《中国文化要义》一书，其积极之义在此。

又3月1日为《观察》杂志写《树立信用，力求合作》一文，最足代表我在解决中国政治问题上一向的见解。结末一句话："只有这样，把东西南北各式各样的朋友都拉在一起合作，中国才有救"，道出了我的心事。

5月20日出席南京的末次参政会呼吁和平。这是应北京、上海、成都各方朋友之约而去的，亦是我三年中唯一离开北碚的一次。6月1日国民党特务在各地方大举捕人，重庆民盟被捕的同人甚多。2日我飞回营救，百般奔走无效。直至 1949 年 3 月在国民党要和平的空气中，才得保释出十几个青年来。

八九月间反动政府要解散民盟的前夕，张东荪先生从北京写信给我，说民盟是你辛苦创成，你要赶快去南京上海设法维护。其实我的心理恰相反。民盟在我只看作是一个推动全国合作的推动力（见前），此外没有意义。当时两党大战之时，既不能尽其政治任务，亦难发展自己组织，恰且伏有内部分裂的危机。它最好暂入于休眠状态；一旦时局需要它了，再出来还是完整的。但民盟自己却无法宣布休眠；现在反动政府来代我们宣布，岂不甚好。我一面以此意答复东荪先生，一面更以此意奉告于上海张（澜）黄（炎培）诸老。到反动政府命令发布，我投函重庆《大公报》表示的意思亦是这样。同时声明我从此不在组织中了。

1948 年除夕我在重庆特园得《大公报》王文彬先生电话，以蒋介石下野、大局急转直下的消息见告，并问我对时局要不要发表意见。我马上写了一篇《过去内战的责任在谁》，预备发表。却不料第二天——1949 年元旦——蒋介石只发一要和平的文告，并未下野；时局发展似尚有待。我就把文章交给王先生，留待时机到了再行发出。

我此时却赶忙写两封信：一致民盟主席张澜先生转诸同人；一致中共中央毛周诸公。适有盟友何酒仁先生八日飞沪即托其带去。两封信有一共同点，就是勉励诸先生为国家大局努力负责，而声明自己决定三年内对国事只发言，不行动；只是个人，不在组织。其不同者，对民盟则请许我离盟；对中共则请恕我不来响应新政协的号召。还另有《给各方朋友一封公开的信》刊于《大公报》，同样声明那一原则，从而谢绝了朋友们希望我出来奔走和平的事。我只呼吁和平而不奔走和平。

我为什么要这样呢？我知道国民党是不行了，今后唯一强大势力将在共产党。过去我祈求全国合作，主要是对国民党而说话，今后将须对共产党说话。共产党是不好说话的。说话不对他的意，就可以被看作是敌人。而一经遭到敌视，虽有善言亦难邀好的考虑。只有明白摆出来：我止于说话而不继之以行动，止于是个人而无组织为后盾。那么（没有力量）不足重视，亦或不引起敌视；他就可能放平了心来听我的话，对我的话才听得入。这便是我的一番用心。同时，我知道我此时的言论主张在盟内未必全同意。要我受拘束于组织而不得自由发言，我不甘心；使组织因我而受到破坏，尤非道义所许。所以最好是赤裸裸一个人，披沥此心以与国人相见。

1 月 20 日蒋介石让位于李宗仁，当日《大公报》便刊出来我那篇文章。原文开头一句便是："我写此文，意在说明两点：第一，过去内战的责任不在中国共产党；第二，今天好战者既已不存在，全国各方应该共谋和平统一，不要再打"。文内把过去中共一再让步而蒋再三压逼的事实历历数出，指证其罪完全在蒋。然后结束说：

> 这样可祛除一切国方所加于共方之诬蔑，和不明真相者对中共之误会。在一切诬蔑和误会祛除之后，各方就可无顾虑地与中共开诚相见，共谋和平。这是我希望于国人一面的。另一面我希望中国共产党本其过去委曲求全之精神与各方共同完成和平统一。这是更要紧的一面。

当时国民党蒋介石势力依然未倒，尤其是在杨森统治下的重庆；文章刊出太早，家人亲故皆为我危。却幸亦无事。

李宗仁登台，亟亟请人奔走和平，对我亦一电再电三电之不已。我回答说，我只呼吁和平而不奔走和平，早曾有声明在先，恕我难应命。

不久毛主席提出谈判的八条件，其中第一条战犯问题最使南京感觉为难。反动的行政院长孙科公然表示这一条不能接受。有好些渴盼和平的小市民亦想着不谈战犯问题或易达成和议。我于是写《论和谈中一个难题并告国民党之在高位者》一文，反对不痛不痒、不清不白，而要讲明是非以正视听。我要求一切国民党之在高位者表示负责精神先行引咎下野，听候国人裁判。同时写《敬告中国共产党》一文，切劝不要以武力求统一；以武力求统一只有再延迟中国的统一。两文在 2 月 13 日同一天的大公报发表，作为向两方面说话。

我那时的发言亦就至此为止了。以后的时间都在静候解放中。

以上数说了我在抗战期间以及胜利后一段的言论和行动之一个大概。本文第一步骤——把我过去所有的言论和行动择要列举出来——至此算是完了。

六　说明如此判断和处理的由来

从以上那些具体事例不难看出，多少年来不论战前战后我都有其始终一贯不移之处。这就是：（一）我总要发动民众，以民众力量来抗战，来建国；（二）我总要从团结上求统一，树立国家权力以为抗战建国的总司令部。

由今天看来，发动民众自然是对的，却究竟我亦还没有对。这留待第三步作检讨，此时不讲。现在本文第二步骤所要进行的，就是为"我总要从团结上求统一"这点说明其由来。读者看了以上那些具体事例，对于本文开首说的，我对中国革命中的政权问题有其特殊判断和处理——判断它不是政权属谁问题而是能不能统一稳定问题；问题是在树立统一的国权，而其功夫则要在促成各方的团结合作，有代表全社会的一大要求明朗可见——尽许略知其所指，但尚不明白其理由根据。譬如我总要团结各方，全无敌我之分，在今天看自然是不对的；然而当初我却自有深信不疑者在。当初我何所根据而深信自己的对呢？这就是现在所要说明的。

我的根据在本文开首亦说过了，那就是我的"中国特殊论"。中国特殊论并不单从其过去历史文化的认识上而建立；主要还在我亲身多年感性的认识上。而且正是从当前感性的认识追溯上去，才得有那些历史文化的认识。既从今以追古，又由古而达今，事事与外国相比较，纵横往复之后，特殊论乃建立起来。

所谓我亲身多年感性的认识是什么呢？第一就是中国人不爱国，缺乏国家意识而身家念重。这是从少年时起，就印入心中的印象。从这里慢慢积累，慢慢发展，以至末后认识到中国人四大缺乏：缺乏公共观念（缺乏国家观念在内），缺乏纪律习惯，缺乏组织能力，缺乏法治精神（这四点《中国文化要义》第四章讲解甚详）。而一切缺乏总归于集团生活之缺乏。缺乏集团生活是其负面；其正面则中国人总是生活在家庭家族之中。自己在中国社会里长大起来，几十年耳闻目睹直接感受的材料，数说不尽；中国特殊论的根据第一在此。第二便是自入民国以后，一直不曾见过统一的局面。统一起来成一个国家，只是1949年全国解放后的事。在这中间虽偶尔亦有过统一；但今天统一，明天不统一；表面统一，骨子里不统一；仍然不能算数。我说到统一每缀稳定二字，那原是不可少的。截至1949 年我五十七岁，一生倒有大半生（卅八年之久）为国家不统一所苦。这一纠缠不解的苦痛怎叫我不深思其故。当我古今中外纵横往复研究下来，就发见中国的特殊：

它（中国）乃是融国家于社会，以天下而兼国家，不属于一般国家类型的（见《光明日报》中《前文》）。这正是顺着缺乏集团生活下来的结果。《中国文化要义》全部书都无非阐明这一点。中国近四十年不统一之故，即在认识了中国的特殊之后而完全了然。同时亦看出其问题如何解决的途径。这些后面即将谈到。

我从来不曾为读书而读书，为求学而求学；读书求学都是为了解决问题，为了实践。读者于此可见其一斑。正为如此，所以我生平行动恒一贯不移，有其线路可寻，而思想见解植根亲切，经过许多甘苦得来非易，舍之亦不易。不是不肯舍弃，乃是新材料不足或思索功夫不到的时候，就打不破夙有思想见解而出现另一个新的。

闲话不谈，仍归到本题。现在要说明中国不属一般国家类型那几句话怎样讲，又怎样从而产生了我对中国革命问题那些判断和处理。

简单扼要来说：一般国家莫非阶级统治。因为除原始共产外，社会上一直不能没有剥削，亦即内部一直存在着矛盾。然而社会若没有秩序，则社会经济生活不能进行；所以如何把秩序与剥削结合起来，涵矛盾于秩序之中，依秩序以行剥削，便为事实所必要。事实上那就是少不得要有武力强制于其间了。况且秩序的维持不单是内部的事，对外尤其要紧；对外防御侵扰更少不得武力。国家不是别的，正是以武力为后盾对外对内维持秩序的那盘机器。机器是要人来掌握运用的。那么，谁来掌握运用呢？自然不待言，就是那剥削阶级了。剥削阶级例必为统治阶级，国家名义及国家权力都属于它，至少在骨子里必然如此。

我说中国不属于一般国家类型，即指中国自秦汉后好像是阶级统治的一个例外。有职业而无阶级，是社会而非国家，乃人类未来远景；过去中国不足语此，却憧憬乎此。剥削虽存在，但阶级却以化为职业而散；同时，社会关系一切形著于伦理，又隐蔽了矛盾。因之社会秩序寄于礼俗而不是依靠法律，消极相安就代替了积极统治。武力在此似乎是备而不用的，准备亦就不足。国家便这样融解消化在社会里面了。假若国家可比作是立体的，社会便是平面的；那么，中国恰似隐立体于平面之中，二者浑沦莫辨。又国家是有对抗性的，社会则没有；中国人自来知有天下（茫无边界）不知有国家，正为其以社会涵容了国家之故。追寻上去，其根源仍在家族生活的偏胜，集团生活的缺乏。各家族相处只算是社会，而国家恰是集团生活最强有力的那一种。——以上这些话句都在《中国文化要义》一书中有其解释，这里不及多谈。

　　一般国家莫非阶级统治之理既明，则一般革命恒不免暴动流血，武力斗争，一定要把旧阶级手中的国家权力转移到新阶级方面来亦即明白。以资本主义的剥削代替封建制度的剥削那种革命尚且如此，何况我们（中国）革命的前途将是消灭剥削的，如何却不须武力斗争夺取政权？究竟在中国特殊论中，我从哪一点而得此论断呢？

七　问题在武力缺乏其主体

　　这仍然要从我直接经验的中国当前事实说起，而后上溯于其历史背景，文化背景。从过去三四十年的生活中，使我认识到中国的事情有两点特殊：

　　第一，中国三四十年来所深苦的分裂和内战，若以外国相对照，便知其大有不同。在外国亦每有分裂之事，像爱尔兰从英国分裂出来，即其一近例。外国亦有内战，例如美国即曾有过南北战争。但他们的分裂或战争都是基于其社会方面的要求，有着深厚的背景（民族的夙怨、宗教的不合、政治的不平、经济的矛盾等等）在。而我们呢，却不过是此一政府（或此一军阀）彼一政府（或彼一军阀）间的冲突罢了，于社会毫不相干。我亲眼看见从前内战时，全国各省教育会的联合会还照常举行；从社会一面看，全国之间是无隔阂可言的。原来此一大社会尽管其人口之众多、地面之宽广直等于全欧洲，而且山川亦不是无阻，语音亦不是无殊，却是全国人如一大家庭，在情意上完全相通而不隔。历数三四十年来所苦的那些分裂和内战，没有哪一次是问题发生在社会的。所以我可以说：把军阀政府除外去，中国国家原是统一的。——不统一的只不过浮在上面而无根的所谓"政府"就是了。请问：这是不是外国所没有的事情呢？外国所没有的事情，却是中国一直存在着几十年的事情，能说不特殊吗？

第二，在没有完的分裂和内战不断破坏下，使此广大社会陷入一种绝望境地，实非一般社会之所恒有。是一个国家必有其秩序；是秩序就有保全。其故即在一个统治力下，统治的一面，被统治的一面，总不过是两面；两面彼此对立，而又互相依存，成为一个结构。这一面亦少不得那一面，如何能不留余地地毁灭它呢？有保全即有生息长养。人类尽管在奴隶社会、封建社会那超经济的凶狠残酷剥削下，而社会还是发展起来，并没有绝望，就为此。但中国这时不然了！它不是两面，而仿佛是三面或多面。此一政府彼一政府形成对立，被统治的社会便成了第三者。在彼此对立中，各以应付对方为急，那往往是顾不得第三者的。无秩序的破坏代替了有秩序的剥削，此广大社会乃落于纯被牺牲地位而无可救，特别是乡村破坏最惨。对于乡村常是说："今天可讲不起了（挖战壕、炮火烧杀、征粮征夫），明天必不如是"。但到明天依然是一今天。战争是常，不战是暂，或说是战争的休息，再战的预备。为备战而竞争着购械增兵，以致养兵之多甲于全世界，却非讲国防。兵多而益乱，战乱相寻，讫无了期。假若爽性分裂成几个国家，各干各事，倒亦不会这样纠缠在战争中。无奈此广大社会早已同化融合为一大单位而不可分（假如要分，几不知从何分起）。分又分不开，合又合不拢，长期地自相砍杀，日趋毁灭；这岂复是一个社会的常态？试问谁又曾在世界旁处见过这种事例？

这两点特殊，第二当然是从第一来的；第一则殆为其历史背景，文化背景之所决定。秦汉以来只有一治一乱之循环而没有革命的，到1911年后却真的走向革命——真的要变革此历久不变的老社会；社会结构正在一天一天崩溃解体，固有之统一不可规复，而一个新的统一正未易得。其中最基本问题乃在武力缺乏其主体。这个道理暂不忙道破，我们接续看过去若干年的事实。

如我在《光明日报》前文所说：

> 三十年来中国已成了一种争夺之局，而够不上说是剥削的局面。它不是有一不平等的秩序，而是早没有秩序了。

说争夺，不止于说军阀争夺政权、争夺地盘及其相因而至的那许多权利争夺。更且指遍地都是的那些争夺。我于此最好作两个引证。一个是民国十九年天津《大公报》社论的一段话：

> （上略）一切支配于军权之下，而非支配于法律。上自中央，下至一县一村，其代表统治权者唯是枪杆；枪杆所至，权力随之。一切职业中之一切人民随时随地皆是自枪杆上讨生活。枪杆许其存则存，要其亡则亡。四万万人对于其生命财产事业言论思想皆无权，而唯听命于枪杆。（中略）此十九年来国民普遍享受之事实，无须详为说明者也。
>
> （1930 年 10 月 31 日天津《大公报》）

另一个是那时河南朋友传诵的几句谑词：

> 兵败为匪，匪抚为兵，兵匪相因，名异而实同；匪为无名之兵，兵实奉谕之匪。（兵匪到了完全无法分别的地步亦是那时河南实情）

可惜许多具体情况此处仍不暇谈。当时的政府一般是让乡村自由组织武装自卫的。它明白承认它维持不了社会秩序。兵匪而外，所以还有红枪会。红枪会起自乡村，不止防匪而且抗兵（陕军奉军都被红枪会缴过械）。但其后亦很多胡闹乱来而为祸于人民。因此在各种武装力量之中，究竟谁是维持秩序间接以行其剥削的，谁是破坏秩序而直接争夺的，已经无可分别。我所说的遍地争夺之局，正指此。十八年我同朋友们创办"河南村治学院"于辉县百泉。十九年开学，正赶上过旧历年，频传匪警，同人夜间皆不敢解衣入睡。远近乡村爆竹声与枪声相杂，入耳莫辨。当时我们的心愿正不妨说是在创造一种有政治思想领导的红枪会。而末后（十九年冬）我们学院的枪支却被当地李县长带兵包围缴去。像这些事实亦可有助于读者对情况的了解罢。

八　深感无秩序之苦

说到这里就寻到了我和中国共产党所以分路走的分歧点。我在前文中曾点出一句要紧话："我正以无秩序为苦，而共产党却就苦其有秩序"。

他们如何苦其有秩序且待第三步再讲，我所苦的无秩序便是上面说的这样。我即从上面这样无秩序而纯被牺牲的社会情形断定中国革命对象已不存在。何以言之呢？

革命必有其对象；主要对象通常应当是经济上已经完成其历史任务而要没落的那种社会秩序。社会秩序的构成通常有文武两面。文的一面就是宗教、道德、礼俗、法律这些；其中是有些道理能说服人的。但单是靠道理说服还不够，必须有武力为后盾而强制以行。两面合起来，便成功一种统治。最要紧是武力必须要集中统一。不要说头绪多了不行，就是有两个头亦要乱的。乱了便不成秩序。那些宗教、道德、礼俗、法律等等，虽不免头绪多，却亦要大体上配合一致。这种配合一致，在武力的集中统一之下，是自然会做到的。如其还不能十分配合一致，好在还有最后取决的地方，那就是掌有武力的国家权力机构。只要武力集中统一就不会乱。武力的集中统一，是有秩序之本，亦是构成国家之本。

现在中国——1911年后的中国显明地正苦于武力分散而无法集中统一，并不是存在着一强固统治力有待我们推翻。苦在没有秩序让人们得以安居乐业；几乎有秩序就好，不管它是什么秩序（平等不平等，合理不合理）。因为能从争夺进而为剥削，能从破坏进而为剥削，那已经很好很好。革命对象——强固统治下的社会秩序——不患其有而正患其无。

不但武力分散而不统一，同时其文的一面亦配合不上。号称维持社会秩序的政府却已经失去人们的信仰尊重，不足以服人。照例革命对象代表旧理想标准，而革命党则代表新的。总之是：统治方面若不在旧宗教、旧道德、旧礼俗、旧法律上有其地位，即必有其新依据才行。然而中国自一九一一年代表旧理想标准的王朝倒了，这以后南北东西各政府有的自命为代表新理想标准而难邀较久之公认，或根本未得公认；有的甚至于自己就不承认其合理。譬如社会一般人诅咒军阀祸国殃民，而军阀自己亦通电高唱"废督裁兵"。不唯旁人否认它，它自己亦否认它。这就证明它初不依于一种秩序而存立。

旧著《乡村建设理论》为指证军阀不是革命对象，曾说：

> 中国今日正是旧秩序破坏了，新秩序未能建立，过渡期间一混乱状态。军阀即此混乱状态中之一物，其与土匪只有大小之差，并无性

质之殊（土匪扩大即为军阀，军阀零落即为土匪）。他并不依靠任何
秩序而存在（如贵族依靠封建制度、资本家依靠资本制度）；而任何
秩序（约法、党章）乃均因它之存在而破坏失效，而不得安立。它
的存在实超于任何法律制度之前。它可以否认他自己的合理，承认他
自己是社会一危害物，而于它之存在依然无伤。（中略）为中国革命
对象的中国社会旧秩序早随满洲皇帝之倒而不存；此不成秩序之大小
军阀固革命的产物，非革命对象矣。它唯以无新秩序起来替代，故暂
时消极存在耳。它不劳再否认，因它并没有被承认；它不劳再推翻，
因它并没有建立。

　　革命对象基本上已不存在，无论从任何一面——武一面文一面——皆
可鉴定无疑。那么，就要追问：这世界少有的痛苦不解之局究从何来，又
如何才得解除？

　　回答这问题仍可分从文武两面来说，虽然根本上是一桩事。

　　若问武力为什么总是分散而统一不起来呢？这其实在前面讲到中国分
裂和内战的特殊，早伏有解答了，不必外寻。这就是：武力从其自身而分
散，不像外国是基于其社会一定背景要求而分。后者武力是有其主体的，
而前者则没有。武力原是一工具；工具必有其主体。有主体的武力不会出
毛病；武力而缺乏主体一定成问题。试以外国的事情作譬喻。过去爱尔兰
人以武力抗英；英人以武力压服之。这些都是有主体的武力。他们有两种
可能的前途：一种是英人制胜，那叛军就消灭，仍然是一个国家而不分；
一种是爱人得胜，那英人就退走，分为两个国家。不管是一个国家也好，
两个国家也好，在其国家内部武力总是统一的，没有问题。而中国现在
呢，在这早已同化融合为一大民族单位而不可分的社会，其武力却分散而
不可合。武力与社会完全脱节，社会掌握不了武力，听它横行，莫可奈
何。它不能为社会用，转为社会害。社会本是用它来对外对内维持秩序
的，却不料现在破坏秩序的正是它。何以竟落到这地步呢？没有别的，只
是武力寻不到主体一个问题而已。武力寻不到主体，就不能统于一处。武
力不能统于一处，就要分散到几处。分散就必定对立冲突而为祸于社会。
这不是很简单明白的吗？

九 武力主体在1911年前和在其后

于是就要研究：（一）一般说，作为武力主体的是什么？（二）以往历史上中国的统一，是以什么作为其武力的主体？（三）1911年后亦不是没有短暂的统一，其时武力主体是不是有呢？

我可以回答：（一）一般说，作为武力主体的即是那剥削兼统治阶级。但剥削被剥削、统治被统治要两面合起来才成一个国家；当其彼此互相依存，有共同利害之时——只在此时——作为武力主体的亦就是整个国家了。（二）以往历史上中国是以皇室朝廷一姓一家为其武力主体的。武力虽主要为夺天下及维持皇祚而用，但这与社会的安危治乱亦有时为一事而不可分；那么，当这时候作为武力主体的亦就不仅在一姓一家了。（三）1911年后每一度短暂的统一，必在人心有所趋向，此广大社会若有其一大要求明朗可见之时；那么，当这时候武力就算是有其主体的了。

要说明以上的话，就根追到中国历史文化的特殊了。我不能把《中国文化要义》全搬出来讲，只能扼举其要点大意。中国与外国、特殊与一般之所以分，就在家族生活对集团生活这一点。家族生活、集团生活同为最早人群所固有，而且亦分不开。但其后中国人家族生活偏胜，有异乎一般之走向集团生活。这是什么原故呢？那我只能粗说其关键在宗教问题上。举西洋作对照：西洋在宗法社会的宗教之后有基督教，而中国当宗法社会之际却有"非宗教的"周孔教化；这就是两方文化所由分。从此，他们便惯熟于对抗斗命的集团生活，而我们则长久是散漫和平的家族生活。表见在中国人之间者，好处是不隔阂，短处是不团结。西洋人反此，其好处是能团结，短处是多隔阂。濡染于中国文化的人口达四万万以上，完全同化融合为一大民族单位而不可分，并且在过去宁为一社会，不类一国家。但同样人口在欧洲就不知要分成多少国家多少民族而合不拢，而且其一国之内往往还有许多分野（阶级的、宗教的、民族的、地域的等等），此疆彼界，隐然敌国。若问周孔教化有何巧妙竟然产生这样不同结果呢？那就是把家人父子兄弟之情推广发挥，应用到政治、经济、教育各方面，纳一切关系于伦理，以伦理组织社会，使社会家庭化。

由于以上所说两方的不同，当势不可免地经济上要有剥削、政治上要有统治那种时代，则此一矛盾形势，在西洋就演为阶级对立。——阶级出于集团，这是必须记取的。而在中国呢，它就化整为零，变固定为流动，有如我所称"职业分途"。整个社会内部形势散漫流动，其唯一固定者只皇帝一家。阶级对立之势未成，武力主体无可归落，只有落到他身上。然而他（皇室）实非一适当的主体。

一般说，武力因战争而有，战争必出于集团对集团之间。各集团掌握各自武力；武力天然被掌握于各自集团。没有集团根本不会有武力；岂有武力而待寻问其主体的？所以武力主体这一问题，在一般情况下原不发生。然而一般之所以如是，乃为一般是符合于孟德斯鸠一句话的。孟德斯鸠曾说："争之与群（集团）乃同时并见之二物"（见严译《法意》）。这句话是极言有集团就有斗争，有斗争就有集团，二者莫能分先后。但一般虽莫分其先后，在中国却似乎有先后可分。那就是在散漫而缺乏集团的中国人，往往可以见出它是因斗争而临时结合为集团的。像历史上那些农民暴动往往假借宗教迷信以求团结，还要用"赤眉""黄巾"作出识别，而仍然不免被认为"乌合之众"，即其例证。还有可注意的一种情形，就是这里（中国）往往是以一二人物为中心而形成集团。团体在后，领袖在先；领袖为本，团体为末。不同乎一般是在集团内推出其领袖；领袖在后，团体在先；团体为本，领袖为末。例如楚汉之争，其问题只在项羽刘邦两人之间，并不是楚集团与汉集团一定不相容。所以韩信就可以在两边跑来跑去。又如诸葛亮一家兄弟三人分仕于三国；亦正为三国不是三个固定集团，其间本没有什么沟界分别。从前有"攀龙附凤"一句话，正说明这类集团的由来。一旦相与竞争的敌对集团失败散伙而天下大定，这集团亦解消于无形。所谓天下就是无数家族藉伦理联锁以成之社会大海。当初的集团只是从海中起的几点凝结，末后又冰消于海。此时不以武力主体属之一姓一家则无可归落，而以一姓一家为武力主体又嫌其过狭。

我们知道主体与工具是必须两相称的。若不相称，宁可主体大而工具小，万不能主体小而工具大。譬若以幼小人而操大刀，那便不成一种力量，反是一种累赘妨碍了。中国既是这么出奇的大国，要统治这么大国家，其武力该当多么庞大？而顾以一姓一家为之主，岂非太不相称！前说不适当指此。

然而自然（自然界的自然）是不会给自己出难题的。一个问题有来路便有去路。要知中国之所以拓大出奇，是有其来由的；那就是自始缺乏集团性，不习于对抗斗争而以伦理组织社会，许多邻邦外族乃不知不觉先后同化融合进来。"宁为一社会，不类一国家"（语见前）正是其得力处。武力于此固难得其适当之主体，但它（社会秩序）原可不倚重于武力。如所谓"马上得天下，不能马上治之"，照例在天下大定之后即必"偃武修文"。我在前曾说"消极相安代替了积极统治，武力备而不用，准备亦不足"；雷海宗教授尝论中国文化为"无兵的文化"；都是为此而发。这样它就自然解决了主体工具不相称的问题。

二千年历史虽然可以这样敷衍过去，到 1911 年后则势不能再以武力主体属之一姓一家。同时政治上的消极无为主义亦为国际环境所不许。对外对内既非加强武力不可，而增大起来的武力却缺乏主体来掌握它。于是它便失掉其工具性，变成了为存在而存在，为发展而发展。卅余年军阀之局由此造成。军阀就是一指挥官领着一大批军队，占据一地盘而吃饭。为军队而要指挥官，为指挥官而要军队。既有指挥官又有军队，那就要地盘。有机会更扩大地盘而发展军队。扩大地盘是为了发展军队；发展军队是为了扩大地盘。完全无目的无主宰，只供一些野心家任意利用，合纵连横忽彼忽此，忽敌忽友，陷全国于分裂混乱之深渊而不得出。"不晓事的人还在作武力统一的迷梦，其实武力统一中国不难，倒难在谁来统一武力呢"？（语见旧著《乡村建设理论》。）

十　深刻地认识无秩序

说至此，暂不忙讲如何形成一武力主体以求问题之解决。——这要留待以后说到我对问题的处理再讲。在这里还要把我对问题的认识作一总结。总结是往深处讲，往文化方面讲。

往深处讲，我认为中国自 1911 年后社会的无秩序已陷于一种恶性循环。这恶性循环便是无秩序与无阶级两面迭互为因果；试看它是这样的：

（一）社会内部形势散漫流动，缺乏固定成形之阶级，乃至于较为固定的一姓一家亦不复存在，莫可为武力作主体而国家遂不能统一稳定。

（二）国家不统一，对外不能应付国际的侵略（特别是经济侵略），甚且导致了侵略；对内则法律制度无效，社会无秩序，不能保障人的生命财产，一切农工商业（特别是工商业）的经营就不能顺遂发展，甚且时时遭受摧残破坏；于是近代资产阶级（这是从历史看中国应该兴起的阶级）就培养不出来。

（三）资产阶级既培养不出来，武力仍然缺乏其主体，国家就无从而统一，社会还是无秩序。

（四）无秩序就不能养成阶级，阶级不成功，终归还是无秩序。

追究上去，端在社会内部形势散漫流动（贫富贵贱上下升沉不定流转相通）这一根本点。而这一点恰就是中国文化特殊之具体表现。因此一定要从文化上了解无秩序的由来问题才真得其解。

在前讲过有这两句话：

> 社会秩序的构成有文武两面。文的一面就是宗教、道德、礼俗、法律这些；其中是有些道理能说服人的。但单是靠道理说服还不够，必须有武力为后盾而强制以行。

作为一种秩序之核心的，必在其"有些道理能说服人的"那方面。而我们所谓文化呢，亦即在此。占人类绝大部分的虽是那些为人生而服务的方法、手段、工具、技术等等；但居中心而为之主的则是表现了人生目的、人生规范的这一些。这些大抵从人生一点最基本取舍出发而有其相联带的种种价值判断，借着宗教、道德、礼俗、法律各种形式而分别表现出来。凡不同文化，皆因其在这里有所不同；若其他方法、工具等不同，是不足算的。秩序的改造、文化的变革亦都在基本改变了其价值标准而不在其他。

我常说过去中国历史上只有一治一乱之循环而没有革命，那亦就是说它的社会秩序尽有时失效而不久仍必规复，二千余年从无根本之变革。问它何以能如此？一句话说：其秩序存于道理说服者多，而恃乎武力强制者少。何以见得呢？它自古以道德代宗教，以礼俗代法律；而道德存于个人，礼俗起自社会，像西洋中古教会、近代国家那样以一绝大权威临于个人、临于社会者，中国是没有的。宗教、道德、礼俗、法律四者虽莫不有道理说服人。然而宗教不离祸福，法律赖于赏罚，皆不免对人施以威胁利诱，其于以理服人殆有所不足。比较上说，中国以理，西洋以力，两方文化的分别远从散漫和平的家族生活与对抗斗争的集团生活之相异而来，近则以阶级对抗形势的构成与否为断。

因此中国在 1911 年以前，其文化并不相当于西洋封建之世而远为深厚——在人心中深有其根。当清末西洋近代潮流进来，固说服了一些人，引发了 1911 年的革命。而革命的结果却并不能把中国社会像从封建解放出来那样转入到近代资本社会。所谓"基本改变了其价值标准"那句话是完全谈不到的，不过是新旧两种价值标准混乱矛盾之局。这就是陷于无秩序的根本所在。

不料正在新旧矛盾纠缠不解之际，又有第三种文化进来。这就是一向反资本主义的社会主义潮流爆发出 1917 年俄国的十月革命，影响到全世界，亦输入到中国。在中国就有中国共产党的产生，就有 1925—1927 年的革命及其以后的革命。这对于近代潮流（指资产阶级自由主义）而说，虽然二者原是同出于习为集团生活的欧洲人，却在社会人生上一切价值判断又大大相反。于是矛盾之外更增矛盾，混乱之中又加混乱。不苦于没有道理说服人，而苦于说服人的道理太多。

于是武力不能归一之外，道理又不能归一。假如道理归一，大约可能使武力归一的；假如武力归一，亦很可能使道理归一。反转说，武力是多头的就能破坏了道理归一；道理不一则武力归一恐怕亦难。现在正是后一种极严重情形，在旧著《乡村建设理论》上，我又称之为极严重的文化失调。必须把无秩序问题了解到此，才算真了解。

十一　不求统一于上而求统一于下

一切革命要不外推翻旧秩序而建造新秩序。当我对 1911—1927 年后的中国作如上（无秩序）了解，并看到它天天自己毁灭之时，唯一急迫心情就是要求建造新秩序，而坚决地激烈地反对内战，反对一切破坏行动。我过去之反共完全在此。至于建造社会主义的新秩序，那原是我的要求，并无不同意向。

要遏止自己毁灭而走向建设，特别是以社会主义经济为前途目标的建设，其关键全在统一稳定的国权之树立。怎样树立呢？如其再摹仿外国建立阶级统治之局，那就太不认识中国问题的特殊，而且有些企图早已经失败（详见后），不足考虑。唯一适合于中国的道路就是从阶级之缺乏径直渡达于无阶级之社会，而断断不是其他。这一条路首先从民国初建以来历次短暂的统一，在我直接经验中给我很大暗示。

譬如推翻满清时全国第一度统一之建立，就是人心趋向共和，全国纷纷响应，四面八方——清室亦在内——合拢来的结果，而不是从革命一方发展拓大统治了全国。再如推翻袁氏帝制恢复共和那一度全国统一，亦是差不多一样；一句话，都是决于人心之向背而不是用兵的结果。到国民革命军北伐那一次，算是用兵稍多。然而从广东只出来三万多支枪却削平了几个大军阀十余倍兵力，仍不出"得人心者昌、失人心者亡"那句老话。末后以张学良易帜而完成统一，与前两次还是如出一辙。而最后明效大验莫过于抗日初起时全国所表见的空前高度统一，对内一毫没有用兵，而全国之兵却莫不为它用。当在徐州与日寇会战时，云南兵、广西兵、四川兵（这些都是从来不统一的）、东北兵、地方兵、中央兵、国民党的兵、共产党的兵……什么兵都来了。各式各样的装备和符号参差不齐，却统一于抗日一个目标。多少年来武力失掉其工具性，至此竟一朝而恢复。所有这许多事例都暗示我们要抓住全国人心趋向——此广大社会一共同要求以求统一，不是吗？

大凡问题解决的窍要就藏在问题里面，不必远求。真能了解问题，自能解决问题。在前我们不是已看出中国所有的分裂内战不同于外国有的分裂内战吗？既然知其不同，那我们就自有其统一之道，不必摹仿外国。天下事情短处翻过来即是长处，这边走不通就掉转走那边。外国一般是求统一于上的，我们今天却须求统一于下。何谓求统一于上？在此疆彼界隐然敌国的社会中，以一方强越势力压倒其余而统治之，尽管社会依然不免有其分野对立而国家却是统一的；这就是统一于上。何谓求统一于下？在"好处是不隔阂、短处是不团结"（语见前），形势散漫而情意颇若相通的社会中，发见其亲切实际的共同要求，从而联系之以成一体，使一向浮在上面的分裂若有所归而势无可分，国家于是统一；这就是求统一于下。

历次从人心趋向的一致而有了全国统一的局面，却总未能把统一贯彻稳固下去，这是因为过去有缺点：第一，历次意志集中总偏在负面而不是正面。像排满、倒袁、铲除军阀、抗日，这一切都是负面消极性的；其正面积极要求却不具体明确。一旦消极目的得达，立刻就不能一致。须是一个正面的、经常性的、合于大众亲切实际的要求就好了。第二，人心虽一时从同，而人仍然是散漫的，所以不中用。须是随即把它联系起来，成一代表广大社会的组织就好了。

然而要做到以上这两层却亦有待机缘时会之到来，无法强求。我所从事的乡村建设运动不是旁的，正是看准了这种时机到来而努力奔赴的全国统一运动。

乡村建设运动大率起于 1925 年以后而盛于 1937 年以前。它是从四面八方不同地区、不同动机或立场，从事于不同业务或工作，不期而渐渐汇合为一流的一大运动。正为乡村人口、农业生产是此社会最大之事实，要想提高文化，唤起民众，复苏经济、改革政治，总不能舍此而别求其致力处、入手处。这是当那些大而无当、高不落实或缺乏建设性的救国运动、革命运动过去之后，自然转入一种近乎改良的运动。这种运动从表面上看去，在东西各国差不多都有，然而实质上不同。试以日本为对照就知道。1936 年春我曾到日本去考察其农村复兴工作。原来他们农村经济之受到破坏，即在 1929 年后的那次世界经济大恐慌。其农村工作即始于那次破坏后才制订的五年计划。我到东京刚刚在他们所谓"二·二六"事件之后不久。"二·二六"事件和"五·一五"事件（刺杀首相犬养毅）都是从其社会内部矛盾爆发出来的革命式的政变暴动。资本主义的经济盖不止存在着劳资两阶级的矛盾，更造成工商业与农业、都市与乡村、生产者与消费者……种种矛盾。两次事件就是陆军军人代表农民反抗资产阶级政党政治的一种行动。其复兴农村的一切工作，外表上与我们乡村建设绝相似，而处处比我们见出有办法，有成绩。但我们却效法不来。何以故？他们政治有系统（议会有种种立法而中央以至地方行政机构为之执行），经济有系统（例如金融系统、全国合作社系统等等），教育有系统（从学术研究、学校教育到社会教育），互相配合作起事来效率自高。试问在分裂内战又一切落后的中国何从得此好条件？然而却要知道：他们救济农村的一大力量不是别的，正是控制其农村的力量，亦就是起初破坏其农村的力量。这正表见资本主义国家内矛盾的两面又互相依存。他们的农村工作尽有效率，却无前途，总不过是改良而已。要想达到社会主义，不可避免地它还要经过大革命推翻资本主义才行。中国却不然，正为其没有那一大系统力量来救济农村，亦就没有一大力量阻碍着此广大农村自求其前途。乡村建设只是近乎改良（甚至有人亦自认是改良），而实则其使命乃在完成中国革命的。

中国革命始于 1911 年，本意在模仿着做一个近代国家（如日本一样），却不料自此就不成一个国家。外不能应付国际侵略，内不能维持一般秩序，资本主义工业之路走不上去，经济的落后一直未改，工商百业仍依托农业，都市仍然依托于乡村，一旦农村崩溃，全国不了。1930 年后救济农村的呼声不发于乡村而发于都市，首先说话的正是上海金融界（中国银行年终报告）。1933 年后每年全国乡村工作讨论会开会，一经号召，人们即从东西南北各地自动集合而来。到会的各行各业什么人都有，假使你不先知道为什么事开会，而要想从到会人身上发见它是一种什么会议直不可能。因为人太复杂了。于此可见它是亲切地关系到全社会各方面的实际生活问题，不同于某些运动只对于一方面或一部分人亲切，偏而不全。更要紧的还不在此——不仅在当前一时代表着全社会广大要求。更要紧的乃在资本主义国家内那种强大的矛盾这里没有构成——矛盾亦有而是分散零碎的，并没有构成一大矛盾而不可解——尽可以容我们从一种有方针有计划的经济建设，调整社会关系而达成社会主义。这就是说：在社会经济整个崩溃的中国，今天需要从国际经济侵略下翻身起来而向着社会主义迈进；但要翻身不是件容易事，要从经济建设而完成社会改造更不是容易事，都必须看出有其客观可能的一条方针路线才行。然而乡村建设呢，却正是这一条通路。空间上代表着广大要求，时间上又有其远大前程，当此运动广泛展开于全国而成立其一大联合组织的时候，散漫的中国社会不是就联系为一体了吗！

一切政权（国权）原是为社会经济而服务的，经济的出路果真在此，则政治的出路无不在此。当此一大社会从乡建运动而统一起来，武力就有了主体。但千万莫忘记"统一于下"那个原则，乡建运动的联合体或其任何组织都必须守定在野立场而不要直接当国秉政。

须知统一于下所不同于统一于上的，就在使社会始终保持于一个立场上。要使社会保持于一个立场而不分，那就必须把政府与社会分开。不然的话，社会自身就要分，这是一定的。因为社会原涵有矛盾在——至少那个剥削问题免不了。对于矛盾只有两种安排：（一）偏于一方的强力统治；（二）从彼此理性求其协调以至末后矛盾完全消除。这两种安排不容你自己选择，而一视乎国际国内形势为决定。一般国家都是第一种安排而中国则做不到，可无待多说。却由于国内一大矛盾之势未成，就有了第二种安排之可能，再由于国际侵略压迫严重早掩盖了内部问题，乃更加决定。从乎这内外形势不能不作第二种安排了，而为涵有矛盾的这个社会恒常保持于一个立场却大大不易。此时最要紧的就是必从理性求协调而万不能用强力。然而此时对外对内少了武力如何能立国。那唯有以政府统率武力代表国家对外对内，不要与代表社会的乡建运动组织牵连混合。如其乡建团体自己来组织政府，那便根本破坏了求统一于下的原则，而搞乱了这种安排。本来显然隔阂对立的两方面在中国很少有，如其说有，那就是在政府与社会两相对立之间。乡建运动当其在野向下扎根，把散漫社会打通一气，可使政府为之低首；一旦自己登台，却将失脱社会根基，并陷自身于纠纷，亦就失去一切作用，而葬送了革命前途。

乡建运动与政府之间的关系如何才对呢？如《乡建理论提纲》第四十六条所说，那就是要以全国乡建运动联合组织的中枢为知觉和用思想的机关，而以政府为行动机关。但不必从法律上取得此种地位，而要在其能从事实上代表此大社会的痛痒要求，并能集中人才以学术头脑规划前途，给政府施政作指针，即不患无其地位。

十二　始终自以为是

叙说至此，读者可看出这种主张真算特殊，一般革命中的政权问题到此完全变了。它虽仍然需要一个服从于革命的政权来完成革命，却已经不再是变更政权、夺取政权那些事了。它是把原来不属一般国家类型，又经革命推翻了秩序更不成其为国家的，设法形成一个国家——还是不属一般国家类型——让它有革命政权树立起来，俾得进行建设，完成革命，以达于最后是社会而非国家那一步。此时我看：南京的国民党是在我右边的；它倡言建设而无方针，简直不晓得它要往哪里去，不说背叛革命，亦是忘记革命。江西的共产党是在我左边的；它倒始终没有忘记革命，而盲目破坏，有害无益。若其昧于认识中国问题，则两党所犯之病相同。只有我从历史文化认出了中国革命唯一正确之路。

后来抗战既起，乡建运动不得如预想那样发展开，又见两党各具势力不容轻视，经过一番考虑，稍稍变化了我的主张。这就是后来我主张的"确定国是国策"、"建立党派综合体"、"政权治权划分开"那三个步骤所构成之一套方案，在前已有叙述。因我考虑到：两党原来都是想解决中国问题的，却由认识问题不足，而今天他们自身依我看倒成了问题等待人助其来解决。我应该引他们回到解决问题的路上，仍成为解决中国问题的力量。这是一面。再一面，乡村建设之路果为他们所接受，正用不着一个地方一个地方去发展；如不为他们所同意，那自身想发展亦将受到阻难。所以无论如何要打通他们的思想才行。这其中第一步确定国是国策，意在使全国意志集中于一建国目标，包含有对外如何求得民族解放，对内如何完成社会改造两大方面，而以后者为主，希望把乡村建设采纳进去。第二步建立全国党派综合体，其作用就相当于全国乡建运动的联合体。第三步政权治权划分开，即本乎乡建联合体要守定在野"求统一于下"那个意思而来。所有变化只在外表，根本意思实未尝变。

这一方案在我第一次到延安时，虽胸中尚未十分成熟，却已提出向毛主席请教过。第二次到延安，更向十位先生陈述了一遍（见前）。对周恩来先生则是在重庆谈的。我说党派综合体不要直接当国秉政，而参加政府的人一定要脱党，他们似乎怪讶不解。好像确定国是国策、建立党派综合体两层在意思上都还可以接近，只第三层不行（毛、朱、周三公皆露此意）。而其实从这方案说，第三层寓有我解决中国政治问题的窍要在内，正是其最要紧所在。政府与社会如不分开，社会统一不能巩固，便一切都完了。

为什么彼此意思不接头呢？共产党的老话："要站稳阶级立场"，"要分清敌我"；而我却要把全社会统一于一个立场。一定要"从团结求统一"，"只有东西南北各式各样的朋友都拉在一起中国才有救"。彼此路道正好相反。可以说国内过去有本有源彻头彻尾反对共产党以武装斗争方式解决中国问题的我算一个。我有一套"既从今以追古又由古而达今，事事与外国相比较，纵横往复"而建立起来的理论作根据，我认定他们把中国问题当作一般革命来搞是错了。直至全国解放前夕，我写《敬告中国共产党》一文反对以武力求统一，还在说：

　　　（上略）……我担保不会稳定，即统一必不久。我前说"以武力求统一只有更迟延中国的统一"其意正在此。这千真万确的真理，我却不愿它再作一度事实证明。——但你们竟然要再来一度，我亦只有长叹一声！

从这几句话不但看出我的自信，还看出自信是在这一点上。

本文第二步骤——说明我对中国问题的判断和处理所自以为是的由来——至此约可结束。

十三 到底是无秩序还是有秩序

在《光明日报》前文上，我曾说三年来的事实给我的教训最大者就是若干年来我坚决不相信的事情竟出现在我眼前——一个全国统一稳定的政权竟从阶级斗争而奠立起来。同时其另一面，当然就是我所深信不疑者完全落空。这使我不能不好好反省究竟错在哪里。既须寻出所以错的根本点，且要分别勘正那些从而发生出来的错误。以下就进入本文第三步骤。

在前已点出我和中国共产党所以分路走的分歧点，即在"我正以无秩序为苦而共产党却就苦其有秩序"（语见前文）。把这问题弄清楚，错误的根本自见。上文充分发挥"无秩序"之说正为下文检讨要翻案作准备。

我们在上文费了许多话来讲"无秩序"，那"无秩序"真是铁案如山，谁还能否认呢？读者试回头看一看，我想一百人未必有一个人能否认罢！谁晓得就像我所见兵匪如麻混乱到顶的那种地方，若让毛主席来看还是有秩序，而且统治依然很强。试取出那篇《湖南农民运动考察报告》，对照着来想一想，便可恍然有悟。原来我之深苦无秩序，还是从一般有产者立场出发。虽说已经成了争夺之局而剥削之局似乎被打破；但财产私有仍是公认的制度；剥削一般还是有效，强霸争夺究竟难邀赞许；这就是有秩序。这种秩序的破坏，威胁不到无产者，不是他们之所苦。他们之所苦，像那篇报告中所说绅权、族权、神权、男权的四大威权，则因我既不是贫雇农，又没有生长于乡村宗族间，又不是女人，一切横暴压迫未曾受过，在我意识中就不能清楚深刻。身受其苦的人，大概若有一物横梗在胸，念念不忘；而在我心中却若有若无。所以封建统治从毛主席看去几乎原封未动，而我则倡云"革命对象已不存在"（见前）。假若当那时我亦在湖南，我将是对农民运动喊说"糟得很"的人，而不会如毛主席亲切地感觉"好得很"。

何以说这些问题在我心目中若有若无呢？这值得仔细说一说。首先应当从其中重要的绅权说起。

绅权这一项诚如那篇报告中所说："农民对政府如总统、督军、县长等比较还不留心，只这班'乡里王'才真正是他们的长上"。虽各地情形不同，然问题总是有的。我既号称作乡村运动，原从很早用过很多心思在这个问题上；那么，我对此问题究竟如何判断和处理的呢？民国十九年我主编《村治》月刊时，有一篇《敢告今之言地方自治者》的长文，最可代表我的意思。此文曾收在《中国民族自救运动之最后觉悟》一书中，由中华书局印行。其中虽大致从反对当时所谓地方自治说起，却可见出我对绅权的看法：

（上略）举办地方自治岂独增加农民负担，更其凶猛可怕者是助成土豪劣绅的权威。（中略）我们试想想看：

第一，本自容易受欺压的乡民；

第二，将他们划归一个区域，而安置一个与地方官府相衔接的（自治）机关；

第三，此机关时时向他们发号施令，督迫他们如此如彼；

第四，此机关可以向他们强制地加捐派款；

第五，此机关可以检举他们某些罪名（例如烟赌等）而处罚他们；

第六，此机关或且拥有武力——保卫团。

这简直是为土豪劣绅造机会，让他正式取得法律上地位，老百姓更没法说话罢了。不独给他法律上地位，并给他开出许多可假借的名色路道来，又且资他以实力（保卫团）。

接着我又论到"人民自卫"这题目亦可怕的。因为枪支武器多出于地主有钱的人，而统制指挥又操于他们之手，地主绅士一二人的尊严威猛由是遂以建立；能怎保他不滥用权威呢？多数乡民怎能免于受欺压被鱼肉呢？

原文还这样说：

> 我们并不是说作"团董"的没有好人，这是事实自要如此。何况今日的社会是什么社会，我们试想想看：
>
> 第一，今人欲望比前高许多，而生活的艰难及风气的丕变更使人歆慕金钱势力；
>
> 第二，频年的变乱使人变得险诈狠毒，残忍胆大；
>
> 第三，社会旧秩序（法律制度礼俗教条等）已失，而新秩序未立；于此际也，多数谨愿者莫知所凭循，最易受欺，而少数奸猾乃大得其乘机取巧纵肆横行之便。
>
> 在这种运会形势之下，（中略）再加上"地方自治""人民自卫"适以完成其为人民之蟊贼，一方之小霸王而已。然而今之提倡自治自卫者似绝未留意到此，究竟是智虑短浅呢，还是毫无心肝！

问题是这样提出了，将如何处理呢？过去两千年消极不扰为治，让老百姓去度散漫和平的生活，那是不可能规复的了。模仿西洋的旧民主制度我亦不赞成。原文于摘引当时自治法规那些乡民大会、区民大会、乡监察委员会、区监察委员会及人民的直接罢免权等等规定后，便说：

> （上略）求效于组织制度之间，对于声威所在实力所在的豪绅，欲以白纸写黑字振起农民数千年散漫积弱之势而胜之，实不免妄想。然而在这种互相牵掣抵制之下，一个人独霸之局诚亦不易成功；演为地方上几个人分结徒党明争暗斗之局，大概是一定的。因为一地方不见得就只一个人有钱、有势、有资望、有胆智；长于此，绌于彼，高矮不齐而各不相下的总有几个人。这几个人始亦未必彼此作对。然而从这制度之所安排布置，其不引之促之于结党分派构怨成仇又何待？在立法者所自诩为防杜土豪劣绅的妙方，不过换一换局面。而此种捣乱打架之局比之个人独霸之局，究竟哪个好些又谁能说呢？

原文接着说，多数政治是无疑问的必要，但昧于民族固有精神必致酿乱。

自 1911 年来，因"民主共和"的好名堂已是将国家闹得天翻地覆。然而偏僻乡曲兵匪不到，犹或可以安生过活，或兵去匪过之后亦可抽空过活。假若"地方自治""人民自卫"普遍地举办起来，必将闹得无一处无一时得安生，其为祸之周匝深刻又将十倍于前！

似这样，过去老路子是回不去，近代西洋新路子我又拒绝模仿，我主张什么呢？当然更无旁的，只有我的乡村建设。乡村建设的主张，虽不能说是起于要解决绅权问题，但想从乡村培养出中国的民主政治来，则是我最初动机（下一篇文章将叙述到）。像这样的动机，绅权问题自然在考虑之内。所谓"若有若无"，此即其"若有"一面。

何以又说"若无"呢？那就是不作为革命对象来认识它。这从上所引原文和未引的全文语气间不难看出；而看我全部理论就更清楚。照我的理论，秦以后中国封建制度虽不是完全解除，却变化得非常之大。我承认它有时逆转于封建，但若顺着中国文化走，则理性发挥甚高，过着消极相安的伦理生活，尽不免有些封建形迹，早无封建实质的。可恶的绅权（还有其他类似东西）我只设想它是逆转于封建时有的，不是在一切时固定有的。所以在上所引原文及其全文语气，都露出问题原来不大（如果不是没有的话），而在"这种运会形势之下"却大了，特别若是随便举办"地方自治""人民自卫"将更大。

再明确地说一句：现在遇到的这些恶势力——绅权及其他——其性质是封建的，但主要是由于消极性的老文化旧秩序已失、积极性的新文化新秩序未成而出现，不是传统一直留存下来的。它本身是无秩序的产物，愈无秩序它愈发展，愈作一些不能成功新秩序的新号召新办法它愈发展，而不是任何（封建的或资产的）秩序。只须赶快建造新秩序——其道则在乡村建设——就好了，用不着当它作革命对象来实行革命。——这岂不是"若无"了吗？

其次再讲族权，神权，男权这三个问题。

旧著《乡村建设理论》曾指出某些宗教迷信和中国人子女若为其亲长所属有，妇人若为其夫所属有，那种人对人的隶属关系，自是宗法社会、封建社会的遗迹，较之近代西洋不免保有一些未进步的形态。我承认所有这三权是封建，这就是"若有若无"的"若有"一面。然而我同时说明中国之所以数千年长保此落后形迹者，正为其理性开发太早——文化成熟太早，不可误以为真幼稚。从旧著《东西文化及其哲学》到《中国文化要义》前后三十年都在作此阐明（至今没有改变），因此它就不同于一般。从一般说，这三权往往结合于封建实力（武力统治）而不可分，要革命时一起革命，其必出于暴力破坏势不可免。而这里似用不着，尤其在经过1911年革命更用不着。在这里，要待积极性的新文化新秩序之一步一步建造（产业发达、科学发达、教育发达等等）它随着同时就自然解决的。对它亦可说须要革命，但不过习俗观念须要改造的那种革命。——于是从"若有"，又转为"若无"。

过去我从不肯说反封建这句话。虽亦说要为农民解决土地问题，但只从经济上了解其意义，不从反封建出发。我认为"怎样在日常生活中养成其组织能力，是农民得以抬头作主的唯一途径"；"农民地位须要增进提高而不是翻身"。（《乡建理论》，全集卷二，410—411页）对于封建性极重的某些习俗亦知道要改革，而在邹平所最用力作的亦不过反早婚（族权）、反缠足（男权）一类功夫而已。至于不知不觉还作了许多助长封建势力的事情，将留待下一篇文章再作检讨。总之，我对于中国旧日社会的封建性的认识远为不够，直到解放后到了鲁南，到了川东乃大有所省觉（见前文）。这是由于我的出身和生活环境从没有尝过那些封建统治压迫之苦，而倒有一些知识思想会分析问题，亦就不免曲解了问题。

"所有的人每一个无不有他的阶级烙印"；"一切问题所争总不外乎彼此立场不同"；这些话我今天才相信。过去不是无所闻，却不相信，不肯从这里去注意反省，终于被自己的阶级出身和环境所限制、所决定而不自觉。中国社会是不是缺乏阶级，自1911年后是不是没有秩序，本都可以从两面来看，而且几十年中亦何能一概而论。但我总是从其一面——缺乏或没有——来强调，总不免一概而论，正为自己没有站在革命的阶级立场之故。以上借着毛主席那篇《湖南农民运动考察报告》为对照，揭发出其思想根源。本文开首说的：我之落归改良主义不出于浮浅错误而是有其思想根源，至此点明。

以下继续说明我根据"无秩序"这一判断来处理中国政治问题，如何不能不使革命落空。

十四　就为不懂矛盾论所以一无是处

我写至此处，《人民日报》刊出了毛主席的《矛盾论》一篇著作。看了之后第一个感想是自己过去就失败在没有把矛盾法则弄清楚。现在看了还是有许多处若明若昧，但有一点则明白无疑：毛主席掌握了这部矛盾论乃是他领导革命成功之本；而我在中国革命政权问题上分析错误、处理错误，正为搞不通矛盾论。读者试回看本文第二步骤讲中国必"求统一于下"那许多话，还有《光明日报》前文讲我反对暴力斗争那许多话，不正是从形势分合、内（阶级）外（国家）矛盾来分析判断、来规划处理吗？等待几时矛盾论学习好再把其间错误一一检查出来，现在只能粗说一说（仍不知对与不对）。

"没有秩序"这一判断，决定了我对走一般革命之路的否定，亦决定了我必要作特殊处理。其错误亦要分从这两面反复检讨才更明白。

一般革命之路——暴力斗争在我何以要反对呢？如《光明日报》前文所说：有两面才好斗，亦自然要斗；斗亦能斗出结果来。结果指一面压倒一面而革命政权树立。缺乏对立的两面不能斗；斗就要陷于乱斗，就要混战一场而没有结果。又何以见出没有两面呢？如前文所说：阶级问题要紧在剥削被剥削，而剥削却必在一种秩序下行之；有秩序便有，否则，不成两面。所谓不成两面，意指没有构成阶级统治之两面。一般革命不外是这两面中被统治的一面翻上来把那一面压下去，以新阶级代旧阶级而居统治地位。这种新陈代谢的社会发展，在历史上只见其改朝换代的中国原是没有的。不成两面是早就不成两面，不自 1911 年始。不过 1911 年后乃更加甚；在前是散，其后更加上乱。在散而且乱之中你怎么能斗出结果来呢？所以我认为此路不通。

我们先来检讨这一面。

说 1911 年前中国早就缺乏阶级，这句话是不是可以说呢？我想是可以说的。"缺乏"乃比较相对之词，以表阶级在这里较之在西洋或一般是有差异的。在这里存在着剥削乃至亦免不了统治；就是说：一般有的矛盾这里亦有。然而其形势分散，上下流转相通，阶级好像没有固定成形，在矛盾上难道不较之一般有差异吗？说是可以说，但我一向片面强调缺乏阶级，而不从其虽缺乏亦还是有那一面来看，这就不合于辩证法了。

成不成两面，在 1911 年前和在 1911 年后应当分别来看：1911 年前，统治被统治、剥削被剥削都不是固定的，唯一固定者只皇帝一家，因有"一人在上万人在下"之说。说不成两面，意正指此。当其有大暴动起来，虽推翻一代王朝却无法作到一面翻上来一面压下去，亦正为此。然既有矛盾，就有两方；况其不固定亦只是相对的不固定。所以当大暴动起来，诚不免陷于混战乱斗，而当其有秩序之时终还有两面可说。必强调 1911 年前早不成两面，仍属片面看事情，不合辩证法。1911 年后秩序破坏，军阀彼此对立混战，被统治的老百姓转落于第三者地位而纯被牺牲，确乎不成两面。然而在前已经指出：财产私有仍是公认的制度，剥削一般仍是有效，强霸争夺究竟难邀赞许，则秩序亦还是有的。此时从全国来说，虽不成其为两面；在一军阀政权地方内，难道说不是两面？片面强调无秩序、强调不成两面，总都是不合于辩证法。

有没有秩序，成不成两面，这些都不须空泛着谈它，而要从其斗得出结果斗不出结果，亦就是一革命政权能不能树立来研究。——这是最要紧的。

当我们要革命时——要解决矛盾时，就不能把各种矛盾同等平列来看。譬如军阀彼此间虽有矛盾，其矛盾却与革命无关。而我竟因其一时祸害的严重而看重它，不但把它与阶级矛盾平列而说为三面或多面，并且援为"阶级分野不够重要、没有力量"之证（见《光明日报》前文）。这就大错而特错。这是为我自己根本没有站在革命立场。如前所说，我是从有产者立场出发了。尽管小有产者在社会上数量绝大（毛主席所谓"两头小中间大"），并且私有制度亦还有一段前途，在当前应当求其稳定。然而在一个以反剥削的社会主义革命为理想要求的我，如何却代表了有产者，岂非笑话！关于立场检讨仍留待另一篇文；这里主要指出的是其轻重倒置，实为不能解决问题之本。

假如自己站在一定的革命立场，那就是自己站在矛盾中的一面而要求如何解决其问题，则对于左右前后牵联着的许多其他矛盾，视乎形势发展，自能权其轻重，分别主从，知所先后，而联其所当联，攻其所当攻，暂时不管的搁开不管，将始终只有两面而不会乱。所谓"散"，所谓"乱"，所谓"混战一场、乱斗起来"，都不过是我把许多矛盾同等平列乃至轻重倒置、胸中无主之表现，在马列主义的革命党人是不会的。既然始终只有敌我两面而不会乱，则不断随着世界大势之发展而努力之结果，迟早总有一天这面翻过来而树立了革命政权。何能无结果呢？

在《光明日报》前文我曾说："我现在觉悟到尽管中国社会有其缺乏阶级的事实，仍然要本着阶级观点来把握它，才有办法"。有些读者看了不解，以为"既然缺乏阶级了，如何还能以阶级观点把握它"？其实正该如此。阶级立场和阶级观点是一个革命者应当始终不放弃的。却遇到缺乏阶级的社会，依然可以承认其事实；仅承认其有所缺乏，并不曾轻忽其阶级本质。要必在不否认其缺乏阶级之中而把握其多少有阶级一面，然后才有办法能解决社会问题。我想唯物辩证似乎应当如是。过去我追求中国的特殊，在"缺乏阶级"的强调中竟致忘记了立场，抛弃了观点，把矛盾法则根本不要；革命在我不成空谈，成什么呢？

一错误，无往而不错误。就在我片面强调"缺乏阶级""不成两面"之时又忽忘其可能有发展变化，于是像山东乡村社会在抗日伪、抗蒋美的十余年中所引起之阶级分化以至惨酷斗争（详见前文），便不曾料到。这种把事情看成静止的，大大不合于辩证法。而且我一向强调"中国革命是从外引发"（见前）的话，何以却不早注意世界正从阶级立场分为两大阵营而决斗的形势，而中国亦就要被扯向两边去呢？这种孤立起来看事情，又是大大错误。

中国共产党或许于中国缺乏阶级那一面有些认识不足；然而不要紧，他却正好把握了其有阶级一面。他把握了这一面，坚决站在无产阶级立场而立志走向反剥削的远大前程。这对于"中间大两头小"的社会全局说，自己立脚地方，岂不失之狭小？同时对于这样经济落后的社会说要反剥削又宁不失之过早？然而一切不要紧。他立脚地方确实的很小，而放眼世界来看又并不狭小。剥削虽不能一步登天而废除，但从我们不能再走向资本主义来说，则方针路线又不可不早为明确。这一个"确实"、一个"明确"就是最好不过的事。近从一角落，远到全世界，在他眼中早把一切人们分作两边去。

"分作两边去"这只是在自己眼中如此，还没有真成事实。不但没有成为事实，而且事实上恰是应该分到这边来的没有分过来，应该分出去的没有分出去。——这例如大都市的产业工人还没参加革命，手工业者还在闹"同行是冤家"，店员与老板相依，农民分散而不集中，甚至佃雇农与地主亦复相安，多数知识分子各行其是，在一种彷徨或游离状态中，……如此等等说之不尽。然则怎样造成事实呢？特别是怎样团结成自己这一面呢？敌人那一面倒不必管它，自己这一面团结不成，则翻上来压下去的话即无从谈起。所以这是一个决定性的问题。假如以上是说共产党在认识上如何与我不同，这就说到彼此行动上的不同。

共产党的成功是成功于其行动的。他的行动就是武装斗争四个大字。只是从武装斗争以后，那"分作两边去"的事实才当真造成。——一步一步地婉转曲折地经过长时期而造成。说明白一点儿：这才造成了中国共产党及其领导的统一战线。从造成自己（党）这一面的开始，就有军队和政权随着而来。一分的开始就有一分的军队和政权，最后便是极其强大的军队和全国范围的革命联合政权之建立。一切成就基于武装斗争；没有武装斗争就没有一切。

然而武装斗争不为别的，乃是为要破坏推翻一种强固统治的秩序；这在我不是"不患其有而正患其无"（见上）吗？前说"我正以无秩序为苦而共产党却就苦其有秩序"是彼此分路走的分歧点，正为此。在解决中国问题上彼此一成一败，他走了活路，我走了死路，全由这里分。

他单是武装斗争就成了吗？那完全不是的。单是武装斗争——单是暴动，可能没有破坏到对方而先消灭了自己。因为他不是从现成对立对抗的两面而斗争，乃是要在斗争中逐渐地分开两面，团结成自己。所以单是武装斗争完全不够，而要在斗争前、斗争中、斗争后，都善于掌握运用矛盾论。掌握好矛盾论，才能在散漫凌乱的社会中得其条理，把变化复杂的环境应付裕如——如前所说联其所当联，攻其所当攻，暂时不管的搁开不管——而使自己一天一天由小变大、转弱为强。末后，这面翻上来那面压下去的事情居然出现在中国，开数千年未有之奇局，其全部学问要都在此。

读者试再参看《光明日报》前文说到中国无产阶级革命力量如何养成那一段，则于一般革命之路所以在中国终得走通不难明白；而我过去否定它的不对，可无待多说了。

十五 这才晓得原来我没有革命

更从另一面——我对中国问题的特殊处理那一面再检讨看看。

我所谓特殊处理自是对一般革命之路而言，究竟其不同处何在呢？那不外革命是讲斗争的，而我则讲联合。用上面的熟语来说：革命就是"这面翻上来那面压下去"；特殊处理则在"不求统一于上而求统一于下"。要"翻上来"，必须武装斗争；要"统一于下"，全在把握社会人心一共同趋向。如今看来我错在哪里呢？很简单，我不该片面强调联合。把"联合"与"斗争"对立起来，以为二者不能相容。这在矛盾论上就根本是不通。联合是可以讲的，却要在斗争中讲就对了；特殊处理是应该有的，但离开一般而作特殊处理那就错了。

特殊处理的思想是怎样形成的呢？假如说中国已是某一帝国主义的殖民地，或者说中国已成了一个资本主义国家，那么都有一强大矛盾简单明切构成在我们眼前，谁还说什么特殊处理。恰为它不是如此，而是在几个帝国主义侵略下的半殖民地，我们对帝国主义矛盾之外，帝国主义者彼此间还矛盾着；同时国内四分五裂，统治与被统治矛盾之外，统治者彼此间更有矛盾。实则其矛盾重叠、分散、零碎、复杂还不止此，此不过其大端。于是我的注意就被吸引到为祸最烈的连续内战（无秩序）上。这是几方面（有枪阶级彼此之间、有枪无枪之间）矛盾的集中尖锐表现，却掩盖了寻常有秩序的剥削被剥削那种矛盾。当我迫切要求国权统一稳定之时，虽主观自觉地是在要求有方针有计划的社会主义建设，却不自觉地早把社会生产上剥削被剥削那种矛盾——社会最基本重要的矛盾转而看轻，自己恍若置身矛盾之外来处理矛盾，而实际却是从有产者立场出发了。这便是我离开一般革命之路而走向特殊处理的开头一步。

同时，结合着我一向对于老中国社会构造特殊的认识，我很快看出中国这种分裂内战与外国所有的分裂内战殊不相同，它并不代表社会什么一定势力分野，它完全是没有根的。这恰是数千年同化融合而无可分的一大民族单位，经两度革命后老社会构造崩解而一新社会构造未成的现象。当兹民族危难之时，为了共同对外御侮对内建国，苟得其联合团结之道自不难从社会意志统一而实现国权的统一。特殊处理的结论就这样作成。其间有许多设想未见得完全不对：譬如我策划在经济建设中要增进社会关系、调整社会关系而避免矛盾之加深，从阶级之缺乏（矛盾不大）径直渡达于阶级之消灭（矛盾消灭）；譬如我要把国家政权建立在一种联合团结的基础上。然而毕竟不能不落空。因为就在自己恍若置身矛盾之外而实际却从有产者出发那一瞬间，在自己便从此失去革命立场，遇事便从此不能实事求是。亦可以说：从此便成了革命的外行人，以空想代革命。像调整社会关系是要站在革命立场去调整的；没有站在革命立场，还靠什么去调整？调整社会关系亦要实事求是才能调整；不能实事求是，又何能调整？讲联合团结亦复如是。没有站在革命立场，又靠什么去联合？没有立场联合起来又算什么？不能实事求是又何能联合成功？……前途一切落空是注定了的。

过去我自己没有一定立场，殊不自觉。现在看起来很是明白。像上文叙我在桂林时拒绝朋友们劝我去某些地区（靠近八路军地区）建立乡村建设的或民盟的据点，我怕靠近了一边便要削弱我为大局奔走说话的力量，就是一显明例子。"差不多没有什么考虑就拒绝"（见上文），正为其一向心理态度如此，这种"两边都不靠"的心理，影响我的行动不小。念念在"照顾大局"，自以为"用心甚苦"。不但辛苦而且忙碌。像《光明日报》前文所说，抗战中奔走团结，胜利后争取和平，"逐逐八年不敢惜力"，确乎亦都是事实。辛辛苦苦，忙忙碌碌，革命早已落空还自以为革命。为什么自信是革命呢？因我坚决否定西欧宪政之路而要求有方针有计划的建国，廿多年向着远大目标努力，从来没有满足于改良呀！

我要联合，不要斗争；其结果，斗争固然没有，联合亦不成功。自己没有一定立场，天天在联合人家，如何能中用呢？最后发现联合的事却全被毛主席做了。这就是他的统一战线。统一战线就是尽量联合可能联合起来的人而扩大自己，孤立敌人。共产党今天的成功，与其说是得力于斗争，不如说得力于联合。因为中国的事情原非联合不可啊！

起初我判断中国不能以阶级为武力主体，实有见于国民党模仿布尔塞维克之失败（我有《中国政治上第二个不通的路——俄国共产党发明的路》一文）。国民党十三年改组，请俄国顾问，师法俄国，要从建党而建军、建国，所以在军队里设党代表，设政治部，如是种种。然其结果，军队还是落在个人（蒋李阎冯……）手中，并没有掌握于党。其故即在党的阶级基础不明，甚至拒绝以一定阶级作基础，尺度放宽到无所不包而党乃不能不散。党不成其为党，于是个人就超于党之上，只见个人不见党了。然其所以失败，须知不全由于其人之糊涂，而是因为要迁就中国社会具体事实所不得不然。共产党不嫌近代产业工人在中国那样少，作为阶级基础看似太狭窄，而标明自己是无产阶级的党，一切组织纪律无不从严认真，论党倒是成一个党，其如党太小而中国太大何？宽是失败了，严亦岂能成功！——我误以为既严起来，将无往而不斗。却不料毛主席领导共产党严其基础而宽其运用，又遇到日寇入侵，从对内转而对外，有扩大联合必要。于是从斗争而有联合，有联合又有斗争，联合发展了斗争，斗争推进了联合。粗着说大概是：以斗争始，以联合终（联合政权奠立）；语其微妙则联合始终离不了斗争（批评自我批评）。这然后才晓得不懂辩证法矛盾论是不行的！

现在我颇领会唯物辩证法就是指导我们实事求是。不懂辩证法而在做事中果能一步一步实事求是地走去，亦自然于辩证法有合。不能实事求是，便不会合于辩证法。我片面地要联合而不要斗争，回想起来明明是不切于事实的空论，不能以不懂辩证法自解。何以作空论而且长久安于空论？一句话：没有真革命！

奇怪的是：我最恨中国人散漫无组织，怀抱着要为中国人养成团体生活的志愿四十年于兹（邹平工作即以培养乡村组织为第一义是其例），而临末了自己今天却是不在任何团体组织的一个人。何以会如此？其近因自是为了要大圈而不要小圈——为了要团结全国而声明自己"只发言不行动，只是个人不在组织"（见上文）。根本原因则在没有敌我分别，正如前说"恍若置身矛盾之外"而来观察矛盾、处理矛盾。就当我在民盟时，周旋于盟内与周旋于盟外几乎无甚不同。民盟原是一联合体，盟内盟外都是我要联合的对象；不过这（盟内各方面）是我联合之始，那（盟外两大党）将是联合之终。民盟如是，统一建国同志会如是（读者试回看上文自明），就连我过去的乡村建设学会、乡村工作讨论会亦无一不是联合性质。在我眼中看中国人都是一样的，从其待我联合而言则不是我，从我要联合他而言则不是敌。他们彼此有矛盾，而我则不在矛盾之内。假如说我一生做了一个梦，那就是"联合之梦"。作梦时是一个人，梦醒时还是一个人。

我恰是走了一步不能发展的路，所以走了廿多年还等于没有走。而中国共产党呢，他正是走的逐步发展之路，卅年间从无到有，由小变大，卒于统一全国。并且我现在相信他今后还能从人心上完成全国统一大业，如我之所祈求的那样，不止于以武力统一而已。他与我这一分别从何处开始的呢？他从阶级立场出发，不断地做斗争；而我则没有一定立场，不要斗争。

社会生产上剥削被剥削那种阶级矛盾是看轻不得的。在时间上这是人类历史转变发展的线索所在，在空间上则能从这里串联到任何角落，而为全世界两大阵营所由分的关键。共产党把握这一点，纵横无不可通，是其所以有前途无尽发展的根本。而我却只从表面看问题不能深入（我倒以为共产党专学外国不能深入），为一时严重的其他矛盾所吸引，转而轻视了基本重要的这一点；断了线索，抓不到关键，自然就打不开路子，创不出局面。

具体地来说，我所看轻者就是地主与农民间的问题。我认为至少是对于中国多数乡村此时应把它看成整个的，而不要分化斗争于乡村之内。乡村内部虽不是没有问题，然而乡村外面问题——整个乡村遭破坏——更严重。身体生命财产的自由在都市居民比较还有一点，乡村已绝对无可言者。乡村居民的苦痛表现中国问题的灼点。况地主绅士此时皆已避离乡村，所余居民间纵有问题要留待后一步解决。——我总期望土地问题要容乡村运动建立起统一国权后再来解决。（以上详见《乡村建设理论》。《梁漱溟全集》卷）。

就由于在这问题上轻轻滑过，我虽然说过这样的话：

> 如何得从痛痒亲切处，条达出来多数人内心的要求而贯串统一之，是中国的生死问题。得着这个法，便起死回生；得不着这个法，便只有等死。

但这话却等于为毛主席和共产党人说了，而不是为自己说的。他们站在被压迫被剥削的农民一起，抓住农民的痛痒而发动之，就结合成功革命力量。我自己呢，竟落得"号称乡村运动而乡村不动！"（"号称乡村运动而乡村不动"、"高谈社会改造而依附政权"是1936年邹平乡村工作同人自作检讨的两大问题，见《乡村建设理论》附录。）正为避免斗争就抓不住痛痒；不痛不痒地做功夫，是不起什么作用的。

　　一向我在建国问题上，在抗日作战上，倒是都相信非发动民众不可，并且自己亦这样做。但总是不能深入。其故即在没有和被压迫被剥削的人站在一起，不是革命阶级立场，而是主张知识分子下乡领导农民、组织农民，是在做教育功夫。上文（第六节起首）曾说"由今看来，发动民众自是对的，却究竟我亦还没有对"；又在《光明日报》前文曾说我最佩服共产党的群众运动，"领导与群众结合得那样好"；当然全是这一个问题。

　　我常自以为与任何人都不隔阂，其结果却是与任何人亦没有打通，临末落得自己一个人即其事实证验。共产党不惜与敌人做斗争，有时真是激烈怕人，然却能针针见血，直透人心，卒得与人打成一片。上文所以说"现在我相信他今后还能从人心上完成全国统一大业，不止于以武力统一全国而已"，正在此。

　　我常觉得在两度革命后，社会人生的一切价值标准不能统一，"不苦于没有道理说服人而苦于说服人的道理太多"（上文第十节）。其实这正为自己没有站在革命的阶级立场之故。从乎革命立场好恶分明，一切是非取舍不定自定。"无秩序"的话，仍不过自己没有一定立场，革命要求不强，信心不足的表见。这样自己本身先发不出力量来，又何能结合有力量的人？于是便归于无所不联合之路，其结果则是任谁亦联合不到。

　　如上文所说，我以武力分散而不能集中统一为苦，因而要形成此社会一广大联合为武力作主体。其实这仍然由于自己没有站在革命的阶级立场之故。站定革命立场的人将不看武力是分散的，更不以武力分散为苦。因为他正要求把武力转属于自己，他看武力总不外掌握在新旧不同各剥削阶级手中，虽分散而不分散，并且分散了更好，让他们彼此冲突更好。——共产党武力之创造成功正利用了统治阶级的分裂内战这机会。

　　我虽以武力分散为苦，却正亦利用这机会而发起并发展了乡村运动。当抗战起后，由于大局形势的推移而全国武力逐渐分归两大党的时候，我原来想从乡村运动形成此大社会一联合体的计划势将落空。于是改以党派的联合代替乡村运动的联合。而所谓党派呢，自以两大党为主要；两大党都是拥有武力的，这就不是社会的联合而是政府的联合了。于是发生要把武力交出来的问题，和要把政权治权划分开的主张。我满以为利用两大武力相持不决的形势，和国内国际都不容许再有内战的强大要求，将逼使两党非走我的道路不可。我在重庆旧政协军事小组上激昂急迫的神情，邵力子先生曾看见；我在南京和谈时格外卖力的那些事情，则民盟内外都晓得。其实全是糊涂！阶级的矛盾不会让武力老在分散状态，而卒必致归向两方面去；以阶级矛盾为背景基础的两方武力亦绝无交出来而合一的可能；相持不决亦不过表面一时的，而新生力量不可战胜，腐旧势力定归没落；所有这些道理我在当时都看不出，信不及。——直到解放前夕还信不及。

总结一句：毛主席实事求是，从斗争求联合的联合政权今天成功了；我那种主观主义要联合不要斗争的联合政权本出于空想，今天自然落空。事实既经证明，历史作出定论，三十年自以为革命的我，临到末来还只有承认是改良。

经过反省，我认识到：无疑地吃亏在我不懂矛盾论。然而为什么不懂矛盾论呢？对于马克思主义既不是接触不到，难道只是聪明不够的一个问题吗？其所以粗粗领会到一点阶级矛盾社会发展之理便用来论究中国社会历史的特殊，而不能深追而深通其义，用以解决中国问题，根本为我不像毛主席那样站在被压迫被剥削的人们立场，我没有那副伟大的感情和决心。毛主席之能深通马列主义全从其革命实践中得来；如上文所检讨我没有真革命，自无意乎深追，亦无从而深通。还是立场问题决定了一切。

1952 年 5 月 5 日

跋　语

此文最大缺点即在今天批判自己的话还没有自己讲明过去如何用心思的话多。属文之时未尝不一再删节，而删节下来犹且如是，可见胸中求为人知之念多于其自惭自悔之念。惭悔之心不切，检讨文是不可能写好的。

6 月 5 日漱溟记

这便是我求全国统一之道[*]

（一）1949 年我劝中共方面不要再打，是保蒋吗？

请看我在重庆《大公报》发表的原文，有如下的话：

> （上略）真能统一稳定下去，如像布尔塞维克之在苏联那样，我并不不欢迎——我欢迎。不过我担保不会稳定，即统一必不久。我前文所说"以武力求统一，只有再迟延中国的统一"，其意正在此。这千真万确的真理，我却不愿它再作一度事实证明。——但你们竟然要再来一度，我亦只有长叹一声！

这样地坚决相信自己之所见，是有二三十年自己独立思考在内的。在抗日战〔争初〕起我访问延安，为什么十六天内和毛主席见面八次，其中有两次通宵的谈话？就为在建国前途上彼此意见不一，从而追溯到老中国的认识不同，而辩论不完之故。1950 年春毛主席从莫斯科回来约我谈话，问我"这次你可以参加政府吧"？我回答："把我留在政府外面不好吗？"同时希望设立一个"世界文化比较研究所"，我在文化研究上以自效力。因我一向的口号是"认识老中国，建设新中国"。

再请看 1946 年 1 月重庆旧政协闭幕席上，我以两篇文章交胡政之发表于《大公报》，一篇题为《八年努力宣告结束》，表示我为两党合作奔走八年，告一结束了；一篇题为《我今后致力之所在》，申明我要退出现实政治，不参加联合政府，而要致力于言论思想工作。因为我认为"政

---

* 该文原标有："8 月 12 日发言稿分四段。"无标题，无年份，并缺后两段。应为五六十年代作者在政协小组学习会发言用草稿。

治的根本在文化"。……显然我有我的深远见解和主张，说我不以武力求统一是保蒋，岂不笑话！内战责任在蒋，战犯就是蒋，我保什么蒋？

（二）我反对以武力求统一，我正面的主张，是怎样求统一呢？

请看 1947 年上海《观察》杂志我发表的一篇文章，题为《树立信用、力求合作》，主要是对两个小党派——中国青年党和民社党——说话。两小党曾是民主政团同盟的成员，但渐渐有投蒋之意。〔我〕劝他们树立自己的信用，力求与各方合作。文内说到中国共产党之时，我有这样的话：

> 举一个例来说，我与共产党之间显然有很大距离。在理论主张上，他有他们的一套，我亦自有本末。这距离不同寻常，不易泯没。然而根本上还是相通的。我有心肝，他们亦有心肝。我对于民族前途，对整个人类前途，有我的看法及其远大理想；除掉这一个远大理想，便没有我。而他们恰是一个以远大理想为性命的集团。（中略）在人格上我不敢菲薄人家；相反地，我敬爱这些汉子。至于见解主张之不同，不妨"宽以居之"，一切从头商量。异中求同，依然有同可求。（下略）

合作的两个条件：一在人格上不轻于怀疑人家；二在识见上不过于相信自己。有这两条件在为中国求前途上，就可以彼此合作。

文章末了一句话："我认为只有这样的把东西南北各式各样的朋友，都拉在一起合作，中国才有救。"

这便是我求全国统一之道。——现在看起来是作梦！

谈我的思想问题[*]

（补记 7 月 7 日及 12 日两次发言要点）

李建勋先生问及我的思想问题，兹分四段作答如下：

第一段：我欠缺的是在阶级问题上缺乏阶级感情，解放前如是，至今犹如是。

我知道阶级学说并不后于人，大约"五四"运动前就知道了。1924年孙先生改组国民党，国共第一次合作，1927年北伐军到达长江，从追问国民党的阶级基础是什么，而引起中国社会史论战，积数年论文而成四巨册，我都有兴趣研究它。自己亦跟着大家谈论阶级问题，而实没有懂阶级。其所以没有懂阶级者，即在缺乏阶级感情。没有感情的知识是空泛不相干的。懂不懂阶级不在你口里会说不会说，而要看你临到社会实践上你行动起来如何。——必有感情才有意志和行动，而后才证明其有真知。

第二段：我之缺乏阶级感情既有其一般的原由，更有其特殊的由来。

阶级感情皆必来自实际生活经验，亲身直接感受，亦即其阶级处境。感受深切深刻莫如处于被压迫剥削之农工，漂浮流动的知识分子只间接地剥削人或偶亦受人剥削，不免肤浅或缺乏。——此即一般原由。

特殊的由来约言之有二：

1. 父亲四十岁始入仕，四十岁前皆在义塾课徒为生，四十岁后仍大半靠佣书自给，是距今七十年前一个爱国维新的人。我自幼受父亲影响很

---

[*] 该文是作者补记在政协学习小组会的发言。

大，又很特别。我没有受传统的四书五经教育，所受近世学校教育亦很浅，只念了五年半的旧制中学而止。我在《文史资料选辑》第四期有《清末爱国维新运动一个极有力人物——彭翼仲先生》一文，叙述到他与我父亲的关系及给我的影响，可参看。爱国维新在那时不是容易事，他们具有一种反抗精神，我至今留有深刻印象。反抗什么？反抗亲戚故旧的一般流俗的窃笑与非议。流俗总是琐琐碎碎，只为一身一家衣食打算而不问他事；又循常蹈故，安于庸暗。彭先生在北京首创报纸及小学（名曰"启蒙学堂"；当时尚未通行"小学"名称）。以此毁其家，且几以身殉。我幼时即晓得"自了汉"（当时无"个人主义"名词）及"冷血动物"之可鄙。父亲没有给我讲过书或讲任何大篇教训的话，他启发我的思想而不干涉我的行动。例如我参加辛亥革命，他表示不同意却不干涉，我倾心佛法茹素不婚，他更不愿意，亦不干涉，如此之类。我从幼年起，在学业上，就是自学，在行动上就是自主。其后一生的表现就是有志业而无职业，主动性极强。我一向从自身体验和观察诸前辈行事中认为革命运动是爱国维新运动的一种发展变化，1927 年的大革命又是 1911 年革命的发展变化。我总称之为民族自救运动。它都是先知先觉仁人志士领导的。在一般外国之例，革命是阶级矛盾的爆发。但中国革命则是从外引发的而非社会内部自发的，不依靠某一阶级领导。——此即我所以看轻了阶级，缺乏阶级感情的特殊由来之一。

2. 就在我参加 1911 年革命的同时即有出世思想萌芽，后来更倾心佛法以至现在，老而弥笃。佛家以贪、嗔、痴为"三毒""根本惑"。阶级仇恨是一种嗔恚心理，我所不取。——此即缺乏阶级感情的特殊由来之二。

第三段：由于我没有真懂阶级，在解放后犯了许多错误。

解放前的错误，主要是我奔走国事的路线错误，将于第四段中提到；这里只说解放后的错误。此可举出以下几个事例。——

1950 年 1 月半我由重庆抵京，其时主席和总理皆在莫斯科。3 月 10 日主席和总理回京，11 日公宴，见到毛主席，承主席约于 12 日夜间谈话。主席开头一句话，问我"这次可以参加政府吧？"我却回答："把我摆在外边好吧。"——此在今日看来很好笑，"摆在外边"不是自己站在人民外面了吗？此即不懂阶级之一例。

今天大家都说要听毛主席的话，照主席的指示办事，但我在解放初的三年却屡次不听毛主席的话，以上即其一例。其他几次是这样的：（一）1950年3月12日谈话后，我即到山东、河南、平原各省的农村参观访问，又到东北各省市参观访问，则以重工业方面为主，前后共约六个月之久。这是半由我自愿，半由主席的指示。主席当时说："你不是曾在山东、河南搞过农村工作吗？你现在去看解放后有何变化。然后你再去东北的老解放区去看看比较比较。"9月中旬我从东北回京，23日夜晚主席邀谈，在询问我对各地观感后，又对我说："你看了老解放区，还没有看新解放区，看了北方，还没有看南方。你可以再出去广东看看吧！"我以走动甚久，正想休息，且想以见闻感想写出来，没有接受。（二）1951年春中央有西南土改第一团之组织，我自动向统战部请求参加，即因省悟主席要我看南方新解放区者，意在要我看土改也。在川东参加土改四个月，于8月30日回京。9月3日晚间又承主席邀谈，谈话末了，又劝我去广东看土改。我正感疲劳，复不接受。（三）1952年8月7日午后一时半至三时五十分承主席召去谈话甚多。我请求去苏联做学术研究，主席未许可，却又对我说："你喜欢调查什么地方，就调查什么地方，我通知各地负责同志，要他们给你一切照料和便利。"我心中无意接受，又不好拒绝，表示考虑决定。次日遇徐冰同志于勤政殿会议场中，嘱我于次日到统战部见面。其次日即8月9日徐冰传达毛主席之意，问我何时出发？同行几人？先到何处？需要准备事项有哪些？一切可与统战部商洽办理，他皆负责代办。但我最后还是没有接受主席意旨。——不愿出去。

及至1956年政协大会周总理政治报告中提到知识分子改造问题，说改造一般必须经过三个互相联系的途径：1. 实际社会生活的观察和实践；2. 自己业务的实践；3. 马列主义的理论学习，然后才行。而最能使旧知识分子思想得到改造的，尤其在第一层。我方恍然明白主席再三再四要我出去参观考查的用意，是在帮助我改造思想。

再则，1950年夏间我以特邀代表第一次参加政协会议。凡新来参加者，人人发言，而我自始至终，独一言不发，亦是由于缺乏阶级觉悟而有的一次大错误。我在会议席上缺乏自己侧身人民行列欣幸之情，在感情上没有站在领导党这面来，倔强地不愿说话。会后好多朋友如邵力子先生等都责问我，我亦只悔其态度生硬而已，还不明白是自己阶级感情不对头。1951年的政协大会上，徐冰和齐燕铭两同志先后来动员我发言。我虽有短篇的发言，今天看来仍然不好，即仍然缺乏像劳动人民那样热烈拥护领导的心情。

还有，1950年10月25日我志愿军抗美援朝前夕，领导上把两个性质上相近的组织合并改组成保卫世界和平的一个会，派人来征求我同意参加其宣传方面工作，我未允。我要统战部给我解说明白后再作决定。因9月23日我那一次见主席时曾以战事迫近东北为问，主席向我分析中美间还打不起来。同时我思想上亦以出兵为疑。所以统战部徐冰同志与我谈话后，仍未接受工作任务。其后林老（林伯渠先生时任中央人民政府秘书长）又约我便饭谈话，问我对出兵的意见，我一面陈其所疑；一面表示此事既经决定，我自当一致拥护无二意。事后证明援朝出兵之举，完全正确。

第四段：我怎样从糊涂中清醒明白过来。

上次说到我回答主席，不想参加政府的事，当时座中有人说我清高。在我看，清高即是"自了汉"，即是"冷血动物"！清高岂是我的心理！我是顾虑一旦参加政府就失去我向各方说话的作用。这里应须追叙解放前夕的事情。解放前夕蒋介石让位于李宗仁，李宗仁上台忙求和谈，曾连电邀我去南京，并电嘱重庆市长杨森备送飞机票，而我则谢绝不去。李要和谈何以必邀请我？我又何以谢绝不去呢？

说起来话长，简单言之，自从抗战初起我即为团结抗敌而奔走于各方，胜利后又为争取和平建国而代表第三方面的民盟参预两党和谈，总计前后经八年之久。其间经过的种种，曾写有《我努力的是什么》一文，在香港《光明报》上长篇连载五十多天。又1946年春国民党召开的旧政协闭幕时，我以为和谈成功，曾有《八年努力宣告结束》一文揭于当时的《大公报》。1947年冬和谈破裂，和平无望（应为1946年——编者注），上海《观察》杂志社又预约我写《八年努力无功录》一书（未出版）。所有这许多话今天都不用谈。只点明李宗仁和谈所以必邀请我者正为此耳。

至于我谢绝不去，则因1949年1月我见国内大局关键性的时刻到来，预先有所声明之故。我先写出《过去内战的责任在谁》一文，历数内幕事实，指明其责任在蒋，而结论说：好战者已不存在，切望中共方面不要再打；即在蒋宣布下台之日发表于重庆《大公报》。继之则有《给各方朋友一封公开信》一文，答复当时函电纷驰要我奔走和平的朋友们，宣言"我三年内只发言而不行动，只是个人而不在组织（指民盟）"。那就是：我将只呼吁和平而不奔走和平。为什么？就为希望中共方面细心考虑我的话。我的话有可采，即听取；无可采，即不必理睬。我不过贡献我至诚至恳的意见，既不以行动来强求，更无为行动的组织，便绝非与中共作对者。假如我应李邀而去南京，便是行动了，所以不去。

在只发言不行动的原则下，我继续发表两文，一是对国民党说话；一是对共产党说话，在《大公报》上同一天揭出。对国民党拒谈战犯问题表示必定要谈，要他们当权派全行下野。对中共则有如下的话：

> 第一我要说，如再用武力打下去，我不否认有在一年内外统一全国之可能。但到那时却既没有联合，亦没有民主。虽然中共在主观上亦许无意于不要联合、不要民主，而其事实结果则必致如此。（中略）第二我进一层说，不要联合、不要民主，而真能统一稳定下去，如布尔什维克之在苏联那样，我并不不欢迎——我欢迎。不过我担保不会稳定，即统一亦不久。我前文所说"以武力求统一，只有再迟延中国的统一"，其意正在此。这千真万确的真理，我不愿它再作一度事实的证明——但你们竟然要再来一度，我亦只有长叹一声。

这是我当时糊涂思想的核心（1950 年面见主席时，还迷痴地想着自己向各方说话的作用，正是对中国从此统一稳定下去尚相信不及），必须揭出于此，乃见后来所云清醒明白者正针对此而说。

我不信武力统一中国之路，是我胸中自有一条路在。上文曾云"解放前的错误主要是我奔走国事的路线错误"将于第四段言之者，即指此。这条路经积年思考，成一套具体方案，今天不须再谈。然其肇端恰在我第一次访问延安（1938 年 1 月 5 日到延安，适为"七七"卢沟桥战事爆发后六个月）同毛主席商谈时局问题所提出来的"确定国是国策"那个主张。兹就当时问答的话简略叙出以见其大意（以下据 1938 年我写的《告山东乡村工作同人同学书》摘录）。

当时我谈话的语调是很悲观的，主席则阐明前途定可乐观以慰我。大致说，决定中日战争前途者不外三方面：中国自身、敌人和国际环境。求中国之胜利，一在自身的团结；二在敌人的内溃；三在国际协助。国际形势日渐好转，敌人则随战事之扩大与拖久而渐暴露其弱点，所余为中国自身团结问题，则年来亦已相当实现。如是，又何须悲观。末了，主席再三致意，中国自身团结为争取抗战胜利的根本条件。中国今日已见团结，还当求更进一步的团结。

我本是怀抱着一个团结抗敌的具体主张去请教的，谈至此，刚好提出来说。我说：如我所见，在中国人面前有两大问题：一、对外如何求得民族解放；二、对内如何完成社会改造——亦即如何建国。主席点头表示同意。我问：此两大问题应分开谈，抑不应分开谈？主席答：不应分开来。但既不是一个问题，在进行上不能无轻重无宾主。眼前应"一切服从于抗战"，即以第一问题为主。我亦表示同意。

我于是提出单在眼前抗日问题上讲团结似乎不够。因吾人实有此两大问题，而且完成社会改造系吾民族自身长久之事，更为基本，与抗日为一时问题者不同。苟于此基本问题隐略不谈，则纵然团结殊不彻底。团结不彻底则抗日不力。是即从第一问题为主而言之，亦有同时确定如何解决第二问题之必要。主席于此均不否认。

但主席表示又虑社会改造问题重大，牵涉广远，各方意见或未易接近。倘各方意见不能归一，岂不又影响眼前抗日？似不如走一步说一步。我承认此亦不算过虑，却说当以热心（热心于彻底团结）信心（相信彼此可以说得通）努力克服之。如其能在两大问题上涵有的巨细节目及其步骤措施均取得协议而确定下来，那便是我所要求的"确定国是国策"。

主席告诉我，他们和国民党之间正在武汉开会协商制定一种共同纲领，以为抗战中一致行动的指针。我既然如此热心，可回武汉加以推动，使各方均得参加（不止两党），并由侧重商谈第一问题者而进及第二问题。假如各党派，尤其国民党愿意的话，在他们固不胜欢迎之至。（附带说：后来我回到武汉，知道由于蒋要求两党合并，遭到拒绝，蒋大怒，两党协商破裂；至于其后有"抗战建国纲领"之公布，其中变化则不清楚。）

俗话说"打铁趁热"。借用主席当时的话来说"抗战中的合作，决定抗战后的合作"。按照我的设想，此时果能有国是国策之确定，则国内党派的形势关系即根本转变，从过去对立相争者转而为偕同致力的联合阵线。那时即应建立我所谓"党派综合体"以为全国政权之所寄，在我的方案中属第二步。其第三步则政权治权划分开，以不沾染任何党派色彩的中央和地方各行政司法部门为治权机关（军队、警察隶属于此），执行那政权机关的一切政策决定。我认为中国国权统一稳定有计划地贯彻建设社会主义的道路，无逾于此，而断不是什么欧美式的宪政。

当 1946 年春，重庆旧政协会上取得宪草（欧美式宪政）协议后，我到延安向主席和中共中央诸公指陈这种宪政必不能久，而提出了我的见解主张，我说现在既经各方协议只有照行，一旦发见其行不通时，希望考虑我的意见。

谈全国统一稳定的革命政权的建立[*]

中国社会出路在走向社会主义而非重走欧美资本主义老路，此一认识为四十多年前我与中国共产党之所同。为了从计划经济建设社会主义，先要有全国统一稳定的革命政权之建立，此一要求又为我与中共之所同。所不同者，在如何建立此一政权问题上，中共走一般革命之路，即阶级斗争之路，我则根据我对中国几千年社会之认识和近百年中国问题之认识，判断其走不通。

但今天事实证明中国共产党在毛主席领导下却居然走通了。而我自己所设想并致力的一条路则完全落空。为了检讨自己那一判断错在何处，先须一说其所以有此判断的理由。

关于我的那些认识，此时不多谈，只简明地说一点，即上次（7月12日）临末说到的话，现复述如次：

从我亲身经验的中国社会事实，使我有以认识到其特殊：

第一，中国三四十年来所深苦的分裂和内战，若以外国相对照，便知其大有不同。在外国亦每有分裂之事，像爱尔兰从英国分裂出来，即其一例。外国亦有内战，例如美国即曾有南北战争。但他们的分裂或战争都是基于其社会的要求，有着深厚的背景（民族的夙怨、宗教的不合、政治的不平、经济的矛盾等）。而我们呢？不过是此一政府（此一军阀）彼一政府（彼一军阀）间的冲突罢了，与社会不相干。我曾见到从前内战时，全国各省教育会的联合会还照常举行；从社会一面看，全国之间是无隔阂可言的。历数三四十年所苦的那些

---

* 该文是作者在政协学习小组会上的一次发言底稿。

分裂和内战，没有哪一次是问题发生在社会的。所以我们可以说：假如把政府除外去，中国原是统一的。——不统一的只不过浮在上面而无根的所谓政府就是了。这在外国所没有的事情，却一直见于近数十年的中国，能说不特殊吗？

第二，在没有完的分裂和内战不断破坏下，使此广大中国社会陷入一种绝望境地，非一般社会之所恒有。是一个国家必有其秩序；是秩序就有保全。其故即在一个统治力下，统治的一面被统治的一面，总不过是两面，两面彼此对立而又互相依存，成为一个结构。这一面也少不得那一面，如何能不留余地毁灭它呢。有保全即有生息长养。人类尽管在奴隶社会封建社会那超经济的凶狠残酷剥削下，而社会还是发展起来，并没有绝望，就为此。但中国这时不然了。它不是两面，而仿佛是三面或多面。此一军阀彼一军阀形成对立，被统治的社会便成了第三者。在彼此两方对立中，各以应付对方为急，往往是顾不得第三者的。无秩序的破坏代替了有秩序的剥削，此广大社会乃落入纯被牺牲的地位而无可救。特别是乡村破坏得最惨。对于乡村常是说："今天可讲不起了（挖战壕、炮火烧杀、征粮、征夫），明天必不如是。"但到明天依然是一今天。战争是常，不战是暂，或说是战争的休息，再战的预备。彼此为备战而竞争着购械增兵，以致养兵之多，甲于全世界，却非讲国防。兵多而益乱，战乱相寻，讫无了期。假若爽性分裂成几个国家，各干各事，倒也不会如此纠缠在战争中。无奈此广大社会早已同化融合为一大单位而不可分。分又分不开，合又合不拢，长期地自相砍杀，日趋毁灭。这岂复是一个社会的常态？试问谁又在旁处见过这种事例？[1]

若问此中外古今所少见之病态畸形究从何而来，我认为是：

老中国是融国家于社会，以天下而兼国家的；其内部虽有剥削、被剥削、统治、被统治之分，而散漫流动，缺乏固定成形之阶级，以为武力之主体而形成阶级统治，即不属一般国家类型。1911 年革命后，旧秩序既失，此散漫流动者更陷于混乱，或武力更无所统属，失其工具性之故。

---

[1]　引自《我的努力与反省》一文的第七节"问题在武力缺乏其主体"。见全集卷六。

武力（军队）失其工具性，变成了为存在而存在，为发展而发展。三十余年军阀之局由此造成。军阀就是一指挥官领着一大批军队，占据一地盘而吃饭。为军队而要指挥官，为指挥官而要军队。既有军队又有指挥官，那就要地盘。有机会更扩大地盘而发展军队。扩大地盘是为了发展军队；发展军队是为了扩大地盘。完全无目的，无主宰，只供一些野心家任意利用，合纵连横，忽彼忽此，忽敌忽友，陷全国于分裂混乱之深渊而不得出。"不晓事的人还在作武力统一的迷梦，其实武力统一中国不难，倒难在谁来统一武力呢？"

应当指出：各方军阀还因国外各帝国主义竞相勾结利用，而其分裂与战争乃更加重，无休止。1924 年孙中山先生改组国民党，提出"以党建军，以党建国"的口号和"打倒帝国主义，铲除军阀"的口号，原想要结束这局面的。但其结果却不过是以新军阀代替旧军阀，国民革命军北伐前是这样局面，北伐完成后依然是这样局面，分毫不改。

此长期使人不知所出的局面，我想来结束它。却出我意外，在 1949年共产党毛主席解放全国后，把它结束了。

是怎样结束的呢？当然就是以无产阶级先锋队的共产党为主体来掌握武力，以武力统治全国，完全符合于阶级统治之规律而结束的。

所谓"出我意外"者何指？指我料定它要在散漫混乱中走阶级斗争——分化而斗争——的道路，必然无结果；结果指全国统一稳定政权之建立。从一般规律来说，一个国家基本上不外两面，革命即所以建立新政权，使原居下面的翻上去，原居上面的翻下来。现在中国早已不成为两面，如何翻法？你走分化而斗争的道路无救于其散而且乱之势，或且加重了它，何能达到建立全国统一稳定政权那目的？

1924 年国民党改组，"以俄为师"，原就是要在中国模仿着走阶级斗争道路的。假如国民党真成一个党，做到了"以党建军"，那便亦能做到"以党建国"（新政权之建立）。无奈它不成功。其所以失败，乃在模仿得不到家。不到家者，谓其阶级基础不分明不确实也。我曾有一文，题为《我们政治上第二个不通的路——俄国共产党的路》，分为"阶级基础难""革命对象难""理论统一难"三层，指出国民党在模仿阶级斗争上之失误可笑，今不详谈。但我同时却说莫要笑话他们，这正是中国现社会所映射出来的文章。他们固自称民生主义即是社会主义，却标榜"国民革命"而不说无产阶级革命，便不能严格以相绳。且举一点来说，关于阶级基础若严格地讲来，请问广大中国社会究有多少近代产业工人？以之作为党的阶级基础岂不太狭隘？革命所依靠的基本队伍如此单薄微弱，又何足以为此广大社会解决问题？其于此放宽尺度，自是有不得不然者在。然而阶级基础不分明不确实，党便不成其为党。于是个人超于党，只见许许多多个人，而不见党。原说以党建军者，其结果还是落于个人掌握军权的旧辙。此即其卒不过是以新军阀替换旧军阀的由来，完全以失败告终。

此文写于1931年春，当时文内没有评论到中国共产党。第从其论旨引申去亦不难看出来。那就是：严格遵循阶级斗争道路走的共产党，其阶级基础固自分明确实了，却是基础如此狭隘，力量如此单薄，又怎能解决中国问题呢？不合规格的模仿固然不行，严格地一步一趋亦不能行。分化而斗争的路在解决中国问题上无论如何适用不上。

我以为解决中国问题不应抄袭外国文章。天下事情，短处翻过来就是长处，这边走不通就折返来走那边。——分化而斗争的路走不通就走团结而合作的道路。广大的中国社会由于数千年历史同化融合之功，既成为不可分割的一大民族单位，其短处是散漫，其好处是无深刻重大的隔阂，正为今天求团结合作准备下前提条件。中国人现在要走的道路，就是从阶级之缺乏固定成形径直地过渡到无阶级之社会，而不是分化成两大阶级（两面）再来消灭阶级。其具体方案，即从国内各方面协商确定国是国策——如我第一次到延安向毛主席提出请教的那样——组成全国各党派综合体，以求统一于下（社会），则武力便有所归属，得其主体，而国家自然统一。它将不像外国那样以一方武力压倒另一方，求统一于上者。——所有这些理论和具体方案内容的许多话一切省略，不值得再谈。

现在要谈的是：毛主席领无产阶级革命究竟怎样在中国把阶级斗争这条路走通的。这在我多年坚决不相信的事情（全国统一，稳定政权建立起来）出现于我眼前时，不能不俯首深思细想。深思细想之后，恍然大悟毛主席真懂阶级，而我则口里会说阶级并没有真懂阶级。

试就我能领悟到的毛主席所以成功之理，分举其要点如次：

（一）主席所以成功是在以分求合。分其始也，合其终也。今天他把全国人都团合在一起了，然而功夫却是从分入手的。对照下来，我不顾阶级立场不同而只从民族立场强求全国团结合作，终落于空想无成者，其错误正坐只知求合而忌分。

所谓从分入手以求合，即在阶级社会中从反剥削入手以求团结一切反剥削的人。我不是说中国早已不成两面吗？那是偏从其分散混乱流动不定之势来说的。但在毛主席从无产阶级坚决反剥削立场来看，则社会上剥削、被剥削何尝不划然分属于两面？近从一角落，远到全国（乃至全世界）在主席眼中早把一切人们分作两边去。虽然事实上应该分到这边来的尚未分过来，应该分出那边去的尚未分出去（例如大都市的产业工人尚未参加革命，手工业者还闹"同行是冤家"，店员与老板相依，农民分散不集中，甚至有些佃雇农与地主亦一时无争，多数知识分子各行其是，在一种徬徨或游离状态中）。然经毛主席实行以分求合之后，就不难逐渐形成两面分开而不虚。就在分开之时，是把革命这一边全团结起来之时。

（二）武装斗争是主席成功之本。建党虽为团结革命之起点，然而假如不实行武装斗争，则敌我分界未云明朗坚确，可能有人出出入入。断然实行武装斗争了，便是对于此旧社会广大人民在逐渐吸收争取过来的途程中，先冒着危险与一切混混沌沌的人们分裂，对抗而决斗。只有这样才严峻地划开敌我界限，而后谁跟着我走，谁不跟着我走，乃明朗而坚确。这是以后一切发展的真起点，不可不知。

应当知道：实行武装斗争即是以党建军，亦就是建立革命基地政权之时。

（三）前两点结合即有第三点：在坚持武装斗争中，在冒着与此旧社会一切人们分裂、对抗而决斗的危险中，念念不忘争取任何可争取的人们到我这边来，力图壮大自己而削弱敌人，统一战线的工作初不亚于建党建军。这要时刻分清敌我而总不乱，却时刻化阻力为助力，不放过任何一时机会。于是在敌我形势之间大小强弱彼此对比上，从无可比拟的悬差而渐渐打平手，又渐渐地转变到敌弱而我强，敌小而我大，最后把广大人民群众都争取过来，跟着共产党走，而全国性的领导权——统一的政权即以建立。

（四）主席所以成功的本中之本，是在中国革命实践中结合具体情况活学活用马列主义，不落教条，不泥程式，远非无智如我所及料知。确指其事，盖莫如先解放农村，以农村包围城市，最后乃解放到大都市（此全为外国革命先例之所无）；在武装斗争过程中，使广大农民和不少知识分子从意识到生活（特殊的军事共产主义供给制生活——严格的集体生活）无产阶级革命化（具有不亚于产业工人的组织性、纪律性、觉悟性）。凡我估计其阶级基础狭小，革命基本力量单薄者，全然言之不中——一切都不对。

以主席为镜乃顿悟其自己一向之错谬。

（一）我虽会说阶级如何如何的话，却往往不分敌我而且求着混一敌我。例如我为民主同盟在香港创办《光明报》，揭举"言论公约"五条，其第一条即是：

> 抗战建国为国人共勉之大业，抗战建国纲领既为公认之指针；在此大前提下，举国之内义不当有政敌而不可无诤友。吾人本此信念，于任何方面不取敌对态度，而窃愿附于诤友之义，贡其诤言。

我对于当时对抗而暂时合作的两大党，正都是以诤友自居，而要求他们合作到底的。

又如我素常有自勉而勉人的两句话：

一、在人格上不轻于怀疑人家；

二、在认识上不过于相信自己。

当我 1946 年 3 月再次到延安，在给我开的欢迎会上即曾提出来说过，向他们大家请教。因我认为这是人们彼此能以合作共事的基础条件。翌年（1947）春我写《树立信用力求合作》一文，发表于上海《观察》杂志叙述及此，原文有云：

> 举例来说，我与中国共产党之间显然有很大距离。在理论主张上，他有他们的一套，我亦自有本末。这距离不同寻常，不易泯没。然而根本上还是相通的。我有心肝，他们亦有心肝。我对于民族前途，对于整个人类前途有我的看法及其远大理想；除掉这远大理想，便没有我。而他们恰是一个以远大理想为性命的集团。（中略）语其合作之所以可能，要不外有合于上面两条件而已。在人格上，我不敢

菲薄人家；相反地，我敬爱这些汉子。至于见解主张之不同，不妨"宽以居之"，一切从头商量。异中求同，依然有同可求。（中略）去年 3 月我到延安，在他们欢迎会上就曾这样坦白自陈，并提出这合作的基础条件，供参考。今又特提出请教于各方朋友，请教于国人。我以为只有这样把东南西北各式各样的朋友，都拉在一起合作，中国才有救。①

请看，我多年竟是这样一从主观愿望出发而奔走国事的！

（二）与上一点相联而来的，就是当我为解决中国问题而思索设想以至奔走行动时，一贯地自己置身于阶级矛盾之外。阶级者，社会组织结构上所表见之矛盾也，既没有矛盾以外的事物，亦没有阶级以外的人。人不为其阶级之所限定，是由人有自觉能动性，然处理任何阶级问题仍不能离开自己所处地位而推动其解决。自外于阶级以求之，即不懂阶级了。

阶级者，一种矛盾也。毛主席深通矛盾之理，写出了《矛盾论》。因而他便掌握着阶级分合变化诸规律，善为运用于社会一切实际问题，推动着阶级形势如他所需要的那样去发展，于是就一个胜利接着一个胜利，达于最后之成功。我于主席的《矛盾论》今天还讲解不好，口说阶级，其实没有懂阶级，宜其一事无成。

---

① 引自《树立信用　力求合作》一文，见《梁漱溟全集》卷六。

自述早年思想之再转再变

近著《人心与人生》于第七章中曾自述其对人类心理之认识前后转变不同，因亦言及其人生思想尝有三期之不同：（1）近代西洋功利主义思想；（2）古印度人的出世思想；（3）中国古时的儒家思想，顾未遑道其间转变由来。兹用申述其概略如次。

第一期思想与近代西洋功利主义同符

今以暮年追忆早年之事，其时期段落难于记忆分明，大约十岁以后，二十岁以前，可说为第一期。此期主要受先父思想之影响，以利害得失来说明是非善恶，亦即以是非善恶隶属于利害得失之下也。认为人生要归于去苦、就乐、趋利、避害而已。是非善恶者，社会之公名，从其取舍标示其所尚与所耻，而离开利害得失又何有取舍耻尚乎？此一哲学思维，与西欧边沁、穆勒诸家为近，原非吾父所有，而出于我的头脑。然父实启导之。

愚生于 1893 年，即甲午中日战争前一年。国难于此，既日亟矣；先父忧国之心于此弥切。寻中国所以积弱不振，父谓是文人之所误。"文人"指读书人居于社会领导地位而什九唯务虚文，不讲实学。说话，不说实话（虚夸）；作事，不做实事，循此不改，不亡其国不止。反观西人所以致富强者，岂有他哉，亦唯讲实学，办实事而已。东邻日本蕞尔小国，竟一战胜我者，亦唯其步趋西洋求实之效耳。凡此"实学""实事"之云，胥指其用实用者。① 此种实用主义或实利主义，恒随时见于吾父一

---

① 清季北京有私立"求实中学堂"，又有国立的"高等实业学堂"。此高等实业学堂入民国后改称"工业专门学校"，盖其内容正是讲习工矿业各门学术也。此可见当年吾父识见未有大异于时流，独以吾父为人感情真挚，一言一行之不苟乃非一般人所及耳。

言一行之间，而在我绕膝趋庭日夕感染中。此即此期思想形成之由来。①

转入古印度的出世思想为第二期

功利主义对于人生是肯定其欲望的。径直可以说，欲望就是人生的一切。——人生不就是在欲望的满足或不满足中度过乎？然古印度人的出世思想却与此相反，恰好是完全否定欲望的，亦即根本否定人生的。我如何竟从功利主义一转而抱出世思想呢？

我生来有一好用思想的头脑，因而于所谓利害得失者不囫囵吞枣，而必究问其词之内涵果何所指？利害云，得失云，非二事也；异其名，同其实。核求其实，则最后归着当不外苦与乐乎？苦与乐是人生所切实感受者。人之趋利避害亦在去苦就乐耳。利害得失信非必就个体生命而言之，然一家一国乃至世界范围的利害得失，其最后结果不仍归落在其人的苦乐感受上耶？

于是又当究问：何谓苦？何谓乐？我乃发现一真理曰：苦乐不在外境。通俗观念恒以苦乐联系于外境，谓处富贵则乐，处贫贱则苦。因为人类仰赖外在物资而生活，物资之富有或贫乏就决定着生活欲望之易得满足或不易满足，而人当所欲得遂时则乐，所欲不遂时则苦也。——这自然不是没有理由的，却有一种淆乱错误隐伏其间。

"所欲得遂则乐，所欲不遂则苦"；这两句话是很好的概括，即可据为准则以事衡论。欲望出自主观，其或遂或不遂则视乎客观际遇；是故苦乐殊非片面地从主观或片面地从客观所得而言之者。凡指目任何一种外境为苦，或指目任何一种外境为乐，如世俗流行的观念都是欠分析不正确的。苦乐问题于其着重在外境来看，不如着重在吾人主观方面犹为近真——较为接近事实。试申论之如次——

欲望通常表见于吾人意识上，而欲望之本则在此身。苦乐之直接感受在此身，却每因通过意识而大有变化：或加强，或减弱，甚或苦乐互相转易。此常识所有而必须提出注意者一。注意及此，便知苦乐不定在外境

---

① 先父生平言论行事极近古代墨家一流，亦似与清初之颜（元）李（塨）学派多同其主张。然实激于时势辄有自己的思想，初非有所承受于前人。

矣。欲望在人不是呆定的，一欲望过去，一欲望就来，层出不穷，逐有增高。此又必注意者二。注意及此，便知千金之子所欲不在千金，而别有其所欲；所欲不遂之苦，在彼亦同乎一般人耳。一般贫人岂无其遂心之时；彼富贵人亦自有其苦恼之事；善观其通，则平等，平等。又个性不相同的人其欲望不相同，其感受不相同；欲望感受既随从乎人的个性不一，便往往难于捉摸。此又必注意者三。注意及此，便知从外境而妄臆其人之苦乐，是不免混淆错误的。

研究思辨至此，又得一结论曰：人生基本是苦的。试看，人生从一堕地便带来了种种缺乏（缺食、缺衣、缺……），或说带来了一连串待解决的问题；此即欲望之本，而苦亦即在是焉。苦非缺乏不得其满足之谓乎？苦非问题不得其解决之谓乎？很明白，苦是与生俱来的。试再看，人之一生多得其所欲之满足乎？抑不得之时为常耶？显明的是不得之为常也。历来不是有不少自杀的人吗？加以曾怀自杀之念者合计之，为数就更多。凡此非谓其生之不足恋而苦之非所堪乎？勿谓人类文明日进，所缺乏者将进为丰富，许多问题可从科学技术得其解决也。章太炎先生"俱分进化论"最有卓见[1]，指出远从原始生物以来其苦乐皆相联并进的。特如高等动物至于人类，其所有之乐愈进，其所有苦亦愈进，事例详明，足以勘破世俗之惑。

你莫以为人类所遇到的问题，经人类一天一天去解决，便一天从容似一天也。我告诉你：所谓问题的解决，除掉引入一更高更难的问题外没有他义。其最后便将引到一个无由解决的问题为止。什么无由解决的问题？要生活而不要老死，就是个无由解决的问题。[2]

一切问题原都出自人类生命本身而不在外面；但人们却总向外面去求解决。这实在是最普泛最根本的错误！放眼来看，有谁明见到此呢？恐怕只有佛家了。其余的诸子百家，古今中外一切圣哲，尽你们存心解救生民苦难，而所走的路子却全没有脱出这根本错误之外，都是不足取的。于是我此时一转而趋向古印度人根本否定人生的出世思想。我当时初非受了佛

---

① 《俱分进化论》一文，我于六十年前读之深为佩服。今检《章氏丛书》内《太炎文录》初编别录卷二可得。

② 此义见《东西文化及其哲学》小字本第105页。原文略云：宇宙不是恒在而是相续；相续即无常矣，而吾人则欲得宇宙（此身生命）于无常之外，于情乃安，此绝途也。

家影响而倾慕出世的，乃是自家思想上追寻到此一步，然后觅取佛典来参考学习，渐渐深入其中的。①

"欲望就是人生的一切"那种看法，此时并未改变；只不过由肯定欲望者，一变而判认欲望是迷妄。慨叹人生不外是迷妄苦恼的一回事，诚如佛家之所说：起惑，造业，受告。

再转而归落到中国儒家思想为第三期

大约 1911 年后 1920 年前，都是我志切出家入山之时；虽以老父在，未即出家，而已守佛戒茹素不婚。后来我在清理先父遗笔手泽时（1925年春）所撰《思亲记》一文，有如下的几句话：

> 漱溟自元年（指民国元年）以来，谬慕释氏。语及人生大道必归宗天竺，策数世间治理则矜尚远西；于祖国风教大原，先民德礼之化顾不知留意，尤大伤公之心。（下略）（原文见《桂林梁先生遗书》卷首）

我转归儒家思想之晚，即此可证。

我于 1920 年冬放弃出家之念，于 1921 年冬末结婚，所以第三期思想应从 1920 年算起。在思想上如何起变化的呢？略说如次——

当我幼时开蒙读书，正值吾父痛心国难之时，就教我读《地球韵言》一类的书，俾知晓世界大势，而未曾要我读"四书五经"。其后入小学，进中学，读一些教科书，终竟置中国古经书未读。古经书在我，只是像翻阅报刊那样，在一年暑假中自己阅读的。

经典各书的古文字，自己识解不易，于其义理多不甚了然；唯《论语》《孟子》上的话却不难通晓。特使我思想上有新感受者是在《论语》。全部《论语》通体不见一苦字。相反地，辟头就出现悦乐字样。其后，

---

① 我对于苦乐之分析、观察、思索、体验，盖始于十四五岁时。参加辛亥革命后即结念出世，从琉璃厂有正书局觅得佛典及上海出版之《佛学丛报》读之。其时前青厂有一处图书分馆亦藏有佛经，恒往借读。凡此处所述早年出世思想，具见 1914 年夏间所撰《究元决疑论》一长文。此文先刊出于商务印书馆之《东方杂志》，后收入《东方文库》为一单行本。

乐之一字随在而见，语气自然，神情和易，偻指难计其数，不能不引起我的思寻研味。卒之，纠正了过去对于人生某些错误看法，而逐渐有其正确认识。

头脑中研寻曲折过程不可殚述，今言其觉悟所在。我觉悟到欲望之本，信在此身；但吾心则是卓越乎其身而能为身之主宰的。从而吾人非定然要堕陷纠缠在欲望里。何以见得？即于此出世思想而可见。

语云"饮食男女人之大欲存焉"；此非即本于身体构造而来者乎？此代表着个体存活和种族繁衍两大欲求，固为一切生物之通性，莫能有外。但在生物进化途程上，人类远高于一切，其所欲望乃大不简单，几于千变万化不可方物。然直接间接，若近若远，何莫非自此身衍出者？唯独置此身欲望于反省批判否定之中的出世思想却明白地超越此身了。此非以我有自觉能反省而不为身所掩盖之心乎？唯人有人生观，而牛马却不能有牛生观马生观；彼诸动物岂曰无心哉，顾惜其心锢于其身，心只为身用耳。此一分别不同，则缘于脊椎动物头脑逐渐发达，至于人类而大脑乃特殊发达，实为其物质基础。儒书云"形色，天性也；唯圣人然后可以践形"。又云"人之所以异于禽兽者几希；庶民去之，君子存之"。这些说话证以今日科学家言，便见其字字都有着落。① 儒家之学原不外是人类践形尽性之学也。

人非定纠缠于欲望，则亦非恒在苦中而已耳；儒家之乐又何自来乎？前说"所欲得遂则乐，所欲不遂则苦"者，应知是片面之见，未尽得其真际。苦乐真际视乎生命之流畅与否。一言以尽之：生命流畅自如则乐，反之，顿滞一处则苦。说苦乐之视乎其所欲遂不遂也，盖就一般人恒系乎外来刺激之变换以助其生命流畅者言之耳。外在条件长时不变，其乐即转

---

① 此处所引古语，均出《孟子》书中。形色指身体说。人类生命托于大脑特别发达之身体构造而有其种种活动，凡天赋之性能（不断成长发展的）即在是焉。大脑者，人心之所寄；而一切性能则统于人心。人所区别于禽兽者，从其见于形体构造上说是很小的，从其无形可见之心理性能上说，则似乎不大，却又是很大的。说区别不大者，人与禽兽的生活讵非同趋于为生存及传种而活动乎？又说很大者，人心超卓于其身体而为之主，禽兽却不足语此也。然人心之超卓于其身体，只是其性质上之所可能，初非固定如是，在一般人（庶民）的生活上，其流于"心为形役"者乃是常事，曾何以异于其他动物？大约只有少数人（君子）不失此差距耳。真正充分发挥人类身心的伟大可能性（伟大作用），那就是圣人。近著《人心与人生》说此较详，可参看。

为苦矣；此不难取验于日常生活事实者。人们欲望所以层出不穷，逐有增高者，正为此也。有道之士——得乎生命自然流畅之道者——更不须待外来刺激，固可以无时而不乐。

后世如宋儒，每言"寻孔颜乐处"。明儒王心斋更作有《乐学歌》云：

> 乐是乐此学，学是学此乐；不乐不是学，不学不是乐。（见《明儒学案》中《泰州学案》一章）

王氏又云"人心本无事，有事心不乐；有事行无事，多事亦不错"。其云"有事"者，指此心有所罣碍，即失其流畅也。其云"无事"者，指此心随感而应，过而不留也。此乐是深造自得之乐，与彼有所得于外之乐迥然两回事，恰为生活上两条脉络。

前后综合起来，人生盖有三条路向：

一、肯定欲望，肯定人生；欲望就是人生的一切。

二、欲望出在众生的迷妄；否定欲望，否定一切众生生活，从而人生同在否定之中。

三、人类不同于其他动物，有卓然不落于欲望窠臼之可能；于是乃肯定人生而排斥欲望。

儒家自来严"义""利"之辨、"天理""人欲"之辨者，盖皆所以辨别人禽也。

1920年讲于北京大学，次年出版之旧著《东西文化及其哲学》，即以此三条路向或云三种人生态度为其立论之本，谓儒家、佛家之学从人类生活发展变化历史途程上看，实皆人类未来文化之早熟品；瞻望前途，中国文化即将在最近未来复兴于世界。自己既归宿于儒家思想，且愿再创宋明人讲学之风——特有取于泰州学派之大众化的学风——与现代的社会运动融合为一事。其详具见原书，兹不多及。后此我之从事乡村运动即是实践其所言。

1969年国庆节前属草，10月21日草成。

我早年思想演变的一大关键

　　往年旧稿有《自述早年思想之再转再变》一文，兹略有补充，题曰：我早年思想演变的一大关键。

　　此一大关键者，即在我幼年以至少年时，先父未曾教我一读儒书是也。距今七八十年前的老社会一般开蒙读书，通是诵读《论语》《孟子》《诗经》《书经》一类古籍，况在世代诗礼仕宦人家如我家者乎。先父之为教却破例地不如是。先父之意盖谓童稚之年不晓其间义理，且容后图。于是我读书入手即读上海出版之教科书。信如《自述早年思想之再转再变》一文中所说：古经书在我只是像翻阅报刊那样在一年暑假中自己阅读的。我在思想上既未先蒙受儒家影响，而从我好为观察思索的头脑，不期而竟自走入佛家厌世出世一路去了。

　　对于人生苦乐的留心观察，是我出世思想的开窍由来，从而奠定了此后一生归宿于佛法。盖认定"人生是苦"实为古印度社会的一种风气，是即其所以产生佛法者；而我从少年时思想上便倾心于佛家者亦正在此。

　　然而从来为中国社会文化之正脉的主流的儒家孔门思想理趣，恰恰与此相反。试看往时人人必读的《论语》一书，既以"子曰不亦乐乎"开头，而且全部《论语》都贯串着一种和乐的人生观——一种谨慎地乐观态度。如云：仁者乐山，智者乐水；贫而乐；饭疏食饮水，曲肱而枕之，乐在其中；发愤忘食，乐以忘忧，不知老之将至；如是等等。此其显示出来的气氛又何等不同！宜乎后儒便有"寻孔颜乐处"之倡导了。

　　正是由于我怀疑人生是苦的印度式思想，一朝发现先儒这般人生意趣，对照起来顿有新鲜之感，乃恍然识得中印两方文化文明之为两大派系，合起来西洋近代基督教的宗教改革下发展着现世幸福的社会风尚，岂不昭昭然其为世界文化文明三大体系乎。

假使我循旧社会常例先读儒书《论语》，早接触得夙来的中国式人生意趣，那么，我将不易觉察世界有如上三方社会人生文化文明之划然各具其特色异彩的。我或将囿于见闻之一偏而从吾所好；或将疏忽漠视此其间的分异焉。此所以早年未读儒书实为我思想演变上一大关键也。

1921 年我第一部著作《东西文化及其哲学》即写成于上述思路之上。

附注：翻译西文求其信、达、雅非易。盖中文西文之间难得相当适合之词汇也。上篇文内文明、文化两词不惜重叠用之，盖以文明译 Civiliztion 而以文化译 Culture，若从中文简洁以求，固所不宜。

《中国哲学》（第一辑），三联书店 1979 年 8 月版。

略述 1924 年在曹州办学经过 [*]

　　1971 年春从寻回之杂乱文稿中检得 1924 年写致徐谢诸兄信稿，读之顿感肺肝亲切，庶几所谓为学鞭辟近里者，顾回首且将五十年于兹矣。以今视昔，理解通达或有进，切实则未能，此可耻也。特留此信稿，以资惕励。因略一述明当年事实经过如次。——

　　1920 年愚以《东西文化及其哲学》一题开讲于北京大学哲学系，系中同学陈亚三暑假回乡举以语其乡亲长者王鸿一先生（朝俊）。鸿一遽如饥渴之得饮食，特来京相访问，于是订交。次年愚应济南暑期讲演会邀请，复讲此题。值阴雨四十余天，鸿一每天必先候于座间。讲毕愚回京，鸿一复同行来京。来京即以印出的讲词（愚讲但以腹稿口授，在北大有同学陈政笔记，在济南又有同学罗常培记出，逐日付印）面交当时国务总理靳云鹏（靳尝督鲁，王、靳夙有交往）。不久，靳设宴邀愚谈甚欢。于是有倚任愚筹办曲阜大学之议。

　　于时，愚年未三十，既远不足以任此事，尤难得有当世人才共担此任。推却屡次，最后建议储备人才，培养人才之计：先成立一书院，兼办一高级中学，访求有可深造之高才分任高中各学科教员，同时兼为书院研究员。教员任课从轻，俾其致力进修研究工作；教员薪资薄，则益以书院津贴（例如徐谢等十余人皆教员兼研究员者）。1924 年愚辞去北大讲席，就山东省立第六中学的基础，试办于曹州。

　　当时计划在中学教育上，一改其传习知识为主之陋俗，而着重在师生间结合朋友知心关系，曾发出一宣传小册流布社会。在北京招生（非在山东），计招收学生五十余人，内有远从川、滇、湘、浙、晋、绥等省区

　　[*]　此文作于 1971 年 2 月 23 日。

来者。其后愚退出曹州，学生遂有相从不离者数人。盖始意亦思造成一种学风为后此大学学风建立其基础。

不意开学未半年，国内政局风云突起，冯玉祥揭国民军旗帜，推倒曹（锟）吴（佩孚），鸿一颇预闻其事，授意曹州镇守使参谋长吕某推倒其镇守使，揭出国民军第五军旗帜响应冯军（冯号第一军）。其时山东督军郑士琦似属曹吴一方，立即进兵济宁以压之。战祸将作，曹州人心惶惶，愚急入京责问鸿一，又匆匆返曹以靖人心。然就在往返奔波中，自己悔悟其与鸿一合作之非是，具如书信中所云云，兹不赘。

然鸿一先生人格大有不可及者，从而导致愚与之合作，则又不可不知。于此，有1930年愚《悼王鸿一先生》一文（见《中国民族自救运动之最后觉悟》一书）可供参考。兹摘原文开首一段以见意。——

    郓城王鸿一先生7月26日在北平作古。呜呼！二十年来，吾民族精神之颓败极矣；于兹而得一见先生其人，所以扶倾起衰正有赖焉；而天不假年，吾自今宁能复见有斯人哉！以言乎学问，则先生非老师宿儒也；以言乎行谊，先生非必可为世楷则也。岂但如此。先生于学问盖正多疏略不讲者；其行事亦复多疏于小节。然而吾先民之精神，正唯于先生其人可以见之。是何也？先生古之所谓"狂者其志嘐嘐然"；所赖以扶倾起衰者无他，唯资乎其生平行事莫能自已之一念。狂狷所为近道，乡愿所为贼德者，其判在真伪。先生盖今世之一个真人也。呜呼！吾先民之道亦岂有他哉；要唯人类所固有之精神而已！果存乎其人者真也，斯近道矣！果存乎其人者真也，则光明壮盛，斯足以苏垂死之人心！抑吾民族文化远从西汉，近自南宋，传演至今，浸僵浸腐，乃有西洋之变。于兹时也，文质并衰，而求文必于质，自非真劲朴厚得于天者，其孰能稍稍振起之？其优于学问，谨于行止者，或适非其选也。呜呼！天生斯人，扶倾起衰正有赖焉；而又不假以年，莫能竟其功；天命其果不可知也！

原文叙述先生为人稍具体些，嫌长，不具录。

1976 年 9 月检出复阅

试论中国社会的历史发展属于马克思
所谓亚洲社会生产方式[*]

一 世界各方各族的历史发展非必皆次第经历
着一般所说的社会发展史上那五个阶段

马克思学说中所讲社会发展史上的五个阶段——原始氏族公社、奴隶生产制、封建制度、资本主义、社会主义——虽可视为社会生产发展史的通例，但世界各方各族以其历史地理条件之不相同，却非必全部一一经历之。即如斯拉夫人、日耳曼人均未经历奴隶生产制阶段是其显例。

苏联科学院集体编著的《世界通史》曾列举许多没有经过奴隶生产制阶段而径入于封建社会的事例，因其书今不在手，容待查出补列。

（兹查明《世界通史》第三卷第 16 页列举从原始公社不经过奴隶社会径入于封建社会者有如下诸事例：欧洲的德意志、英吉利、斯堪地内维亚各国、俄罗斯、捷克和波兰，在东方则有某些突厥部落等。）

兹据 1952 年上海作家书屋出版由俄文译出的《原始社会史》一书，引录其中同样可资佐证的一段话如次：

> （上略）在中古初期像斯拉夫族一样，绕过了奴隶生产制而达到封建社会的，还有其他许多族，如欧洲的日耳曼人与马扎亚尔人，亚洲的和欧洲的土耳其人和蒙古人，亚洲的非洲的及一部分欧洲的阿拉

---

* 作者注：1974 年 2 月在学习会上一次长篇发言稿的改写。

伯人。

二　中国社会发展大异乎古希腊罗马那个
被认为是典型的奴隶生产制社会

中国社会未曾被列入上述没有经过奴隶生产制的各族之中，但我发觉中国社会发展极为特殊，可能亦是没有经过奴隶生产制那一阶段者。人所共知，古希腊罗马是典型的奴隶生产制社会，而古中国社会情况颇与他们相反，如我后文（七）所指出的昭然可见。

古中国和古希腊罗马，从历史地理条件上看，原本大不相同，则其起始便向着不同方向发展，正自不难理解。譬如环绕着某一社会生活的自然地理条件，特别是当其社会发展之初无疑地将必大大影响乃至支配着其社会发展之路向的。古中国文明发源于大陆内地黄河中上游的高原和广大平原，气候水土大异乎温热肥沃之地，如其他古文明发源地者，而其形势则甚宽舒散漫。古希腊罗马的文明却发生在景色鲜妍，风物宜人，舟楫便利的近海多岛之间，而扩延于地中海东西两端。环境条件既如此不同，其彼此社会发展势将各有所偏，是不难想象的。其结果在希腊罗马便出现了那些海上城邦，都市国家，极有其集团彼此对抗性；而在中国则分布着各族人的家族性的社会组织，每易有移动，重人而不重地。

要知道追原溯始，最早的人群单位甚小，自一面说是一个血缘集团；另一面说即是一个家族。在各自发展的道路上，中国走向于家族偏胜，而西方则见其集团偏胜。集团偏胜者，其后便形成阶级统治的地缘国家。何谓国家？国家就是最强有力的集团，重地而不重人。而家族偏胜者对内对外较少对抗性，恒抱有广漠的天下观念。中西社会组织结构不同，此其大较也。

三　中西社会组织结构不同

一社会的组织结构是其全部文化——经济、政治等一切在内——的骨干；于此如有不同，即是根本性的不同。为了证明如上文所说的不同，特作如下的引证：

1. 梁任公早年游美，有《新大陆游记》之作，有见于华侨群居之组织情况，曾叹息中国人有"族民"，而无西方人之"市民"，有乡自治即族制之自治，而无市制之自治。其后晚年讲学于北京，著《中国文化史》；其社会组织篇的第七章讲乡治，第八章讲都市。经过多年研究之最后结论，仍然是"中国有乡自治而无市自治"一句话。在乡治章内，特将他自己本乡如何依靠宗族组织施行自治状况，详述至二千几百字之多。

2.《毛泽东选集》内《井冈山的斗争》一文，有如下的一段话：但是无论哪一县，封建的家族组织十分普遍，多是一姓一个村子，或一姓几个村子，非有一个比较长的时间，村子内阶级分化不能完成，家族主义不能战胜。家族主义不能战胜，即家族性的组织结构难打破之意。

毛泽东《井冈山的斗争》一文尚有一段话应补列者：

> 社会组织是普遍地以一姓为单位的家族组织，党在村落中的组织因居住关系，许多是一姓的党员为一个支部；支部会议简直同时就是家族会议。在这种情形下，"斗争的布尔塞维克"党的建设，真是难得很。

四　个人在家族（家庭）生活中和在集团生活中的位置关系时有转变不同

人类生命既有其个体之一面，又有其社会（集体）之一面。社会生命始于男女两性关系，亲子血统关系，是即所谓家族（家庭）者，从古至今经历许多发展变化，各方各族复多不同。要而言之，历史初期个人处在其间恒隐没不显。此即是说：个人位置很低微，个人意识缺乏，个人与个人之间殊不平等。这情形正是表见其集团性较强。古今相较，集团性古重于今？今之视古，虽不能那样轻蔑个人了，然国家力量之强大不犹掩盖一切乎？必待今后阶级泯除，国家消亡，个人乃在社会中得其应有之地位。

从家族关系出发的集团，不可能形成大集团。因此，不论其是大是小，是紧是疏；真正的集团都超越家族关系而建立在其他关系上，譬如宗教信仰关系、政治主张关系、职业关系、地区关系……如是等等。古今所谓国家，则是从生存利害关系在一定历史地理条件下形成起来的军事政治集团，为一切集团中之最强有力者。

集团力量的加强，全在其直接统辖管制到个人，而不被家族家庭那一层关系所间隔。反之，密切于家者，即将松弛于国。倚重家族生活的中国人，正从其缺乏集团生活而来，是一事，非两事。从来中国人国家观念薄弱，近则唯知有身家，远则好称言天下，其故在此。——天下是没有边际的，而国家则有对抗性。

然而应于形势需要，前后也不是没有转变的。战国时代，商鞅在秦变法，从富国强兵出发，许多法令规制皆见其以个人隶属于国，而分散了家族家庭。今天新中国走集体主义之路，政治经济一切措置皆以个人为对象，显明地家族家庭的地位关系迥非昔比，事实之所归落，大改其社会组织结构。

秦之变法，盖处于战国时代适应列强竞争之形势需要。在中国今日所以必要加强国家权力者，更有其对外对内之深切理由。吾人久在列强侵略下，非此其将何以反抗帝国主义？此言对外一面。就对内建设新中国说，在苏联革命后的世界新形势中，必当走社会主义道路而以新民主主义为其入手，而势无可能再走资本主义经济之路也。

要知道随形势需要缓急不同，而个人与集团的关系松紧轻重时有转变异致，原为世界各方各族历史之所同；在一般相同之中却又每自有其特殊性在耳。

五　在世界五大法系之间，中国法系显著特色

事情的发展总是由微之著，自隐而显。中西对照，最好看其显著形迹。此显著形迹莫如中国法系在世界五大法系之间显著特色。世界五大法系是法学家较通俗之一种说法，亦有详列多至八系、九系、十六系者，亦有约举为四系、三系者。然不论从多从少，却必有中国一系在内。盖以其精神色彩独异，而且其势力扩及远近各国，忽略不得。其出奇表异之点非一言可尽，而最大特点就在它没有公法私法的分别，从而亦不分别刑法与民法，在诉讼程序上亦自浑合一事。若问其何为如此？原来在一般国家，刑法为国内（团体内）公共生活治安秩序不容破坏触犯而设，属于公法。

民法则属于私法，是厘订私人彼此间的权利义务关系，以解决其纠纷争执的。刑法民法各有其意义和性质不同。然而在中国宁为众多家族和合相处的一大社会，而不真正是一个国家。他们虽共戴某一家族的首领，有其一种统治的表现，实际仍自生活在家族关系中。此家族关系的生活所由维持进行，宁靠社会礼俗而非靠国家法律。统治者如何行其统治呢？就在礼俗上加以强制力。因此，中国的法律制度都是纳入礼俗中的，是以家族社会得以生活去为其主旨的。于是乎，公法、私法的分别，刑法、民法的分别在这里都不见了。自西汉以来二千年间的中国总是一种消极相安之局，而非积极统治之局，如我夙昔所说"它乃是融国家于社会，以天下而兼国家的"。

全部的中国文化即根于此家族性偏胜的社会生活而发展成熟起来，或说：即以此种组织结构为骨干而一切附丽于其上。中国和西洋的不同，铁案如山，谁亦否认不得。

六　奴隶生产制社会的界说及其典型事例

中国社会组织结构，卒至有异乎西洋以及一般社会者，自是从其远古慢慢发展而来。其在原始未有阶级分化时代之后，是否经历了奴隶生产制这一阶段呢？现在我们试一为考察。

于此，自须首先认清：何谓奴隶生产制社会？这是通常所说社会发展史五个阶段之一，有如《苏联共产党史简明教程》之所列：

> 历史上有五种基本生产关系：原始公社制的、奴隶制的、封建制的、资本主义的、社会主义的。

五个阶段的划分，是从生产关系的发展前进，次第不同而划分的；说"奴隶制"是奴隶生产制社会的简称。不是一个社会有蓄奴习俗便属在此一范畴。例如所谓"家长奴役制"者，主人全家直接从事生产劳动而蓄奴以为其辅助力量，这时奴隶劳动还不是整个经济的基础，就不属于奴隶生产制社会。必须是一社会主要生产上的生产劳动主要落在奴隶身上，才可认它为奴隶生产制社会，其典型事例即古代希腊、罗马。

至于这里说的"奴隶"亦有其一定所指，如《苏共党史教程》等书所昭示，奴隶与另一种"隶农"不同，更不同于封建制的农奴。隶农是破产的自由小农，从大奴隶主占有的大片土地上租得一小块耕种，而缴纳其收获的大部分给主人；亦或奴隶主劈分其土地为许多小块，租给以往的奴隶去经营而令其缴纳地租并承担赋役。这可说是奴隶制内部的一种封建制之发端。奴隶制的特征约举其要在如下两点：

1. 奴隶制中奴隶主既占有生产资料（如土地等）且占有生产工作者（奴隶）；而在封建制中封建领主则占有生产资料，却不完全占有生产工作者（农奴）。在这里，农奴之于领主只有人身依附关系或隶属关系而已。

2. 奴隶制社会上智力劳动与体力劳动分离对立。奴隶在生产过程中只做体力劳动，完全谈不到智力劳动，而社会政治经济文化（社会生产在内）一切创造性的智力劳动，则唯有待于奴隶主或自由民阶层。

此外的特点，奴隶劳动主要是在强暴督迫之下，有如列宁所说奴隶生产的劳动纪律要靠棍棒皮鞭者，那不外是从上两点演来应有之义。

如上所云奴隶制的界说和特点，要皆从古奴隶制社会的具体事例得来，而古希腊罗马社会实为其典型，世所公认。凡马克思、恩格斯谈及奴隶制，必举希腊罗马言之，兹授引其文以征见奴隶制社会的具体情况。然后在我下文持古中国社会情况与之比较对照，庶乎其异同可得。

恩格斯名著《家庭、私有制和国家的起源》有叙说古希腊罗马奴隶制社会情况的两段话摘录如下：

> （上略）随着商业和工业的发展，从而发生了财富在少数人手中的积聚集中，以致大批自由公民的贫困化。自由公民此时所能走的路只有两条：或者是从事手工业与奴隶劳动相竞争，而这是被视为屈辱卑贱的事业，并且难得有何等成功的；或者就是变为乞丐。他们走了——在当时条件下必不可免地——后一条路。而既然他们构成居民多数，因而就把雅典引向灭亡了！

（下略）

（上略）奴隶制已不再有益，因而消亡了。但垂死的奴隶制留下了它那有毒的刺，使自由民鄙视生产劳动。于是罗马世界便陷入一种绝境：奴隶制在经济上已经成为不可能的了，而自由人从事劳动又为习俗道德上受人鄙视的；前者已不能再是社会生产的基本方式，而后者又还不能成为此社会的生产方式。只有待根本革命才能打破这一绝境！（下略）

试看当时希腊罗马社会对于社会生产上体力劳动的歧视偏见竟是何等地深刻严重？！而这便是典型的奴隶生产制所形成的严重后果，毫不足怪。

似此歧视偏见非止当时一般习俗为然，即世界闻名的希腊两位大哲人柏拉图和亚里士多德正亦陷入凹臼，超不出来。柏拉图著《理想国》一书，认为奴隶制度是一个完善的社会所必需的基础。亚里士多德则以为奴隶生来就是奴隶；所谓"公平"（道德之一条目）就是对平等的人平等相待，而对原来不平等的奴隶则以不平等待之。我们不须责怪这两大哲人，这不恰是社会存在决定社会意识之一好例吗？

七　古中国似不曾经历奴隶生产制社会那一阶段

韦布林 T. Veblen 著《有闲阶级论》一书（有胡伊默译本，中华书局出版）备述世界各方阶级社会皆有贱视体力的生产劳动而回避之习俗。唯独中国却不尽然。此书今不在乎，姑就我所知简单举出几点如次：

（1）古礼，每年孟春之月天子亲耕籍田以为天下表率；此礼至清代犹行之。——见于《辞海》。另据左氏《国语》之周语中，有"宣王即位，不籍千亩"一条，在"虢文公谏曰……"以下叙说此一典礼极详，正可一看。兹参照其文及《辞源》《辞海》有关"亲耕""籍田"各条文，略为说明其事。

籍田在天子有千亩，诸侯则有百亩，皆借助于民力来耕种；籍为借助之意。《诗经·周颂载芟序》笺云：籍之言，借也；借民力治之，故曰籍田。此一说也。又一说云：籍者，蹈也；言天子亲自蹈履于田而耕之。——见于《汉书》明帝纪注引《五经要义》。典礼的举行，是天子亲率公卿大夫百吏庶民以行之。天子、公卿、大夫以次均各参加不相等的象征性劳动，末后由庶民终其事。此礼据传在周厉王流放之后废了，宣王即位后没有恢复。从历史上看，似乎三千年来历代多存有此一典章制度，时而行，时而不行。然而由此却可以证明古中国人全然不像古希腊人罗马人那样贱视生产劳动，觉得那是只有下贱奴隶们干的事情。中西对照下来，这难道不反证出古中国初不存在那样奴隶生产制吗？

（2）《论语》上樊迟向孔子提出请学稼，请学圃，假如当时社会习俗视生产劳动为可耻之事，则他既不会这样提出来，孔子也不会答言"吾不如老农"，"吾不如老圃"。而且当面未加责斥，只在樊迟出去了，方才嗟叹其不够明白。如其在上者能好礼，好义，好信的话，则"四方之民襁负其子而至矣"。试问：这里所说的"四方之民"是奴隶吗？奴隶能随便自由地携儿带女说来就来吗？

（3）《书经》上《无逸》一篇是周公告戒成王的话，嘱咐他要晓得稼穑艰难，言之谆切，至再至三，表见当时稼穑虽是小人之事，然在上的君子却应深切体念而不忘。这与《书经》《诗经》以及其他许多古籍中"作民父母"，"民之父母"，"若保赤子"，所屡见不鲜的那些话，其精神气息是一致的。由于这一传统观念的演下来，《汉书》上述职来京的外官说到人民便有"陛下赤子"的话，后世便称州县亲民之官便为父母官。固然不能以空话当作实事，但看这一精神气息之流传，你能说古中国是个奴隶制社会吗？

（4）《孟子》书上，孟子答滕文公问为国，说到民事不可缓，有"取于民有制"的话；又说夏之"贡"，殷之"助"，周之"彻"，"其实皆什一也"。且不问历代事实果真如何，单就说出"取于民有制"这句话来看，那时节显然不是奴隶制社会。因为奴隶劳动所生产出来的全部归奴隶主所有，根本不发生"多取""寡取"——如《孟子》原文——那样的问题。

（5）"君子劳心，小人劳力"的话，原非发之于孟子，而是自来相传之古语，既一见于《左传》襄〔公〕九年晋知武子所言，"君子劳心，小人劳力，先王之制也"；又见于《国语》鲁公父文伯之母所说的"君子劳心，小人劳力，先王之训也"。其事皆远在孟子之前，《孟子》原文的"故曰"二字和"以天下之通义也"作结，都显明是在称述传统教训而已。春秋时的人所称先王，如其所指不是更早，度也是指周初的武王成王而言。古语垂训如斯，殊难想象其为奴隶制的世界。

这里可注意者是《国语》记载鲁敬姜（公父文伯之母）教子的话，把劳心劳力同样是劳动，为人生应尽之义，极其明白地予以指点（原文甚长，略见附注）。① 后来孟子"故曰：或劳心，或劳力，劳心者治人，劳力者治于人；治于人者食人，治人者食于人；天下之通义也"一段话，表明人们或劳心或劳力，不过是彼此分工，各勤其事，正自立言有其所本。社会分工之理吾古人早见到，而其表达出来则在孟子对陈相论许行的一番话中。似此情况，谁能设想古中国亦是一个像古希腊罗马那样奴隶主与奴隶隔绝对立的社会呢？

八　试论中国社会的历史发展属于马克思所说亚洲社会生产方式

此文共分八段进行，从上七段夹叙夹议以来至此，我的最后结论便可揭出：中国社会的历史发展概属于马克思所说亚洲社会生产方式。

中国社会发展史有其独特处不同于他方，范文澜著《中国通史简编》既先我而言之。问题是从中国究竟为一"民族"呢，抑或是一"部族"而引起来的。从马克思主义史学家来看，好像中国一直停留在"部族"阶段，尚未进而为一"民族"。何以言之？据说：

> 部族是上承氏族和部落而下启民族的一个历史范畴。如果说民族的产生和发展与资本主义有密切关系，那么，部族的历史却与以前奴隶制、封建制的社会经济结构分不开，而氏族和部落则属于原始公社制度的范畴。

斯大林在其《马克思主义与民族问题》一文中曾给民族下定义说：

---

① 公父文伯之母敬姜明礼义，爱劳动，名闻鲁国，数为孔子所赞许，季康子亦尝向她求教，她以"君子能劳，后世有继"为答。她教子的话，是文伯退朝回家见其母正在绩麻，劝她不必如此劳苦而引起来的。从《国语》原文来看，她先谈到理论，后则数说具体事例。从天子、诸侯、公卿、大夫以至于士，怎样各勤其职属于劳心；"自庶人以下，明而动，晦而休，无日以怠"，则属于劳力。且又数到妇女方面，从"王后亲织玄紞"到"自庶士以下皆衣其夫"，"男女效绩，愆则有辟"（原注：绩，功也；辟，罪也。），而后总结于"君子劳心，小人劳力，先王之训也"。看原文铺叙周详之极，窃疑是《国语》作者自申其理想，未必全属实事。《左传》《国语》等著述皆出于儒家。儒墨两大学派各怀抱着理想主张，"思以其道易天下"，往往托之于古，实则是想要创新世局。说儒家卫护奴隶制，恐怕适得其反。

民族是历史上形成的一个有共同语言，有共同地域，有共同经济生活以及有表现于共同文化上的共同心理素质（一译共同心理状态）的稳定的人们共同体。

在此定义中含有四个条件：一、共同语言；二、共同地域；三、共同经济生活；四、表现于共同文化上的共同心理素质（共同心理状态）。据说此四条件即是其特征。当资本主义发达之前，非不有其萌芽存在；但要四大特征具备齐全而且鲜明可见，却必在资本主义发达，全国性的大市场和全国性的经济中心发展起来，使得全地域居民生活形成互相依存不可分离的关系而后乃有可能。照这样一说，长期淹滞在资本主义之前那一封建社会阶段的中国汉族就只能是一"部族"，而说不上为一"民族"。

范著于此问题特致研究讨论，其结论是：

中国近代史证明不曾形成为资本主义民族，似不应以无为有。但中国古代史证明汉族在独特条件下早就形成为一民族，似不应以有为无。（见其修订本《绪言》）

范著第一编绪言既于民族必备的各种特征——有所指证，更在其第二编第一章又特就秦始皇时对于民族四条件曾做出种种贡献，有所阐述。这就很好地、有力地论证了中国社会历史发展的特殊性。

上范著论中国社会发展史有其独特处，然而范著终脱不出社会发展史五阶段那一般观念的凹臼，把奴隶制囫囵吞枣地安插在西周前。如我所见，西周以来应不属奴隶制；西周前如何，我则不确知。此问题原在中外学者探讨中，例如苏联科学院集体编写的《世界通史》，既叙说中国经历了奴隶社会，却又有如下的两段话：

许多古代中国史料证明当时非常重农，而上述情况就是其中原因之一。农业被认为最可敬和最光荣的工作。（原书第二卷下册，644页）

　　但是由于我们现在所掌握的史料的特点和分析，物质财富直接生产者的名称的复杂性，关于中国古代史这一时期和前一时期，究竟在农业中使用了多少奴隶劳动问题，如今尚悬而未决。（同前书，653页）

　　须知，答案如何且不忙论（答案不必急求），而治学方法是否谨严，实为第一要事，对于究竟何谓奴隶制，不认真辨察，总以为各方各族于此不免有出入，含混地统算是奴隶社会；而对于五阶段却认得很死，总以为各方各族所必次第经历。这是大错特错的。

　　社会生产力的发展前进，是人类文明所由启，是其社会历史发展进步的由来，唯物史观的基本观点在此。而社会生产力的发展呢，则造端于社会分工。分工既有种种之分工（如在劳动中强壮与老弱的分工，男与女的分工，农、渔、牧、猎的分工等等），又从而不断地无穷地分工下去，于是社会便有不断地发展进步以至于无穷。在这里，劳心（智力劳动）劳力（体力劳动）的分工，世界上凡进入文明的各方各族无一可免，从而就出现了经济上剥削被剥削，政治上统治被统治的阶级分化，亦就无一可免。非止空间上普遍无例外，而且时间上从古贯彻到今，亦尚未见有例外。事实如此，必须认清抓紧，忽视不得。

　　此其所以然，就为社会生产上劳心劳力的归合为一，有待物理的动力机械（如蒸汽机、电机以至原子能的利用等等）之高度发达，人以运用其头脑知识（智力）为主，而体力之用减至低度，事实上自然合一才行。似此合一的可能条件，远在百年前的马克思已经看到，所以才争取实现共产主义。然而就今天世界来说，共产社会亦不过是远远在望而已。革命五十年又出现修正主义的苏联，无产阶级专政二十多年，社会生产力大有升进仍远远不够的中国，都还谈不到。朝着劳心劳力合一的伟大理想努力争取，正是当前世界人类的任务。

　　既然当初劳心劳力不分工，将无人类文明之可言，而今后又非劳心劳力合一不能实现无阶级无国家的大同世界，如此最大关键问题，又如此其艰难最不好解决，我们岂可随便地看过去，说过去，而不加以审查思考？据我审看，虽则世界各方各族在进入劳心劳力分工之一境彼此是相同的，而究竟怎样去分工尽多出入不同。简单地指出来，那便是有的像奴隶生产制那样，其分工是在奴隶主和奴隶之间；而另外有不是经过奴隶制那样分工的社会见于世界各方，如第一段前文列举出的那许多便是。

这许多事例，因其非奴隶制，又还未进到资本主义，就被人全说作是封建制社会，其实它们所行生产制度未见得是一样的，把它们归类于封建制较方便而已。

综合所有种种不一的情况而说，其从原始无阶级社会无一可免地走向阶级分化之后，所不同者：（一）有的在出现的阶级中有大批奴隶，社会生产劳动主要靠奴隶任之，社会基本上是奴隶主和奴隶两大阶级对立着的局面，其他还有些自由和半自由的人民（为数时有增减）；（二）有的在出现的阶级中不论其所有奴隶是多些是少些，但主要负担社会生产劳动者不在奴隶。前者为奴隶生产制社会，后者不是，而被归类于封建制。

奴隶生产制社会突出的一点，要在其劳心劳力彻底两分开，为后者（封建制一类）所不及。如恩格斯《反杜林论》所指出的那样，古希腊、罗马实大得力于此，而为从古至今西洋文明的肇端。

　　（上略）没有奴隶制，就没有希腊的国家，希腊的艺术和科学；没有奴隶制，也就没有罗马国家；而没有希腊和罗马所奠定的基础，也就没有近代的欧洲。（中略）在这个意义上，我们有权说，没有古代的奴隶制，也就没有近代的社会主义。

　　（上略）在那样的时候，生产力的提高，交换的扩大，国家和法律的发展，艺术和科学的创造，所有这些，皆只有通过更大的分工，才有可能。作此种分工的基础是：从事于单纯体力劳动的群众，同领导工作、经营商业和经营国事，再后，更从事于科学及艺术的少数特权分子，这两方面之间的分工。这种分工的最简单的完全自发形成的形式就是奴隶制。在古代，特别是希腊的历史前提之下，转变到以阶级对立为基础的社会，是只能在奴隶制的形式之下来完成的。（下略）

由此可见：第一，要抓紧劳心劳力问题就必当认真辨别什么是奴隶制，什么不是奴隶制，在治学方法上这是含混不得的；第二，世界各方各族既非必次第经历五个阶段，而被类归于封建制者审其内容很多花样不同，则人们固执社会发展分五个阶段之说殆无足取。

我以为把社会发展史分为如下三大阶段最确当不易，又最明朗不过：一、原始未有阶级分化的社会；二、自有阶级分化以来的阶级社会；三、阶级归于消泯，社会实现其一体性的新社会。如此三大阶段，任谁一方一族社会的历史发展将无可能有居于例外者。其五阶段的旧说中间三段，则收纳在此第二大段中。凡各方各族随其历史、地理条件种种不同而表现为各不同之具体社会情况者，可本乎历史唯物主义观点而进退之，正不必泥于一定公式而强有其所归属（类如强归属于奴隶制，强归属于封建制，等等）。

然而五阶段之旧说，在阶级从无到有，又从有到无之历史发展转变上，亦有其极好之参考价值。试看：奴隶制便是阶级从无到有的开始阶段，亦是阶级分别严重对立阶段；封建制则现出奴隶阶级渐得一步之解放，亦即转向于阶级从有到无之一步；资本主义出现，对于封建制又是一大解放，亦即阶级从有到无更迈进了一步；末后的社会主义（涵括共产主义）那便是阶级从有到无之完成。如此顺序递进，有合事理，在三大段为主要划分之下，自是有极好参考价值。

以上论社会发展史分五段不如分三大段。

中国社会自古以来的历史发展，从分三大段来看，而不拘泥于公式化的五阶段，便一切通顺无窒碍，所有中外史学界那样聚讼纷纭，多方谋划以求适应于公式而卒莫衷一是者，全然用不着。然而其独特性犹在隐伏未明显，必参考于马克思论印度的两篇大文而后恍然有悟焉。

谈马克思两文使我们晓得印度中国有不期而相同之历史遭际。如《不列颠在印度的统治》一文中说：

> 无论印度过去的政治变化是多么大，它的社会状况却自遥远的古代直到十九世纪最初十年一直没有改变。

为什么从遥远的古代一直没有改变的印度社会而到十九世纪二十年代后，却见出改变来呢？正为十八世纪西洋各国人跑来打开印度的大门，从社会经济上，从社会生产力上引起了其不得不然地变化。一百七八十年来印度社会就被迫地资本主义化了，不是吗？

我们不禁想起中国社会从鸦片战争以来的大变化。自从社会发展史五阶段说输入后，史学界就以中国四五千年的历史比附着分期划段，却总是搞不明白。有的以西周为封建制的开始，那便是封建制拖长了三千多年；其他或有划作二千多年的，或有划作一千数百年的……其说不一，众说纷纭之中，却有一点相同，那就是同样承认中国封建史截止在鸦片战争前，鸦片战争后便开始资本主义化。这不是在世界史上中国和印度两个古老文明的伟大国度，入于近代恰好有着不期而相同的历史遭际吗？①

事实正是这样：在社会经济发展上（社会生产力和生产关系发展上），中国和印度同样地长期淹滞不进，以致大大落后于近代西洋。近代西洋则是在资本主义兴起之下社会生产力升进甚猛，形成一种强霸的经济侵略势力侵略到东方来，迫使印度和中国同样地屈从于资本主义，假如不是这样，任听印度和中国循从其固有历史演去，究竟哪一天会出现资本主义，能不能出现资本主义，谁能知道呢？

非唯社会生产力落后的后果严重，是中国和印度两下相同的，他们在过去曾各有其高度文明，成绩斐然，亦都是相同的。有历史事实证明，中国人、印度人过去各曾不止一次为外族武力所征服统治甚久，而其后果却从文化上使外来征服者同化于自己。请看马克思原文：

> 相继征服过印度的那些阿拉伯人、土耳其人、鞑靼人和莫卧儿人总是不久就被印度人同化了。依据历史永恒规律，野蛮的征服者自己总是被他们所征服的民族的较高文明之所征服。

---

① 从印度和中国就联想到日本。日本同样是被西洋侵略势力打开大门而后引起资本主义化的国度。但是它情况不同。它一向摹取中国文化和从中国间接地吸入印度佛教，从无自家独创的文化可言。于是在接受西洋文化上无杆格，很快成功地走上西洋文化之路。由于历史背景不同，一时遭际虽同，所发生的影响效果自不相同。

当代大科学家怀惕海著作中有一段话，值得附录在此：

我们愈认识中国的艺术、中国的文学、中国的人生哲学，我们愈叹赏那个文明所达到的高度。数千年来中国有敏慧渊博的人，孜孜献身于学术。就其时间的悠久和人口的广大而言，中国形成世界所曾见的最丰富的文明。中国人之追求科学的内在禀赋能力是无可置疑的。可是讲到中国的科学，实际上却微薄不足注意。若说中国永远闭关自守也会在科学上产生什么进步，那就没有可信的理由。对于印度也可以如此说。（见怀惕海著《科学与近代世界》一书之第一章。）

一民族与其所有文化是分不开的。文化的创造发展，出自其人；而其人还为其文化之所陶铸；如是两面循环，互为因果。古中国古印度同在人类文化各有其不相同的优越创造，与古希腊罗马夙来并称为世界文明三大系。虽历史上由于环境遭际，时有盛衰，而瞻望前途又岂得以限量之？在马克思文内对印度人的品评和希望全出以肯定的口气。如原文说：

> （上略）无论如何，我们总能有把握地期待，在多少遥远的将来，这个巨大而有趣的国家将复兴起来。这个国家里的人民秉性高尚，甚至在最低的阶级里如果用萨尔退科夫侯爵的话来说，亦是"比意大利人更精细更灵巧的"。这个国家里的人民所表现的驯服性，也都是为某一种沉静的高尚品格所平衡的；并且他们——虽然有天生的长久忍耐性——所具有的勇敢精神是已使英国军官们吃惊的。这个国家曾是我们的语言、我们的宗教的发源地；从扎提（印度一部落）身上我们可以看到古代日耳曼人的类型；从婆罗门身上可以看到古希腊人的类型。（《马恩文选两卷集》，莫斯科外文局版，第一卷第333—334 页）[①]

这里马克思侧重说了印度人的品质，而于印度人的才智则引用了英人康贝尔的一些话；其中说印度人"有清晰的数学头脑，有长于计算和精确科学的非凡才能"等。综观马克思两篇文章，具见其对印度人极抱同情而初不悲观。

以上比照马克思之论印度而得认识中国。

读马克思两文，备见其同情印度人，而责斥入侵的英国人之凶残。然而最妙的，乃在其复叹赏英国人大有功于世界历史发展前途。这是为什

---

① 《马克思恩格斯选集》（中共中央马恩列斯编译局译，人民出版社 1972 年版）中此段译文似较为准确，现引录于此，供参考："（上略）但是，无论如何我们都可以满怀信心地期待，在多少是遥远的未来，这个巨大而诱人的国家将复兴起来。这个国家里的人民文雅，用萨尔梯柯夫公爵的话来说，甚至最低阶级里的人民'都比意大利人更精细更灵巧'；这个国家里的人民的沉静的高贵品格甚至抵销了他们所表现的驯服性；他们看来像天生疲沓，但他们的勇敢却使英国军官们大为吃惊；他们的国家是我们的语言、我们的宗教的发源地，从他们的扎提身上我们可以看到古代日耳曼人的原型，从他们的婆罗门身上我们可以看到古代希腊人的原型。"（引自《不列颠在印度统治的未来结果》一文，见该选集卷二，73—74 页。）——编者

么？这是他的深锐眼光看出印度在社会历史发展上物质生产力长期淹滞，陷入绝境，无法自脱；恰因侵略成性的资本主义强霸力量闯进门来，引进资本主义而拯救了它。请看马克思原文：

> （上略）因为它（资本主义侵略）消灭了这些（印度农村）公社的经济基础，结果就造成了亚洲极大的并且老实说是亚洲所经历过的唯一的社会革命。[①]
>
> 　的确，英国在印度斯坦造成社会革命，完全是为极卑鄙的利益所驱使，并且采取的方式是愚钝的。但是问题不在这里，问题是在于：如果亚洲社会状况方面没有根本的革命，人类能不能完成（解放全人类）自己的使命。如果不能，那么，英国人不管是干出了多大罪行，毕竟还是在实现这个革命中充当了历史的不自觉的工具。

这位科学社会主义的创始人，热心于解放全人类的伟大导师，当其看明白印度社会情况时，是不能不想到世界范围的社会革命问题的。站在领导革命运动的立场，他岂能仅仅同情苦难中的印度人，而不高兴地叹赏英国人在世界革命上尽了一份历史使命呢。正如马克思第二篇原文末尾所说：

> 历史中的资产阶级时期，负有为新世界创造物质基础的使命……（下略）

盖非高度发达社会生产力，造成新世界所必需的物质基础条件，便实现不了共产主义，而这正是历史所赋予资产阶级的使命也。

我们特别要注意：马克思原是专为谈论印度写的文章，而当其谈到社会革命却一而再，再而三，广泛地提说"亚洲社会"，显然他存想的不限

---

① 《马克思恩格斯选集》（人民出版社 1972 年版）中，此句译文为："（上略）这就破坏了这种小小的半野蛮半文明的公社，因为这破坏了它们的经济基础；结果，就在亚洲造成了一场最大的、老实说也是亚洲历来仅有的一次社会革命。"（马克思：《不列颠在印度的统治》，见该选集卷二，67 页。）

止于印度，而涵括着中国。因为中国是亚洲第一大国，中印两大国土及其人口占居了亚洲绝大部分，更且是在社会发展上，中国印度双双并列有其独特性，早在马克思意识中。马克思在其《政治经济学批判》一书序言中"亚洲社会生产方式"之提出，正好与此相印证，而明白其所指。序言在总结其精粹理论之后，这样地写着：

> 大体说来，亚洲生产方式、古代生产方式、封建生产方式以及现代资产阶级生产方式，可以看成为社会经济形态发展中的几个演进时代（据莫斯科外文局版本）。

此中"古代生产方式"是说的西方古代，即希腊罗马奴隶生产制；下接中世封建制，再下接近代以至于今的资本主义生产制，这些可无待讲的。但所谓"亚洲生产方式"者，是指什么呢？它不正见出是在上列各生产方式之外的一特型吗？

马克思此序言写于 1859 年，而先于 1857 年写有一篇"导言"，文内则与古代社会并列有"东方社会"一词，那与亚洲社会不是异名同实吗？[①] 究竟所谓亚洲社会或称东方社会者，其在社会发展上有别于西方（或一般）历史而必另列一格的意义何在，似未闻马克思加以说明。我旧著《中国文化要义》有可资参考的一段话：

> （上略）更有些学者（苏联的中国的）如马札尔（Madjer）、柯金（Kokin）等引括马克思曾有"亚细亚生产方式"一说，以东方社会（印度、中国）为特殊之例；中国在近百年前没有受西洋资本主义影响之整个时期皆属此。而所谓东方社会，则长期停滞不前，固为其特色之一。[②]

附有注文云：参看岑纪译柯金著《中国古代社会》，黎明书局出版。

---

　　① "同样，资产阶级经济只有在资产阶级社会的自我批判已经开始时，才能理解封建社会、古代社会和东方社会。"（见《政治经济学批判》导言，《马恩选集》卷二，109 页。）

　　② 《中国文化要义》（第一章"绪论"，见全集卷三，19 页。）

今其书不在手，又无暇觅求其他参考书籍，辄就我夙日所怀见解为一阐说。

如我夙日——五十年前旧著《东西文化及其哲学》所见，古印度文化，古中国文化盖皆人类未来文化之早熟品也。何言乎早熟？按照马克思理论来说，社会经济基础与其上层建筑之间有其相适应、相制约的关系。虽上层建筑对经济基础亦有其反作用，但大体上社会生产的发展恒推进着整个社会生活而上层建筑随之。此两面相离不远是其通例。然试想距今两千五百年前乃至更早的印度、距今两千五百年前乃至更早的中国，其社会生产力总是稚弱的，或有限的吧！而不料其上层建筑——其文化风教之高尚优美、深邃精致在今天看来还是惊人；似乎两面之间大不相称，所以谓之早熟者在此。再具体指出说，如古中国特浓的人生道德气氛，如古印度特盛的出世宗教风尚，实不应出现于当时者，却当时竟以人类远远未来文明的苗头而早见于世，流传于后。

社会生产力和其上层建筑两面差距如此其大的这怪事，非但出现于一时，卒且牢稳地长期延续，必待外来较高经济势力闯进门来，而后其千年陈旧的经济基础乃被突破改造者，是必有故；其故安在？其故实在介于其社会生产力与上层建筑的那生产关系上。社会生产方式原是生产关系生产力合起来构成的；而生产关系既属在经济基础一方，又因其为社会之一制度，便同时也处在上层建筑内，它恰是联结生产力与上层建筑的中介物。当它（生产关系）被精神宏伟高尚的上层建筑（道德或宗教）所提高而融贯在其中的时候，社会生产就在这种生产关系下进行，虽则其生产力与上层建筑一低一高似不相称，整个社会生活却不见有何窒碍。其所以见得牢稳在此，所以长期淹滞不进步者在此，所以陷于绝境，无法自脱者，无不在此。

然而世界历史发展大势不容它孤立自存。无法自脱的他们，卒因外力入侵而得脱出来。这就是十九世纪以至于今，印度和中国同被卷入世界性的社会发展潮流中的现实景况。其前途望着社会主义是可以乐观的；印度一时固未见分晓，中国局面不是已经开朗了吗？

总结一句话：亚洲社会生产方式之所特为提出者，盖为其骤进入一种社会生产方式盘旋不已，不同乎一般循序逐步发展之例也。而究其所以然之故，则在如上我所阐说者。①

如旧著《东西文化及其哲学》之所预测，古中国文化在世界最近的未来即将复兴；今天看起来，我的话初步应验了。此其理不难明白。人类社会发展前途是必将劳心劳力归一，阶级消泯，实现共产主义的。共产社会的生活进行主要靠人们的道德，亦就是理性自律。法律制裁至此不复合用，而礼乐教化以养成和乐优美的心理，导致敦厚雍睦的行事，却十分必要。高度发达的社会生产力是共产社会所必需的物质条件，由近代至今的西洋文明来供给，盖有不待言者矣。共产社会所必需的精神条件，则不期而然地古中国文明预有所贡献，其事将不在远，请拭目以俟之。

古印度文明所贡献者在宗教。数千年来流布于世，鲜得其真。宗教之真，非世俗之所知晓。然他日进入共产社会后，转而开始为人所留意，如我夙昔之所论列，那将是人类第三期文化，固甚远之事矣。

我从马克思论印度两文及其《政治经济学批判》序言和导言中而悟得其所云"亚洲社会生产方式"之内涵意义，并晓然其所言亚洲社会生产方式正为印度和中国而发。抑更不止此。我五十年前所作古中国文化、古印度文化皆人类未来文化的早熟之说，在《政治经济学批判》导言末尾似亦得到印证。导言末尾有这样几句话：

> （上略）为什么历史上的人类童年时代在它发展得最完美的地方，不该作为永不复返的阶段而显示出永久的魅力呢？有粗野的儿童，有早熟的儿童。古代民族中有许多是属于这一类的。希腊人则是正常的儿童。（下略）

如我夙昔所论，以希腊罗马开头而发展下来的西洋文明，代表着正常发展史，即是循从社会生产力步步升进而整个社会文化随之发展的好例，如古印度文明，如古中国文明则恰似早熟儿童，身体发育未充而智慧早开者。马克思说到希腊为正常儿童之外，而于早熟之列，但云古代民族多有

_____

① 社会生产力不高，而社会生产关系却被精神宏伟高尚的上层建筑（道德或宗教）所提高而融贯于其中，就使得这种亚洲社会生产方式得以构成，而卒陷于盘旋不进；这是我的说明。这所说的须具体指出其事例，乃容易明白，但说来话太长，在此只好从省。请参看我《中国文化要义》一书为幸！且可先看书中第五章的《伦理之于经济》一节。

之，却未加指明；其意或指印度、中国乎？

　　我非专攻马克思、恩格斯之学者，对于社会发展史亦少研究，凡兹所论只可为专家参考之资而已。

1974 年 6 月 4 日写完

今天我们应当如何评价孔子[*]

这里标题"今天我们……"即是要从社会主义新中国的人在其既建国二十多年来说话之意，标题"……应当如何评价孔子"则是回顾过去二千数百年孔子所遗留下的影响，或我们所承受他的影响，是大是小，是好是坏，要一为评量之意。毛主席不是说过吗？"今天的中国是历史的中国之一发展，我们是马克思主义的历史主义者，不应该割断历史……"我们今天这一回顾乃理所当然之事。

为了进行这一评价工作，在方法思路上我将不同于亡友熊十力先生（已故政协委员、曾任北大教授）之所为。熊先生在解放后著有《原儒》一书（上、下两册约共三十万言，1956 年中国科学院为之印行，新华书店曾有售）。书中不少援引民主主义社会主义的话，乃至采用马克思主义观点的说话，来弘扬孔子的内圣外王之学，其实完全是失败的。从"五四"运动"打倒孔家店"以来，思想界一直把中国古学当学术研究资料看待，儒家曾未得到公认共许的价值，而熊先生却一开头便先肯定下来，全然不顾人家听不进去，说到临末人家还是不承认，这怎么能行？^②

在一个有待商讨的问题上进行讨论，必要先从彼此公认共许的道理，或浅近易晓的事理，或眼前无可争议的事实以为入手依据，一步一步向前进行，逐步取得人们同意，末后方有可能建立起坚强不摇的结论。所谓人们彼此公认共许的话，在不同场合是不相同的。在今天中国我写此文除取据当前无可争议的事实或浅近易晓之理而外，我满可以援引马克思恩格斯

---

* 作者注：1974 年 6 月 25 日改写稿。

② 我与熊先生虽然同一倾心东方古人之学，以此相交游，共讲习者四十多年，踪迹之密少有其比，然彼此思想实不相同。熊先生应归属儒家，我则佛家也。

列宁、毛泽东的话作为彼此之所共许，谅同志们没有异议吧。

一　一个分析贯彻全文

回忆两三年前，在一天政协学习会直属组上时常陪同我们的吴福章同志，偶有所疑，向我问道："现在综合大学里分科有所谓'文科''理科'，而过去宋明儒者夙有'理学家'之称，这两个'理'字含义究竟是一是二，其间关系是如何呢？"当时我简略地回答了他。大致说明二者非一事。大学理科所研究的如数学、天文、地质、物理、化学、生物等自然科学之理，都是客观事物之理；而宋明儒者大抵在言心（人心）言性（人性），则是在论究主观情理。这是由于古今中外作学问的对象范围颇为不同——中国古人好讲主观情理，外国今人勤研客观事物之理——而名词沿用一时巧合，不可误为一事。

现在我写此文，即将从这里细为讲说分析入手，一直贯彻全文，为评价孔子作出结论。敢请读者注意为幸！

先须声明，如上回答吴同志的话，有欠周全，应当补充如下：（1）理有两种，良非一事，而昔人笼统每不加分别；宋儒朱晦庵解《大学》"格物致知"，说"天下之物莫不有理"，要学者"即物穷理"，最后便可以"众物之表里精粗无不到，吾心之全体大用无不明"是其例。如此含混不分的结果，他们的功夫仍然不外在讲情理。（2）事物之理原非限于现在大学理科所讲的那些自然科学而止。社会科学和哲学所阐明的事物之理岂少？然在大学里却把社会科学和哲学划归文科去了。此亦须补说明白之一点。

为了指点存在着客观事物之理和主观情理两种不相同之理，最好请看社会主义由空想社会主义发展为科学社会主义，比较其先后不同所在，便不难明白。其先后不同处：空想社会主义（例如欧文、圣西门、傅立叶等所倡导者）主要从情理出发，即为社会大众设想，反对资本主义而要求正义，要求公平合理是其动机和出发点；而科学社会主义（马克思、恩格斯所倡导者）则主要从发现了社会发展史必然归趋到社会主义那客观规律而来，知道从乎客观事物之理演变去，终将妙合情理上的最高理想。他们在反对资本主义制度上是彼此相同的，但前者偏乎善良愿望的设想规划，而后者则见到资本主义本身孕育着推翻资本主义的能动力量，即工人无产阶级的革命运动自将到来，解决社会问题之道即存于社会问题之中，但要善于因势利导以成其功。这是和自然科学一样的社会科学，其名为科学社会主义者在此。科学社会主义恰就是在事物之理中发扬情理，会合了二者在一起。——理有两种，岂不甚明？

事物之理可简称"物理"，是人们从累次实践中总结经验得来的，存于客观，夹杂一毫主观好恶不得。有一毫主观好恶便自蔽其明。唯有循顺其理而利用之，乃于它的必然中取得吾人的自由。自然科学之理如此，社会科学之理有同然；马克思寻常说的"不以人们的意志为转移"者正谓此。反之，情理则见于人的感情好恶之上，意志取舍上，存于主观方面。例如常说的"正义感"，若非出自吾人好正义而恶非正义的感情，则正义非正义其何从而见耶？其他如公平不公平，信实不信实，人人莫不同其好恶、取舍、迎拒者，皆直从人类生命发出来，不学而能，无所待于后天经验，反躬自问始逼真。

科学发达，识得物理愈多，愈能借以应付和处理事物；然止于知其"如此如此"或"若果如此，即将如彼"的公式，处于静态，未曾示人以行动方向，更没有发动一种行为的力量。例如有了原子能的知识，是用来制造武器杀人，抑或用之生产民需品，全没有一定。主观情理却不是这样。要求正义，反对非正义，要求公平合理，否则反对，有方向，有力量。

物理是对物的，情理是对人的。两种理皆为人类生活所一日离不开。你不能离开物（自然界之一切）而生活，你就需要通达物理；同时，你不能离开人而生活，你就需要通达情理。难道不是吗？

人们行事总要合理，既要合乎物理，又要合乎情理。行事违失于理，是谓错误。既然理有两种，亦就有两种不同的错误。违失于物理者，由于知识不足者居多，亦或一时粗心大意，事所难免，可以原谅。违失于情理者，问题便严重得多，恒引起责问纷争。人世间所有争端，往往扩演而为惨剧战祸，不在前一错误而在后一错误，二者固不可等量齐观。

错误之事在动物生活中是无可言的。动物依其种族遗传的本能而生活，即知即行，浑一莫分，正不妨说它总是在自然合理——合乎它生命的自然理趣。在人类生命中先天本能大为削弱转而依重理智于后天。其生活特征，知而后行，几乎事事有待学习，物理既须逐一认识，情理亦少不得讲求。

理智是作为生活方法，从反乎本能的倾向发展出来的。一切生物的生活不外乎"个体生存""种族繁衍"两大问题。物种不同者，即在解决此两大问题的方法不同。生物进化纷然歧出者，即在生活方法上各走一路，而后来居上，人类造乎其极。其高于其他动物者，要在舍弃本能之路而大大发达了头脑心思——此即理智——走生活方法创造于后天之路。这路便是要从自己生活实践中学得事物之理的知识，以应付和处理种种事物。理智被称为人类特征者在此。

然而理智不过是人的生活方法，是工具，是手段；其得出的（物理）知识既未有任何行动方向之决定，更缺乏行动力量，既如上文所说矣。其为之主体者乃在人类生命本身，是则行动方向和力量所从出，而正义公平等情理所由表现亦即在此焉。

说到此，应当说明人类生命根本不同于其他动物之处。其不同的由来，始于方法上之反本能，而终于其大得解放于动物式的本能。动物所有种种本能都是为生存斗争而先天准备好的种种方法手段。反本能的倾向始于行动之前的犹豫思索，犹豫延长，进入头脑冷静，是理智所以明利。理智一路之开出在此，人类之出现于生物界在此。人类虽然是生物之一种，但他不同乎动物生命沉陷在本能中，已沦为其个体和种族之工具那样，而有超脱之可能。人之得以超脱于本能者，全在其静下来之时。此时自觉心透出，乃不为个体不为种族之工具，乃无偏私之情而廓然大公，一切正义、公平等情理昭然自见。情理是从走理智之路不期而然地在生活上开放出的伟大光明。物理的认识出于理智对外思索之功，情理则发之自内，若不容已。前者要冷静，后者于静中有动（指当下好恶之情）。物理、情理各有其所由认识的能力非一，前者称理智，后者宜别名理性。如前云"反躬自问始逼真"者，即诉之理性自觉之谓也。

凡以理智为人类特征者，是从其生活方法上说；若从其主体——人类生命本身来说，其特征应该在理性。理性是体，理智为用；用不离体，而体用可以分说。

常说，人是有理性的动物。此理性之云，是浑括了理智在内的。如上所言物理情理有别、理智理性有别，是深入分析，不是通俗说法。①

二　从物理情理之不同谈到西洋人和中国人之不同

"从物理情理之不同谈到西洋人和中国人之不同"——这标题似乎很怪！且请读者容我一步一步慢慢讲来。

我这样说话，主要是看了新译《天演论》，大有所悟而说的。当我少年时，早就读过严译《天演论》，晓得了生物界"物竞天择"之理。但未若现在新译本《进化论与伦理学》给我启发之深且大。新译本是明畅的，但我仍然不愿沿用其译文词句。且为简切地深入地为之申明其理，亦必要加入一些我的话来叙说。

生物界在彼此生存竞争斗争中，进行着自然淘汰，所谓"优胜劣败"之理，乃不须复述。赫胥黎原著是根据这种进化论，特别指出生物界自然演进过程（新译本简称"宇宙过程"）和人为的伦理生活过程（新译本简称"伦理过程"）之两相冲突对抗。其设喻指点是深刻明豁的，可惜夹杂了一些不正确见解作说明（不及一一指摘）。

生物界的生存竞争是由其自我肯定 self – assertion（新译本译"自行其是"），一切不顾，只顾到自己而来。此自我肯定可以追溯到恩格斯所说最简单生命形式的蛋白质体之"自我更新"。若没有"自我"，就没有生物生活之可言。然而"自我"之云，却非只就其个体而言，而是涵括

① 恩格斯《反杜林论》在开首引论中，指出现代社会主义导源于十八世纪法国大革命前夕启蒙学派之强调理性要求，如云：

"（上略）宗教、自然观、社会、国家制度等一切都受到最无情的批判，一切都要请到理性的审判台前来，或者辩明自己存在的理由，或者放弃自己的存在。思维的理性成了衡量一切现成事物的唯一尺度……"

其后在第三编谈社会主义历史文中，重复提及那时法国思想家如何要求建立理性的国家、理性的社会，而事情演变结局恰是对于思想家们所约言的残酷讽刺。盖其结局恰出现了资本主义社会种种罪恶的局面也。及至十九世纪初圣西门、傅立叶、欧文各出而控诉其罪恶，向往于社会主义，却因历史发展远未成熟，解决社会问题的道路和力量方隐伏未见，便只有以头脑中主观策划出之。此即现代社会主义以空想为其先驱的由来。综观恩格斯文中所说的理性亦即我所谓理性而浑括着理智在内的。恩格斯文内有"这个永恒的理性实际上只不过是中等市民的理想化的悟性……"一句话。此悟性一词近似我所谓理智，不全然相当。从哲学辞典见到康德、黑格尔两家学说均有理性、悟性两概念似乎各有立义者，其出入分别在辞典上未能清晰言之。

着生物的物种说。克鲁泡特金著《互助论》，罗列好多种动物在其亲族间互助的事例，正为一切生物莫不为个体生存、种族繁衍两大问题而尽瘁也。一切不顾，指在不同物种间是没有什么顾惜的。争求个体生存就代表着为其物种而争，其竞争斗争是激烈的。宇宙自然界并非和平世界。人类正亦从这种竞争中取胜而出现。

自我肯定，为生存而奋斗，不顾其他，势力甚猛，可称之曰"自然势力"。自十五六世纪以来西洋人（葡萄牙人、西班牙人、荷兰人、英人、法人、德人等）远洋发展，对于非洲、南北美洲、亚洲、澳洲各地土人杀掠摧残而殖民其间，并大规模地往来贩卖黑奴，三百年间造成迄于最近以前的世界列国局面者，不正是这种自然势力的表演吗？直到最近几年，非洲（以及其他洲土）许多新国家纷纷独立出现，蔚然成风，却代表着自然势力以外的另一种势力了。这就是人们发出正义的呼求声，争取公平待遇，颇难抗拒亦不可抗拒的新兴势力。这新兴势力是现在我们所说第三世界，而在第三世界中起着最大作用的恰是中国。

中国原是近一百多年在西洋侵略下被降为半殖民地的，当然属于第三世界。其所以今天在国际问题上站在第三世界立场起着极大作用者，首先因其人多地广，国内社会革命和对外独立自主又比较居先之故。然而在这些条件之外，还有特别重大因素在。

这特别重大因素是什么？要知道中国人自古是好讲情理的民族。同时，要认识生物界生存竞争优胜劣败，是客观规律，是物理。近世西洋人对各大洲土人的掳掠残杀就是在不自觉中践行这一物理，正是属于生物界自然演进过程内的事情。所谓弱肉强食，强凌弱，众暴寡；虽非主观情理所许，却是事实所在，至今不绝于人寰。这两种理的两相对抗冲突，便是赫胥黎著作之所致意者，已见上文。

信乎此新兴势力反侵略、反殖民、反霸权，仍然根柢在争求生存的自然势力，但其呼吁号召，其旗帜高标，却明白地是在申张情理以抗拒一味代表物理的自然势力。依从新译本来说，此亦即在宇宙过程中出现伦理过程，人在"自行其是"中又要有"自我约束"。

自我约束尚未见出伦理过程之积极一面（互相援助支持），而这一积极一面方才真正与自然势力是冲突对抗的。只有在其冲突对抗上乃见出其为另一势力。

三　今天中国人好讲情理是渊源自古的

今天中国人站在第三世界立场，鸣不平，倡互助，不仅发为言论号召，更且出以实际行动，在国际间一直起着绝大作用，全世界所共见共闻，原不待数说。我们对于美国曾不因彼此关系好转而放松反对其帝国主义行径；对于苏联推行霸权主义则坚持揭穿抗击，而自己誓言决不做超级大国。曾是一穷二白的我们，社会生产力今天虽升进仍然有限，而于受难的近邻和远处穷朋友，不惜大力援助。其援助一循我们所宣布的"八项原则"而行，一项一项极尽助人之实，非同其他国家往往借援助之名而取利者，事实所在，早著名声于世界。尤可注意的，中国赴援的技术工作人员成千逾万，其在当地作风表现之好，同当地人相处之和洽，较之其他国家来援人员习气骄横，与当地人结成恶感者适成对照。可知八项原则虽由国家在上之决策，而远洋万里在外之千人万人卒能很好地体现此原则精神，还在我民族风尚如此，有其品质夙养在，非一日之功也。（八项原则之内容颇繁，此不及录；我援外人员作风表现之好，经外国记者报道而见于北京《参考消息》者多不胜记。）

人们或者说，今天我们在国内正致力于建设社会主义，在国际正致力于维护世界和平，当然要反对侵略扩张，干涉别国内政一类帝国主义行径，这便是最好的说明，何必用中国人好讲情理来说明之？行文至此，忽然想起往年徐炳昶先生（政协委员，科学院考古研究所研究员）曾写示他对《东西文化及其哲学》一书的意见给我，其中有这样一段话：

> 在我国知识界谈起人类世界大同几乎没有人觉得这是一个陌生观念，并且大多数人全相信它早晚总是要达到的。可是，我个人于上次世界大战时在法国留学，每与人谈及此问题，百人中就没有一个人能相信人类会有大同之一日。甚至千人中亦还不敢肯定是否有一二人了解此问题！中西人在思想上有这样大的差别，是颇可诧异的。

此虽徐老个人的见闻，不为定论。但中国人确乎早有世界大同的理想，见于两千年前《礼记》内《礼运》篇，那正是一种空想社会主义。上文既曾指明空想社会主义主要从情理出发，中国人好讲情理不于此可证乎？

再如见于《孟子》书中的许行、陈相一派人物，主张君与民应共同劳动生产，并耕而食，不应该有仓廪府库，厉民以自养，同样是偏从情理来行事，而不顾及社会经济分工的物理必要性。

还有从《孟子》书中见到彭更和公孙丑之两例。他们两人同样对于"君子不耕而食"感情上不自安，向孟子发问。其问题自是情理上的问题。情理出自人的理性，我所以说中国古人理性早启正在此。反之，如古希腊大哲人柏拉图和亚里士多德在奴隶生产制社会处之安然，全不发生这样问题，显见得其人优于理智而理性有所不足了。

如此事例不须再多举征，却要进而有以说明之。

要知情理见于人与人之间，有自处和待人之两面。谦抑自处（前云"自我约束"属在其内）为情理，反之，非情理所许可。温厚待人合情理，反之就不合情理。更如舍己为人，克己奉公，在社会生活中其感人最深，最为情理之所重。在这里就看出：

（1）在人类生命上有个体与群体之两面，在个体生命中有身与心之两面，既统一又矛盾，既是分的又是合的。

（2）人与人之间，从乎身是分且隔的（我吃饭，你不饱），从乎心则好恶相喻，痛痒相关，虽分而不隔。不隔者言其通也。

（3）情理来自通，存于通；其背理者，彼此心情有一息不通乃至隔阂重重也。

（4）当其隔阂不通，则心不见，彼此之间唯有身而已。在身各有利害，不免相争，斗殴残杀，情理亡矣。

（5）谦抑自处，是心居先而身统于心，待人温厚正也同是一样的。舍己为人，克己奉公者，更是此心有以胜乎其身。总之，这一切与上面所云彼此之间唯有身者适相反。

中国人何为而好讲情理耶？人类彼此痛痒相关，好恶相喻，端始在家人父子之间，在亲族习熟人之间，而中国远古以来家庭家族生活偏胜，从而形成数千年其社会组织结构有异乎他方也。请审阅旧著《中国文化要义》一书、近著《中国社会的历史发展属于马克思所说的亚洲社会生产方式》一文，这里不及剖说。唯其然也，故尔孝悌之训最著闻于世。父母亲长之慈，从乎本能自然殆有不待勉者；然亦曰："父慈子孝，兄友弟恭"，同致其训勉。彼此相与之间，互以对方为重（父母重视其子，子则重视其亲，如此类推），此即所谓伦理。伦理者情理也。因情而有义，指彼此相互间有应尽之义务。此义务含有照顾对方、敬重对方和谦抑自处之二义。

凡事皆有历史背景，往往所从来者远。近代西洋人争取自由，尚言权利，其风气与我们故俗适相反。正为他们从古集团生活偏胜，团体与其成员个人之间，先则团体势强，个人备受压抑，后来乃有近代之反动也。自由竞争的资本主义经济，伸张人权，限制王权的立宪国家，即由之以成。一切顺沿上文所说以自我肯定为中心的宇宙自然势力而来，遂有近数百年西洋的自我中心、个人本位的资本社会。此历史宜熟味之。

然而事情总是要变的。我们伦理故俗相沿数千年至于清季，由世界大交通后的国际侵略压迫而兴起变法维新运动，就输入了这些"权利""自由"等新名词、新概念；其输入，其流行，至今仅约八十年耳。此非吾辈老年人所历历亲见者乎？我们既受变于西洋矣，而西洋亦且在变中。资本主义下孕育着社会主义。前途大势个人本位的社会不将为社会本位的社会所代替乎？在社会本位到来时，义务观念上升，权利观念下降，又是必要和必然的事情。

四　革命从身出发抑或从心出发有所不同

说革命，指社会秩序起根本性的变革。如中国从秦汉后两千多年有断续、无变革的社会秩序延至清季乃由外引起变化，于是有 1911 年的辛亥革命，如近代欧洲各国先后各有资产阶级革命，1917 年俄国有无产阶级革命，皆是其例。

在社会发展史上有自发性的革命，有自觉性的革命。人类历史远从石器时代以来一直都在自发性演进中，其间出现的革命如反奴隶主的革命、反封建主的革命，既属自发性的。自发云者，谓其活动奋斗发于身体，求生存，头脑心思为身所役用，其历史是宇宙自然演进过程的历史。其间非不有小圈圈内的情理生活伦理过程，但基本上被掩盖着。独至现代社会主义革命，揭出了通而不隔之心，本乎情理以运用物理，从广大人类立场自觉地（有意识地）创造其前途历史。人类今后将起着主宰大自然界的作用，而伦理过程将不为宇宙自然演进过程所掩盖。换言之，人类以往泰半心为身用者，今后乃渐进于身为心用也。

最好请读者取阅列宁写的《怎么办》那一长篇大文。其中谆切地明白指出工人运动留滞在自发中，就断送了社会主义革命；工人运动必须进于自觉性——自觉地负起其历史使命——而后才有世界革命之可言。所谓留滞在自发中的工人运动，就是为工人争求福利的阶级斗争运动，被称为"工联主义"或称为"经济主义"者。列宁指出这思想属于资产阶级思想体系，即令运动发展到政治上，仍然不出乎资产阶级的政治。马克思科学社会主义的革命理论的提出是知识分子高深学问的产物，非工人们所自有。工人阶级却必须从这一理论中认识到解放全人类才得解放自己，而自觉地毅然负起社会发展史所赋予的使命。为什么说工人阶级争求福利属于资产阶级思想体系呢？资产阶级思想是个人本位思想，发于其身，而非发乎通而不隔之心，工人运动而止于在一时一时自身利害问题上争求，岂不仍在资本社会的人生思想中耶？本着这种思想，何能创造社会本位的社会？无产阶级思想以通而不隔之心为本，又且看清楚社会发展前途，增强了自信，是谓自觉。不向自觉前进而留滞于自发的工人运动，既不明白（社会）物理，而情理又有其局限，所以不足取。拖久了，且将阻碍革命。

法国革命前夕启蒙思想之所谓"理性主义"，十八世纪被史家称为的"理性时代"，恩格斯曾点出其为社会主义渊源所自者；应知这里所云理性，是合理智理性而不分的，是西洋人头脑中情理的发露活动①，是空想社会主义之所由发生。然而为什么后来"理性社会""理性国家"那些理

---

① 在西洋曾是离开宗教就没有道德的社会，人心的情理夙被宗教教诫所掩没。及至启蒙思想反宗教，则由理性之抬头而情理始有以自信。

西洋人头脑束缚于宗教，一切行谊准则依从宗教而来，其理性发露甚迟。顷见《世界通史》有一段话是很好的说明，摘录如次：

英国革命的思想准备对人民群众（未来的革命队伍）的启蒙，不是以理性地阐明政治和社会道德学说的形式，则是一种宗教教义反对另一种宗教教义，以一些宗教仪式反对另一些宗教仪式，以新的教会组织原则反对旧的教会组织而进行的。（中略）不先摧毁封建专制制度的思想支柱——英国国教——不在群众面前搞垮神化旧制度旧信仰，这种制度就不可能推翻。同样，如果不以"真正"信仰的名义来论证资产阶级关系的"神圣性"，就不可能发动人民为争取资产阶级关系的胜利而斗争。革命的思想体要成为人民群众的思想体系，就必须从传统的方式和观念来表现。（下略）（见苏联科学院《世界通史》第五卷上册，20—21 页）

想卒于落空，而其事实结果却出现了残酷的资本社会，成为当初启蒙思想家约言的莫大讽刺呢？（请翻阅《反杜林论》）这就为西洋人身体势力过强（自我肯定的生存竞争斗争过强），心的发露不足以胜之的缘故。

心虽有所发露（理性虽见抬头）而卒不能胜其过强的身体势力，故尔资产阶级民主革命当其发端列宁曾许为是可敬的，比其后来则只是抬高个人在集团中的地位，增强其生存竞争而已。综合来说，第三阶级（市民）反封建主的革命比之现代无产阶级社会主义革命，仍不能不归之从身出发的革命。

为解放全人类的现代无产阶级社会主义革命，必得有高度自觉才行。言高度自觉者，非但言其蕴于内心者明强，抑且言其对外观照之广阔普遍（全世界全人类），言其理解事理之深入精确（客观规律不可移易）。从人类生命深处发出来这种深心大愿，代表人类至高精神；非此，其何能开出史无前例的伟大前途局面？

五　革命从心出发是中国革命的特色

如我在《中国文化要义》中所说明，近两千余年的中国历史只有一治一乱的循环变化，而没有革命——没有社会秩序根本性的变革。秦汉以来只见其改朝换代而已，法制礼俗基本照旧。虽有起自民间的（如汉高祖、明太祖）新政权，依然循从其前朝旧辙。当此种社会秩序表著效用之时，就被称为治世；当其显然失效之时，就所谓乱世。乱后复治，即是社会秩序断而复续。总是有断有续而没有根本性的大变样。有之，那便是1911年清末的辛亥革命。

辛亥革命确是两千年来一大变局，社会秩序——一切法制礼俗都将从新订定。就为其一时订定不出来，陷于扰攘混乱者三十多年。到1949年中国共产党领导建成新中国，从而在无产阶级专政下稳定至今，社会新秩序渐次创造形成。这才是经历两千多年不见有革命后的一次真正大革命。这一大革命的特色，便是从心出发而非从身出发，即是以人心自觉为主，而不是自发性的。

革命信乎是群众的事情，但其领导人正具有群众代表性。这一大革命的领导者在前期则孙中山先生，后期则毛泽东主席。他们各在其数十年长期革命中起着替换不了的伟大作用，更见出具有其时代群众的代表性。孙先生自称他的"三民主义"是"救国主义"；毛泽东则说"只有社会主义能够救中国"。革命是为要救国这一点，说得最清楚的又莫如他如下一段讲话：

> 灾难深重的中华民族，一百多年来其优秀人物奋斗牺牲，前仆后继，摸索救国救民的真理，是可歌可泣的。但是直到第一次世界大战和俄国十月革命之后，才找到马克思列宁主义这个最好的真理，作为解放我们民族的最好武器，而中国共产党则是拿走这个武器的倡导者、宣传者和组织者。（下略）（1941 年 5 月讲《改造我们的学习》）

我从幼年以来亲眼见的事情领悟得这一点，就把后期革命亦只看作清季变法维新运动的延续变换，而统称之曰："中国民族自救运动"者正在此。近则民族自救，远则为人类开前途，非二事，总出乎通而不隔之心，存乎高度自觉。我故曰：从心出发是中国革命的特色。

更好的证明是毛泽东教导革命者要谦虚、谨慎、戒骄、戒躁，为中国人民服务，为世界人民服务。这以通常革命运动总是以愤恨对抗行之者适相反，明显地见出来从心出发与从身出发之不同。这样的革命，方才能结束过去自发性的历史而开自觉地创造历史之新局。全国解放后，普遍流行的口号是"为人民服务"；报纸上盛赞的是"忘我（忘身）精神"。

非但革命从心出发，抑且革命所以胜利要即得力在此——在征服了人心，唤醒了人心，团结了人心。何以言之？且待我下文指证。

中国革命的特色是武装革命，是有二十多年的武装斗争。看上去尽是身体的对抗，而其实不然。请看当年斗争中留下的叙述文字——

> （上略）这样冷了，许多士兵还是穿两层单衣。好在苦惯了。而且什么人都是一样苦，从军长到伙夫，除粮食外一律吃五分钱的伙食。（下略）（见《毛泽东选集》卷一中《井冈山的斗争》一文）

红军的物质生活如此菲薄，战斗如此频繁，仍能维持不敝，除党的作用外，就是靠实行军队内的民主主义。官长不打士兵，官兵待遇平等，士兵有开会说话的自由，废除烦琐的礼节，经济公开。士兵管理伙食，仍能从每日五分的油盐柴菜钱中节余一点作零用，名曰"伙食尾子"，每人每日约得六七十文。这些办法，士兵很满意。尤其是新来的俘虏兵，他们感觉国民党军队和我们军队是两个世界。他们虽然感觉红军的物质生活不如白军，但在精神得到了解放。同样一个兵，昨天在敌军，不勇敢，今天在红军很勇敢，就是民主主义的影响。红军像一个火炉，俘虏兵过来马上就熔化了。（下略）（以上均见《井冈山的斗争》一文，军事问题节。）

在红军内有"三大民主"（政治民主、经济民主、军事民主）之说，详见有关文献，这里见其一斑。在封建旧式军队内上下尊卑过严，官长对士兵随便打骂，不把人当人待，气氛肃杀粗暴。这里所谓红军白军两个世界，所谓精神得到了解放者，正是抑塞的人心顿见豁通舒发，把敌军的人吸收团结到我方来。尤其有特别值得注意的，是关于革命军队中要尊重俘虏的人格教导。

很多人对于官兵关系，军民关系弄不好，以为是方法不对，我总告诉他们是根本态度（或根本宗旨）问题。这态度就是尊重士兵和尊重人民。从这种态度出发，于是有各种的政策、方法、方式。离了这态度，政策、方法、方式，也一定是错的，官兵之间、军民之间的关系便决然弄不好。军队政治工作的三大原则：第一是官兵一致；第二是军民一致；第三是瓦解敌军。这些原则要实行有效，都须从尊重士兵、尊重人民和尊重已经放下武器的敌军俘虏的人格这种根本态度出发。那些认为不是根本态度问题而是技术问题的人，实在是想错了，应该加以改正才对。（见《论持久战》一文第一一五节）

尊重对方人格是化除抵抗戾气而以心相见的根本条件。再加以种种政策方法如《井冈山的斗争》一文所述：

敌军的士兵和营、连、排长被我们俘虏过来，即对他们进行宣传工作，分为愿留愿去两种，愿去的即发路费释放。这样就把敌人所谓

"共匪见人就杀"的欺骗，立即打破。（中略）红军士兵们对于所捉俘虏的抚慰和欢送十分热烈，在每次"欢迎欢送新弟兄大会"上，俘虏兵演说也回报我们以热烈的感激。医治敌方伤兵，效力亦很大。（下略）

红军在训练俘虏兵或其他来归的外地新兵时，皆教其"吐苦水"，各自诉说其身家所遭苦难（他们原多出自劳苦人家），往往于痛哭流涕中启发了阶级观点，激发了革命志气，临阵勇敢异常。这在敌方讥之为"洗脑筋"，其实正是使一个糊涂无心计的人顿然思想大开，提高了自觉。难道不是吗？

毛泽东总是教导人分清敌、我、友。友，就是同盟军，亦称统一战线。从列宁的话来说，必须最留心地一方面利用敌方的裂痕，他方面利用一切可能之机求得同盟者，极大地化阻力为助力，化敌为友，扩大我方而削弱了敌人，孤立了敌人。恰好逢日寇之入侵，在抗日的八年，从民族立场，大大展开全国各阶层的统一战线，团结了各方面，这就为其后对蒋帮进行解放战争，解放全中国，建立自己的新政权，打下军事上政治上极广大的社会基础。统一中国之无难，正为有统一战线这一大法宝（注：三大法宝是建党、建军、建立统一战线）。

不要看武装斗争尽是彼此身体对抗之事，其实乃是政治工作要把人们从敌方争取吸收过来的前提条件。广大人民群众浑沌地随从敌方（国民党军队）一些人参加了敌军；非有这前提则敌我之分不严；敌我分别不严，则何由吸收团结到我方？团结一切可以团结的人是根本宗旨，是政治；战争只是为了政治所不可少的手段。从对敌作战分清敌、我、友，而后瓦解敌军，广结同盟军，孤立敌军，削弱敌军，一步一步把人们全都争取过来。在大小强弱的对比上，原初国民党强大莫比，共产党弱小不足数，末后则为之倒转。新中国建国的全部过程，要不外把全国人逐步争取过来的一回事而已——从身体对抗入手而以人心归附做终结。

我故曰：中国革命非唯发端在心（在革命家的深心大愿），而且革命所以胜利正亦得力在化除了隔阂，团结了人心。

六　中国传统文化植根于伦理情谊

说中国传统文化，主要指秦汉以后至鸦片战争之前，两千年间不见有根本性的变革那种社会秩序而说。此传统文化之所从来可以上溯到又一个两千年之远古。说中国具有四千多年的文明历史，是不算多说的。

社会秩序是社会生活得以顺利进行之本。说社会生活就包含了其社会所需生活资料的生产进行在内。任何社会文化要不外乎两大成分之所构成：（1）人们所需生活资料怎样地生产（生产工具、设备、规模、生产技巧美化等），即有关于社会生产力的那一切；（2）宗教礼俗、国家法制、学术思想，即通称为社会上层建筑的那一切。至若生产资料属谁的问题，生产品如何分享等问题，那些生产关系的规制，介于社会生产力与上层建筑之间，划归以上（1）（2）任何一方无所不可，却为社会秩序极重要之所在。

一社会的文化浑括地说它，有俗称精神的和物质的两方面；而我这里所说中国传统文化者，则主要指其社会秩序，关联到精神和物质两面。

社会秩序之建立，在世界各方一般地说无不从宗教迷信崇拜上开端，中国似乎亦难有例外。但中国人却是世界上唯一淡于宗教，远于宗教，可称"非宗教的民族"。这一特殊情况究竟何时肇见端倪尚难言之，但至少是远在二千五百年前（春秋时代）已经显露出来，到战国时期更加显露。

宗教恒有其敬畏崇拜的对象，人们言动行事即从而有其禁忌与宗尚。质言之，人受规范于外而非自决于内。但人类心理是时时在发展中的，及至心思开明，主动性渐强，乃有本乎好恶是非之情理而行动的，此即为道德。道德是从宗教慢慢分化出来的，是社会文化一极大进境。唯自觉自律是道德之真；然而实际上人之自觉自律岂易言哉？一般人总随顺社会习俗和风尚行事而已。你随顺社会习俗风尚而无违，亦就被看作是有道德的人了。

至若国家的法律制度为社会秩序形成之有力因素，自不待言。但武力统治的阶级国家，一般说来其出现远在宗教之后，而法律制度实多因应于社会礼俗而来，苟非革命突破之际，鲜见新旧交替之迹。

独特的中国传统文化（沿袭甚久之社会秩序）主要表现既是"非宗

教的"，又且为"非国家的"。如所见于西洋的宗教和国家这两大权威，中国皆缺乏之。此正见其社会秩序自尔维持，不是靠着外力之强加。其所以长久不见根本性的变革者就在此。其陷入乱世及其由乱而规复于治，若有一定时际者无不在此。（请参看《中国文化要义》第十章）

此自尔维持之社会秩序何由而来？则心思之开明古中国人较早、较少地受蔽于其身，人与人之间的情理早见，颇知自我约束而兴起礼让之风也。如所见于古史《春秋左氏传》者，甚且在两国战阵之间多有礼让焉。

然而此种社会秩序之铸造成功，必溯源于其社会组织结构之特殊；其特殊就在其家族家庭生活偏胜而集团之构成不足。此家族家庭生活长期偏胜之局，每被人看作是淹留在古宗法社会而久久脱不出。这是大错特错的。

要知道典型的古宗法社会如希腊罗马以一家族一家族为单位（有一家长为中心包括众多奴隶在内）而构成的小集团，各奉祀其祖先而相互间排他的猜忌狭隘习俗甚重（详见严复译《社会通诠》，李玄伯译《希腊罗马古代社会研究》各书），是不可能久久延续存在下去的。其卒于消亡，而被基督教的宏大集团所取代，是历史演进所必然。对照中国来看，虽其社会构成以家族为本位似乎相同，但其社会历史之绵长曾何能相比？其社会开展之广大，又何能相比？则明明非同物矣！

从一面说来，其为古宗法之绵延自是无疑的；在另一面则精神实质大不相同，其有所延续者只在形貌间而已。此不同之精神实质非他，即从人与人之间不免有分有隔之身，移于通而不隔之心也。一言以申明之：由密切的亲族人之间相互照顾，时时以对方为念的那种心理情谊，扩大推行于接邻之外人，取代了集团间排他的狭隘习俗就是。正由此伦理情谊之推行，中国民族是以同化吸收了许多邻邦外族而开拓无疆，是以其历史尽有曲折而绵续长久，谁莫能比。

人生既然离不开其相关系之人而生活，则在相关系中彼此能互相照顾，体念不忽，这便是伦理情谊。中国古人谆切地以孝、悌、慈为教，那是要在家庭间彼此互以对方为重。彼此以对方为重而放轻了自己，那不是容易的事，亦不可能一切以此为准则。家庭而外各种各样的关系亲疏轻重事实上既有等差，当然其情谊亦自种种不一，但中国人于此却每借喻家人父子兄弟以相称呼，若将使"社会家庭化"者，此一突出情景曾不见于他方。①

可以想见在此之前的西方社会固不同也。又恩格斯在其《家庭、私有制和国家的起源》第四版附加的小注中，叙述他亲见爱尔兰农村人们互相顾恤之情，有如下深为嗟叹的话：

> （上略）经济学家和法学家抱怨爱尔兰农民不能接受现代资产阶级财产概念是可以理解的，只有权利而无义务的财产概念简直不能灌输到爱尔兰人的头脑中去。当具有这样天真的氏族制度观念的爱尔兰人突然投身到英国或美国的大城市里，落在一个道德观念法律观念全然不同的环境中，他们便在道德和法律问题上完全迷惑失措，失去任何立足点。（下略）

是不是中国人行事总是这样厚道呢？当然不可能如是。行事违反乎此者，乃至备极凶横残暴者，从古以来多得很。前说古人礼让之风盛见于《春秋左氏传》，传中有关凶残的记载重重累累，亦数之不尽。其在后世或者更多。——这是为什么？

这就是如我各旧著所说的，古中国人理性早启，中国文化是人类未来文化的早熟品。要知：在人的个体生命从胎儿以至降生之后原是心随身来，身先而心后；在人类社会发展史则是自发在先，自觉在后。如前引赫胥黎的说法，人为的伦理过程是远在宇宙自然演进过程之后的。社会秩序一不靠宗教之力维持，二不靠国家之力维持，而是靠人们行事的自觉自律，这必待社会主义高级阶段的共产社会方才时机成熟的，却在中国过早地见其一点苗头或其一点影子，此即所谓早熟。早熟不是常态，是变例，自不能期望其普及，不能期望其稳定。然而就在其间杂糅乱现象中，其社会风尚卓然标异于世界各方者，又谁能否认？

---

① 任何一社会生活中都不可能不存在着伦理情谊，不过有厚有薄耳。《共产党宣言》内有如下的话：

资产阶级撕破了家庭关系上面所笼罩着的温情脉脉的纱幕，并将这种关系化成了单纯金钱的关系。

它（资产阶级）使人与人之间除了赤条条的利害关系之外，除了冷酷无情的"现金交易"之外，再也找不出什么别的关系了。

有一时之风尚，有一地之风尚。一时之风尚不久衰歇转变，一地之风尚可能有相当长时间，如中国之伦理风尚者是。此盖以抽象的伦理情谊在中国实寄托于其具体的社会组织结构。伦理关系始于家庭，即就之以推广发挥于其他相关的各方面，若此若彼，若近若远，罔不纳于伦理情谊之中。因情而有义。居此社会中者，每一个人对于其四面八方的伦理关系各负有相当义务；同时，其四面八方与他有伦理关系之人亦各对他负有义务。全社会之人不期而辗转互相联锁起来，无形中成为一种组织。此种组织有异乎团体组织。它没有边界，不形成对立对抗。恰相反，它由近以及远，更引远而入近，泯忘彼此，尚何有于界划。自古相传的是"天下一家"、"四海兄弟"，试问何处宗法社会有此超旷意识？要知其形迹上家族宗法之依稀犹存，正为其有远超于此的宏伟深厚精神。

精神是宏伟深厚的，可惜是片面的，畸形的，与其经济基础社会生产力大不相称。两千年传统文化有着很大缺点，乃有近一百多年的大失败，岂可讳言。然而时来运转，值此社会主义行将取代资本主义的世界革命前夕，广大人类所需要者正在伦理情谊，今日中国所以在第三世界中起着绝大作用的，岂不就在此乎？

中国今天站在第三世界立场，伸张情理、鸣不平，倡互助，在国际间起着绝大作用，上文已经谈过，不再赘。然而我们从 1949 年建国以来，一直被排斥在联合国外，很多国家不来建交，难以畅行其志。形势转变，局面开朗，不能不从与美、日关系好转数起。如所共见，这其间小小乒乓球却巧妙地表现为关键性事物（中国球队去日本，美国球队由日本来北京，受到周总理接见）。假如我们不是在体育竞赛上将"友谊第一，比赛第二"那样口号高标，把身体间的相对争胜，笼罩上彼此要交好的心情（这已感染到国际体育界，开出新风气，不是小事），又怎能收僵局化冻之效？

这正是代表着中国民族的秉性和作风！试再看看 1972 年尼克松一行来华后外交上的成果吧。

这成果是巨大的，亦是出人意表的，其精神实质有远在上海发表的《中美联合公报》之外者。这精神实质是什么？此指美国人对中国疑惧误会，心理上的种种隔阂一朝打通了，彼此心情融洽无间，他们变得很愿意和我们交好。其实，中美间存在的那些重大具体问题并未得到解决，却为何竟能如此呢？据美国新闻处报道国务卿罗杰斯回国后在国务院谈话中，说到这样一点：

> 两国政府的最高级官员之间在八天的时间里有一种集中的重复的机会，在事务性和社交性场合增进他们彼此间的相互了解。他们（两国政府领导人）之间的 chemistry 是很好的。事实上中美人民之间"化学关系"原是很好的，从这一意义上说，最近二十多年的历史是一种失常现象。

上方录自 1972 年北京《参考消息》的译文。《参考消息》的编者在 chemistry 下，加注云：此字可作化学解，又可作神秘作用解，暂译为"化学关系"。这真是笑话！译为化学关系显然不通，译为神秘作用亦甚不妥，其实正宜译为情感融洽耳。这情感融洽如所叙述，是得之于事务性和社交性场合。那就是他们在八天的频繁接触周旋之间，虽则不过是琐碎不重要的小节上，却弄得心情上不觉地通畅舒服起来。要知人心此感彼应之间原非常灵敏的。我们和颜悦色以礼待人，以诚相见，他们从感受上焉得不自起变化呢！

是不是中美两国间不解决那些重大具体问题，便这样一下关系好转呢？当然不是。毛泽东外交上的高明，就在先原则，后灵活。原则上一毫不让，美方必须承认台湾是中国领土，但要美国不顾美台条约马上撤走，是不现实的。既坚持原则把道理讲清楚，又灵活运用妙合人情，难怪他们心悦诚服而去。

七　孔子在中国历史上的地位

中国古人理性早启，文化早熟，一贯地好讲情理，而孔子则是其关键性的人物。以下将说明之。

往者夏曾佑著《中国古代史》，有云"孔子一身直为中国政教之原；中国历史孔子一人之历史而已"。柳诒徵著《中国文化史》，有云"孔子者中国文化之中心；无孔子则无中国文化。自孔子以前数千年之文化赖孔子而传，自孔子以后数千年之文化赖孔子而开"。两先生之言几若一致，而柳先生所说却较明确。

社会大于个人，个人出自社会；不能把任何一个人看得太高太大，脱离实际。一社会都有其历史背景，一切所表现的事物莫不从过去历史演变而来。一切创造莫不有所因袭而成，无因袭即无创造。孔子自称"述而不作"是老实话。

事物经过亦正是这样的。说"孔子以前数千年文化赖孔子而传"者，古先的文化（历史事实、学术思想）不能不靠典籍文字以保存传递于后，而传于后的我们这些典籍如诗、书、礼、乐、易、春秋不全是经过孔子之手整理一道，用以教人而传下来的吗？其他有些传授是靠人的，如射、御、习礼、作乐之类，同为当时文化内容，同在当时孔门教学之中。从事传习古文化者难说就只孔子一人。但孔子好古敏求，学而不厌，诲人不倦，殆为人所不及，同时他亦有机会有条件从事于此。试看《史记·仲尼弟子列传》《史记·儒林列传》及其他载籍（如汉唐史书），诸讲习传布往古学术者非在邹鲁之乡儒家之徒乎？

但在农工生产方面，当时孔门未加学习，这是因劳心劳力社会上必要分工之故。

无疑，凡我所说的情理和理性充分地寓乎那古经书中，却惜学徒们，尤其后世学徒们总把功夫用在讲解记诵书文上，鲜能回到自家身心生活上有所体认和存养，就不能真切地接续发挥理性主义。从汉唐以至清代，其代表儒家者不过是经学家而已。宋儒明儒比较能在身心性命上理会孔门之学，但亦限于环境条件不能大有所发挥。凡此都缘理性之启，文化之熟过早，是不能责怪后人的。

说孔子以前的上古文化赖孔子而传者，其文化大要即如是，其流传也大要即限止于是；其功在孔子，其过不在后人。

说孔子以后数千年文化赖孔子而开者，其根本点就在二千五百年来大有异乎世界各方，不以宗教为中心的中国文化端赖孔子而开之。或认真说：二千五百年来中国文化是不以环绕着某一宗教为中心而发展的，寻其所从来者盖甚早甚早，而其局面之得以开展稳定则在孔子。再申言之：一贯好讲情理，富有理性色彩的中国社会文化生活，端由孔子奠其基础。

试分层作些说明如次：

（1）当周秦之际诸子百家争鸣，孔子显然只是一学派的创始者，如同老子所代表的道家，或以墨子为首的墨家那样。客观上从未被人作宗教看待。

（2）然而这派的学风和其教导于人的，十分适合社会需要，到汉以后发展流布，其在社会上所起的作用却渐渐等若一种宗教。同时，亦因历代统治阶层加以利用，摹仿着宗教去装扮它。

（3）从本质上说，它（儒家）不是宗教，而是人生实践之学，正如他们所说"践形尽性"就是了。践人之形，尽人之性，这是什么？这是道德。上文说了，道德之真在自觉自律；而宗教信徒却接受规范于外，与此相反。①

（4）兹且举孔子如何教人自觉自律的两事例以为明证：例如宰我嫌三年丧太久，似乎一周年亦可以了。孔子绝不直斥其非，和婉地问他"食夫稻，衣夫锦，于汝安乎？"他回答曰："安。"孔子便说："汝安则为之。夫君子之居丧，食旨不甘，闻乐不乐，居处不安，故不为也，今汝安则为之！"既从情理上说明，仍听其反省自决。又例如子贡欲去告朔之饩羊，孔子亦只婉叹地说："赐也，尔爱其羊，我爱其礼！"指出彼此之观点不同，而不作何断案。宗教上总有许多礼，儒家同样极重视礼；但在孔门竟可以随意拿来讨论改作。这就是理性主义，一反乎宗教的迷信与独断（dogmatism）。

（5）据传周公（这是儒家最尊奉的往古圣人）制礼作乐，其祭天祀祖以及其他典礼，似从古宗教沿袭而来，形式少变，但精神实质却变了。其变也，在大多数人或不觉，而在上层人士则自有其理会受用，从广大社会来说，则起着稳定人生的伟大效用。②

周公的制作是具体事物，而孔子则于其精神道理大有所领悟，以教之于人。"礼崩乐坏"的话见之甚早，殆即指周公当初制作者而说。此具体的礼乐制度保持不了，其传于后者有限而由孔门的理性学风及其谆谆以情理教导于人者，却能使人头脑心思开明而少迷信固执，使人情风俗趋于敦

---

①　宗教可说是一种对于外力之假借，此外力却实在就是人自己。宗教中所有其对象之伟大、崇高、永恒、真实、美善、纯洁原是人自己本具之德，而自己却相信不及。（见我旧著《中国文化要义》）

②　参看《中国文化要义》第六章引《荀子》之《礼论篇》和《天论篇》的话："其在君子以为人道也，其在百姓以为鬼事也"；"故君子以为文而百姓以为神"。

厚礼让，好讲情理。两千年来中国对外居于世界各方之间，其文化显著异彩，卓然不群，而就它如此广大社会内部说，其文化竟尔高度统一者，前两千五百年的孔子实开之。

以上所说是两千年传统文化的正面，亦即其积极精彩之一面；还必须指出其负面，亦即其消极失败之一面。首先要看到它严重的消极性。在社会经济上，物资生产力长期淹滞，内地农村多不改其自然经济状态。在国家政治上，则融国家于社会，天下观念代替了国家观念，在内以消极相安为治，对外务于防守，犹或防守不了。旧著《中国文化要义》曾指出有五大病，此消极性而外，其一是幼稚：凡古宗法社会、古封建社会之形态迹象往往犹存。其二是老衰：历史既久，浸浸一切入于僵化凝固，徒存形式，失其精神，如后世所称"名教""礼教"者难免成为人生桎梏。其三是不落实：往往离现实而逞理想，即以理想代替事实。其四是暧昧而不明爽：如有宗教无宗教，是国家非国家，是宗法非宗法，是封建非封建，有民主无民主，有自由无自由……既像如此，又像如彼，使人有疑莫能明之感。凡此五病总坐在理性早启、文化早熟。孔子既于此有其功，同时就要分担其过。

孔子在中国四五千年文化史上为承前启后的关键性人物，如上已明。孔子的功罪或其价值如何即视中国文化在世界史上表现出的成功失败而定之。试核论于后文。

八　西人所长吾人所短，长短互见，各有得失

吾人过去两千年的传统文化与西洋近代文化相遇，一百多年来节节挫败，不能自存，被迫变法维新，崇尚西学，以迄于今，是则西人有其所长而吾人大有所短，事实甚明。究竟彼此长短何在？"五四"运动中有打倒"孔家店"的呼声，而以"塞恩斯"和"德谟克拉西"相标榜，大体是对的。但不能抄袭他人文章，仍须走自己的道路。

旧著《乡村建设理论》曾指明吾人传统文化所短，有待吸收近代西人所长，以为补充改造者二事：其一曰团体组织；又其一曰科学技术。前者相当于德谟克拉西，后者亦即塞恩斯，似无甚不同。然此文化上补充改造之大业，正是对于相沿极久的社会结构、社会秩序作一度根本性的大变

革——大革命。近代西方科学是反宗教的，自由民主是得之于反封建的，皆属资产阶级革命之事。其革命是自发性的，亦即从身体出发的革命。我说不能抄袭他人文章者，正谓中国不能抄袭资产阶级革命耳。

说仍须走自己道路者，又何谓乎？要晓得中国自古早有人民为主体的思想信念，但在"民有""民治""民享"三点上，并民治（by the people）的理想亦不见，更无论其实施。其病根在依重家族生活，而政治一向主于消极无为。今所急待补充者在从散漫进于组织。果从经济生活上学习组织合作团体入手，则政治上就能逐渐实现民治。否则"主权在民"是空谈。人民为主体，原属于情理。在团体组成后，团体成员（个人）一面应以团体为重，而在团体一面则又应以其成员为重，此即互以对方为重的伦理情谊。旧日伦理总是此一人与彼一人的关系，新的伦理则重点转移在团体与个人关系之间。必如此，乃为善于取长补短。

就在经济生活从散漫入于组织的进程中，有一点组织引用一点科学技术于生产和生活上；因科学技术的利用促进组织的发展，组织的发展又转而引进科学技术；如是循环推进，是我当年的设想，其中包涵着农业引发工业，工农又互相推进。此不独实现民治之可期，抑且工农百业将拿握于社会，避免资本主义，成就社会主义。这是在取彼之长补我之短的时候循从高度自觉而行，大不同乎过去西洋革命盲目自发的。

不待言，我的一切设想落空了（有检讨文另见）。然而循乎晚清以来从心出发的民族自救运动，卒有近五十年共产党领导的社会主义革命，请看不是更进于高度自觉性吗？其于传统文化的补充改造，不是从团体组织（组党、组织统一战线、组织农民互助合作）入手吗？科学技术的吸收融取，不是一步一步（大小并举、土洋并举、两条腿走路）接着而来吗？不总是走自己的道路吗？这是由几千年历史背景之所决定，中国民族自是不会步趋于西洋资产阶级之路的。

读者详审上文"一个分析贯彻全文"和"从物理情理之不同谈到西洋人与中国人之不同"那两段话，不难明白近世西洋人正是发挥了理智，多所察识于物理；而由其身体势力过强乃于情理若明若昧；同时不难承认中国古人果然是理性早启，好讲情理成风，而未能致力于物理知识之讲求，生产技术大大落后于西人。百多年前，鸦片战争后，既亟亟翻译西书讲求西学矣，直到今天新中国急起追赶所谓世界水平者，不仍就是科学技术方面吗？

我握笔行文至此，适当新中国建立二十五周年前夕（注：1974 年 9 月 24 日）。二十五年间此追赶工程进行之敏捷惊人，例如试验氢弹、如卫星游行天际，种种成功，均不借外人最是出人意表，举世为之失色。此岂有他哉？理性早启的中国人头脑焉得不聪明耶？一旦用其聪明于这一方面，那便很快地出色当行。以如此优秀民族，其社会物质生产力顾迟迟不进，千年之后几无异于千年之前者，其成就别有所在也，流俗自不察耳。

吾人之成功何在？即此人多地广，在空间上民族单位开拓之大，举世莫比①，非其成功之可见者乎？尤其是以自己独创之文化绵远其民族生命，在时间上历史悠久，举世所莫及②，非其成功之可见者乎？正赖有此伟大悠久的根柢，乃在近百年挫辱之后，卒有今天的复兴，不是吗？

我民族在世界史上有卓异之成功，事实俱在，不待更说；有待说明者，其成功之所由来。试一申说之如后。

若问此成功何由而来，扼要回答，那便是肇兴自古的"非宗教性文化"。这文化——具体指出——大约根本在周公制作的礼乐制度，而孔子理性主义的教导，仍得以在礼崩乐坏之后略略传衍下来。卒之以教化取代宗教为社会文化中心③，对于现世人生郑重从事是其特点。此教化非唯取代了宗教而且取代了政治（强力政治）。近二千年间（乱世纷扰之局不计）中国当政者总是积极于兴教化，而以消极不扰民为政治铁则。即此取代宗教又取代政治的传统文化，陶养得中国人一副性格和作风最能把异族人同化吸收进来，拓大其民族单位。大约从上古所谓蛮夷、戎狄，后来所谓"五胡"，一直到辽、金、元、清，不论征服或被征服，总是先后都

---

① 中国人口之多，居世界第一位，即不计算国内各少数民族，单就汉族言之，亦然。汉族人口占全国人口百分之九十四，若加上汉化很深的其他族人，加上海外侨民不失汉化者则将更多。

② 世界史上早见文明开化者，如埃及如希腊等等，均不复存于今日。印度虽存在，但曾失其独立民族生命；今虽云独立，却依靠西欧文化为生。世界上只有中国人一直依自己文化而生活，其历史未曾中断。

③ 中国以偌大民族偌大地域，各方风土人情之异，语音之多隔，交通之不便，所以树立其文化之统一者，自必有为此民族社会所共信共喻共涵育生息之精神中心在。唯以此为中心而后文化推广得出，民族生命扩延得久，异族迁入而先后同化不为碍。此中心在别处每为一大宗教者，在这里却谁都知道是周孔教化而非任何一宗教。——此段话屡见我旧著。

被同化了，泯忘其族系，很少有例外。此最能同化异族人的性格和作风，可以两言括之：一曰开明无执；又一曰仁厚有容。

宗教原是团结人群的，但同时它又偏能分裂隔离了人群。欧洲的神学家每谓实现世界人类的和平统一要靠基督教，其实就在基督教各教派之间都不见一点最微小的和解可能，更谈不到他们与天主教之间，天主教与东正教之间了。印度是世界上宗教最盛且多的地方，而世界上也再没有像印度社会内分裂隔阂，支离破碎，那样深刻严重的了。这是为什么？宗教从来是教条主义者，而且其教条之所本超绝神秘，全在于信仰。信仰此者，其势与信仰彼者分家。自己有所固执便无法与旁人合得来。迷信固执既是宗教信徒的恒情，则其陷于分裂，各立门户，岂不是当然之事乎？印度社会之陷于支离破碎全是其迷信固执之结果。

事情很明显，取代了宗教的中国传统教化，养成了好讲情理的民风，头脑便开明许多。尽管琐碎迷信流行不绝，又渐有外来宗教输入内地，却总无关大局。乡间小庙每见关帝、观音一同祀奉，知识阶层或好为"三教同源""五教（儒、释、道、耶、回）合一"之谈。人们说："教虽不同，其理则一，总是教人学好行善的呀。"此可见其直接地信理，间接地信教。中国人喜好融通调和。物理存于客观，是调和不来的，而人与人之间的行事却免不了出以调和。调和融通正亦是一种情理。汉族对于他族杂居者之习俗恒表相当尊重，所谓"因其风不易其俗，齐其政不易其宜"，不强人从我；这实是有利于彼此接近同化之一面。

更有积极重要的一面在，即是：随着日常行事自处待人之间启发人的情理自觉。理性主义者正是以人所自有的理性来领导人，而不是其他。自觉自律良不易谈（十分不易谈），却是孔孟之为教，其祈向在此。凡此所云同化者，正不外使人有他自己，而非舍其自己以从我，此其所以同化力之强乃莫可比也。

从上叙说开明无执已经联及于仁厚有容。这是指中国人的性格和作风宽宏和厚、善能容物。中国社会组织建筑在伦理情义联锁关系上（见前文），伦理关系涵括着所有相遇之人在内，彼此间主要以相与之情代替相对之势。数千年来除战国时代见有富国强兵的思想外，人们总是希望天下太平。天下是没有边界的，而国与国之间却有对立性乃至对抗性。前者代表通而不隔之心，后者代表既分且隔之身。异族相遇相处，其易于同化融合于我者，岂不在此乎？全欧洲的人口数量、土地面积与我相埒，我则浑融一事，而欧洲却分为大小数十国。欧人在经济生活上水陆交通上彼此往来密接相依，却不能统合为一大单位者，其身近而心不近也。吾人经济落后甚远，交通不便之极，却在文化上高度统一，政治上亦以统一为常；是所疏远者其身耳，心理精神有其通而不隔者在。不是吗？①

唯其民族单位拓大，是以其民族历史易得延续久长；同时，亦正以其民族生命绵历之久乃日益拓大，两面互为因果，卒有今天的局面。既然中西比较，长短互见，从古到今，成败不一，则为其绝大关键人物的孔子功过如何，不已昭然可睹乎？过分抑扬，贤智不为。

九 从马克思主义阶级观点审查孔孟之道（上）

目前批孔运动中一般流行意见，我多半不能同意。即如认为孔子护卫奴隶制之说，便不合事实。其说殆误于社会发展史分划五阶段为世界通例，而不知其不可泥执。世界史上各方各族不经过奴隶制阶段者其例既非一，而如我所见中国社会的历史发展盖与印度同属于马克思所谓亚洲社会生产方式者，尤其有殊于一般。于此问题我写有《试论中国社会的历史发展属于马克思所谓亚洲社会生产方式》一专文，请参看。

然而孔孟所处之时代，其为中国社会早进入阶级分化之时则事实甚明。且在此阶级社会中，孔孟皆身居统治者一方面亦甚明白。阶级社会中人从乎其所在阶级便有其一定之阶级立场。社会总是在阶级矛盾斗争中发展前进，这就演为社会发展史。发展先是逐渐演进的，必待发展到一定时际乃由渐变而突变，爆发革命。当革命时期固守其统治阶级立场行事，乃所谓反动派（反革命）。平常时期各阶级各循其阶级立场行事，通常多是阶级斗争，势所当然，皆有助于社会之渐进，固无所谓反动。如上所云阶

---

① 关于我民族单位之所以拓大无比，主要在其文化上同化力之高强，吸收融合了许多外族，同时更有助其成功的种种因素条件，此不具论。近著《中国——理性之国》一书有论述，可参看。

级的分化及其存在，一出于社会经济发展的客观必要；其阶级斗争推动着社会前进，则为历史发展规律；凡此皆马克思经典著作所指示社会科学上的物理。世界历史在其漫长自发性阶段罔非在表演此物理而已。古代中国是否独外于此通例，如我所说理性早启，好讲情理者，应就孔孟验之。现在且来审查孔孟之道。

这里说的孔孟之道，特就现在批判孔孟怎样处世那一面审查论定之。实则，孔孟自有其根本学问在，其立身处世不过其学问之可见于外者，非其全面，尤未探及本源。我另有《东方学术概观》一书，论述儒、道、佛三家之学，须请参看乃得。

如所周知，古语所云"君子""小人"，即今指统治者（治人者）被统治者（治于人者）两阶级而言。孔孟既均身居治人者一方，其将如何治人呢？孔子对门人有如下的问答：

> 子路问君子。子曰修己以敬。曰，如斯而已乎？曰，修己以安人。曰，如斯而已乎？曰，修己以安百姓。修己以安百姓，尧舜其犹病诸。（见《论语》）

门人一问、再问、三问，孔子总回答君子重在修己，就是了，更无其他，词意十分决定。在对人方面只用一个"安"字，而安人之道则在修己。说"修己以敬"，明见其心思力气用在自己一面，而非向外用力，用在对付他人。

后来见于《孟子》书中者，有如下的话：

> 人有恒言，皆曰"天下、国、家"。天下之本在国，国之本在家，家之本在身。君子之守，修其身而天下平。

显然，其意思完全一致的，不过字面上用修身替换了修己。《礼记》中《大学》全篇恰在申说这一道理。其作者已不可考，但从其书内"自天子以至于庶人一是皆以修身为本"那说法来看，其立言已离开阶级地位，恐怕出于时代较晚的儒者之手，在发挥其理想。《中庸》一篇同收在《礼记》中，其作者据传为子思。子思是孔子之孙，而学于孔子之门人曾子者。《大学》《中庸》两篇精神气息既若相通相合，则可能为时亦不相远。在《大学》，修身的词旨既贯串全文，不必计其字面出现的次数。修身的词句，在《孟子》书中凡三见，在《中庸》凡九见，在《荀子》书中则著有《修身》篇。看起来，修身即修己成为儒家前后数百年间通行的"术语"，亦为其根本观念。

然而此通行于儒家学派的思想道理，实在不合于一般阶级社会内居于统治地位者的通例。

修己或云修身的含义，可分从立身行己和处世待人两面来说它。自己一面要精神收敛集中在自家身上，由此即进入儒家根本学问所谓"慎独"；其中有不可穷尽的学问在，非此所及详。其处世待人一面，即上文所说不向外用力者，《论语》《孟子》中多有明征：

> 季康子问政。子曰，政者正也；子帅以正，孰敢不正。
> 苟正其身矣，于从政乎何有；不能正其身，如正人何？
> 季康子患盗，问于孔子。子曰，苟子之不欲，虽赏之不窃。
> 季康子问政于孔子，曰，如杀无道以就有道如何？子曰：子为政，焉用杀。子欲善而民善矣。
> 君子之德风，小人之德草；草上之风必偃。

以上均见《论语》。如此之类甚多，不备举。其在《孟子》书中，则有如下例：

> 君仁莫不仁，君义莫不义，君正莫不正，一正君而国定矣。
> 行有不得者，皆反求诸己。其身正而天下归之。
> 仁者如射。射者正己而后发；发而不中，不怨胜己者，反求诸己而已矣。

以射箭为喻，来说明反求诸己之理，最见其不向外用力之旨趣。试问一般阶级社会内居于统治地位者岂能这样行事呢？奴隶主对待奴隶固不能这样，封建领主对待农奴亦不能这样，资本家对待工人都不能这样。工人若罢工，资本家即以闭厂来还击，总之是阶级斗争，彼此相交以力。然孔孟儒家却明明反乎此通例。

　　若问儒家是否能践行其思想主张到底呢？① 事实恐怕很难行其志。这就是法家所以出来大行其道之故。然而秦亡汉兴之后的两千年仍然落归儒家的天下，至少思想界如此。思想界上儒家居主位，事实上总是很难行得通，或者说半通不通。此即我凤常说周孔以来的中国文化是人类文化的早熟，导源则在古人的理性早启，盖有远在周孔之前者。

　　人是活的，不是死的。高明的人，其自觉能动性更强。但非所论于一般社会的一般人。一般社会是有其从低级到高级之次第发展规律的。马克思主义从社会生产方式的发展来阐明社会之次第前进：从无阶级到阶级分化，又将从阶级分别对立到阶级消泯，完全见到了事实真际。但此却见出马克思本人自觉能动性之高强，早超出了其本阶级立场。孔孟之道实不合于一般阶级社会内居于统治地位者之通例，这不外是其人自觉能动性之高强，不局限在一般阶级立场就是了。但孔孟之道既非孔孟二人之事，而是很大一学派，导源自古，流行很远，那么，不能不说古中国人聪明太早了。其实也没有什么奇怪，不可思议。古中国从社会经济上不能不有劳心劳力的阶级分化，却其分化不那么溪刻僵凝（较为松散活动，此与其淡于宗教为一事），其阶级立场之矛盾对立就不甚（缺乏集团而家族生活偏胜）。加以其间优秀特出分子（如周孔）更发挥其通而不隔之心，在因袭中有创造，以化导乎众人，这便成为卓然有异于世界各方的中国文化。

　　中国文化卓异之点可以指数者甚多，而言其总纲则在以富有理性的教化代替了迷信独断的宗教如世界他方者；指其表见在社会结构间者，则在其社会阶级非固定成形，而是贵贱贫富上下流转相通。不合于阶级社会通例的孔孟之道，所以出现在此。它既是阶级不固定之果，更重要的是阶级不固定之因。

　　马克思主义的伟大精神就在其破除一切教条主义。凡执着于社会发展史五阶段说者，无见于中国社会历史发展属于马克思所谓亚洲社会生产方

---

　　① 人们或以孔子诛少正卯的事为问于我，我的回答分两层：第一，我疑非实有其事。其事非但不见于古史如《左传》《国语》，抑且从未一见其人名。崔东壁《洙泗考信录》是认真考古的好书，既辨其非，请参看。司马迁《史记》有关孔子的记述颇荒谬，有失史职，我另有批评之文，亦请参看。第二，孔子有原则而无教条，请莫用教条主义的眼光来看孔子。我相信没有孔子诛某某之事，假令有之，我以为依然无碍于原则。请看《论语》记载"子绝四：毋意、毋必、毋固、毋我"。

式者，不可能于中国社会文化有认识，不可能懂得什么是孔孟之道。于此而言批判孔孟，只能是卤莽灭裂，脱离了马克思主义。

十　从马克思主义阶级观点审查孔孟之道（下）

我所以多半不能同意时下流行的批孔意见，既经概括地从根本上陈说于前段，此段则分就一些具体问题来说一说。

时下流行的批孔言论，总是指斥孔孟代表着一种"复辟""反动""倒退"的运动；这在表面上似乎是基于马克思主义的阶级观点而言，其实往往违反了马克思主义而不自知。如像大骂孟子"劳心者治人，劳力者治于人，劳力者食人，劳心者食于人"，即为一好例。在我们今天正向着泯除劳心劳力的阶级分别前进，要走上社会主义道路的时候，信乎要求劳心劳力合一，那是不错的。但你不能以此责备于数千年前的古人。相反地，在古代那时劳心劳力的分工原是人类社会经济发展最初最必要又最大的一步，恩格斯《反杜林论》中，就古希腊、罗马奴隶制社会讲出的那一段话，难道没看见吗？杜林对奴隶制怎样发生，为什么存在，在历史上起了何种作用，全不理解，而只对奴隶主的暴力发其高度的义愤，恰是徒有情理而不达于物理。在他冒昧出来反马克思之时，当然遭到恩格斯的反驳。请问现在的人责骂古时的孟子，这与杜林的"义愤"有何区别？

莫以为求公平，讲正义，不计时间，不计空间，不计一切条件，都是要讲求的。那样，不是马克思主义而恰是反马克思主义，《孟子》书中的许行要"贤者（贤统治者）与民并耕而食"，不要"厉民以自养"，正是这样好心肠人；他却是在开历史的倒车，终于是搞不成的事情。劳心劳力分工原是社会经济上往古一大进步，属于宇宙自然演进过程，而求公平，讲正义，则属于人为的伦理过程（请回顾第二段前文）。伦理过程后于宇宙自然过程，情理后于物理。如我前文所指出西洋人一直在顺着物理走，而独中国人自古好讲情理。好讲情理的孟子，对许行的弟子陈相把经济上所以必要分工的物理讲得十分明白（请看《孟子》原文），正见出其非常高明通达。今人于此反加以诟病，真乃昧昧！

"君子劳心，小人劳力"的话，原非发于孟子，而是传之自古。古史如《左传》《国语》等书皆有可征，请参看我近著《试论中国社会的历史发展属于马克思所说亚洲社会生产方式》一文便知。孟子不过述古，即此可见非孟子一人之高明通达，而早在古先中国人便这样通达了。这又证明我所说古中国人理性早启，文化早熟的那个话。

我们祖先既好讲情理又通达物理，确实其聪明过人，但凡事有得就有失，不可知其一，不知其二。观于孟子以通功易事来说明劳心劳力的分家，其非奴隶主与奴隶严重对立的社会固不待言，抑且未见深刻的阶级矛盾，这样，阶级斗争便为之缓和，社会发展为耽误延宕。后来两千多年的历史落于长期淹滞、盘旋不进者，正由此早熟之为病。

时下批孔运动是由批林引起来的。因"克己复礼"像是林彪念念在心的大事，时论便集中批判孔子的"克己复礼"，认为孔子是要复周礼，林彪要复辟资本主义。林贼搞复辟不搞复辟不足论，误以为孔子怀抱复古倒退思想则不容不辩。

"克己复礼"是孔子答颜渊问仁所说的话。"仁者，人也"；"我欲仁，斯仁至矣。"诸弟子之问仁，皆就个人自己生活修养而问，不涉及社会制度。孔子回答的话亦各就其人而指点之，不涉及社会制度。把"复礼"解释为要复周代之礼，全然不对。此其一。

理性主义者一以理性为依归，实事求是，何有所执着。孔子虽重视礼文，礼文却以情理为其内容。此即是说：礼文的本质在情理。情不足而装饰以繁文缛节是最有害不过的。孔子说"礼与其奢也，宁俭；丧与其易也，宁戚"；又说"为礼不敬，临丧不哀，吾何以观之哉！"试看《论语》内有关文与质的那些说话，就可明白。孔子认真在情理上，而断不执着于任何徒有其表的礼貌仪文，又何必定要恢复周代之礼？此其二。

然而孔子钦佩周公，深爱其礼乐制作，自属事实。这正因吾族文化早熟（如我所说），其制作含义深厚，可为典则而来。又须知儒墨诸家各思"以其道易天下"，托古改制是其恒情。康有为著有《孔子改制考》一书，其言未可全信，却亦足备参考。此其三。

时论既误解"克己复礼"为恢复周礼，又误指周代为奴隶制社会，便谓孔子身当奴隶制、封建制交替之际出而卫护奴隶制，自属误上加误。孔子之时是阶级社会却非是奴隶制的，近撰《试论中国社会的历史发展属于马克思所谓亚洲社会生产方式》一文辩之甚明，请参看。此其四。

上文曾说农工生产劳动不在孔门教学范围之内，如《论语》所载孔子曾受"四体不勤，五谷不分"之讥，时论因即引此以批孔。读者知道我们今天进行教育改造，那是必要学生参加生产劳动的；但此岂所以追论数千年之往古？往古那时正是要实现劳心劳力分工的。大可注意者，倒是在孔门毫无贱视生产劳动的形迹（如像古希腊、罗马那样），门人既以学农学圃为请，孔子则回答说："吾不如老农""吾不如老圃"；古中国人之高明通达不于此可见乎？

批孔漫及于后儒，类如所谓"三纲（君为臣纲，父为子纲，夫为妻纲）五常（仁、义、礼、智、信）"者皆出自后儒，其在近两千年的传统文化社会秩序是起着莫大作用的。若论其利弊得失，乃至孔子的功罪，可分三层来说：

三纲五常的老话，在今天中国早无从谈起——从辛亥革命和"五四"运动以来早经抛弃——然而不管你喜欢不喜欢，它在过去两千年起着莫大作用，这一客观事实，谁能否认？任何事物（社会礼俗在内）总为人所需要而后能存在。它存在，而且存在如此之久，就证明它有用，有合于社会需要。它曾长期地维持着社会秩序，让人们从事生产和生活。我民族生命之无比绵长，我民族单位之无比拓大，未始不有赖于此。那么，它所起的作用是好是坏呢？可能有得亦有失，且由人去论定吧。

假如说它是"吃人礼教"，起着坏作用，孔子亦不任其咎。正如同一切学马克思主义者若陷于教条主义的错误，马克思绝不任其咎；那么，后世所形成的礼教，又何得归罪孔子？——孔子是理性主义者，反对教条主义，已说明于前文。再掉转来说，世间一切错误——一切偏执太过之行事——皆从正确引起来的，真正通达的人又何必为儒家规避谴责——以上为第一层。

"民为贵，社稷次之，君为轻""君之视臣如手足，则臣视君如腹心；君之视臣如犬马，则臣视君如国人；君之视臣如土芥，则臣视君如寇仇"。——这是孟子明白说过的话，凡旧日读四书的人都念过的。你把吃人礼教和孔孟之道作为一事，岂得谓平？如其孔孟之道就是吃人礼教，吃人礼教就是孔孟之道，则数千年来中国人早被吃光死光，又岂能有民族生命无比绵长，民族单位无比拓大之今日？

显见得孔孟之道自有其真，中国民族几千年实受孔孟理性主义（非宗教独断）之赐；不过后来把生动的理性，活泼的情理僵化了，使得忠孝贞节泥于形式，浸失原意，变成统治权威的工具，那就成了毒品而害人。三纲五常所以被诅咒为吃人礼教，要即在此。

情理何由而僵化了呢？此即由情理的礼俗化。当一种情理（例如忠或孝）被看成是有用的好东西，群求其通行而成为风尚，由风尚而形成礼俗。一切礼俗法制都是社会生活所必须资借的方法工具。它总有某种程度的固定性和形式化乃便于依据循从，那亦就开头僵化了。然礼俗形成之初，活气未大失，还是好的；日久慢慢机械化、惰性加重，便有积重难返之势。末流所至或竟尔不恤人情，有大背情理者。此社会文化老衰之为病，任何个人难负其责；讵可责怪于往昔贤哲？相反地，正为往昔贤哲倡导了理性，自有僵而不死者在，为其后复苏的根本，乃出现三纲五常的老话被抛弃的后来局面。此不独辛亥革命宣传得力于明儒黄黎洲《明夷待访录》，不独“五四”运动的孕育和发生端赖蔡元培（进士、翰林）之主持北京大学，试数看以往历史上革新变法的人物孰非读孔孟书的儒士。今必以腐儒、陋儒，那些偏执欠通之人代表儒家，以复辟倒退、反动等罪名强加于儒家，岂足以服人？

要知道把社会风教文化的前进或衰退看成是某些个人的功罪，便落于唯心论。任何个人都出自社会，一切创造皆在因袭上成其功。周公孔子亦不过中国文化史上可指名的关键性人物；他们的创造活动远不及他们所因袭凭借的环境基础条件之广大深远。从而论功也吧，论罪也吧，都不必专重在他们身上，何况几千年后的事情自有广大社会群众的推演活动在呢！——以上为第二层。

难道孔孟只有功而无过吗？那亦不然。理性主义是好的（原本无毛病可指），惜其提出早些，便难落实。理性出于心，而人类生命发展就个体说，就群体（社会）说，却总是身先而心后，自发在先，自觉在后。要必待社会物资生产力发展达到社会主义时期，方是人类理性自在通行充分表现之时；在此之前，强大的身体势力总遏阻着心的透露流行。孔孟那时当然不得行其志。西汉以后的中国，其乱世就是三纲五常的打乱，而所谓治世呢，亦不过一时消极相安之局，总脱不出一治一乱的循环圈。理想不能落实，而又不能放弃理想。论孔孟的过误，就误在倡王道，讲仁政，要行其由上而下的改良主义，阻碍了革命。

三纲五常不是孔子的东西，却总源于孔子的孝悌之教。《论语》上：

> 有子曰：其为人也孝悌而好犯上者，鲜矣。不好犯上而好作乱者
> 未之有也。君子务本，本立而道生。孝悌也者，其为仁之本欤！

此其不革命、反对革命是明白的。其所从来是在父慈子孝的伦理情谊，即强调相关系的双方应该互以对方为重。在互以对方为重之中，只许各人想一想自己应尽的义务（责己、尽其在己），不要你站在自己的立场主张自己的权利。旧著《中国文化要义》曾指出说：

> 中国文化最大之偏失就在个人永不被发现这一点上。一个人简直
> 没有站在自己立场说话机会，多少感情要求被抑压，被抹杀。（下
> 略，见原书281页）

在扬起革命意识的今天，其不取孔子，复何足怪，此其在儒家所宜自反者乎！——以上为第三层。

天不变道亦不变的反面是天恒变，道亦恒变。近二千年孔子的价值到今天而一大变，固非到此为止，行且有不远而复者，不妨拭目以俟之可耳。为避免文章冗长，《今天我们应当如何评价孔子》一文即此结束。

上文所为物理、情理、理智、理性等的分析，为便于审思，更制一简表附于后：

物理　⎰宇宙的自然过程 ①
　　　⎱理智 ②
　　　 人身 ③
　　　 自发性 ④

情理　⎰人为的伦理过程 ①
　　　⎱理性 ②
　　　 人心 ③
　　　 自觉性 ④

以上简表的说明：

①须参看赫胥黎《进化论与伦理学》一书。

②人之认识物理靠理智。理智则以摒除感情，头脑冷静及得尽其用。

情理发乎吾人理性的温情，正义和公平的要求皆出在此。其认识则反躬自问始逼真。

空想的社会主义偏从情理出发，科学的社会主义则是情理、物理合一的。

③人身属于宇宙自然势力。人与人之间，从乎身既分且隔，从乎心则分而不隔。不隔者，言其通也；痛痒相关，好恶相喻，是已。

④人类社会发展史先是自发性的，后乃进入自觉性。此须参看列宁《怎么办》一长篇大文。

1974 年 11 月 8 日立冬撰写完成。

录自《东方学术概观》，巴蜀书社 1986 年版，第 37—109 页。

英国宪政之妙[*]

英国宪政为世界有立宪政治之始祖。其为宪政也，却非以一次公布宪法开端，而是一步一步发展出来，恒在转变前进中，以各时代不同的公认信条和习惯成例为准，是乃有名的所谓"不成文法"。其宪政益始于限制王权。因为有王权外的势力抬头，如贵族僧侣势力，如新兴市民（资产阶级）势力，以至工人大众势力之继起也。几百年来至今，王位依然不废除，且亦非无一毫之用，而实际大权步步渐移于下，从少数人移向多数人，真乃妙绝。虽至今停滞在资产阶级国家阶段，前途变化难料，但似乎其革命或将以转变出之，与十九世纪法国式革命，二十世纪俄国式革命不同。且拭目俟之。

一般说来，英国人、法国人、德国人各有其民族个性，彰彰乎可见。试就英国人特性言之，则其人既保守而又有首创精神是也。辛亥革命后中国摹效英国宪政，原中国同盟会改组为国民党，会内旧有女同志而新党章没有女党员，盖其时英国妇女界方在争取参政权运动中而未得也，但六十年前如此者却竟今天在英国出现女首相焉，此诚破天荒之事，而英国社会却安然不以为异焉。

---

[*] 该文写于 1976 年 5 月 3 日。

我致力乡村运动的回忆和反省

　　乡村运动是我一生中一桩大事，在事隔多年之后，今天有必要回忆，略加叙述，同时也就反省批判之。因有旧著如《中国民族自救运动之最后觉悟》《乡村建设理论》《乡村建设论文集》等书可资考核，今为此文只须联缀前后之事却无需详述了。

　　远从几代祖先以来，我家世居大城市中，对于乡村生活实多隔膜。只因中国是一大农业国，是一大乡村社会，城市知识界人终不能不关心乡村耳。但我之注意到乡村则更有其特殊原由。

　　原由在我生逢国家多难之秋，受先父及父执彭翼仲先生影响，自幼关心大局政治，在清季则由请愿开国会而激进参加革命。清廷退位，袁世凯当权，破坏临时约法，解散国会，民间曾无抗阻之力，甚且容其出现帝制运动。顿悟广大人民根本没有民主要求，所谓宪政徒托空言是不行的。我所梦想的议会政治政党内阁，要必先养成国人的政治能力，而建基则在地方自治。我之下决心去乡村，盖志在从小规模的地方自治入手也。

　　质言之，我最初不过幼稚地在学西洋而已。但不久便觉悟得中国不可能走西洋资本社会之路，而有农村立国之想。试检看《中国民族自救运动之最后觉悟》一书便知。这种想法，我袭用了古有的"乡治"一词。1927 年我在广州曾分十个小题目做了《乡治十讲》，其稿今不存。1928年并在两广政治分会提出设立乡治讲习所建议案。1929 年春从广东出来游历各地，考察乡村工作，写有《北游所见记略》一文。北方朋友王鸿一先生此时则已创刊《村治》月刊于北京，并帮助河南彭禹廷、梁仲华、王柄程诸君创建河南村治学院。我适因粤局有变化，无意南返，即应鸿一介绍参加了村治月刊社和河南村治学院工作。因而写出《河南村治学院旨趣书》一文。

1930 年蒋阎冯中原大战之后，河南村治学院被迫停办，原河南省主席韩复榘转任山东省政府主席，邀请原河南村治学院副院长梁仲华暨诸同人在山东继续进行工作。同人协议不延用"村治"或"乡治"名词而改称"乡村建设"。于是成立山东乡村建设研究院，选定邹平县为其实验区，于 1931 年年初开始工作。又由我写成《山东乡村建设研究院缘起及办法概要》一文，自此乡村建设一词遂通行于世。

1932 年后连年有全国乡村工作讨论会之自动地三次集会，以迄其后有乡村建设学会之组成，盖非偶然。要言之：乡村运动的大发展，形成高潮，实以全国农村经济的大破坏大崩溃为其前导。此大破坏在国际贸易进出口上表现为不出亦不进，引起上海金融界的惊呼；救济农村遂为当务之急，南京政府因以特设农村复兴委员会；同时乡村改进工作乃纷纷见于全国各地矣。

1935 年后山东乡村工作之大展开，则激于日寇侵略，悍然唱出"华北五省（晋、绥、察、冀、鲁）三市（北京、天津、青岛）自治"口号而来。原计划以三年时间全省各县普设乡农学校为基层地方行政机关，并适应国防需要，负责当地壮丁的军事训练。惜只进行得七十余县而日寇遽侵及鲁境，加以省当局自违其初衷而失败。——以上情节可参看抗战初期我所写《告山东乡村工作同人同学书》。

上为回忆部分，下为反省批判之文。

旧著《乡村建设理论》一书曾标有"一名《中国民族之前途》"字样，可见其自许之心情。我以为中国民族之前途即在走向社会主义、为世界人类先导。就当时的两大党（国民党、共产党）而论，中共固旗帜鲜明，国民党创建者孙中山先生的三民主义内涵正同有社会主义思想。但我以为他们所走的道路均不足副其志。

却不料事实证明中国共产党在毛主席领导下统一了全中国，稳定地在建设社会主义新中国，而我所致力者则落空。落空了，岂能不引起自己反省与批判。经过对照比较而后觉悟到我自己错失所在。试分为三点申论之。

一、过去我认识得西人所长中国所短要不外：（一）科学技术；（二）团体组织而已。西洋人以及摹学西洋的日本人，所以表见其威力者要在此；吾人虽泱泱大国，然而在人事方面则一向散漫和平，在学术上则又夙短于制服自然、利用自然的技能。近百年来的失败在此。今者急起直追又须避免再走他们的资本主义道路。而要从组织乡村农工合作入手；以合作组织吸收运用农工生产上的科学技术。合作组织一分的扩大，生产上科学技术的运用随以一分的增进；生产上一分的增进又引发组织上一分的扩大。而随着合作组织的开展，科学技术的利用又得提高一步。如是彼此往复推动着前进。经济上的生产与分配问题相缘不离，学术上生产上一切进步掌握于广大社会，悉为社会造福，便顺理成章地进入最后的共产社会。

这自是偏从主观愿望而来的一篇说话，缺乏客观形势的分析。客观形势分析的话，在我不是没有；先见于《乡村建设理论》，后见于《中国文化要义》中，此不重述。无奈，阶级观点不强，此即输于毛主席之处。由于缺乏阶级观点，初则强调团结抗敌，继则强调合作建国，奔走各方非不尽心尽力，而终于落空者，则避分求合不懂矛盾统一之理也。毛主席不然，他从团结愿望出发，而先之以分清敌、我、友、建党、建军、建立统一战线，有分际地有步骤地行进，末后便把全国人统一到自己周围；对照下来，我之错失所在便明白了。

以上所说可参看我早先写的下列各文：

1. 《我的努力与反省》。

2. 《我的学习改造得力于〈矛盾论〉》。

3. 《请王克峻同志指教的一篇话》。

二、如上所说，我诚然错了，却并非全无是处。老中国社会既有其特殊性之一面，另一面亦有其一般性，即略同于他方社会者。毛主席强调阶级斗争，从阶级斗争来解决复杂的中国问题，以武装革命打败了反革命的武装，建起了无产阶级专政的国家。此其成功就在抓住中国社会的一般性那一面。在其专政时期善走群众路线。百废并举，国势蒸蒸日上。但世无久而不变之局。关系全局的毛主席本身即在转变，况乎其他种种讵能久延哉？具有数千年传统文化的中国社会之特殊性一面，卒必将显现出来。

此特殊性是什么？从秉持阶级观点的毛主席口中曾说出的一句老实话：中国社会是小资产阶级的汪洋大海（见于他对美国朋友斯诺的谈话中）。正确地诠说：老中国社会近二千年恒观为散漫和平消极相安之局，而不见有西洋那样凝固的阶级集团斗争。有资产阶级而后有无产阶级；无产阶级专政是它翻身起来压资产阶级而专其政；在散散漫漫原乏两大阶级相对形势的中国，只能一时借用之，或为引申譬喻而用之。一旦中国社会本质（特殊性）彰显，全国以一党为支柱的政治局面便没有了根据基础，将起变化。

我虽不能说变化出什么模样，但我可以断言其前途先见分化，后则为多元中心的合作。分化出于事实所不可避免，合作则我民族固有精神之所归趋也。

什么是我民族固有精神？此对照世界其他各方面而可见，我夙括举之曰：人生向上，伦理情谊。请检看旧著《乡村建设理论》中《村学乡学须知》各文，将从其具体事例的设计而得晓然。

“人生向上，伦理情谊”两句话是我对传统文化民族精神的理解认识，亦是其概括。同时亦是对人类前途的理想所寄。距今四五十年前我径直提倡其实行，而不知道非其时。世局的历史发展不是直线前进的，毛主席舍开中国特殊性而走社会一般性（阶级斗争、社会革命）道路却为对症施药。他的道理浅，我的道理深；我正失之于所想深奥耳（掉转说，又不够深，若更深进一层就好了）。

三、如我所说，我诚然错了；然而所见仍然没有错，只不过是说出来太早了。——失之于太早。

早在五十多年前我便预测世界最近未来将是中国文化的复兴；语见旧著《东西文化及其哲学》第五章。早在四十年前便在乡村建设运动中图实现其萌芽（注：村学、乡学）正为所思所见一贯不易，言之不觉重复。

若问将在世界最近未来所复兴的中国文化，具体言之是什么？扼要言之，那便是从社会主义向共产社会迈进时，宗教衰微而代之以自觉自律的道德，国家法律消亡而代之以社会礼让习俗。请细审旧著《中国文化要义》一书所阐明的要义，此不絮陈。

（1977 年 2 月 18 日即旧历正月初一日写完）

怀念卢作孚先生

卢作孚先生是最使我怀念的朋友。我得结交作孚先生约在抗日战争军兴前后（1937年），而慕名起敬则远在战前。我们相识后，彼此都太忙于各自所事，长谈不多，然而在精神上则彼此契合无间。

大约是民国七八年间（1918年或1919年），我去拜访住在天津的周孝怀（善培）老先生，就首次听到他谈起作孚先生。周老先生为宋儒周濂溪之后，在清末曾任四川省劝业道台，后又出长广东将弁学堂，任监督（校长）；著名将领如伍庸伯、邓铿、熊略、叶举等，都是周老主持该学堂时培养出来的。周老先生在向我谈起作孚先生时，对其人品称赞备至。在六七十年后的今天，周老谈起他时的情景我至今依然记得。周老将拇指一挠，说道："论人品，可以算这个！"由此可见周老对作孚先生卓越不群的品德之称道。

可是我得与作孚先生见面相识，则在此之后将近二十年。那是因抗日战争爆发，我撤退到大后方的四川之后。当时作孚先生与我所从事的活动虽不同，但地点均多在重庆，因此交往较多。在彼此交往中，更感到作孚先生人品极高。我尝对人说："此人再好不过！他心中完全没有自己，满腔里是为社会服务的事业。这样的品格，这样的人，在社会上找不到。"作孚先生有过人的开创胆略，又具有杰出的组织管理才能，这是人所共见。人们对他的了解较多的在此，人们常称道他的自然也多在此，但岂知作孚先生人品之高尚更是极难得的呀！

作孚先生是民生轮船公司的创办人和领导者。他在当时旧中国，内有军阀割据，外有帝国主义的压迫侵略的情况下，创办民族工业，迂回曲折，力抵于成，真可谓艰难创业，功在国家社会。毛泽东主席五十年代在谈到民族工业时说有四个人不应忘记：讲重工业，不能忘记张之洞；讲轻工业，不能忘记张謇；讲化学工业，不能忘记范旭东；讲交通运输业，不能忘记卢作孚。作孚先生受到这样的赞誉是当之而无愧的！

作孚先生还热心致力于地方和农村建设事业。重庆北碚就是他一手筹划和开创而发展起来的，作孚先生及其胞弟卢子英，从清除匪患，整顿治安入手，进而发展农业工业生产，建立北碚乡村建设实验区，终于将原是一个匪盗猖獗、人民生命财产无保障、工农业落后的地区，改造成后来的生产发展、文教事业发达、环境优美的重庆市郊的重要城镇和文化区，现在更成为国内闻名的旅游盛地。1941 年我将创办不久的勉仁中学迁至北碚。1946 年尾，我退出和谈、辞去民盟秘书长职务后，便在这景色宜人的北碚息影长达三年之久，静心从事著述；《中国文化要义》一书即写成于此时。1948 年我又与一班朋友创办勉仁文学院于北温泉，从事讲学活动，直到 1949 年底四川解放后来北京，才离开北碚。在上述我在北碚从事的种种活动中，自然都得到作孚先生以及子英先生的热心支持和帮助。

作孚先生是 1952 年故去的，距今已有三十余年！作孚先生与我是同年，都出生在甲午之战前一年，如果他今天仍健在，也当是九十岁高龄了！

作孚先生是个事业家、实干家，是个精神志虑超旷不凡的人！我们应当永远向他学习！

（1983 年）

我从事的乡村工作的简略回顾[*]

抗日战争前，我做乡村运动曾有较大发展，此种发展有客观原因。在中国银行民国二十一或二十二年的年度报告中指出，当时国内社会经济有了大变化，即不出也不入。原来中国出口靠农村（农产品），进口也是为农村（农村需要的煤油等），这时银行业首先感觉到这种不出不入的现象。这正是乡村运动在国内开展普遍的一个原因——农村破产。正为农村破产，才有救济农村呼声，南京政府亦设立农村复兴委员会。在这里我想说一下我从事乡村运动的由来。

我们开头并不是在农村破产刺激之下从事这一运动的。我本生长于大城市北京，包括我的上一代上两代也如此。为什么一个在都市生长的人想去搞乡村运动？早年因受彭翼仲先生的影响，灌输了爱国思想，我于是很早就热心国事，从而热心宪政。我认为皇帝专制为中国腐败的根源，救国必须从政治入手，宪政首先出现于英国，应以英国为蓝本，实行宪政。清末大家都要求宪政，清廷因此有宪政十九条的宣布。孙中山就任临时大总统，宣布了临时约法，这也是模仿英国宪政。后来袁世凯又背叛民国而搞帝制。可是竟然社会民众没有实行宪政的要求。如果公众没有参与国政，争取个人自由和公民权利的要求，宪政只在上层说来说去，是无用的。在这个问题的推动下，我想必须从地方自治入手，也就是从基层的农村入手，于是我抛弃都市生活，到乡村去。

最初想在广东试办，因为与我相识的李济深当时在广东当政。民国16年我在广东发起乡治讲习所，并且作了"乡治十讲"的讲话，讲述乡治的道理、办法等，可惜此讲稿已不存。后来政局变化，李济深为蒋介石

---

* 该文于 1984 年据口述整理而成。

扣留，我于是回到北方。刚好我回到北方遇见朋友王朝俊（鸿一）、梁仲华等人。王是山东人，当时为山东省议会副议长。冯玉祥、阎锡山二人对王很礼遇，因此王是冯、阎二人的座上客。王朝俊热心乡村自治。他一面在北平出版《村治》月刊；一面与朋友在河南辉县办河南村治学院。《村治》月刊在经济上得到阎的资助，村治学院则得到冯的同意。村治学院院长为彭禹廷、梁仲华，我为教务长，村治学院的旨趣书是我起草的。我在此前后不超过一年，因为民国十九年蒋阎冯中原大战，学院被迫仓促结束。当时名义上河南省主席是韩复榘，实际上他并不能主持省政。韩原是冯的部下。中原大战结束后，蒋拉韩，委以山东省主席的职位，韩于是脱离了冯。在学院结束后，副院长梁仲华去山东向韩报告，韩即表示河南办不成，请都来山东好了，于是学院的全班人马去山东，考虑如何做法。当时社会各界都高谈"建设"，我们在此影响下就提出"乡村建设"，创办山东乡村建设研究院，院址选在距济南不太远，又靠近胶济路的邹平县，划县为实验区。院以下除实验区，另外两个部分是训练部和研究部，前者的任务是训练做乡村工作的干部，后者做乡村建设的研究工作、策划工作。梁仲华任院长，我为研究部主任。

进行乡村建设工作，我头脑中所设想的有两个要点，因为从我的眼光看，中国有两大缺欠。中国农民的散漫几乎到了自生自灭的程度。农民不关心国家，国家也不管农民。农民散漫，缺乏团体组织，这是一个缺陷。中国社会所缺乏的另一面是科学技术。我所想的宪政的新中国，必须从地方自治入手，而地方自治又必须从团体自治入手，将农民组织起来，才能实现。我梦想的团体自治是合作社；这种合作社主要是生产合作，也包括消费合作、信用合作。西洋进步从都市入手，是向外侵略发展贸易，而牺牲农村发展起来的。我们不能走这个路子。总之，中国缺乏"团体组织"和"科学技术"这八个字。将这两方面补进来，中国即发达进步，成为很好的国家。这个好，要胜过西洋，因为其富强是建在广大农村之上的。我心目中的做法是将团体组织和科学技术引进于乡村；团体组织引进一分，即可引进一分科学技术，同样科学技术引进一分，又可推动团体组织一分。为此，我们在邹平成立了农村金融流通处，并兼理县金库，流通处不贷款给个体农民，只贷给农民组成的合作社，以推动合作社的发展，促进农民组织，又促进了科学技术。例如邹平孙家镇为棉花集散地，农民将生产的棉花送去出售，打包，运给青岛纱厂。我们即做棉种改良工作，推广纱厂需要的长绒棉（美棉），纱厂高价收购，农民欢迎。我们还计划在当地自办纱厂，这样可以农工结合，增加农村财富，后因"七七事变"，未及实现。

搞乡村运动，我本从主观认识出发，而在农村破产的客观形势推动下，运动有了较大较广泛的发展，于是我们连续三年举行全国乡村工作讨论会；第一次在山东邹平，随后两次先后在河北定县和江苏无锡。这三次会议的记录由章元善、许仕廉编辑，以《乡村建设实验》为题交商务印书馆出版。